Aktuelles Recht
für die Praxis

Arzthaftpflichtrecht

Begründet von

Karlmann Geiß
Präsident des Bundesgerichtshofes

fortgeführt von

Dr. Hans-Peter Greiner
Richter am Bundesgerichtshof

4. überarbeitete Auflage

Verlag C. H. Beck München 2001

Die Deutsche Bibliothek – CIP-Einheitsaufnahme

Geiß, Karlmann:
Arzthaftpflichtrecht / begr. von Karlmann Geiß. Fortgef.
von Hans-Peter Greiner. – 4., überarb. Aufl. – München :
Beck, 2001
   (Aktuelles Recht für die Praxis)
   ISBN 3 406 47403 9

ISBN 3 406 47403 9

© 2001 Verlag C.H. Beck oHG
Wilhelmstraße 9, 80801 München
Druck: Nomos Verlagsgesellschaft
In den Lissen 12, 76547 Sinzheim

Gedruckt auf säurefreiem, alterungsbeständigem Papier
(hergestellt aus chlorfrei gebleichtem Zellstoff)

Vorwort

Die von Richter am Bundesgerichtshof Dr. Hans-Peter Greiner neubearbeitete 3. Auflage – erschienen im Herbst 1999 – hat eine erfreulich gute Aufnahme gefunden, die in zeitlich kurzer Folge eine Neuauflage erforderlich macht.

Die Spezialmaterie des Arzthaftungsrechts erfährt mehr als andere Rechtsgebiete Strukturierung und rechtsfortbildende Ausformung maßgeblich durch die obergerichtliche Rechtsprechung. Im nie abreissenden Fluss richtungweisender Entscheidungen des Bundesgerichtshofs wird so umfassende und aktuelle Information über den Stand der Rechtsprechung Grundlage und zunehmend Muss kompetenter Handhabung der Arzthaftungsmaterie. Die vorliegende 4. Auflage gibt den aktuellen Stand der Rechtsprechung zum 1. 10. 2000 wieder, unter Berücksichtigung neuerer Entscheidungen des Bundesgerichtshofs insbesondere zu Arztwahlvertrag und Höhe des Pflegesatzes, zu den Pflichten zeitgleicher oder zeitlich gestaffelter Behandlungskoordinierung sowie zum Umfang der Risikoaufklärung und der Haftungszurechnung für aufklärungsbedürftige und nicht aufklärungsbedürftige Risiken. Entstanden nicht aus theoretischer Betrachtung des Arzthaftungsrechts, sondern aus richterlicher Befassung ist unverändert Zielsetzung auch der Neuauflage, der mit dem Arzthaftrecht befassten Rechtspraxis einen zuverlässigen Überblick über die Entwicklungsrichtlinien gleichermaßen aber auch griffbereite Detailinformation über das geltende Richterrecht zu vermitteln.

Kritik und Anregung sind auch weiterhin willkommen.

Dr. h. c. Geiß
Präsident des Bundesgerichtshofs a. D.

Inhaltsverzeichnis

A. Behandlungsverhältnisse

S. 3

B. Haftung aus Behandlungsfehler

S. 43

C. Haftung aus Aufklärungsfehler

S. 165

D. Verjährung

S. 235

E. Prozessuale Grundsätze

S. 243

F. Anhang

S. 261

Einleitung

Die geltende Rechtsordnung kennt für die zivilrechtliche Arzthaftung eine **1** spezialgesetzliche Regelung nicht. Sie belässt es für die Arzthaftung bei den allgemeinen Haftungsgrundsätzen des Zivilrechts: einmal den Rechtsgrundsätzen der Vertragshaftung, zum anderen denjenigen des Rechts der unerlaubten Handlung. Beide Haftungsordnungen sind nebeneinander und unabhängig voneinander anspruchsbegründend im Sinne gesetzlicher Anspruchskonkurrenz im Deckungsbereich. Die Zweispurigkeit beider Haftungsordnungen ist in der praktischen Rechtsanwendung indessen von geringerem Gewicht, als es zunächst den Anschein haben mag. Dies deshalb, weil die Kernfragen der Haftung von der Rechtsprechung in beiden Bereichen weitgehend identisch gelöst werden.
- BGH, Urt. v. 25. 6. 1991 – VI ZR 320/90 – NJW 1991, 2960 = VersR 1991, 1058
- BGH, Urt. v. 8. 5. 1990 – VI ZR 227/89 – NJW 1990, 2929 = VersR 1990, 1010
- BGH, Urt. v. 20. 9. 1995 – VI ZR 37/88 – NJW 1989, 767 = VersR 1988, 1273

Die Schlechterfüllung des Behandlungsvertrages ist begrifflich zugleich **2** deliktischer Eingriff in Körper und Gesundheit. In beiden Haftungsordnungen gilt derselbe Sorgfaltsmaßstab einfacher Fahrlässigkeit. Auch die Kausalitätsanforderungen und im Wesentlichen der Umfang des ersatzfähigen materiellen Schadens des Patienten entsprechen sich in beiden Haftungsordnungen. Was an Unterschieden bleibt, beschränkt sich im Grundsatz auf die drei bekannten Bereiche:
- Der immaterielle Schmerzensgeldanspruch kann nur aus deliktischer Haftung begründet werden.
- Die Haftung aus Delikt folgt der Verjährungsfrist von 3 Jahren, die Haftung aus Behandlungsvertrag der Frist von 30 Jahren.
- Die Vertragshaftung rechnet das Fremdverschulden der Erfüllungsgehilfen nach § 278 BGB ohne Entlastungsmöglichkeit dem Vertragsschuldner zu; die deliktische Haftung setzt Eigenverschulden des Anspruchsgegners voraus, so dass ihm beim Verrichtungsgehilfen gegenüber der Verschuldensvermutung der Entlastungsbeweis des § 831 Abs. 1 Satz 2 BGB offensteht. Zunehmend strengere Anforderungen der Rechtsprechung an die Voraussetzungen des Entlastungsbeweises führen indessen in der Praxis zu einer doch weitgehenden Angleichung der Haftung für Verrichtungsgehilfen an diejenige der Vertragsordnung.

- OLG Bamberg VersR 1994, 814 – NA-BGH –

A. Behandlungsverhältnisse

In der praktischen Bedeutung steht im Vordergrund die vertragliche Haf- 1
tung. Dies gilt im Besonderen für die Prüfung der Prozessaussichten und für
die Bestimmung der Beklagtenseite im Rechtsstreit. Der Vertragsschuldner
ist geborener Beklagter im Arzthaftungsprozess. Die deliktische Haftung
erweitert die Beklagtenseite, (nur) wo nötig. Wir beobachten im Rechtsstreit
nicht selten Klagen, die schon im Ansatz juristisch kunstfehlerhaft sind, weil
geführt gegen Ärzte auf deliktischer Grundlage ohne Berücksichtigung der
vertraglichen Haftungszüge und Haftungszurechnungen. Am Anfang jeder
Klagprüfung steht deshalb immer, gleichsam obligatorisch, die Klärung der
Vertragshaftung.

I. Vertragliche Haftungsgrundlagen

1. Ambulante Behandlungsverhältnisse

a) Der Arztvertrag

Die klassische Ausgangsform des Behandlungsvertrags findet sich zwi- 2
schen dem frei praktizierenden Arzt und dem **Privatpatient**en. Der Behandlungsvertrag kommt in der Mehrzahl der Fälle stillschweigend dadurch
zustande, dass sich der Patient in Behandlung begibt und der Arzt die Behandlung übernimmt. Das ist die Regel in der ambulanten Betreuung.

Das Honorar kann nur in den gesetzlich vorgegebenen Grenzen (Steige-
rungssatz) vereinbart werden (vgl. GOÄ § 2 Abs. 1; GOZ § 2 Abs. 1); die
Vereinbarung bedarf der Schriftform, darf keine weiteren Erklärungen enthalten und muss vor und kann nicht während der laufenden Behandlung abgeschlossen werden (§§ 2 Abs. 2 GOÄ, 2 Abs. 2 GOZ).

– BGH, Urt. v. 9. 3. 2000 – III ZR 356/98 – NJW 2000, 1794 = VersR 2000, 856,
  z. V. in BGHZ bestimmt
– BGH, Urt. v. 19. 2. 1998 – III ZR 106/97 – BGHZ 138, 100 = NJW 1998, 1786
– OLG Karlsruhe VersR 2000, 365
– OLG Hamm NVerwZ 1999, 133

Maßgeblich für die Behandlungspflichten des Arztes sind die im Einzelfall getroffenen Abreden; in aller Regel fehlen sie, so dass der Inhalt der
Pflichten des Arztes aus dem Behandlungsvertrag nach dem mutmaßlichen
Parteiwillen in genereller Weise durch Auslegung zu bestimmen ist. Es liegt
auf der Hand, dass es angesichts der Vielfalt von Krankheiten und korres-
pondierenden ärztlichen Behandlungen außerordentlich schwierig ist, das
jeweilige ärztliche Pflichten- und Handlungsprogramm des einzelnen Behandlungsvertrags in einer erschöpfenden Definition klar einzugrenzen. Das
Recht hilft sich hier durch eine schlichte Verweisung auf die Regeln der
medizinischen Wissenschaft. Es macht generell zum Inhalt der Pflichten des

Arztes aus dem Behandlungsvertrag alles das, was nach dem Stand der medizinischen Wissenschaft im Zeitpunkt der Behandlung gehörigerweise zu veranlassen ist.

3   Der Arzt hat danach entsprechend den anerkannten und gesicherten Qualitätsstandards medizinischer Wissenschaft zu diagnostizieren, den Patienten zu beraten und zu therapieren mit dem Ziel, die Krankheit zu heilen oder zu lindern. Der Arzt muss die Maßnahmen ergreifen, die von einem aufmerksamen und gewissenhaften Arzt aus berufsfachlicher Sicht seines Fachbereichs vorausgesetzt und erwartet werden. Mithin geht es um eine Frage, die sich nach medizinischen Maßstäben richtet und die der Richter nicht ohne Sachverständigengrundlage allein aus eigener rechtlicher Beurteilung festlegen darf.

  – BGH, Urt. v. 16. 5. 2000 – VI ZR 321/98 – NJW 2000, 2741 = VersR 2000, 1146, z. V. b. in BGHZ
  – BGH, Urt. v. 24. 6. 1997 – VI ZR 94/96 – NJW 1997, 3090 = VersR 1997, 1357
  – BGH, Urt. v. 29. 11. 1994 – VI ZR 189/93 – NJW 1995, 776 = VersR 1995, 659
  – OLG Hamm NJWE-VHR 1997, 259

4   Der Behandlungsvertrag – auf dem Wege zur Ausgestaltung eines Vertragstypus eigener Art – ist rechtlich in Abgrenzung zum Werkvertrag als Dienstvertrag zu qualifizieren. Darin kommt zum Ausdruck, dass der Arzt Dienstleistung – nicht Behandlungs- oder Heilerfolg – schuldet, einsteht für ärztliche Bemühung ohne Verschulden, nicht aber für den Behandlungserfolg. Das schließt nicht aus, dass der Behandlungsvertrag auch werkvertragliche Elemente beinhalten kann, so etwa wenn der Zahnarzt oder der Orthopäde die Aufgabe des Technikers übernehmen, eine Zahn- oder Beinprothese anzufertigen; doch sind die übrigen Leistungen, insbesondere die Anpassung der Prothese, dienstvertraglicher Natur mit der Folge, dass der Arzt nicht für den Erfolg, sondern (nur) für eine Leistung nach dem medizinischen Standard einzustehen hat.

  – BGH, Urt. v. 9. 12. 1974 – VII ZR 182/73 – BGHZ 63, 306, 309 = NJW 1975, 305 = VersR 1975, 347
  – OLG Oldenburg VersR 1997, 60
  – OLG Köln MedR 1994, 198
  – OLG Koblenz NJW-RR 1994, 52 = VersR 1993, 1486
  – OLG Oldenburg NJWE-VHR 1997, 183 = VersR 1997, 1493
  – OLG München VersR 1994, 862
    (jeweils zur Zahnprothetik)
  – OLG Karlsruhe VersR 1996, 62
    (Orthopäde)
  – OLG Köln NJWE-VHR 1998, 163 = VersR 1998, 1510
    (Schönheitsoperation)

5   Vertragliche Hauptpflichten, weil den Integritätsschutz unmittelbar bezweckend, sind
  – ärztliche Behandlung in Diagnose und Therapie nach dem anerkannten und gesicherten Stand der medizinischen Wissenschaft im Zeitpunkt der Behandlung;
  – die Behandlungs- und Risikoaufklärung des Patienten und die Sicherstellung seiner Einwilligung in die Behandlung;

– BGH, Urt. v. 28. 2. 1984 – VI ZR 70/82 – NJW 1984, 1807 = VersR 1984, 538
– die sachgerechte Organisation des Behandlungsablaufs.

Die Organisationspflicht, die haftungsrechtlich eine sehr erhebliche Rolle **6** spielt, wird hinsichtlich ihrer Zurechnung im Schrifttum als eine die Hauptpflicht stützende, unselbständige Nebenpflicht verstanden. Zu erwägen wäre dagegen, in der Organisationspflicht eine vertragliche Hauptpflicht zu sehen, weil sie unmittelbar den Integritätsschutz des Patienten bezweckt und sich dementsprechend im Verletzungsfalle in der Haftung als Behandlungs- oder Aufklärungsfehler verwirklicht.

Der Behandlungsvertrag begründet daneben eine Reihe vertraglicher Ne- **7** benpflichten, die nicht unmittelbar dem Integritätsschutz dienen, was von Bedeutung für Richtung und Umfang ihres Schutzbereichs ist. Nebenpflichten solcher Art sind z. B.
– die Pflicht zur ärztlichen Dokumentation;
– die Pflicht zur Gewährung von Einsicht in die Krankenunterlagen;
– die Pflicht zur Auskunft (auf Anforderung) über Befund, Prognose und äußeren Behandlungsverlauf.

> – BVerfG, Beschl. v. 16. 9. 1998 – 1 BvR 1130/98 – NJW 1999, 1777
> – BGH, Urt. v. 23. 11. 1982 – VI ZR 222/79 – BGHZ 85, 327, 331 = NJW 1983, 328 = VersR 1983, 264
> – OLG Oldenburg VersR 1992, 1005
> – OLG Bremen NJW 1991, 2969 = VersR 1992, 749

– die Pflicht zur Berücksichtigung finanzieller Belange des Patienten (vgl. Randnr. A 96).

> – BGH, Urt. v. 20. 7. 2000 – III ZR 64/99 – z. V. b.
> – BGH, Urt. v. 9. 5. 2000 – VI ZR 173/99 – VersR 2000, 999
> – BGH, Urt. v. 19. 12. 1995 – III ZR 233/94 – NJW 1996, 781 = VersR 1996, 1157
> – BGH, Urt. v. 27. 10. 1987 – VI ZR 288/86 – BGHZ 102, 106, 112 = NJW 1988, 759 = VersR 1988, 272
> – BGH, Urt. v. 1. 2. 1983 – VI ZR 104/81 – NJW 1983, 2630 = VersR 1983, 443
> – OLG München NJW-RR 1993, 1240
> – OLG Nürnberg VersR 1988, 408 (LS) – NA-BGH –
> – OLG Düsseldorf NJW-RR 2000, 906

Der rechtskonstruktiven Anknüpfung der Vertragshaftung liegt die He- **8** ranziehung des Rechtsinstituts der schuldhaften Schlechterfüllung zugrunde. Dass auch diese Rechtsfigur für die Arzthaftung nicht nahtlos passt, etwa weil sich Arzthaftung wesentlich in der Verletzung von Hauptpflichten verwirklicht und weil der ersatzfähige Schaden im Grundsatz nicht über das Erfüllungsinteresse (Integritätsinteresse) hinausreicht, mag rechtstheoretische Bedürfnisse etwas unbefriedigt lassen, ist indessen aus den Besonderheiten des Behandlungs(dienst)vertrages für die Rechtspraxis zureichend erklärt. Die obergerichtliche Rechtsprechung lässt es für die Haftungsbegründung ohne besonderen begrifflichen Durchdringungsaufwand in der Regel bei der Feststellung „schuldhafter Verletzung des Behandlungsvertrags" bewenden. In der Sache liegt dem die Schlechterfüllungsregel zugrunde.

b) Kassenpatient

9   Der niedergelassene Vertragsarzt (früher: Kassenarzt) und der gesetzlich
Krankenversicherte (künftig: Kassenpatient), dem grundsätzlich freie Arztwahl eröffnet ist (§ 76 SGB V), sind in der ärztlichen Behandlung verbunden durch einen privatärztlichen Behandlungsvertrag zwischen Arzt und
Patient (§ 76 Abs. 4 SGB V). Der Vertrag folgt in der Ausgestaltung der
Haftung grundsätzlich dem Modell des Arztvertrages mit dem Privatpatienten. Der Haftungsprozess wird der privatrechtlichen Natur des Behand-
lungsverhältnisses entsprechend im Zivilrechtsweg geführt. Anspruchsgläu-
biger ist der Kassenpatient, soweit nicht im Blick auf die Behandlungsschä-
den ein gesetzlicher Anspruchsübergang (§ 116 SGB X) Platz greift.

10 An die Stelle des Honoraranspruchs gegen den Patienten tritt in der Regel
der Vergütungsanspruch gegen die kassenärztliche Vereinigung. Ansprech-
partner (auch bei Notfallbehandlung oder Hubschraubertransport eines Kassenpatienten) ist daher insoweit die gesetzliche Krankenkasse.

- BGH, Urt. v. 9. 5. 2000 – VI ZR 173/99 – VersR 2000, 999
- BGH, Urt. v. 26. 11. 1998 – III ZR 223/97 – BGHZ 140, 102 = NJW 1999, 858 =
  VersR 1999, 339
- BGH, Urt. v. 14. 7. 1992 – VI ZR 214/91 – NJW 1992, 2962 = VersR 1992, 1263
- BGH, Urt. v. 28. 4. 1987 – VI ZR 171/86 – BGHZ 100, 363, 366 = NJW 1987,
  2298 = VersR 1987, 990
- BGH, Urt. v. 25. 3. 1986 – VI ZR 90/85 – BGHZ 97, 273, 276 = NJW 1986, 2364
  = VersR 1986, 866
- BGH, Urt. v. 10. 1. 1984 – VI ZR 297/81 – BGHZ 89, 250, 255 = NJW 1984, 1820
  = VersR 1984, 264
- OLG Karlsruhe NJW-RR 1998, 1346
- OLG Naumburg NJW-RR 1998, 1289
- OLG Koblenz NJW-RR 1997, 1183
- OLG Frankfurt VersR 1988, 305 – NA-BGH –

11 Zum Verständnis des Systems der vertragsärztlichen (ambulanten) Kran-
kenversorgung durch die niedergelassenen Vertragsärzte einige Hinweise zur
Zuordnung von Kassenpatient, gesetzlicher Krankenkasse, kassenärztlicher
Vereinigung, zugelassenem Vertragsarzt im Regelfall (Sachleistungsprinzip):
Im Band zwischen Kassenpatient und Krankenkasse ist Rechtsgrundlage
das öffentlich-rechtlich geregelte Versicherungsverhältnis der gesetzlichen
Krankenversicherung, aus dem die Krankenkasse dem Versicherten und sei-
nen Angehörigen zur ärztlichen Versorgung grundsätzlich (§§ 2, 11, 27 ff.
SGB V; Sachleistungsprinzip) verpflichtet ist. Im Verhältnis zwischen
Krankenkasse und ihren Verbänden einerseits und kassenärztlicher Vereinigung andererseits findet sich durch (öffentlich-rechtliche) Gesamtverträge
die vertragsärztliche Versorgung im besonderen Leistungsrahmen und Ge-
samtvergütung (§ 85 SGB V) geregelt (§§ 82 ff. SGB V). Im Band zwischen
Vertragsarzt und kassenärztlicher Vereinigung ist Rechtsgrundlage das
öffentlich-rechtliche Mitgliedsverhältnis (§ 95 SGB V), aus dem der Vergütungsanspruch des zugelassenen Vertragsarztes erwächst (§ 85 Abs. 4
SGB V). Man findet unter den an der vertragsärztlichen (ambulanten) Krankenversorgung Beteiligten mithin eine Vierer-Beziehung, geregelt auf privatrechtlicher Ebene im Behandlungsvertrag zwischen Kassenpatient und

zugelassenem Vertragsarzt einerseits und auf der öffentlich-rechtlichen Ebene in den sozialrechtlichen Rechtsbeziehungen der drei anderen Beteiligten andererseits.

In den oben dargelegten drei öffentlich-rechtlich geregelten Ebenen führt **12** im Streitfall der Rechtsweg zu den Sozialgerichten (§ 51 Abs. 2 S. 1 SGG).

– BGH, Urt. v. 9. 5. 2000 – VI ZR 173/99 – VersR 2000, 999
– BGH, Beschl. v. 30. 9. 1999 – III ZB 15/99 – NJW 2000, 872 = z. V. in BGHZ bestimmt
– BGH, Beschl. v. 5. 11. 1998 – I ZB 50/98 – NJW 1999, 1786 = VersR 1999, 1436
– BGH, Beschl. v. 30. 1. 1997 – III ZB 110/96 – NJW 1997, 1636 = VersR 1997, 1552
– BGH, Urt. v. 10. 1. 1984 – VI ZR 297/81 – BGHZ 89, 250 ff. = NJW 1984, 1820 = VersR 1984, 264

Die Bestimmung des § 51 Abs. 2 Satz 1 Nr. 3 SGG wird (vgl. das GKV-Gesundheitsreformgesetz 2000 vom 22. 12. 1999 – BGBl. I S. 2626) weit ausgelegt.

– BGH, Beschl. v. 14. 3. 2000 – KZB 34/99 – WuW/E DE-R 469

Seit den Änderungen durch das Zweite Gesetz zur Neuordnung von **13** Selbstverwaltung und Eigenverantwortung in der gesetzlichen Krankenversicherung (2. GKV-Neuordnungsgesetz) vom 23. 6. 1997 (BGBl I, 1520) konnte der Versicherte – wie vom 1.1. bis 31. 12. 1992 in der zahnärztlichen Behandlung (vgl. §§ 29 Abs. 1 und 2, 30 SGB V) – vom 1. 7. 1997 bis 31. 12. 1998 bei der ärztlichen Behandlung die Kostenerstattung wählen (vgl. § 13 Abs. 2 S. 1 SGB V a. F.). Das gilt seit 1. 1. 1999 nur noch für freiwillige Mitglieder (vgl. § 13 Abs. 2 SGB V i. d. F. des GKV-Solidaritätsstärkungsgesetzes vom 19. 12. 1998 – BGBl. 1998 I 2853). Der Arzt kann vom Patienten die Leistung nach GOÄ vergütet verlangen. Der Patient erhält von der gesetzlichen Krankenkasse den in der Satzung bestimmten Betrag erstattet. Dieser ist begrenzt auf die Vergütung, die die Krankenkasse bei Erbringung als Sachleistung zu tragen hätte. Der Zahlungs(um-)weg zwischen Kasse, kassenärztlicher Vereinigung und Vertragsarzt ist in diesem Falle nicht mehr gegeben. Das ist bei Pflichtmitgliedern jedoch nur dann möglich, wenn das Gesetz ausdrücklich von „Kostenerstattung" spricht.

– BGH, Urt. v. 26. 11. 1998 – III ZR 223/97 – BGHZ 140, 102, 106 = NJW 1999, 858 = VersR 1999, 339

Ein unmittelbarer Honoraranspruch des Vertragsarztes gegen den Kassenpatienten besteht ferner, wenn und soweit schon vor Beginn der Behandlung feststeht, dass die Krankenkasse nicht zahlungspflichtig ist,

– OLG Schleswig NJW 1993, 2996

oder eine unaufschiebbare Leistung nicht rechtzeitig erbracht oder eine Leistung zu Unrecht abgelehnt hat (§ 13 Abs. 3 SGB V).

– BGH, Urt. v. 26. 11. 1998 – III ZR 223/97 – BGHZ 140, 102 = NJW 1999, 858 = VersR 1999, 339

Der Vertrag kommt – bei Überweisung, aber auch in sonstigen Fällen – zustande mit der Inanspruchnahme des Arztes durch den Patienten. Das gilt nicht nur im Falle der vollständigen Übernahme der Behandlung, sondern auch dann, wenn der Arzt (etwa als Konsiliararzt) lediglich „Zwischenleistungen" erbringt und der Patient im Übrigen in Behandlung eines anderen Arztes verbleibt.

– BGH, Urt. v. 29. 6. 1999 – VI ZR 24/98 – BGHZ 142, 126 = NJW 1999, 2731 = VersR 1999, 1241
  (Schwangerschaftsuntersuchung des Mittagsurins statt des Morgenurins zur Prüfung der Beta-HCG-Konzentration)
– OLG Karlsruhe VersR 1999, 718
– (Kinderklinik – Laborarzt – Stoffwechsellabor)

14   Erhalten ist die Abkoppelung des Honoraranspruchs des Krankenhausträgers/Arztes vom Behandlungsvertrag auch bei der (Notfall-)Behandlung von Sozialhilfeempfängern, wenn der Anspruch auf Krankenhilfe gemäß §§ 120 Abs. 2, 37 Abs. 3 BSHG nicht anders als durch Gewährung von Krankenhauspflege erfüllt werden kann. Dann kann der Behandlungsseite ein eigener Anspruch auf Kostenerstattung gemäß § 121 BSHG zustehen.

– OLG Köln NJW-RR 1995, 366
– (Asylsuchender Sozialhilfeempfänger – Notfallbehandlung)

Stets entscheidet allein die Krankenkasse darüber, ob dem Versicherten (der das grundsätzlich vor der Behandlung beantragen muss) nach dem Leistungsrecht der gesetzlichen Krankenversicherung eine Krankenhausbehandlung zusteht. Die Krankenkasse muss sich allerdings entgegenhalten lassen, dass der behandelnde Vertragsarzt die Leistung als kostenfreie Sachleistung gegenüber dem Patienten bezeichnet hat, solange der Versicherte nicht wusste oder wissen musste, dass ein Leistungsanspruch nicht bestand oder dass die Entscheidung über die Leistungsgewährung der Krankenkasse vorbehalten war.

Kommt dem Kassenpatienten solchermaßen der Vertrauensgrundsatz (Rechtsscheinshaftung, vgl. § 2 Abs. 2 Satz 2 SGB V) zugute, entscheidet der vom Versicherten gewählte Vertragsarzt faktisch mit bindender Wirkung für den Versicherten und die Krankenkasse über die medizinischen Voraussetzungen des Eintritts des Versicherungsfalls. Im Regelfall muss sich die Kasse ohnehin im Rahmen der Therapiefreiheit liegende Entscheidungen des Arztes darüber, welche Maßnahmen zur Krankenbehandlung aus medizinischer Sicht notwendig sind, entgegenhalten lassen.

– BSG, Urt. v. 9. 6. 1998 – B 1 KR 18/96 R – BSGE 82, 158 = SozR 3–2500 § 39 Nr. 5 = MedR 1999, 117
– BGH, Urt. v. 26. 11. 1998 – III ZR 223/97 – BGHZ 140, 102 = NJW 1999, 858 = VersR 1999, 339

Bei ärztlicher Behandlung eines bewusstlosen Kassenpatienten im Notfall besteht – im Falle eigener Schädigung bei der Behandlung – ein Anspruch auf Aufwendungsersatz aus Geschäftsführung ohne Auftrag gegen die Krankenkasse, wenn der Verletzte Mitglied der gesetzlichen Krankenversicherung war.

– BGH, Urt. v. 7. 11. 1960 – VII ZR 82/59 – BGHZ 33, 251, 256 = NJW 1961, 359 = VersR 1960, 1159

c) Sonderfälle

(1) Praxisgemeinschaft/Gemeinschaftspraxis. Der nur äußeren, losen **15** Praxisgemeinschaft mehrerer Ärzte (Trennung in Behandlung und Organisation) entspricht weiterhin die Sonderung der Haftung der ärztlichen Partner. Die echte, nach außen hin – insbesondere in Institutsform – als Einheit auftretende Gemeinschaftspraxis begründet hingegen – ähnlich der Rechtslage bei der Anwaltssozietät – gesamtschuldnerische Haftung der Partner für die einem der Partner zur Last fallende Schlechterfüllung des Behandlungsvertrages. Sie ist anzunehmen, wenn die Ärzte sich in einer gemeinsam geführten Praxis zur Erbringung gleichartiger Leistungen auf einem bestimmten Fachgebiet verbunden haben und ihr Wille zu gemeinschaftlicher Verpflichtung und austauschbarer Leistungserbringung gegenüber dem Patienten sich nach außen erkennbar manifestiert hat wie durch ein gemeinsames Praxisschild, gemeinsame Briefbögen, Rezeptblöcke, Überweisungsscheine und gemeinsame Abrechnung. Daran ändert sich nichts, wenn die ursprünglich ambulante Behandlung durch eine belegärztliche Gemeinschaftspraxis später stationär fortgesetzt wird.

Deliktisch haftet dagegen jeder Partner nur für eigenes Behandlungs-/Aufklärungsverschulden. Haftungszurechnung nach den §§ 831, 31 entspr. BGB bleibt in der OLG-Rechtsprechung (bisher) ausgeschlossen.

- BGH, Urt. v. 16. 5. 2000 – VI ZR 321/98 – NJW 2000, 2741 = VersR 2000, 1146, z. V. b. in BGHZ
- BGH, Urt. v. 29. 6. 1999 – VI ZR 24/98 – BGHZ 142, 126 = NJW 1999, 2731 = VersR 1999, 1241
- OLG Köln NJW-RR 2000, 733 = VersR 2000, 68
- OLG Oldenburg NJW-RR 1997, 1118
- OLG Karlsruhe VersR 1996, 463 – NA-BGH –
- OLG Oldenburg VersR 1991, 1177 – NA-BGH –
  (jeweils Gynäkologische Gemeinschaftspraxis)
- BGH, Urt. v. 25. 3. 1986 – VI ZR 90/85 – BGHZ 97, 273, 279 = NJW 1986, 2364 = VersR 1986, 866
  (Institut für Radiologie und Nuklearmedizin)
- OLG Oldenburg NJW-RR 1997, 24 = VersR 1997, 1492
  (Kniegelenksspiegelung)
- OLG Köln VersR 1992, 1231 – NA-BGH –
- OLG Köln VersR 1991, 101
  (jeweils Internistische Gemeinschaftspraxis)

(2) Urlaubsvertretung. In den Fällen der Urlaubsvertretung des Privat- **16** oder Vertragsarztes ist der Behandlungsvertrag mit dem Praxisinhaber geschlossen. Der Vertreter ist bei ambulanter Behandlung wie bei stationärer Behandlung durch einen Belegarzt Erfüllungsgehilfe des urlaubsabwesenden Arztes (§ 278 BGB) ohne eigene vertragliche Haftung; er haftet deliktisch im Integritätsschutzbereich für eigenes Behandlungs-/Aufklärungsverschulden. Haftungszurechnung nach § 831 BGB wurde vom BGH bejaht. Die Einwilligung in die Behandlung kann jedoch unter Umständen auf den Praxisinhaber beschränkt sein.

- BGH, Urt. v. 16. 5. 2000 – VI ZR 321/98 – NJW 2000, 2741 = VersR 2000, 1146, z. V. b. in BGHZ

- BGH, Urt. v. 13. 1. 1998 – VI ZR 242/96 – VersR 1998, 457
- BGH, Urt. v. 16. 10. 1956 – VI ZR 308/55 – NJW 1956, 1834 = VersR 1956, 714
- OLG Hamburg VersR 1999, 316
- OLG Hamm VersR 1987, 106 – NA-BGH –
- OLG Düsseldorf VersR 1985, 370

17   **(3) Gratisbehandlung.** Der ärztlichen Behandlung ohne Honorar (ambulant wie stationär) liegt in aller Regel nicht nur ein außerrechtliches Gefälligkeitsverhältnis zugrunde, sondern ein Behandlungsvertrag, und zwar ohne Minderung des Sorgfaltsmaßstabs, soweit nicht Abweichendes vereinbart.

- BGH, Urt. v. 7. 6. 1977 – VI ZR 77/76 – NJW 1977, 2120 = VersR 1977, 819

18   **(4) Behandlung in Ambulanz.** An der Nahtstelle zwischen ambulanter und stationärer Krankenversorgung finden sich die Fälle der Krankenbetreuung in den Krankenhaus-Ambulanzen. Die ambulante Versorgung von Kassenpatienten ist nicht in erster Linie Aufgabe des Krankenhausträgers, sondern, wenn sie im Krankenhaus anfällt, Aufgabe der nach §§ 95, 116 SGB V zur Teilnahme an der vertragsärztlichen Versorgung „ermächtigten" Krankenhausärzte. Das Krankenhaus als Institution kann eine ambulante Krankenbehandlung übernehmen, wenn es um eine Einweisung zur stationären Behandlung, um einen Notfall oder um eine vor- oder nachstationäre Behandlung (§ 115 a SGB V) geht. Zugelassen sind ferner ambulante Operationen (auch außerhalb sog. Tageskliniken) im Rahmen eines Katalogs (§ 115 b SGB V) und bei besonderer Vereinbarung zwischen der kassenärztlichen Vereinigung und dem Krankenhausträger nach den §§ 116 Satz 2, 118 Abs. 1 Satz 2, 119 Abs. 1 Satz 2 SGB V.

Wird die Ambulanz von einem an der vertragsärztlichen Versorgung „beteiligten" selbstliquidierenden leitenden oder einem zur Teilnahme „ermächtigten" Krankenhausarzt geleitet, tritt der Kassenpatient in vertragliche Beziehungen nur zu dem „beteiligten" oder „ermächtigten" Arzt, nicht aber zum Krankenhausträger selbst dann, wenn die Überweisung des Hausarztes auf das Krankenhaus lautete. Die Haftungszuordnung für das in der Ambulanz tätige nachgeordnete ärztliche und nichtärztliche Personal (§§ 278, 831 BGB) trägt in solchem Fall allein der „beteiligte" oder „ermächtigte" Arzt, nicht der Klinikträger.

- BGH, Urt. v. 16. 11. 1993 – VI ZR 105/92 – BGHZ 124, 128, 131 = NJW 1994, 788 = VersR 1994, 425
- OLG Frankfurt NJW-RR 1993, 1248 = VersR 1994, 430

19   Entsprechendes gilt in den Fällen der Chefarztambulanz für Privatpatienten, soweit nicht anderes ausdrücklich vereinbart. Ein wichtiges Indiz ist die Regelung der Liquidation; hingegen ist unerheblich, ob der Patient vom Chefarzt selbst oder einem der nachgeordneten Ärzte betreut worden ist.

- BGH, Urt. v. 8. 12. 1992 – VI ZR 349/91 – BGHZ 120, 376, 382 = NJW 1993, 784 = VersR 1993, 357
  (Krebsvorsorgeuntersuchung – Institutsambulanz)
- BGH, Urt. v. 12. 12. 1989 – VI ZR 83/89 – NJW 1990, 1528 = VersR 1990, 522
  (Strahlenambulanz)
- BGH, Urt. v. 20. 9. 1988 – VI ZR 296/87 – BGHZ 105, 189, 192 = NJW 1989, 769 = VersR 1988, 1270
  (Selbstliquidierender Krankenhausarzt – Privatpatient)

- BGH, Urt. v. 20. 9. 1988 – VI ZR 37/88 – NJW 1989, 767 = VersR 1988, 1273
  (Durchgangsarzt in chirurgischer Ambulanz)
- BGH, Urt. v. 28. 4. 1987 – VI ZR 171/86 – BGHZ 100, 363, 366 = NJW 1987,
  2289 = VersR 1987, 990
  (an vertragsärztlicher Versorgung beteiligter Krankenhausarzt – Kassenpatient)
- OLG Frankfurt NJW-RR 1993, 1248 = VersR 1994, 430
  (Kassenpatient – ambulante Nachbehandlung nachstationärer Behandlung – er-
  mächtigter Chefarzt)
- OLG Düsseldorf VersR 1988, 968
  (Chefarzt – Privatpatient – HNO – Ambulanz)

Wird die Ambulanz demgegenüber vom Klinikträger betrieben als Insti- **20**
tutsambulanz nach §§ 115 a, b, 116, 118, 119 SGB V oder als Notfallambulanz, als klinische Ambulanz für besondere ärztliche Leistungen oder als
allgemein-klinische Ambulanz – ohne Zulassung eines „beteiligten" oder
„ermächtigten" Krankenhausarztes – für die zur ambulanten oder stationären
Behandlung überwiesenen Patienten, so tritt der Patient regelmäßig (nur) in
vertragliche Beziehungen zum Krankenhausträger, mit der Folge der Haftungszurechnung für das Verschulden des dort tätigen ärztlichen und nichtärztlichen Personals (§§ 278, 31, 831 BGB).

- BGH, Urt. v. 8. 12. 1992 – VI ZR 349/91 – BGHZ 120, 376, 381 = NJW 1993, 784
  = VersR 1993, 357
- OLG Düsseldorf VersR 1992, 493 – NA-BGH –
- OLG Karlsruhe VersR 1990, 53 – NA-BGH –
- OLG Düsseldorf VersR 1989, 807
- OLG Düsseldorf VersR 1986, 893, 894

Zum Honoraranspruch des selbstliquidierenden leitenden Krankenhausarztes für ambulante Laborleistungen an Privatpatienten.

- BGH, Urt. v. 12. 3. 1987 – III ZR 31/86 – NJW-RR 1988, 630 = VersR 1987, 1191

2. Stationäre Behandlungsverhältnisse

Gegenüber der ambulanten Krankenversorgung komplexere Vertragsge- **21**
staltungen finden sich im Bereich der stationären Krankenhausbehandlung.
Angesichts der differenzierteren Aufgaben- und Organisationszuordnung im
Krankenhausbereich und der Vielzahl der an der stationären Krankenhauspflege Beteiligten liegt auf der Hand, dass für die vertragliche Haftungszuordnung neben der Bestimmung des Haftungsschuldners (Vertragspartners)
vor allem die Frage nach der Haftungszuweisung für das Gehilfenverschul-
den Bedeutung gewinnt.

Für die stationäre Krankenhausbehandlung gilt vorab der Grundsatz, dass **22**
das Behandlungsverhältnis, privatrechtlich geordnet, schuldrechtlicher Behandlungsvertrag ist. Dies gilt nicht nur für Behandlungsverhältnisse mit
privatrechtlich organisierten Krankenhausträgern, sondern auch für die – in
aller Regel – öffentlich-rechtlich verfassten Krankenhausträger, und zwar
sowohl im Verhältnis zum Privatpatienten (Selbstzahler) als auch im Verhältnis zum Kassenpatienten.

Die stationäre Krankenhauspflege für den Kassenpatienten ist im Ansatz **23**
entsprechend der ambulanten vertragsärztlichen Versorgung geregelt. Auch

in der stationären Krankenhauspflege liegt dem Behandlungsverhältnis zwischen dem Kassenpatienten und dem/den Behandlungsträger(n) ein privatrechtlicher Behandlungsvertrag zugrunde. Im Band zwischen Kassenpatient und Krankenkasse ist Rechtsgrundlage das öffentlich-rechtliche Versicherungsverhältnis (§ 112 SGB V). Die Krankenkassen ihrerseits sind durch gleichfalls öffentlich-rechtliche Gesamtverträge ihrer Verbände mit den zur Krankenhauspflege zugelassenen Krankenhäusern (§§ 108, 109 SGB V) verbunden. Wir finden hier eine Dreier-Beziehung: die beiden öffentlich-rechtlichen Ebenen zwischen Kassenpatient und Krankenkasse einerseits und zwischen Krankenkasse und Krankenhausträger andererseits sowie in der dritten, privatrechtlichen Ebene den schuldrechtlichen Behandlungsvertrag zwischen Kassenpatient und Behandlungsträger.

24   Gegenüber der Annahme eines unmittelbaren Vertragsabschlusses zwischen Krankenkasse und Krankenhausträger zugunsten des Kassenpatienten (§ 328 BGB) tendiert der Bundesgerichtshof zur Annahme unmittelbarer Vertragsvereinbarung zwischen Kassenpatient und Behandlungsträger entsprechend dem Rechtsverständnis in der ambulanten Krankenversorgung.

– BGH, Urt. v. 14. 7. 1992 – VI ZR 214/91 – NJW 1992, 2962 = VersR 1992, 1263
– BGH, Urt. v. 28. 4. 1987 – VI ZR 171/86 – BGHZ 100, 363, 372 = NJW 1987, 2289 = VersR 1987, 990
– BGH, Urt. v. 10. 1. 1984 – VI ZR 297/81 – BGHZ 89, 250, 253 = NJW 1984, 1820 = VersR 1984, 264
– OLG Köln VersR 1999, 1498

Wie dort ist auch hier der Honoraranspruch des Krankenhausträgers abgekoppelt, ausschließlich gegen die Krankenkasse gerichtet und vor den Sozialgerichten zu verfolgen.

– BGH, Urt. v. 9. 5. 2000 – VI ZR 173/99 – VersR 2000, 999 (Enthospitalisierung – keine Krankenhausbehandlung)
– BGH, Beschl. v. 30. 1. 1997 – III ZB 110/96 – NJW 1997, 1636 = VersR 1997, 1552
– BSG, Urt. v. 21. 8. 1996 – 3 RK 2/96 – NJW-RR 1998, 273 (Krankenhauswanderer)

Der öffentlich-rechtliche Vergütungsanspruch gegen die Krankenkasse setzt freilich voraus, dass die Krankenbehandlung, auf die der Kassenpatient Anspruch hat (§ 27 Abs. 1 SGB V), nur durch eine vollstationäre Aufnahme in einem Krankenhaus erfolgen kann (§ 39 Abs. 1 Satz 2 SGB V). Wird die Notwendigkeit einer Krankenhausbehandlung bejaht, ist nicht zugleich ein privatrechtlicher Anspruch des Krankenhausträgers gegen den Patienten aus § 611 BGB gegeben. Für einen solchen Anspruch kann bei einem Kassenpatienten überhaupt nur dann Raum sein, wenn eine stationäre Behandlungsbedürftigkeit nach den sozialversicherungsrechtlichen Vorschriften nicht gegeben ist und der Kassenpatient daher keinen Anspruch auf eine stationäre Behandlung in einem Krankenhaus gemäß § 39 SGB V hat oder wenn der Patient mit dem Krankenhausträger vom öffentlich-rechtlichen Leistungsrahmen abweichende privatrechtliche Vereinbarungen trifft.

– BSG, Urt. v. 9. 6. 1998 – B 1 KR 18/96 R- BSGE 82, 158 = SozR 3–2500 § 39 Nr. 5 = MedR 1999, 117
– BSG, Urt. v. 21. 8. 1996 – 3 RK 2/96 – NJW-RR 1998, 273

Die Leistungspflicht der gesetzlichen Krankenkasse setzt – anders als die Leistungspflicht der Pflegeversicherung – eine behandlungsbedürftige und behandlungsfähige Krankheit voraus

- BGH, Urt. v. 9. 5. 2000 – VI ZR 173/99 – VersR 2000, 999
- BGH, Urt. v. 18. 2. 1997 – VI ZR 70/96 – BGHZ 134, 381, 386 = NJW 1997, 1783 = VersR 1997, 723

sowie eine vom Bundesausschuss der Ärzte und Krankenkassen anerkannte oder nachweisbar wirksame Untersuchungs- und Behandlungsmethode.

– BSG, Urt. v. 16. 9. 1997 – 1 RK 28/95 – NJW 1999, 1805

Der Eintritt des Pflegefalls führt zum Ausscheiden des gesetzlichen Krankenversicherungsträgers aus einem totalen Krankenhausaufnahmevertrag.

- BGH, Urt. v. 9. 5. 2000 – VI ZR 173/99 – VersR 2000, 999
- OLG Koblenz NJW-RR 1991, 876

Dementsprechend besteht keine Leistungspflicht der gesetzlichen Krankenkasse (mehr), wenn die ärztliche Behandlung keine hinreichende Erfolgsaussicht bietet und die Pflege deshalb im Wesentlichen nur noch um ihrer selbst willen und nicht im Rahmen eines Heilplanes durchgeführt wird, nur noch einen die stationäre Versorgung und die pflegerischen Maßnahmen begleitet.

- BGH, Urt. v. 18. 2. 1997 – VI ZR 70/96 – BGHZ 134, 381, 386 = NJW 1997, 1783
- BSG, Urt. v. 23. 3. 1988 – 3 RK 9/87 – BSGE 63, 107, 110 f. = SozR 1300 § 47 Nr. 2
- BSG, Urt. v. 12. 12. 1978 – 3 RK 12/79 – BSGE 49, 216, 217 f. = SozR 2200 § 184 Nr. 15
- BSG, Urt. v. 11. 12. 1985 – 3 RK 33/84 – SozR 2200 § 184 Nr. 28

Bleibt der Patient im Krankenhaus, obwohl er über das Ende der Kostenübernahme seitens der gesetzlichen Krankenkasse wegen Wegfalls der Behandlungsbedürftigkeit unterrichtet wurde und obwohl er weiß, dass der Krankenhausträger seine Leistungen nur gegen Bezahlung durch den Patienten selbst erbringt, so schließt er durch schlüssiges Verhalten einen Vertrag über die weitere stationäre Aufnahme und Betreuung zu dem üblicherweise festgesetzten Pflegesatz, mag er auch einer Vergütungspflicht widersprechen (protestatio facto contraria).

- BGH, Urt. v. 9. 5. 2000 – VI ZR 173/99 – VersR 2000, 999
  (Enthospitalisierung)
- OLG Koblenz NJW-RR 1991, 876
  (Eintritt des Pflegefalls bei Kassenpatient)

Anderes soll gelten, wenn ein Sozialhilfeträger die weitere Kostenübernahme rechtswidrig ablehnt, weil dann für unaufschiebbare Maßnahmen ein Anspruch aus § 121 BSHG aus öffentlich-rechtlicher Geschäftsführung ohne Auftrag besteht.

- OLG Zweibrücken NJW-RR 1999, 1070
  (Kostenübernahmeerklärung durch Sozialhilfeträger – Ablehnung weiterer Übernahme – Nothilfe)
- BVerwG, Beschl. v. 2. 2. 1998 – 5 B 99/97 – NJW 1998, 1806 (kein Anspruch des Arztes, der nicht als Nothelfer handelt)

25   Für die öffentlich-rechtlich verfassten Krankenhäuser – wie in der Praxis die Regel – sind Krankenhausträger beim kommunalen Krankenhaus die Stadt oder der Landkreis, bei den Landeskliniken das Bundesland, bei den Bundeswehrkrankenhäusern der Bund, bei den Universitätskliniken die Universität (nicht das Land) oder eine selbständige Anstalt öffentlichen Rechts.

– BGH, Urt. v. 17. 12. 1985 – VI ZR 178/84 – BGHZ 96, 360, 364 = NJW 1986, 1542 = VersR 1986, 465
– OLG Schleswig NJW-RR 1996, 348 = VersR 1996, 634 – NA-BGH –

Vgl. jetzt zur Selbständigkeit der Kliniken in Baden-Württemberg § 1 Abs. 1 Gesetz über die Universitätsklinika vom 24. 11. 1997 (GBl. S. 474, geändert durch Art. 8 HochschulrechtsÄndG vom 6. 12. 1999 – GBl. S. 517) und die entsprechenden Gesetze anderer Bundesländer.

a) Einheitlicher, sog. totaler Krankenhausaufnahmevertrag

26   Unter der Geltung des Krankenhausfinanzierungsgesetzes i.d.F. vom 10. 4. 1991 – BGBl. I 1991, 886 – und der Bundespflegesatzverordnung i.d.F. vom 26. 9. 1994 – BGBl. I 1994, 2750 –, zuletzt geändert durch die Fünfte Verordnung zur Änderung der Bundespflegesatzverordnung v. 9. 12. 1997 – BGBl. 1997 I 2874, ist der einheitliche Krankenhausaufnahmevertrag weiterhin die Regelform der stationären Krankenhausbetreuung. Der Behandlungsvertrag kann formlos und damit auch stillschweigend abgeschlossen werden (Umkehrschluss aus § 22 Abs. 2 S. 1 BPflV).

– BGH, Urt. v. 9. 5. 2000 – VI ZR 173/99 – NJW = VersR 2000, 999
(Verbleib im Krankenhaus – fehlende Behandlungsbedürftigkeit)

Leitidee dieser Vertragsform ist die Konzentration der vertraglichen Haftung beim Krankenhausträger. Allein der Krankenhausträger ist Vertragspartner, und zwar einheitlich für sämtliche Leistungen der stationären Krankenhausbetreuung im ärztlichen wie im pflegerischen Bereich. Er allein trägt die vertragliche Haftungszuweisung für das Verschulden aller in Erfüllung seiner Behandlungsverpflichtung tätigen Gehilfen (§ 278 BGB). Dies gilt für sämtliche Klinikmitarbeiter.

27   In den Fällen der Einbeziehung frei praktizierender, niedergelassener Ärzte werden in der Regel unmittelbare Vertragsbeziehungen zwischen dem niedergelassenen Arzt und dem **Privat**patienten begründet;

– BGH, Urt. v. 17. 9. 1998 – III ZR 222/97 – NJW 1999, 868 = VersR 1999, 367
(zur Minderungspflicht bei der Honorierung nach Zuziehung durch Belegklinik § 6a GOÄ – § 23 Abs. 1 Satz 2 Nr. 4 BPflV)

solchenfalls erfüllt der einbezogene Arzt ausschließlich eigene Behandlungspflichten; eine Haftungszurechnung zu Lasten des Klinikträgers (§ 278 BGB) greift hier nicht Platz.

– BGH, Urt. v. 14. 7. 1992 – VI ZR 214/91 – NJW 1992, 2962 = VersR 1992, 1263
– BGH, Urt. v. 20. 6. 1989 – VI ZR 320/88 – NJW 1989, 2943 = VersR 1989, 1051
– offengelassen BGH, Urt. v. 15. 2. 2000 – VI ZR 135/99 – NJW 2000, 1782 = VersR 2000, 634, z. V. in BGHZ bestimmt

Anders liegt es dann, wenn Ärzte anderer Fachrichtungen – auch frei- **28** praktizierende, niedergelassene Ärzte – vom Klinikträger zur Erfüllung sei- ner Behandlungspflichten zugezogen werden, wofür die Regelung des Be- handlungshonorars (vgl. §§ 10 Abs. 2., 22 Abs. 1 BPflV) ein wichtiges Indiz ist. In diesen Fällen sind die zugezogenen Ärzte Erfüllungsgehilfen (§ 278 BGB) des Krankenhausträgers.

– OLG Karlsruhe VersR 1999, 718
– OLG Stuttgart VersR 1992, 55
– OLG Oldenburg VersR 1989, 1300 – NA-BGH –

Die Behandlungspflicht umfasst alle medizinisch notwendigen Leistun- gen (§ 39 I 2 SGB V; § 2 Abs. 2. S. 1 BPflV), auch die, die das Krankenhaus mangels eigener Ausstattung nicht selbst erbringen kann. Beim Kassenpati- enten werden diese Leistungen mit dem Pflegesatz abgegolten. In der Regel wird diese Situation nur bei Spezialkliniken mit beschränktem Versorgungs- auftrag (vgl. dazu §§ 108 Nr. 3, 109 I, IV 2 SGB V)

– BSG, Urt. v. 19. 11. 1997 – 3 RK 6/96 – BSGE 81, 182 = NJW 1999, 1811

auftreten, weil Universitätskliniken und Plankrankenhäuser eine umfassende eigene Ausstattung aufweisen werden.

Eine eigene vertragliche Haftung der an der Behandlung beteiligten Kli- **29** nikärzte oder sonstigen Mitarbeiter begründet der Vertrag nicht. Sie sind ausschließlich vertragliche Haftungsvermittler zu Lasten des Krankenhaus- trägers als Vertragsschuldner.

Die Vertragsform des – isolierten – einheitlichen Krankenhausaufnahme- **30** vertrags liegt der Krankenhauspflege des Kassenpatienten im allgemeinen Pflegesatz und derjenigen des Privatpatienten als Selbstzahler zum sog. Großen Pflegesatz (§ 17 Abs. 1 KHG) zugrunde.

b) Gespaltener Krankenhausaufnahmevertrag

(1) Belegarztvertrag. Für diese Vertragsform ist das Grundmodell der **31** sog. Belegarztvertrag (§§ 2 Abs. 1, 23 BPflVO). Unter Belegarzt versteht das Recht einen freiberuflich tätigen Arzt, der kraft Vertrages mit einem Krankenhausträger Recht und Pflicht hat, seine Patienten in einem Beleg- krankenhaus unter Inanspruchnahme der vom Klinikträger bereitgestellten Dienste, Einrichtungen und Mittel stationär oder teilstationär zu behandeln, ohne hierfür vom Klinikträger eine Vergütung zu erhalten. Der Klinikträger demgegenüber ist verpflichtet, die Voraussetzungen für die belegärztliche Tätigkeit zu schaffen, so u. a. Behandlungsräume, medizinisches Gerät so- wie das allgemeine nachgeordnete ärztliche und das nichtärztliche Personal zur Verfügung zu stellen.

– BVerwG, Urt. v. 12. 3. 1987 – 3 C 14/86 – MedR 1987, 252

Der Vertrag zwischen Belegarzt und Klinikträger wird als Dauerschuld- **32** verhältnis besonderer Art angesehen. Er enthält Elemente der Leihe oder Miete und, soweit der Klinikträger dem Belegarzt ärztliche und nichtärzt- liche Hilfspersonen zur Verfügung zu stellen hat, auch der Dienstverschaf- fung. Im Blick auf die Haftungsfragen im Außenverhältnis zum Patienten wird zu Recht die Annahme einer Gesellschaft oder eines gesellschaftsähnlichen Verhältnisses abgelehnt.

- BGH, Urt. v. 22. 10. 1987 – III ZR 197/86 – NJW-RR 1988, 410
- BGH, Urt. v. 8. 7. 1982 – III ZR 204/80 – NJW 1982, 2603
- BGH, Urt. v. 28. 2. 1972 – III ZR 212/70 – NJW 1972, 1128
- OLG Hamm MedR 1989, 148

33   **(2) Haftungstrennung.** Das Außenverhältnis zum Patienten ist bestimmt vom Rechtscharakter des gespaltenen Krankenhausaufnahmevertrags. Diesem liegt die Leitidee vertraglicher Aufspaltung der Haftung für die klinische Gesamtversorgung des Patienten in getrennte Leistungs- und Haftungsbereiche zugrunde, einerseits des Belegarztes für die belegärztlichen Behandlungsleistungen, andererseits des Klinikträgers für die allgemeinen Krankenhausleistungen. Dabei besteht ein Behandlungsvertrag zwischen Patient und Belegarzt, der bereits vor der stationären Aufnahme in die Belegabteilung begründet worden ist, jedenfalls dann weiter, wenn der Belegarzt die ambulant begonnene Behandlung stationär fortsetzt.

- BGH, Urt. v. 16. 5. 2000 – VI ZR 321/98 – NJW 2000, 2741 = VersR 2000, 1146, z. V. b. in BGHZ
- OLG Oldenburg VersR 1991, 1177 – NA-BGH –
- OLG Celle VersR 1993, 360 – NA-BGH –

Das maßgebliche Kriterium für die Abgrenzung der Haftungsbereiche zwischen Belegarzt und Träger des Belegkrankenhauses kann sachgerecht nur aus einer wertenden Feststellung der vom jeweiligen Vertragspartner im Verhältnis zum Patienten geschuldeten Behandlungsleistungen gewonnen werden, und zwar im Wege der Bestimmung der objektiven Pflichtenkreise im gespaltenen Vertrag. Für dieses Kriterium geben die bisherigen Formeln der Rechtsprechung von der Wahrnehmung der „üblichen Funktionen" von Belegarzt und Belegkrankenhaus nur wenig brauchbaren Anhalt. Aufgrund der Ermächtigung des § 16 KHG, durch Rechtsverordnung die allgemeinen stationären Leistungen der Belegkrankenhäuser und die ärztlichen Leistungen der Belegärzte zu bestimmen, sind in den hierauf beruhenden Leistungsbeschrieben der Bundespflegesatzverordnung die Pflichtenkreise von Belegarzt und Belegkrankenhaus näher abgegrenzt. Die Betreuungsangebote im gespaltenen Vertrag wie die Erwartungen des Patienten werden dementsprechend geprägt von diesen Leistungsbeschreibungen der Bundespflegesatzverordnung, die ihrerseits im Wege normativer Vertragsauslegung den Inhalt der vertraglichen Beziehungen gleichermaßen im Verhältnis zwischen Belegarzt und Krankenhausträger wie im Verhältnis zwischen Belegarzt und Patienten festlegen.

34   **(3) Haftung für Eigenverschulden (Belegarzt – Krankenhausträger).** Dem Grundsatz der Haftungstrennung folgen nach gesicherter Rechtsprechung zunächst die je eigenverschuldeten Behandlungsdefizite aus Fehlleistungen von Belegarzt und Krankenhausträger.

Belegarzt: Aus eigener fehlerhafter ärztlicher Behandlung im belegärztlichen Leistungsbereich haftet dem Patienten (Privatpatient oder Kassenpatient) allein der Belegarzt.

Ein Belegarzt ist in der ärztlichen Behandlung seines Patienten, selbst wenn er sich als Leitender Arzt oder Chefarzt bezeichnet, nicht Erfüllungsgehilfe des Belegkrankenhauses (§ 2 Abs. 1 Satz 2 Bundespflegesatzverordnung); gleiches gilt für die Leistungen einer Beleghebamme bzw. eines (Beleg-) Entbindungspflegers. Sie handeln in diesem Bereich ausschließlich in Erfüllung eigener Verpflichtung; eine Haftung des Krankenhausträgers (§ 278 BGB) steht im eigenen belegärztlichen Leistungsbereich grundsätzlich nicht in Betracht.

- BGH, Urt. v. 16. 4. 1996 – VI ZR 190/95 – NJW 1996, 2429 = VersR 1996, 976
- BGH, Urt. v. 19. 2. 1995 – VI ZR 272/93 – BGHZ 129, 6, 9 ff. = NJW 1995, 1611 = VersR 1995, 706
- BGH, Urt. v. 14. 7. 1992 – VI ZR 214/91 – NJW 1992, 2962 = VersR 1992, 1263
- OLG München VersR 1997, 977 – NA-BGH –
- OLG Oldenburg VersR 1992, 453 – NA-BGH –
- OLG Oldenburg VersR 1991, 1177 – NA-BGH –
- OLG Frankfurt VersR 1991, 929 – NA-BGH –
- OLG Frankfurt VersR 1991, 185 – NA-BGH –
- OLG Saarbrücken VersR 1991, 1289
- OLG Köln VersR 1990, 1242
- OLG Düsseldorf VersR 1990, 489

Krankenhausträger: Für den Leistungsbereich der allgemeinen Kranken- **35** hausleistung ist Vertragspartner und Haftungsverantwortlicher gegenüber dem Patienten ausschließlich der Klinikträger. Zu seinem originären Leistungsbereich gehört gleichermaßen die Bereitstellung der erforderlichen technisch – apparativen Einrichtungen und die Organisation ihrer Benutzung durch das Hilfspersonal im Leistungsbereich des Klinikträgers wie auch die Bereitstellung der zur Erbringung der allgemeinen Krankenhausleistungen erforderlichen personellen Ausstattung unter Einschluss der allgemeinen Krankenhausorganisation durch Weisung und Überwachung. Im Sektor seiner Gestellungspflichten ist der Klinikträger haftbar insbesondere für Qualitätsmängel der Behandlung aus einer personellen und/oder apparativen Minderausstattung sowie aus Säumnissen der allgemeinen Klinikorganisation wie der Sorge für den Klinikbetrieb in ausreichendem Maße sicherstellende ärztliche Anordnungen einschließlich der Organisation der ärztlichen Versorgung.

- BGH, Urt. v. 16. 4. 1996 – VI ZR 190/95 – NJW 1996, 2429 = VersR 1996, 976
- BGH, Urt. v. 22. 12. 1992 – VI ZR 341/91 – BGHZ 121, 107, 111 = NJW 1993, 779 = VersR 1993, 481
- BGH, Urt. v. 10. 1. 1984 – VI ZR 158/82 – BGHZ 89, 263, 271 = NJW 1984, 1400 = VersR 1984, 355
- BGH, Urt. v. 8. 5. 1962 – VI ZR 270/61 – NJW 1962, 1763 = VersR 1962, 744
- BGH, Urt. v. 27. 2. 1952 – II ZR 78/51 – BGHZ 5, 321, 323 = NJW 1952, 658 = VersR 1952, 166
- OLG Schleswig NJW 1997, 3098
- OLG München VersR 1997, 977 – NA-BGH –
- OLG Zweibrücken NJWE-VHR 1996, 63
- OLG München VersR 1994, 1113
- OLG Stuttgart NJW 1993, 2384 = VersR 1993, 1358
- OLG Koblenz NJW 1990, 1534 = VersR 1990, 309 (LS)
- OLG Düsseldorf VersR 1988, 91

36 Eine Freizeichnung des Klinikträgers von der Haftung für Schäden aus seinem Verantwortungsbereich wird in der Regel nicht möglich sein.

– OLG Stuttgart NJW 1993, 2384 = VersR 1993, 1358

37 **(4) Haftungszurechnung für Dritte (Belegarzt – Krankenhausträger).** Während die vorskizzierten grundsätzlichen Fragen der Haftungstrennung zwischen Belegarzt und Krankenhausträger durch die obergerichtliche Rechtsprechung übereinstimmend geklärt sind, hat sich hinsichtlich der Abgrenzung der Haftungszuordnung zwischen Belegarzt und Klinikträger für Fehlleistungen der nachgeordneten Hilfspersonen eine ähnlich sicher strukturierte Rechtsprechung noch nicht entwickelt. Vor dem Hintergrund der Leistungsbeschriebe der Bundespflegesatzverordnung indessen muss sich die Haftungszuordnung im Bereich der Fehlleistungen der nachgeordneten Hilfspersonen wie folgt abgrenzen:

38 Der **Belegarzt** trägt neben der Haftung für eigene Fehlleistungen in der ärztlichen Behandlung die (alleinige) Haftung nach § 278 BGB für Fehlleistungen der von ihm selbst angestellten Hilfspersonen, einschließlich der von ihm bestellten ärztlichen Urlaubsvertretung

– BGH, Urt. v. 16. 5. 2000 – VI ZR 321/98 – NJW 2000, 2741 = VersR 2000, 1146, z. V. b. in BGHZ

sowie die Haftung für die in der Behandlung des Patienten unterlaufenen Fehler im Bereich

39 – der vom Belegarzt veranlassten Leistungen der nachgeordneten Ärzte des Krankenhauses, die bei der Behandlung des Patienten in demselben Fachgebiet wie der Belegarzt tätig werden (§ 23 Abs. 1 Nr. 3 BPflV).
Diese Zuordnung im Sinne der vertikalen ärztlichen Arbeitsteilung spricht an die ärztliche Assistenz im Fachgebiet des Belegarztes, und zwar betreffend gleichermaßen die Assistenz in der Operation wie in der postoperativen ärztlichen Betreuung; maßgeblich muss dabei sein, ob die vom nachgeordneten Arzt konkret wahrgenommene Tätigkeit ihrer Funktion nach dem Fachgebiet des Belegarztes zurechnet, nicht hingegen die Gebietsbezeichnung.
Dementsprechend haftet etwa ein chirurgischer Belegarzt, der einen nachgeordneten Arzt der vom Klinikträger als Vollabteilung geführten HNO-Abteilung zu seinem Eingriff als Operationsassistent hinzuzieht, für dessen Fehler.
– der vom Belegarzt veranlassten Leistungen von Ärzten und ärztlich geleiteten Einrichtungen außerhalb des Krankenhauses (§ 23 Abs. 1 Nr. 3 BPflV)

40 Diese Zuordnung im Sinne der horizontalen ärztlichen Arbeitsteilung spricht nur Ärzte außerhalb des Krankenhauses an und nur solche, die vom Belegarzt selbst zugezogen werden. Dabei ist zu beachten, dass in den Fällen der Beteiligung niedergelassener Ärzte außerhalb des Krankenhauses regelmäßig unmittelbare Vertragsbindungen zwischen dem Patienten und dem niedergelassenen Arzt begründet werden; letzterenfalls nimmt dieser (nur) eigene Behandlungsaufgaben wahr; eine Haftungszurechnung zu Lasten des Belegarztes (oder des Krankenhausträgers) steht dann nicht in Betracht.

- BGH, Urt. v. 14. 7. 1992 – VI ZR 214/91 – NJW 1992, 2962 = VersR 1992, 1263
  (Gynäkologischer Belegarzt – Kinderärztin)
- BGH, Urt. v. 20. 6. 1989 – VI ZR 320/88 – NJW 1989, 2943 = VersR 1989, 1051
  (Gynäkologische Praxis – Arzt für Labormedizin)

- des ärztlichen Bereitschaftsdienstes unter Einschluss der Notfallversorgung (§ 23 Abs. 1 Nr. 2 BPflV – im Unterschied zum Notarzt im Rahmen des schlicht-hoheitlichen Rettungsdiensts – BGH, Urt. v. 12. 11. 1992 – III ZR 178/91 – NJW 1993, 1526 = VersR 1993, 316)
  Diese Zuordnung spricht nur den vom Belegarzt zugezogenen ärztlichen Bereitschaftsdienst an.

Der **Krankenhausträger** demgegenüber trägt die (alleinige) Haftung **41** nach § 278 BGB für die in der Behandlung des Patienten unterlaufenen Fehlleistungen im Bereich
- der nachgeordneten Ärzte des Krankenhauses, die bei der Behandlung des Patienten nicht im Fachgebiet des Belegarztes tätig geworden sind.
Diese Zuordnung im Sinne der vertikalen ärztlichen Arbeitsteilung betrifft die Beteiligung der Ärzte des Krankenhauses, die in der Behandlung des Patienten nicht im belegärztlichen Fachgebiet, sondern im eigenen Fachgebiet tätig werden; dementsprechend haftet für Fehlleistungen der auf eigenem Fachgebiet beteiligten Krankenhausärzte, etwa des im belegärztlichen Eingriff die Narkose leitenden Anästhesisten oder des konsiliarisch mitbehandelnden HNO-Arztes der Krankenhausträger, soweit diese Ärzte vom Krankenhausträger angestellt sind (Krankenhausabteilung).

- OLG Düsseldorf NJW-RR 1993, 483
- OLG Koblenz NJW 1990, 1534 = VersR 1990, 309
- OLG Köln VersR 1990, 1242
- OLG Düsseldorf VersR 1986, 1245

Freilich ist zu beachten, dass in der Mehrzahl der Fälle die Belegkrankenhäuser als Vollbeleg-Krankenhäuser geführt werden. Hier bestehen unmittelbare vertragliche Beziehungen zwischen dem Patienten und dem Belegarzt des anderen Fachgebiets. Letzterer erfüllt ausschließlich eigene Behandlungsaufgaben und haftet zugleich für die nachgeordneten Ärzte seines Fachs nach § 278 BGB. Eine Haftungszurechnung zu Lasten des Belegarztes (oder des Krankenhausträgers) steht hier nicht in Betracht.
- der nachgeordneten nichtärztlichen Hilfskräfte, insbesondere des medizinisch-technischen Personals und des in der Grund-, Funktions- und Weisungspflege tätigen pflegerischen Personals, zeitlich bis zur Übernahme der Verantwortung durch den Belegarzt auf Grund spezieller Weisungen.

- BGH, Urt. v. 16. 5. 2000 – VI ZR 321/98 – NJW 2000, 2741 = VersR 2000, 1146, z. V. b. in BGHZ
  (vom Träger des Belegkrankenhauses angestellte Hebamme)

Dem Klinikträger verbleibt zusätzlich eine aus seiner Organisationspflicht **42** folgende **Überwachungspflicht** hinsichtlich des Einsatzes seines Pflegepersonals. Gegen eine fehlerhafte Aufgabenverteilung wie auch für nicht ausreichende (generelle) Anweisungen an das Pflegepersonal durch den Belegarzt muss der Klinikträger einschreiten, so wenn dem Pflegepersonal durch ärztliche Anordnung Aufgaben übertragen werden, die die pflegerische

Kompetenz übersteigen oder wenn das Pflegepersonal keine eindeutigen Anweisungen zur Einschaltung des ärztlichen (Nacht-) Dienstes erhält.

 – BGH, Urt. v. 16. 4. 1996 – VI ZR 190/95 – NJW 1996, 2429 = VersR 1996, 976
   (Nachtdienst – Pflegepersonal – CTG)
 – OLG München VersR 1994, 1113
   (Nachgeburt)
 – OLG Stuttgart VersR 1994, 1114
   (Anweisung Hebamme – Facharzt – Schulterdystokie)
 – OLG Stuttgart NJW 1993, 2384 = VersR 1993, 1358
   (Geburtshilfe – Nachtschwester)

43   Die Zurechnung des Verschuldens des nichtärztlichen Personals als Erfüllungsgehilfe des Krankenhausträgers (§ 278 BGB) greift indessen ausnahmsweise dann nicht Platz, wenn unmittelbar eigene vertragliche Behandlungspflichten zum Patienten bestehen. Dies gilt namentlich für die selbständig tätigen Beleghebammen in geburtshilflichen Belegkrankenhäusern im eigenen Leistungsbereich.

 – OLG Köln VersR 1997, 1404 – NA-BGH –
 – OLG München VersR 1997, 977 – NA-BGH –
 – OLG Celle VersR 1993, 360 – NA-BGH –
 – OLG Oldenburg VersR 1992, 453 – NA-BGH –
 – OLG Frankfurt VersR 1991, 929 – NA-BGH –
 – OLG Düsseldorf VersR 1990, 489 – NA-BGH –

44   Die eigenen vertraglichen Beziehungen der freiberuflichen (Beleg-)Hebamme zur Patientin schließen jedoch nicht aus, dass die Hebamme mit der Übernahme der Geburtsleitung durch den Arzt als dessen Gehilfin die Geburt betreut, und der Belegarzt für sie nach §§ 278, 831 BGB einzustehen hat. Der Arzt übernimmt die Geburtsleitung mit der Eingangsuntersuchung.

 – BGH, Urt. v. 19. 2. 1995 – VI ZR 272/93 – BGHZ 129, 6, 11 ff. = NJW 1995, 1611
   = VersR 1995, 706
 – OLG Celle VersR 1999, 486 – NA-BGH –

45   Die Grundsätze der Haftungstrennung im gespaltenen Krankenhausaufnahmevertrag schließen selbstverständlich eine gesamtschuldnerische Haftung von Belegarzt und Krankenhausträger dann nicht aus, wenn sich im Schaden des Patienten Fehlleistungen gleichermaßen aus dem Leistungsbereich des Belegarztes wie aus demjenigen des Klinikträgers verwirklichen. Dies gilt vor allem für das Zusammentreffen von Organisationsverstößen des Klinikträgers mit Mängeln in der Überwachung durch den Belegarzt und vom Zusammentreffen von Koordinierungssäumnissen des Belegarztes mit Fehlleistungen im nachgeordneten, nicht fachspezifischen ärztlichen oder im nichtärztlichen Dienst.

46   Besonderheiten der ärztlichen Behandlungsaufgabe können den Belegarzt aus Gründen der konkreten Gefahr- und Schutzvorsorge für den Patienten verpflichten zur Erteilung und zur Überwachung spezieller ärztlicher Instruktionen gegenüber dem mit der Behandlungspflege befassten – im Grundsatz dem Leistungs- und Haftungsbereich des Krankenhausträgers zugeordneten – nachgeordneten Personal der allgemeinen ärztlichen Assistenz oder der nichtärztlichen Behandlungspflege.

Die fehlsame Unterlassung solcher Instruktionen oder die Nichtüberwachung ihrer Befolgung ist sodann dem Belegarzt als eigenes Verschulden zuzurechnen.

- BGH, Urt. v. 18. 3. 1986 – VI ZR 215/84 – NJW 1986, 2365 = VersR 1986, 788
- BGH, Urt. v. 10. 1. 1984 – VI ZR 158/82 – BGHZ 89, 263, 272 = NJW 1984, 1400 = VersR 1984, 356
- OLG Düsseldorf VersR 1988, 91

Hinsichtlich der Frage gesamtschuldnerischer Haftung verlangen zwei **47** Behandlungsbereiche, in denen sich zugleich eine gesteigerte Fehlerträchtigkeit mit einer besonders engen Verzahnung zwischen den belegärztlichen Kernleistungen und denjenigen des pflegerischen Hilfspersonals verknüpfen, eine gesonderte Betrachtung. Für das dem Belegarzt in der Operation assistierende nichtärztliche Personal (Operationsschwester, Operationspfleger) sollte bei Fehlleistungen dieser Hilfskräfte neben die Haftung des Krankenhausträgers (§ 278 BGB) eine gesamtschuldnerische Haftung auch des Belegarztes (§ 278 BGB) treten. Vgl. zur bisherigen Rechtsprechung:

- BGH, Urt. v. 8. 5. 1962 – VI ZR 270/61 – NJW 1962, 1763 = VersR 1962, 744
- BGH, Urt. v. 22. 10. 1957 – VI ZR 231/56 – VersR 1957, 806
- OLG Hamburg VersR 1954, 125.

Gleiches gilt für den Bereich der speziellen Weisungspflege im Aus- **48** übungsfall. Dies begründet sich daraus, dass der Belegarzt hier das Pflegepersonal gezielt zur Erfüllung einer ihm auferlegten, besonders gesteigerten Risiko-Beherrschungs-Pflicht in Anspruch nimmt. Vgl. auch:

- OLG Celle VersR 1993, 360 – NA-BGH –
(Belegarzt/Hebamme).

c) Einheitlicher Krankenhausaufnahmevertrag mit Arztzusatzvertrag

(1) Vertragsgestaltung. In der Rechtswirklichkeit verbreiteter, als die **49** klassischen Belegarztverhältnisse sind die Berechtigungen der leitenden Krankenhausärzte zur Erbringung ärztlicher Leistungen mit dem Recht zur Selbstliquidation. Es sind dies die häufigen Fälle der Arzt-Wahlleistungs-Patienten in der stationären Krankenhauspflege. Sie liegen vor, wenn der Privatpatient oder der Kassenpatient nach Einhaltung der vorgeschriebenen genauen Unterrichtung über die Entgelte der Wahlleistungen (vgl. § 22 Abs. 2 BPflV; Unwirksamkeit einer formularmäßigen Bestätigung über die Aushändigung der GOÄ, der Hausordnung und der Benutzungsordnung – § 11 Nr. 5 AGBG)

- BGH, Urt. v. 19. 2. 1998 – III ZR 169/97 – BGHZ 138, 91, 92 = NJW 1998, 1778 = VersR 1998, 726
- BGH, Urt. v. 19. 12. 1995 – III ZR 233/94 – NJW 1996, 781 = VersR 1996, 1157
- OLG Köln NJW-RR 1999, 228 = VersR 1999, 374
- OLG Düsseldorf NJW-RR 1998, 1348= VersR 1999, 496

einerseits zum sog. Kleinen Pflegesatz (§ 7 Abs. 2 Nr. 4 BPflV) die allgemeinen Krankenhausleistungen des Krankenhausträgers und andererseits als Selbstzahler die ärztlichen Leistungen der selbstliquidierenden Ärzte (§§ 22 Abs. 2, 24 Abs. 2 BPflV) sowie vom Krankenhaus angebotene Wahlleistungen (§ 22 Abs. 1 BPflV), deren Entgelt in keinem unangemessenen Verhältnis zu den Leistungen steht,

– BGH, Urt. v. 4. 8. 2000 – III ZR 158/99 – VersR 2000, 1250, z. V. b. in BGHZ

wählt. Die Vereinbarung muss schriftlich (§ 22 Abs. 2 BPflV) erfolgen, also von beiden Vertragspartnern unterzeichnet (§ 126 Abs. 2 S. 1 BGB) werden.

– BGH, Urt. v. 19. 2. 1998 – III ZR 169/97 – BGHZ 138, 91, 98 = NJW 1998, 1778 = VersR 1998, 728
– OLG Hamm VersR 2000, 365
– OLG Düsseldorf VersR 1999, 232 – NA-BGH –

50   Beim Behandlungsverhältnis des Arzt-Wahlleistungs-Patienten muss sich zwangsläufig die Frage stellen, welche Folgerungen sich für die vertragliche Haftungszuordnung aus den verschiedenen Leistungsbereichen (Krankenhausträger/selbstliquidierende Ärzte) ergeben. Es liegt auf der Hand, dass sich als Lösungsansatz die Alternative stellt: gespaltener Krankenhausaufnahmevertrag oder einheitlicher Krankenhausaufnahmevertrag mit hinzutretendem Arztzusatzvertrag für den ärztlichen Wahlleistungsbereich. Nach anfänglicher Neigung der Rechtsprechung zum Modell des gespaltenen Krankenhausvertrags

– BGH, Urt. v. 10. 1. 1984 – VI ZR 158/82 – BGHZ 89, 263, 266 = NJW 1984, 1400 = VersR 1984, 356

hat sich der Bundesgerichtshof in der Folge für die Vertragsform des einheitlichen Krankenhausaufnahmevertrags mit Arztzusatzvertrag als Regelmodell ausgesprochen.

– BGH, Urt. v. 19. 2. 1998 – III ZR 169/97 – BGHZ 138, 91, 96 = NJW 1998, 1778 = VersR 1998, 726
– BGH, Urt. v. 18. 6. 1985 – VI ZR 234/85 – BGHZ 95, 63, 69 = NJW 1985, 2189 = VersR 1985, 1043
– OLG Düsseldorf VersR 1999, 232 – NA-BGH –

51   Danach liegt der Krankenhauspflege des Arzt-Wahlleistungs-Patienten in der Regel zugrunde ein einheitlicher Krankenhausaufnahmevertrag mit Arztzusatzverträgen – hinsichtlich aller optierten selbstliquidierenden Ärzte: § 22 Abs. 3 BPflV –. Anderes, nämlich der Rückgriff auf die Vertragsform des gespaltenen Krankenhausaufnahmevertrags greift nur Platz kraft klarer vertraglicher – formularmäßig nur bei nachdrücklich deutlicher – nicht überraschender (§ 3 AGBG) abweichender Vereinbarung, insbesondere bei

– Ausschluss der Haftung des Krankenhausträgers (Freizeichnung) für die vom selbstliquidierenden Arzt geschuldete eigene ärztliche Leistung; sodann ist insoweit alleiniger vertraglicher Haftschuldner der selbstliquidierende Arzt, der dann weder als Erfüllungsgehilfe noch als Organ dem Krankenhausträger zurechnet (§§ 278, 31, 89 BGB).

– BGH, Urt. v. 22. 12. 1992 – VI ZR 341/91 – BGHZ 121, 107, 111 = NJW 1993, 779 = VersR 1993, 481
– OLG Koblenz NJW 1998, 3425 = VersR 1998, 1283
– BGH, Urt. v. 18. 6. 1985 – VI ZR 234/85 – BGHZ 95, 63, 66 = NJW 1985, 2189 = VersR 1985, 1043
– OLG Stuttgart VersR 1994, 1476
– OLG Bamberg VersR 1994, 813 – NA-BGH

– Ausschluss der Haftung des Krankenhausträgers auch für die vom selbstliquidierenden Arzt zugezogene Assistenz seines Fachs; sodann ist in entsprechender Weise diese ärztliche Assistenz allein Erfüllungsgehilfe gemäß § 278 BGB und Verrichtungsgehilfe nach § 831 BGB des selbstliquidierenden Arztes.

(2) Haftungskombination. Sinn und Zweck der für den Arzt-Wahl- **52** leistungs-Patienten in der Regel geltenden Vertragsverbindung des einheitlichen Krankenhausaufnahmevertrages mit ärztlichem Zusatzvertrag ist die Konzentration der Vertragshaftung beim Krankenhausträger, und zwar für alle im stationären Behandlungsverhältnis zu erbringenden Leistungen, seien es solche der ärztlichen oder der nichtärztlichen Betreuung. Der vertraglichen Verpflichtung zur Erbringung aller Behandlungsleistungen entspricht die Haftungszuweisung zu Lasten des Krankenhausträgers für alle an der Behandlung Beteiligte (§ 278 BGB). Dies gilt für die gesamte nichtärztliche Pflege (– Grund-, Funktionspflege und konkrete Behandlungspflege, auch im Bereich der speziellen Weisungspflege des selbstliquidierenden Arztes –), weiter für die nachgeordnete ärztliche Assistenz (– allgemeine nachgeordnete ärztliche Assistenz und nachgeordnete ärztliche Assistenz im Fach des selbstliquidierenden Arztes –), endlich auch für den eigenliquidierenden Arzt selbst, der im Leistungsbereich der übernommenen ärztlichen Wahlleistungen zwar vertraglicher Selbsthafter ist, zugleich aber auch Haftungsvermittler (§ 278 BGB) für den Krankenhausträger (s. o. Rdnr. A 51)

Der zwischen Patient und selbstliquidierendem Arzt über die ärztlichen **53** Wahlleistungen wirksam geschlossene Arztzusatzvertrag (§ 22 Abs. 2 BPflV) begründet ein zusätzliches vertragliches Haftungsband zu dem jeweils selbstliquidierenden Arzt.

– BGH, Urt. v. 10. 3. 1981 – VI ZR 202/79 – NJW 1981, 2002 = VersR 1981, 730
– OLG Stuttgart VersR 1991, 1141
– OLG Köln VersR 1989, 1264

Der Selbstliquidierende ist im wirksam übernommenen ärztlichen Bereich zusätzlicher Vertrags- und Haftungsschuldner und steht in seinem Leistungsbereich ein für eigenes Verschulden. Der selbstliquidierende Arzt trägt weiterhin eine vertragliche Haftungszuweisung nach § 278 BGB für die von ihm im eigenen Leistungsbereich zugezogene ärztliche Assistenz seines Fachs. Insoweit findet sich eine Form doppelter Haftungsvermittlung nach § 278 BGB, nämlich sowohl zu Lasten des selbstliquidierenden Arztes als auch zu Lasten des Krankenhausträgers.

– BGH, Urt. v. 30. 11. 1982 – VI ZR 77/81 – NJW 1983, 1374 = VersR 1983, 244, ins. nicht in BGHZ 85, 393

Gleiches hat auch zu gelten im Bereich spezieller ärztlicher Weisung in **54** der konkreten Behandlungspflege für Verschulden des ärztlichen und nichtärztlichen Personals der konkreten Behandlungspflege aus der Nichterfüllung ärztlicher Weisung.

Wird – in der horizontalen Ebene – ein freipraktizierender, niedergelassener Arzt zugezogen, gilt auch hier der Vorrang der unmittelbaren Vertragsbeziehung zwischen dem niedergelassenen Arzt und dem Patienten; sonst liegt die Zuziehung und Haftungszurechnung nach § 278 BGB zu Lasten des Krankenhausträgers nahe.

Dagegen bleibt es beim einheitlichen Krankenhausaufnahmevertrag, wenn der Arztzusatzvertrag (z. B. als Bestandteil einer wegen Nichteinhaltung der Schriftform unwirksamen Wahlleistungsvereinbarung – § 22 Abs. 2 Satz 1 BPflV; §§ 125 Satz 1, 126 Abs. 2 Satz 1 BGB) sich als unwirksam erweist.

– BGH, Urt. v. 19. 2. 1998 – III ZR 169/97 – BGHZ 138, 91, 99 = NJW 1998, 1778 = VersR 1998, 728
– OLG Düsseldorf NJW-RR 1998, 1348

II. Deliktische Haftungsgrundlagen

55   Anknüpfung der deliktischen Haftung in den Behandlungsverhältnissen ist die Übernahme der Behandlung durch den Arzt oder die Beteiligung an einer Behandlungsaufgabe durch Arzt oder nichtärztliches Personal. Hieraus erwachsen den auf der Behandlungsseite Beteiligten die gesetzlichen Pflichten zu Schutz und Erhaltung der Gesundheit des Patienten nach den Vorschriften der §§ 823 ff BGB.

56   Dem niedergelassenen Praxisinhaber wie dem Krankenhausträger obliegen – wie auch sonst – **Verkehrssicherungspflichten** zum Schutz des zumeist beeinträchtigten Patienten vor Schädigung auf Wegen und Zugängen, durch die bauliche Gestaltung der Praxis oder des Krankenhauses, durch Apparate, Möbel, sanitäre Einrichtungen, Krankentransport u. ä.

– BGH, Urt. v. 25. 6. 1991 – VI ZR 320/90 – NJW 1991, 2960 = VersR 1991, 1058
(Sturz aus Duschstuhl)
– BGH, Urt. v. 18. 12. 1990 – VI ZR 169/90 – NJW 1991, 1540 = VersR 1991, 310
(Sturz aus Krankenstuhl)
– BGH, Urt. v. 20. 6. 2000 – VI ZR 377/99 – z. V. b.
(Sicherung auf offener Station – bauliche Maßnahmen – Verkehrssicherungspflicht in psychiatrischer Klinik)
– BGH, Urt. v. 9. 4. 1987 – III ZR 171/86 – VersR 1987, 985
(bauliche Maßnahmen – Fenstersicherung in Beruhigungsraum)
– BGH, Urt. v. 19. 1. 1984 – III ZR 172/82 – NJW 1985, 677 = VersR 1984, 460
(Schutz von Rechtsgütern Dritter – Aufsicht über Psychiatrie-Patienten)
– OLG Schleswig VersR 1997, 69
(Tür zum Flur)
– OLG Stuttgart NJW-RR 1995, 405
(Sport- und Spielgeräte zum Therapieeinsatz)
– OLG Köln NJW-RR 1994, 862 – VersR 1994, 1425 – NA-BGH
(Kinderklinik – Zündeln)
– OLG Hamm VersR 1993, 1030 – NA-BGH
(Duschkabine in Krankenhaus)
– OLG Köln VersR 1992, 1517
(Überwachung psychisch Kranker im Schwimmbad)
– OLG Düsseldorf VersR 1990, 1277
(Diabetes mellitus – Kreislaufkollaps auf Transport zur Diagnostik)
– OLG Köln VersR 1990, 1240
(Sturz von Untersuchungsliege)

– OLG Köln NJWE-VHR 1998, 142 = VersR 1999, 121
(grundsätzlich keine Pflicht des Arztes zur Verwahrung und Beaufsichtigung abgelegter Kleidung)

Die Sicherheit des selbstmordgefährdeten Patienten ist bei seiner stationären Behandlung oberstes Gebot, dem durch die Bewachung des Patienten und durch begleitende organisatorische Maßnahmen im Rahme des Erforderlichen und des Zumutbaren Rechnung zu tragen ist.

– OLG Köln VersR 1999, 624 – NA-BGH –

Gehaftet wird im Recht der unerlaubten Handlung nur für Verschulden. **57** Behandlungspflichten bzw. Behandlungsfehler – ohne Unterschied, ob Unterlassen oder aktives Tun –, Sorgfaltsmaßstab und Kausalitätszurechnung entsprechen im Deliktsrecht der Rechtslage für die vertragliche Haftung.

– BGH, Urt. v. 25. 6. 1991 – VI ZR 320/90 – NJW 1991, 2960 = VersR 1991, 1058
– BGH, Urt. v. 8. 5. 1990 – VI ZR 22/789 – NJW 1990, 2929 = VersR 1990, 1010
– BGH, Urt. v. 20. 9. 1988 – VI ZR 37/88 – NJW 1989, 767 = VersR 1988, 1273
– BGH, Urt. v. 14. 7. 1981 – VI ZR 35/79 – NJW 1981, 2360 = VersR 1981, 1033

Der Arzt kann auch ohne Abschluss eines Behandlungsvertrages zur Hilfe verpflichtet sein (§ 323c StGB); die Verletzung dieser allgemeinen Nothilfepflicht begründet jedoch keine zivilrechtliche Haftung. Die Haftung für Unterlassung setzt vielmehr voraus, dass der Arzt eine Garantenstellung zum Schutz des Lebens und der Gesundheit des Patienten hat, die ein Handeln gebietet, die aber auch außerhalb vertraglicher Beziehungen durch ein gefährdendes Vorverhalten (Ingerenz) z. B. durch rechtswidrige (versehentliche) Überlassung eines Giftes, aber auch durch faktische Übernahme der Behandlung oder durch Ausübung einer Funktion nach einer geltenden gesetzlichen Regelung begründet werden kann. Deshalb haftet der (angestellte) Krankenhausarzt, der selbst nicht in vertragliche Beziehungen zu einem Patienten mit totalem Krankenhausaufnahmevertrag tritt, persönlich dafür, dass er trotz Einteilung und Dienstantritt den Patienten nicht oder fehlerhaft behandelt.

– BGH, Urt. v. 19. 4. 2000 – 3 StR 442/99 – NJW 2000, 2754
– BGH, Urt. v. 8. 2. 2000 – VI ZR 325/98 – NJW 2000, 2741 = VersR 2000, 1107

Ebenso haftet der (Beleg-) Arzt für Fehler einer Beleghebamme, sobald er selbst durch die Eingangsuntersuchung die Geburtsleitung und die Behandlung der Schwangeren übernommen hat.

– BGH, Urt. v. 16. 5. 2000 – VI ZR 321/98 – NJW 2000, 2737 = VersR 2000, 1146, z. V. b. in BGHZ
– BGH, Urt. v. 14. 2. 1995 – VI ZR 272/93 – BGHZ 129, 6, 11 = NJW 1995, 1611 = VersR 1995, 706

1. Eigenhaftung

Jeder an einer Behandlungsaufgabe Beteiligte haftet aus unerlaubter **58** Handlung für eigenes Behandlungsverschulden persönlich. Das folgt für die nichtbeamteten Ärzte und das nichtärztliche Pflegepersonal aus den §§ 823, 276 BGB, für die beamteten Ärzte aus den §§ 839 Abs. 1 Satz 1, 276 BGB.

Diesem ärztlichen Risiko kann – unbeschadet der Frage der Unzulässigkeit des Betriebs einer Arztpraxis in der Rechtsform einer GmbH –

– BGH, Urt. v. 25. 11. 1993 – I ZR 281/91 – BGHZ 124, 224, 228 = NJW 1994, 786

auch nicht mit Gründung einer GmbH ausgewichen werden (vgl. § 23 Abs. 2 MBO, § 1 Zahnheilkundegesetz-Gesetz über die Ausübung der Zahnheilkunde v. 16. 4. 1987 – BGBl I, 1225). Zwar kann die vertragliche Haftung auf die den Behandlungsvertrag schließende GmbH kanalisiert werden. Der Arzt haftet aber stets deliktisch für Rechtsgutsverletzungen durch ihn selbst.

59   Das für eine Eigenhaftung erforderliche Verschulden kann freilich infolge der (hierarchischen) Strukturen arbeitsteiliger Zusammenarbeit (**vertikale Arbeitsteilung**) gerade auch im Krankenhaus fehlen. So haftet die Krankenschwester im Regelfall nicht für die Fehlerhaftigkeit der ärztlich angeordneten und von ihr ausgeführten Pflegemaßnahme zur Behandlung des Patienten. Sie darf grundsätzlich darauf vertrauen, dass die Anordnung ohne Fehler ist. Muß sie jedoch Zweifel an deren Ordnungsmäßigkeit haben, wird sie ihre Bedenken vor Ausführung der Anordnung weitergeben und sich verlässigen müssen (z. B. versehentliche Überdosierung eines Medikaments mit giftiger Wirkung). Gleiches gilt für den Assistenz- und Stationsarzt in Weiterbildung (Anfängerarzt), der die unzulängliche Behandlung durch fehlerhafte Diagnostik oder Therapie dann nicht zu verantworten hat, wenn er sie mit dem Oberarzt abgesprochen hat und nicht voreilig oder eigenmächtig von dem vorbesprochenen Vorgehen abgewichen ist.

– BGH, Urt. v. 12. 7. 1994 – VI ZR 299/93 – NJW 1994, 3008 = VersR 1994, 1303
– BGH, Urt. v. 10. 1. 1984 – VI ZR 158/82 – BGHZ 89, 263, 271 = NJW 1984, 1400
  = VersR 1984, 355
– OLG Zweibrücken NJW-RR 1999, 611 = VersR 2000, 728
– OLG Zweibrücken MedR 1999, 272
– OLG Zweibrücken MedR 1999, 275 – NA-BGH –
– OLG Zweibrücken NJWE-VHR 1997, 161 = VersR 1997, 833
– OLG Köln VersR 1993, 1157
– OLG München VersR 1993, 1400
– OLG Düsseldorf VersR 1991, 1412

2. Haftung für Dritte

60   **a) Organhaftung (§§ 823, 839, 31, 89 BGB).** Die in der Rechtsform der juristischen Person betriebenen Krankenhausträger – ohne Unterschied ob privatrechtlich oder öffentlich-rechtlich verfasst – haften für ihre verfassungsmäßigen Vertreter deliktisch nach den Grundsätzen der Organhaftung unmittelbar und ohne Entlastungsmöglichkeit (§§ 31, 89 BGB).

Die Organhaftung greift für die sog. leitenden Krankenhausärzte – ohne Rücksicht auf das rechtsgeschäftliche Innenverhältnis – Platz, soweit diese Ärzte Aufgaben des Klinikträgers wahrnehmen:

– BGH, Urt. v. 21. 9. 1971 – VI ZR 122/70 – NJW 1972, 334 = VersR 1971, 1123
  (st. Rspr)
  (leitender Chefarzt eines Krankenhauses)

– BGH, Urt. v. 22. 4. 1980 – VI ZR 121/78 – BGHZ 77, 74, 79 = NJW 1980, 1901 =
VersR 1980, 768
(leitender Chefarzt eines unselbständigen Krankenhauses)
– BGH, Urt. v. 18. 6. 1985 – VI ZR 234/85 – BGHZ 95, 63, 70 = NJW 1985, 2189 =
VersR 1985, 1043
(leitender Arzt einzelner Fachbereiche (Abteilungen))
– BGH, Urt. v. 30. 6. 1987 – VI ZR 257/68 – BGHZ 101, 215, 218 = NJW 1987,
2925 = VersR 1987, 1040
(Oberarzt als planmäßiger Vertreter eines leitenden Arztes, im Vertretungsfall)

Für diesen Kreis leitender Krankenhausärzte ist die Organhaftung (§§ 31, **61**
89 BGB) zu Lasten des Krankenhausträgers begründet für deliktisches Verschulden im – isolierten – einheitlichen Krankenhausvertrag wie auch im
einheitlichen Krankenhausaufnahmevertrag mit ärztlichem Zusatzvertrag
beim Arzt-Wahlleistungs-Patienten; ersterenfalls, weil die leitenden Krankenhausärzte nur im Aufgabenbereich des Krankenhausträgers tätig sind,
letzterenfalls, weil die selbstliquidierenden, leitenden Krankenhausärzte im
Bereich der ärztlichen Wahlleistungen für sich, zugleich aber auch für den
Klinikträger, tätig sind.

– BGH, Urt. v. 18. 6. 1985 – VI ZR 234/85 – BGHZ 95, 63, 70 = NJW 1985, 2189,
2190 = VersR 1985, 1043

Für die leitenden Krankenhausärzte der klinikeigenen Ambulanzen greift
gleichfalls die Organhaftung Platz, weil sie auch insoweit für den Klinikträger behandeln.

– BGH, Urt. v. 8. 12. 1992 – VI ZR 349/91 – BGHZ 120, 376, 382 = NJW 1993, 374
= VersR 1993, 357

Anderes gilt beim gespaltenen Krankenhausaufnahmevertrag für das de- **62**
liktische Verschulden des Belegarztes oder des selbstliquidierenden, leitenden Krankenhausarztes im eigenen ärztlichen Wahlleistungsbereich. Der
Belegarzt oder selbstliquidierende Arzt sind hier auch deliktisch haftungsrechtlich nur für sich selbst tätig.

– BGH, Urt. v. 30. 11. 1982 – VI ZR 77/81 – BGHZ 85, 393, 397 = NJW 1983, 1374
= VersR 1983, 244
– BGH, Urt. v. 22. 4. 1975 – VI ZR 50/74 – NJW 1975, 1463 = VersR 1975, 852
– OLG Koblenz VersR 1990, 309

Entsprechend liegt es bei den privatärztlich oder von „beteiligten" oder
„ermächtigten" Krankenhausärzten betriebenen Chefarzt-Ambulanzen.

– BGH, Urt. v. 20. 9. 1988 – VI ZR 296/87 – BGHZ 105, 189, 192 = NJW 1989, 769
= VersR 1988, 1270
– BGH, Urt. v. 28. 4. 1987 – VI ZR 171/86 – BGHZ 100, 363, 366 = NJW 1987,
2289 = VersR 1987, 990

b) Haftung für Verrichtungsgehilfen (§§ 823, 839, 831 BGB)

Die deliktische Geschäftsherrenhaftung für Verrichtungsgehilfen ist **63**
gleichfalls Verschuldenshaftung. Sie beruht auf der gesetzlichen Vermutung
des § 831 Abs. 1 Satz 2 BGB, dass sich in der widerrechtlichen Schadenszu-
fügung des Verrichtungsgehilfen ein Verschulden des Geschäftsherrn bei

der Auswahl oder Leitung des Verrichtungsgehilfen und dessen Kausalität für den Schaden verwirklicht. Gegen diese Vermutung des (Eigen-)Verschuldens des Geschäftsherrn und dessen Kausalität für den Schaden steht dem Geschäftsherrn der bekannte Entlastungsbeweis offen. Verrichtungsgehilfe ist auch der hochspezialisierte Mitarbeiter, der auf seinem Fachgebiet dem Geschäftsherrn überlegen und daher insoweit nicht kontrollierbar ist. Maßgeblich ist nicht die fachliche, sondern die rechtliche Weisungsgebundenheit.

– OLG Bamberg VersR 1994, 814 – NA-BGH –

64 Die tatbestandliche Anknüpfung der Gehilfenhaftung verlangt in der Person des Verrichtungsgehilfen kein Verschulden, wohl aber die widerrechtliche Zufügung eines Schadens. Für die Arzthaftung besagt dies – schon im Blick auf die Beweislast-Balance zwischen Patient und Behandlungsseite –, dass für die Haftungsanknüpfung in der Person des Verrichtungsgehilfen jedenfalls ein objektiver Behandlungsfehler vorausgesetzt ist, der zur Beweislast des Patienten steht.

– BGH, Urt. v. 14. 3. 1978 – VI ZR 213/76 – NJW 1978, 1671 = VersR 1978, 542

65 Geschäftsherr, der die deliktische Haftungszuweisung aus den §§ 823, 839, 831 BGB zu tragen hat, ist derjenige, dessen Behandlungsaufgaben der Verrichtungsgehilfe wahrnimmt.

In den drei Behandlungsverhältnissen der stationären Krankenhauspflege und in den klinischen Ambulanzen ist die Haftungszuweisung nach § 831 BGB für Behandlungsfehler der Verrichtungsgehilfen wie folgt geregelt:

66 **(1) Einheitlicher Krankenhausaufnahmevertrag.** In dieser Vertragsform nimmt die ärztliche Assistenz der vertikalen wie der horizontalen Ebene und das nichtärztliche Pflegepersonal der Klinik ausschließlich Aufgaben des Krankenhausträgers wahr. Dieser Personenkreis ist durchgehend deliktisch Haftungsvermittler nach § 831 BGB zu Lasten (nur) des Krankenhausträgers.

– OLG Düsseldorf VersR 1986, 893, 894
– OLG Düsseldorf VersR 1985, 291, 293

67 In die Behandlung einbezogene frei praktizierende, niedergelassene Ärzte erfüllen in der Regel eigene Behandlungsaufgaben und sind dann nicht Verrichtungsgehilfen des Krankenhausträgers.

– BGH, Urt. v. 14. 7. 1992 – VI ZR 214/91 – NJW 1992, 2962 = VersR 1992, 1263

In den Fällen der Zuziehung (und Honorierung) durch den Klinikträger, etwa als Konsiliararzt, lässt die fehlende Weisungsabhängigkeit des niedergelassenen Arztes die Haftungszuweisung nach § 831 BGB entfallen.

– OLG Stuttgart VersR 1992, 55 – NA-BGH –
– OLG Oldenburg VersR 1989, 1300 – NA-BGH –

68 **(2) Gespaltener Krankenhausaufnahmevertrag.** Hier folgt die Geschäftsherrenhaftung für Behandlungsfehler des Verrichtungsgehilfen im Grundsatz der Trennung der vertraglichen Leistungsbereiche.

Danach trägt der Krankenhausträger die Haftungszuweisung nach § 831 BGB für die allgemeine ärztliche Assistenz des Krankenhauses (horizontal), für die nachgeordnete ärztliche Assistenz der klinikeigenen Abteilungen der anderen Fachgebiete (horizontal) sowie durchgehend für das nichtärztliche Pflegepersonal (Grund-, Funktionspflege und Behandlungspflege); hier ausgenommen die selbständigen Beleghebammen in den geburtshilflichen Belegkrankenhäusern.

– BGH, Urt. v. 7. 2. 1956 – VI ZR 302/54 – VersR 1956, 221
– OLG Zweibrücken NJWE-VHR 1996, 63
– OLG Bamberg VersR 1994, 814 – NA-BGH –
– OLG Stuttgart NJW 1993, 2384 = VersR 1993, 1358 (L)
– OLG Düsseldorf NJW-RR 1993, 483
– OLG Frankfurt VersR 1991, 929 – NA-BGH –
– OLG München VersR 1991, 586 – NA-BGH –
– OLG Hamm VersR 1991, 228 – NA-BGH –
– OLG Düsseldorf VersR 1990, 489

69 Der Belegarzt/selbstliquidierende leitende Krankenhausarzt trägt die Haftungszuweisung für die von ihm in seinem Leistungsbereich zugezogene ärztliche Assistenz seines Fachs (§ 23 Abs. 1 Nr. 3 BPflV), die hier allein seine Aufgaben wahrnimmt und Haftungsvermittler nach § 831 BGB (nur) für ihn ist. Gleiches gilt – soweit vom Belegarzt zugezogen und weisungsabhängig tätig – für die von ihm veranlassten Leistungen von Ärzten und ärztlichen Einrichtungen außerhalb des Krankenhauses und des Bereitschaftsdienstes unter Einschluss der Notfallversorgung (§ 23 Abs. 1 Nr. 2 und Nr. 4 BPflV).

70 Zweifelhaft ist die Zuordnung der Haftungsvermittlung beim speziellen Weisungspersonal in der konkreten Behandlungspflege im Fall ausgeübter Weisung. Hier wird Haftungsvermittlung nach § 831 BGB (auch) zu Lasten des Belegarztes/des selbstliquidierenden, leitenden Krankenhausarztes bejaht.

– OLG Celle VersR 1999, 486 – NA-BGH –
(Hebamme – CTG fehlerhaft gedeutet – Verrichtungsgehilfin nach Übernahme der Geburtsleitung durch Arzt)
– OLG Stuttgart NJWE-VHR 1997, 62
(vom Klinikträger gestellte Operationsassistenz)

71 **(3) Einheitlicher Krankenhausaufnahmevertrag mit Arztzusatzvertrag.** In dieser Vertragsverbindung folgt die deliktische Haftungszuweisung beim Verrichtungsgehilfen vorab dem einheitlichen Aufgabenbereich des totalen Krankenhausaufnahmevertrags. Deshalb sind die nachgeordneten Ärzte (– auch die ärztliche Assistenz im Fach des selbstliquidierenden Arztes –) und das gesamte Personal der nichtärztlichen Pflege (Grund-, Funktionspflege und konkrete Behandlungspflege) Verrichtungsgehilfen des Krankenhausträgers.

Im Bereich der vom selbstliquidierenden, leitenden Krankenhausarzt wirksam übernommenen ärztlichen Wahlleistungen nimmt die zugezogene ärztliche Assistenz des Fachs zugleich Aufgaben des selbstliquidierenden Arztes wahr. Sie ist deshalb deliktisch Haftungsvermittler in doppelter

Richtung, sowohl zu Lasten des Krankenhausträgers als auch zu Lasten des selbstliquidierenden Arztes.

Für das spezielle Weisungspersonal in der konkreten Behandlungspflege im Ausübungsfall sollte Gleiches gelten.

72 **(4) Chefarzt-Ambulanz.** In den privatärztlich oder von „beteiligten" oder „ermächtigten" Krankenhausärzten geleiteten Chefarztambulanzen trägt die Geschäftsherrenhaftung für den nachgeordneten ärztlichen und nichtärztlichen Dienst (nur) der die Ambulanz leitende Chefarzt.

– BGH, Urt. v. 20. 9. 1988 – VI ZR 296/87 – BGHZ 105, 189, 192 = NJW 1989, 769 = VersR 1988, 1270
– BGH, Urt. v. 28. 4. 1987 – VI ZR 171/86 – BGHZ 100, 363, 368 = NJW 1987, 2289 = VersR 1987, 990

73 **(5) Krankenhaus-Ambulanz.** In den klinikeigenen Ambulanzen hingegen ist Geschäftsherr des nachgeordneten ärztlichen und nichtärztlichen Personals ausschließlich der Klinikträger, weil insoweit allein Aufgaben des Klinikträgers wahrgenommen werden.

– BGH, Urt. v. 20. 9. 1988 – VI ZR 296/87 – BGHZ 105, 189, 193 = NJW 1989, 769 = VersR 1988, 1270
– BGH, Urt. v. 28. 4. 1987 – VI ZR 171/86 – BGHZ 100, 363, 369 = NJW 1987, 2289 = VersR 1987, 990

3. Verweisungsprivileg der beamteten Ärzte

74 Der beamtete Arzt haftet aus unerlaubter Handlung ausschließlich nach § 839 Abs. 1 Satz 1 BGB und kann bei Fahrlässigkeit nur in Anspruch genommen werden, wenn der Patient nicht auf andere Weise Ersatz zu erlangen vermag (§ 839 Abs. 1 Satz 2 BGB). Das Fehlen anderweitiger Ersatzmöglichkeit steht dabei zu Darlegung und Beweis des Patienten.

Die Verweisungsmöglichkeit ist eröffnet allen Ärzten, die statusrechtlich im Beamtenverhältnis stehen (leitende Krankenhausärzte, Oberärzte, Assistenzärzte) für diejenigen Tätigkeiten, die sie aus ihrer beamtenrechtlichen Dienststellung heraus wahrnehmen und die zu ihren Dienstpflichten gehört.

– BGH, Urt. v. 8. 12. 1992 – VI ZR 349/91 – BGHZ 120, 376, 382 = NJW 1993, 784 = VersR 1993, 357
– OLG Stuttgart VersR 1994, 1475

75 Die Verweisungsmöglichkeit besteht selbstverständlich nur für die Haftung des beamteten Arztes aus unerlaubter Handlung, nicht aber für seine vertragliche Haftung.

– BGH, Urt. v. 28. 6. 1988 – VI ZR 288/87 – NJW 1988, 2946 = VersR 1989, 145, nicht in BGHZ 105, 45

Umgekehrt kann aber die Haftung des Dritten, auf den verwiesen wird, gleichermaßen aus Vertrag oder unerlaubter Handlung begründet sein. Zu beachten ist, dass auch das Eigenverschulden des beamteten Arztes, für das kraft Haftungszuweisung (§ 278, §§ 839, 31, 89, 831 BGB) der Verweisungsdritte einzustehen hat, die Verweisungsmöglichkeit des beamteten Arztes eröffnet.

– BGH, Urt. v. 22. 12. 1992 – VI ZR 341/91 – BGHZ 121, 107, 115 = NJW 1993, 779 = VersR 1993, 481

Ausgeschlossen ist das Verweisungsprivileg im Verhältnis zu Dritten, soweit für sie als Statusbeamte gleichfalls die Verweisungsmöglichkeit begründet ist.

– BGH, Urt. v. 30. 11. 1982 – VI ZR 77/81 – BGHZ 85, 393, 399 = NJW 1983, 1374 = VersR 1983, 244

Für die drei Vertragsformen der stationären Krankenhauspflege und für die klinischen Ambulanzen besagt dies hinsichtlich der Verweisung folgendes:

a) Einheitlicher Krankenhausaufnahmevertrag

Aus der hier gegen die beteiligten, beamteten Ärzte nur deliktisch in Betracht stehenden Haftung ist die Verweisung gegeben:

(1) dem leitenden Krankenhausarzt (§§ 31, 89 BGB)   **76**
– auf den Klinikträger:
wegen dessen vertraglicher und deliktischer Haftung für das Eigenverschulden des leitenden Krankenhausarztes (§ 278, §§ 839, 31, 89 BGB),
wegen dessen vertraglicher und deliktischer Haftung für ein eigenes Verschulden des Krankenhausträgers (z. B. Organisationsmangel, § 278, §§ 823, 839, 31, 89 BGB),
wegen dessen vertraglicher und deliktischer Haftung für ein Verschulden des nachgeordneten ärztlichen oder nichtärztlichen Personals (§ 278, §§ 823, 839, 831 BGB),
– auf das nachgeordnete, nicht beamtete Personal wegen dessen deliktischer Haftung für Eigenverschulden (§ 823 BGB)

(2) dem nachgeordneten beamteten Arzt   **77**
– auf den Klinikträger:
wegen dessen vertraglicher und deliktischer Haftung für das Eigenverschulden des nachgeordneten beamteten Arztes (§ 278, §§ 839, 831 BGB),
wegen dessen vertraglicher und deliktischer Haftung für eigenes Verschulden des Krankenhausträgers (z. B. Organisationsmangel, § 278, §§ 823, 839, 31, 89 BGB), für konkretes Behandlungsverschulden des leitenden Krankenhausarztes (§ 278, §§ 823, 839, 31, 89 BGB) sowie für ein Verschulden des anderen ärztlichen und nichtärztlichen Personals (§ 278, §§ 823, 839, 831 BGB),
– auf das nachgeordnete, nicht beamtete Personal:
wegen dessen deliktischer Haftung für eigenes Verschulden (§ 823 BGB).
Keine Verweisungsmöglichkeit besteht im Verhältnis zwischen beamteten Ärzten untereinander (leitender Krankenhausarzt/nachgeordnete beamtete Ärzte), weil ihnen ihrerseits eine Verweisungsmöglichkeit eröffnet ist.

b) Gespaltener Krankenhausaufnahmevertrag

Der selbstliquidierende Arzt ist hier im eigenen ärztlichen Leistungsbe-   **78**
reich alleiniger Vertragsschuldner. Soweit er vertraglich für eigenes Verschulden oder für Verschulden seines Erfüllungsgehilfen (§ 278 BGB) einzustehen hat, scheidet eine Verweisungsmöglichkeit für ihn naturgemäß aus.

Soweit er im eigenen Leistungsbereich deliktisch für Eigenverschulden oder durch Haftungszuweisung für Fehler seiner Verrichtungsgehilfen (§ 823, §§ 839, 831 BGB) haftet, ist der selbstliquidierende Arzt auch deliktisch im eigenen Leistungsbereich nur „für sich" tätig. Er kann insoweit nicht auf den Klinikträger verweisen, weil es beim Klinikträger an der – hier allein in Betracht stehenden – Haftungszuweisung nach den §§ 839, 31, 89; §§ 823, 839, 831 BGB fehlt.

– BGH, Urt. v. 8. 12. 1992 – VI ZR 349/91 – BGHZ 120, 376, 380 = NJW 1993, 784 = VersR 1993, 357
– BGH, Urt. v. 19. 3. 1991 – VI ZR 199/90 – NJW-RR 1991, 917 = VersR 1991, 779
– BGH, Urt. v. 24. 6. 1986 – VI ZR 202/85 – NJW 1986, 2883 = VersR 1986, 1206
– BGH, Urt. v. 10. 1. 1984 – VI ZR 158/82 – BGHZ 89, 263, 274 = NJW 1984, 1400 = VersR 1984, 355
– BGH, Urt. v. 30. 11. 1982 – VI ZR 77/81 – BGHZ 85, 393, 397 = NJW 1983, 1347 = VersR 1983, 244

79 (1) Für den selbstliquidierenden Arzt ist freilich auch hier eine Verweisungsmöglichkeit gegeben:
– auf den Klinikträger
wegen einer vertraglichen oder deliktischen Haftung im eigenen Leistungsbereich des Klinikträgers aus eigenem Verschulden (z. B. Organisationsmangel, § 278, §§ 823, 839, 31, 89 BGB) oder aus Verschulden im nachgeordneten ärztlichen oder nichtärztlichen Personal (§ 278, §§ 823, 839, 831 BGB),
– auf das nachgeordnete, nicht beamtete Personal in beiden Leistungsbereichen
wegen dessen deliktischer Haftung für Eigenverschulden (§ 823 BGB).

80 (2) Für die nachgeordneten, beamteten Ärzte ist wegen ihrer hier (nur) deliktischen Eigenhaftung die Verweisungsmöglichkeit eröffnet,
beim nachgeordneten Arzt des Fachs
wegen seines eigenen Verschuldens auf den selbstliquidierenden Arzt aus der zu dessen Lasten begründeten vertraglichen und deliktischen Haftung (§ 278, §§ 839, 831 BGB),
beim nachgeordneten Arzt der allgemeinen Assistenz
wegen seines eigenen Verschuldens auf den Klinikträger wegen dessen vertraglicher oder deliktischer Haftung im eigenen Leistungsbereich des Krankenhausträgers (§ 278, §§ 839, 831 BGB).

81 In entsprechender Weise, wie für den selbst liquidierenden Arzt dargestellt, stehen den nachgeordneten beamteten Ärzten auch die anderen Verweisungsmöglichkeiten offen.
Ausgeschlossen ist auch hier grundsätzlich die Verweisungsmöglichkeit im Verhältnis beamteter Ärzte zueinander, denen ihrerseits eine Verweisungsmöglichkeit zusteht.

c) Einheitlicher Krankenhausaufnahmevertrag mit Arztzusatzvertrag

82 Bei dieser Vertragskombination wird der selbstliquidierende Arzt auch im Bereich der ärztlichen Wahlleistung vertraglich wie deliktisch zugleich für den Klinikträger tätig, der insoweit die Haftungszuweisung nach den § 278, §§ 839, 31, 89 BGB trägt.

- BGH, Urt. v. 8. 12. 1992 – VI ZR 349/91 – BGHZ 120, 376, 382 = NJW 1993, 784 = VersR 1993, 357
- BGH, Urt. v. 19. 3. 1991 – VI ZR 199/90 – NJW-RR 1991, 917 = VersR 1991, 779
- BGH, Urt. v. 24. 6. 1986 – VI ZR 202/85 – NJW 1986, 2883 = VersR 1986, 1206
- BGH, Urt. v. 18. 6. 1985 – VI ZR 234/85 – BGHZ 95, 63, 67, 75 = NJW 1985, 2189 = VersR 1985, 1043
- BGH, Urt. v.10. 1. 1984 – VI ZR 158/82 – BGHZ 89, 263, 274 = NJW 1984, 1400 = VersR 1984, 355
- BGH, Urt. v. 30. 11. 1982 – VI ZR 77/81 – BGHZ 85, 393, 397 = NJW 1983, 1347 = VersR 1983, 244

(1) Der selbstliquidierende Arzt kann mithin im Wahlleistungsbereich wegen seiner deliktischen Eigenhaftung (§ 839 BGB) auf den Klinikträger (§§ 839, 31, 89 BGB) verweisen. Anderes gilt freilich für seine vertragliche Eigenhaftung im Wahlleistungsbereich.

(2) Der dem selbstliquidierenden Arzt nachgeordnete, beamtete Arzt seines Fachs kann wegen seiner Eigenhaftung (§ 839 BGB) gleichfalls auf den Klinikträger verweisen (§§ 839, 831 BGB). Dem selbstliquidierenden Arzt und den beamteten, nachgeordneten Ärzten (in beiden vertraglichen Leistungsbereichen) stehen im übrigen auch alle anderen Verweisungsmöglichkeiten, wie für den einheitlichen Krankenhausaufnahmevertrag dargelegt, offen.

d) Chefarzt-Ambulanz

Ist der die Ambulanz – als „beteiligter" Chefarzt oder als „ermächtigter" 83 Krankenhausarzt – leitende Arzt Statusbeamter, so rechnet seine Tätigkeit in der Ambulanz zu seinem privaten Nebentätigkeitsbereich und nicht zur Amtsaufgabe. Er haftet insoweit deliktisch nach § 823 BGB, nicht nach § 839 BGB. Eine Verweisungsmöglichkeit wegen seiner deliktischen Haftung ist demzufolge gegenüber dem Kassenpatienten wie gegenüber dem Privatpatienten ausgeschlossen. Gleiches gilt für den als Vertreter tätigen Oberarzt. Den weiteren nachgeordneten beamteten Ärzten der Chefarztambulanz hingegen ist, weil auch insoweit im Rahmen ihrer Dienstaufgaben herangezogen, die Verweisungsmöglichkeit eröffnet.

- BGH, Urt. v. 8. 12. 1992 – VI ZR 349/91 – BGHZ 120, 376, 380 = NJW 1993, 784 = VersR 1993, 357

e) Krankenhaus-Ambulanz

Wird ein Chefarzt oder ein nachgeordneter Krankenhausarzt hingegen im 84 Rahmen einer vom Klinikträger eingerichteten Klinikambulanz (§§ 115a, 115b, 117, 118, 119 SGB V) tätig, gehört die Behandlung zu seinen Amtsaufgaben, so dass ihm und den nachgeordneten Ärzten insoweit die Verweisungsmöglichkeit nach § 839 Abs. 1 Satz 2 BGB verbleibt.

- BGH, Urt. v. 8. 12. 1992 – VI ZR 349/91 – BGHZ 120, 376, 383 = NJW 1993, 784 = VersR 1993, 357

4. Ärztliche Tätigkeit im Bereich hoheitlichen Handelns

85   Nicht in den engeren Zusammenhang unserer Thematik gehören die Sonderfälle hoheitlichen Handelns. Für sie gelten statt der erörterten Haftungsgrundlagen des privaten Behandlungsvertrags und des allgemeinen Delikts die Grundsätze der Staatshaftung für hoheitliches Handeln. Es haftet unmittelbar und ausschließlich der öffentlich-rechtliche Anstellungsträger nach Art. 34 GG i. V. m. § 839 BGB (– bei Fahrlässigkeit mit der Verweisungsbefugnis des Anstellungsträgers nach § 839 Abs. 1 Satz 2 BGB –).

86   Die Amtshaftung kann ergänzt werden durch den Aufopferungsanspruch, insbesondere aus §§ 51 ff. Bundesseuchengesetz bei freiwillig durchgeführten empfohlenen Impfungen wie bei Pflichtimpfungen. Die Bewilligung einer Versorgung nach §§ 51 Abs. 1 Satz 1, 59 Abs. 2 Nr. 1 BSeuchG i. V. m. den Vorschriften des Bundesversorgungsgesetzes schließt Schadensersatzansprüche aus Amtspflichtverletzung nicht aus (§ 54 Abs. 4 BSeuchG).

– BGH, Urt. v. 7. 7. 1994 – III ZR 52/93 – BGHZ 126, 386 = NJW 1994, 3012 = VersR 1994, 1229

87   Der als Hoheitsträger fahrlässig handelnde Arzt selbst haftet weder aus Vertrag noch aus Delikt.

Die Staatshaftung erfordert in der Person des Arztes lediglich die Wahrnehmung hoheitlicher Aufgaben, nicht aber den staatsrechtlichen Beamtenstatus.

Staatshaftungsrecht nach Art. 34 i. V. m. § 839 BGB findet nach der Rechtsprechung etwa Anwendung:

88   a) **Ambulante Krankenversorgung**
– auf die beamteten oder vertraglich beauftragten Ärzte der Gesundheits- und Versorgungsämter

> – BGH, Urt. v. 7. 7. 1994 – III ZR 52/93 -BGHZ 126, 386, 387 = NJW 1994, 3012 = VersR 1994, 1229
> – BGH, Urt. v. 5. 5. 1994 – III ZR 78/93 – NJW 1994, 2415 = VersR 1995, 531
> – BGH, Urt. v. 15. 2. 1990 – III ZR 100/88 – NJW 1990, 2311 = VersR 1990, 737
> – BGH, Urt. v. 5. 10. 1972 – III ZR 168/70 – BGHZ 59, 310, 313 = NJW 1973, 554 = VersR 1973, 58

– auf den Vertrauensarzt (LVA oder Knappschaft bei Untersuchung, Behandlung und Begutachtung eines Kassenmitglieds)

> – BGH, Urt. v. 15. 2. 1977 – III ZR 100/75 – VersR 1978, 252
> – BGH, Urt. v. 13. 5. 1968 – III ZR 182/67 – VersR 1968, 691
> – BGH, Urt. v. 19. 12. 1960 – III ZR 185/60 – VersR 1961, 225
> – OLG Oldenburg VersR 1991, 549 – NA-BGII –

– auf den Durchgangsarzt eines gesetzlichen Unfallversicherungsträgers, soweit im Aufgabenbereich des Versicherungsträgers (nach Übernahme der Behandlung des Patienten gilt allgemeines Vertrags- und Deliktsrecht)

> – BGH, Urt. v. 28. 6. 1994 – VI ZR 153/93 – BGHZ 126, 297, 299 = NJW 1994, 2417 = VersR 1994, 1195
> – BGH, Urt. v. 20. 9. 1988 – VI ZR 37/88 – NJW 1989, 767 = VersR 1988, 1273

– BGH, Urt. v. 9. 12. 1974 – III ZR 131/72 – BGHZ 63, 265, 268 = NJW 1975,
  589 = VersR 1975, 283
– OLG Oldenburg VersR 1990, 1399
– OLG Hamm VersR 1990, 975
– OLG Stuttgart VersR 1989, 198

– auf den Vertragsarzt des Versorgungsamts bei Untersuchung eines Ren-
  tenempfängers sowie
– auf den vom Versorgungsamt mit einer versorgungsärztlichen Untersuchung beauftragten Krankenhausarzt
– auf den im Rahmen des Rettungsdienstes tätigen Notarzt

– (vgl §§ 1 Abs. 1, 2, 10 Abs. 1 S. 3, 26, 28. bad-württ Rettungsdienstgesetz in der
  Fassung vom 16. 7. 1998 – GBl. S. 437 – und die entsprechenden Gesetze der
  anderen Bundesländer)

– auf den Amtsarzt bei Untersuchung im Auftrag des Arbeitsamts

– BGH, Urt. v. 19. 12. 1960 – III ZR 194/59 – NJW 1961, 969 = VersR 1961, 184
– BGH, Urt. v. 11. 12. 1952 – III ZR 331/51 – NJW 1953, 458 = LM BGB § 839
  (Fc) Nr. 2

b) Stationäre Krankenbetreuung   89
– auf die stationären Zwangsbehandlungen Untergebrachter

– BGH, Urt. v. 19. 1. 1984 – III ZR 172/82 – NJW 1985, 677 = VersR 1984, 460
– BGH, Urt. v. 24. 9. 1962 – III ZR 201/61 – BGHZ 38, 49, 52 = NJW 1963, 40 =
  VersR 1962, 1173
– OLG Oldenburg – NJW-RR 1996, 666 = VersR 1996, 59
  (Amtspflicht zur fehlerfreien Diagnostik)

– auf die truppenärztliche Versorgung betreffend wehrdienstbedingte Ge-
  sundheitsstörungen (scil. § 91 a Abs. 1 Satz 1 SVG)

– BGH, Urt. v. 16. 4. 1996 – III ZR 190/95 – NJW 1996, 2431 = VersR 1996, 976
– BGH, Urt. v. 12. 11. 1992 – III ZR 19/92 – BGHZ 120, 176, 178 = NJW 1993,
  1529 = VersR 1993, 435
– BGH, Urt. v. 25. 4. 1991 – III ZR 175/90 – NJW 1992, 744 = VersR 1991, 811
– BGH, Urt. v. 6. 7. 1989 – III ZR 79/88 – BGHZ 108, 230, 234 = NJW 1990, 760
  = VersR 1989, 1050
– BSG, Urt. v. 24. 3. 1987 – 4 b RV 13/86 – SozR 3200 § 81 SVG Nr. 27
– BSG, Urt. v. 4. 10. 1984 – 9 a/9 KLV 1/81 – BSGE 57, 171, 173 = SozR 3200
  § 81 SVG Nr. 20
– OLG Düsseldorf NVwZ-RR 1999, 102
– OLG Karlsruhe VersR 1996, 58

– auf die anstaltsärztliche Versorgung von Strafgefangenen

– BGH, Urt. v. 9. 7. 1956 – III ZR 320/54 – BGHZ 21, 214, 220 = NJW 1956,
  1399

– auf die anstaltsärztliche Versorgung von Untersuchungshäftlingen.

– BGH, Urt. v. 29. 2. 1996 – III ZR 238/94 – NJW 1996, 2431 = VersR 1996, 976
– BGH, Urt. v. 12. 12. 1989 – XI ZR 117/89 – BGHZ 109, 354, 358 = NJW 1990,
  1604 = VersR 1990, 430
– BGH, Urt. v. 26. 11. 1982 – III ZR 59/80 – NJW 1982, 1329 = VersR 1982, 240

III. Haftungszüge in den stationären Behandlungsverhältnissen

90   Die grundsätzliche Klärung der Haftungszüge – Haftungstatbestand und Schadenszurechnung unterstellt – findet sich in der anwaltlichen Prüfung der Klagaussichten nicht selten vernachlässigt, insbesondere wenn die komplexeren Behandlungsverhältnisse der stationären Krankenhauspflege in Betracht stehen. Deshalb ist wichtig, sich vorab die grundsätzliche Haftungsstruktur im Überblick präsent zu machen:
1. für den – isolierten – einheitlichen Krankenhausaufnahmevertrag vgl. Überblick-Schema Anlage 1
2. für den gespaltenen Krankenhausaufnahmevertrag vgl. Überblick-Schema Anlage 2
3. für den einheitlichen Krankenhausaufnahmevertrag mit ärztlichem Zusatzvertrag beim Arztwahlleistungspatienten vgl. Überblick-Schema Anlage 3.

IV. Schutzbereich – Haftungsumfang

1. Schutzbereich

Vertragliche wie deliktische Haftung statuieren Schadensausgleichung begrenzt auf einen persönlichen und einen sachlichen Schutzbereich.

a) Persönlicher Schutzbereich

91   Behandlungsvertrag und unerlaubte Handlung gewähren Ausgleichung von Vermögensschäden und im Delikt von Nichtvermögensschäden (§ 847 BGB) im Grundsatz nur dem Patienten. Behandlungsverträge, die von Krankenversicherungsträgern oder von den Eltern im eigenen Namen zur Behandlung eines Kindes geschlossen sind, begründen dementsprechend Integritätsschutz nur für das Kind.

92   Behandlungsverträge, die eine Geburt betreffen, begründen Integritätsschutz für die Mutter und das Kind; unerheblich ist der Umstand, dass das Kind im Zeitpunkt der Schädigung noch nicht rechtsfähig ist.

– BGH, Urt. v. 14. 7. 1992 – VI ZR 214/91 – NJW 1992, 2962 = VersR 1992, 1263
– BGH, Urt. v. 6. 12. 1988 – VI ZR 132/88 – BGHZ 106, 153, 155 = NJW 1989, 1538
– BGH, Urt. v. 10. 1. 1984 – VI ZR 158/82 – BGHZ 89, 263, 266 = NJW 1984, 1400 = VersR 1984, 356
– BGH, Urt. v. 18. 1. 1983 – VI ZR 114/81 – BGHZ 86, 240, 253 = NJW 1983, 1378 = VersR 1983, 396
– BGH, Urt. v. 11. 1. 1972 – VI ZR 46/71 – BGHZ 58, 48, 49 = NJW 1972, 1126 = VersR 1972, 372
– BGH, Urt. v. 20. 12. 1952 – II ZR 141/51 – BGHZ 8, 243, 248 = NJW 1953, 417 = VersR 1953, 86

93   Dritte sind für einen eigenen Schaden nur ersatzberechtigt,
(a) aus Behandlungsvertrag, wenn der Vertrag auf den Schutz auch ihrer Vermögensinteressen angelegt ist (eher § 157 BGB als § 242 BGB):

– die Eltern für vermehrten Unterhalts- und Betreuungsaufwand in der Pflege und Versorgung des geschädigten Kindes.
- BGH, Urt. v. 28. 6. 1994 – VI ZR 153/93 – BGHZ 126, 297, 299 = NJW 1994, 2417 = VersR 1994, 1195
- BGH, Urt. v. 14. 7. 1992 – VI ZR 214/91 – NJW 1992, 2962 = VersR 1992, 1263
- BGH, Urt. v. 6. 12. 1988 – VI ZR 132/88 – BGHZ 106, 153, 156 = NJW 1989, 1538 = VersR 1989, 253
- BGH, Urt. v. 17. 12. 1985 – VI ZR 158/82 – BGHZ 96, 361, 368 = NJW 1986, 1542 = VersR 1986, 465
- BGH, Urt. v. 10. 1. 1984 – VI ZR 158/82 – BGHZ 89, 263, 266 = NJW 1984, 1400 = VersR 1984, 356
- BGH, Urt. v. 22. 11. 1983 – VI ZR 85/82 – BGHZ 89, 95, 98 = NJW 1984, 658 = VersR 1984, 186
- OLG Düsseldorf VersR 1993, 883

– der mit der Mutter zurzeit der Geburt noch nicht verheiratete Vater kann in den Schutzbereich des die Entbindung betreffenden Behandlungsvertrages einbezogen sein

- OLG Frankfurt VersR 1994, 942 – NA-BGH –

– die nächsten Angehörigen und Erben für Schäden aus verweigerter Einsicht in die Krankenunterlagen

- BGH, Urt. v. 31. 5. 1983 – VI ZR 259/81 – NJW 1983, 2627 = VersR 1983, 834

(b) aus unerlaubter Handlung, wenn die Integritätsverletzung des Patien- **94** ten auf das eigene Integritätsinteresse des Dritten „durchgreift":
– die Mutter für eigene Schäden aus freiwilliger Nierenspende für ihr fehlerhaft behandeltes Kind

- BGH, Urt. v. 30. 6. 1987 – VI ZR 257/68 -BGHZ 101, 215, 218 = NJW 1987, 2925 = VersR 1987, 1040

– die Ehefrau für die Beeinträchtigungen durch eine Schwangerschaft nach fehlgeschlagener Sterilisation des Ehemannes

- BGH, Urt. v. 27. 6. 1995 – VI ZR 32/94 – NJW 1995, 2407 = VersR 1995, 1099

– ein Kind für eigene Gesundheitsbeeinträchtigungen nach einer tatbestandsmäßigen Schädigung der Mutter durch die Behandlungsseite, in deren Folge das – auch erst später gezeugte – Kind adäquat ursächlich (z. B. im Wege einer Infektion; Aids, Lues) von Geburt an geschädigt ist.

- BGH, Urt. v. 18. 1. 1983 – VI ZR 114/81 – BGHZ 86, 240, 253 = NJW 1983, 1371 = VersR 1983, 396
- BGH, Urt. v. 11. 1. 1972 – VI ZR 46/71 – BGHZ 58, 48, 49 = NJW 1972, 1126 = VersR 1972, 372
- BGH, Urt. v. 20. 12. 1952 – II ZR 141/51 – BGHZ 8, 243, 248 = NJW 1953, 417 = VersR 1953, 86

– bei psychisch vermittelten Beeinträchtigungen (Schmerz und Trauer bei Tod naher Angehöriger) nur, wenn die eigene Gesundheitsstörung pathologisch fassbar Krankheitswert hat

– BGH, Urt. v. 16. 11. 1999 – VI ZR 257/98 – NJW 2000, 862 = VersR 2000, 372
– BGH, Urt. v. 11. 11. 1997 – VI ZR 146/96 – NJW 1998, 813 = VersR 1998, 200
– BGH, Urt. v. 30. 4. 1996 – VI ZR 55/95 – BGHZ 132, 341, 344 = NJW 1996, 2425 = VersR 1996, 990
– BGH, Urt. v. 4. 4. 1989 – VI ZR 97/88 – NJW 1989, 2317 = VersR 1989, 853
– OLG Hamm VersR 1992, 876 – NA-BGH –
– OLG Stuttgart VersR 1988, 1177

– wenn eine gesetzliche Haftungserstreckung vorliegt:
  – für die Beerdigungskosten (§ 844 Abs. 1 BGB)
  – für entgangenen Unterhalt bei Tötung (§ 844 Abs. 2 BGB)
  – für entgangene Dienste bei Tötung (§ 845 BGB)

– BGH, Urt. v. 19. 2. 1991 – VI ZR 171/90 – NJW 1991, 2340 = VersR 1991, 559

b) Sachlicher Schutzbereich

95 Vertraglich und deliktisch geschützt ist grundsätzlich das Integritätsinteresse des Patienten. Schadensausgleichung finden deshalb – abgesehen von dem nur deliktisch begründeten immateriellen Schmerzensgeld – in beiden Haftungsordnungen die Vermögensschäden des Patienten, die aus der Verletzung des Schutzgutes „Integrität" (äußere körperliche, innere gesundheitliche Beeinträchtigung; Persönlichkeitsrecht) erwachsen.

– BGH, Urt. v. 30. 4. 1991 – VI ZR 178/90 – BGHZ 114, 284, 289, 298 = NJW 1991, 1948 = VersR 1991, 816
  (HIV-Infektion vor Ausbruch der Aids-Erkrankung)
– BGH, Urt. v. 11. 4. 1989 – VI ZR 293/88 – NJW 1989, 2941 = VersR 1989, 628
  (Unrichtige Diagnose – Unterbringungsverfahren)
– OLG Schleswig NJW 1995, 791
  (Anzeige an Gesundheitsbehörde – Unterbringung)

Primär stehen in Betracht:
Ersatz für Kosten erforderlicher ärztlicher Weiter- und Nachbehandlung bei im wesentlicher freier Arztwahl auch des Kassenpatienten.

– OLG Hamm NJW 1995, 786

Ersatz der Einbußen an Erwerb und Fortkommen sowie Ersatz des Aufwands für vermehrte Bedürfnisse. Zu den Heilungskosten (scil. des geschädigten Patienten) rechnen in engen Grenzen geldwerte Aufwendungen für medizinisch erforderliche Besuche nächster Angehöriger am Krankenlager, wie Fahrt-, Übernachtungskosten und Verdienstentgang, nicht aber Freizeitwegfall.

– BGH, Urt. v. 19. 2. 1991 – VI ZR 171/90 – NJW 1991, 2340 = VersR 1991, 559
– BGH, Urt. v. 24. 10. 1989 – VI ZR 263/88 – NJW 1990, 1037 = VersR 1989, 1308
– BGH, Urt. v. 22. 11. 1988 – VI ZR 126/88 – BGHZ 106, 28, 29 = NJW 1989, 766 = VersR 1989, 188

96 Außerhalb des Integritätsschutzbereichs sind anderweitige Vermögensinteressen nur in engen Grenzen – vertraglich – geschützt, und zwar insoweit als der jeweilige Behandlungsvertrag den Schutz dieser Vermögensinteressen miteinbezieht

– bei Unbrauchbarkeit der ärztlichen Leistung der Honoraraufwand (§ 628
Abs. 2 BGB; positive Vertragsverletzung)
– bei vermehrtem Unterhalts- und Betreuungsaufwand der Eltern in Pflege
und Betreuung des geschädigten Kindes
– bei Verweigerung der Einsicht in die Krankenakten (Rechtsverfolgungs-
kosten)
– bei unnötiger Überflussbehandlung (Freistellung von Behandlungskosten)
– bei Unterlassung geschuldeter rechtzeitiger wirtschaftlicher Information
(Freistellung von Behandlungskosten, vgl. Rdnr. A 7); ausreichend ist jedoch der Hinweis des Arztes, dass die Krankenversicherung des Patienten
möglicherweise die Kosten bestimmter Wahlleistungen nicht übernehme
(etwa bei Umstufung von einem stationären Behandlungs- zu einem Pfle-
gefall)

– BGH, Urt. v. 9. 5. 2000 – VI ZR 173/99 – VersR 2000, 999
– BGH, Urt. v. 19. 12. 1995 – III ZR 233/94 – NJW 1996, 781 = VersR 1996,
1157
– BGH, Urt. v. 27. 10. 1987 – VI ZR 288/86 – BGHZ 102, 106, 112 = NJW 1988,
759 = VersR 1988, 272
– BGH, Urt. v. 1. 2. 1983 – VI ZR 104/81 – NJW 1983, 2630 = VersR 1983, 443
– OLG Düsseldorf VersR 1999, 232
(Pflegemehrbedarf)
– OLG Bremen NJW-RR 1999, 115 – NA-BGH –
(Pflegemehrbedarf nach sinnvoller Disposition)
– OLG Düsseldorf NJW-RR 2000, 906
– OLG Köln VersR 1997, 1362
– OLG Hamm NJW 1995, 790
– OLG Koblenz NJW-RR 1991, 876
– OLG Hamburg NJW 1987, 2937
– OLG Köln NJW 1987, 2304 = VersR 1987, 514
– LSG Stuttgart MedR 1997, 563

zur Rückerstattung des Honorars:

– OLG Köln MedR 1994, 198
– OLG Nürnberg VersR 1988, 299
– OLG München VersR 1994, 862
– OLG München VersR 1993, 1529
(je Rückerstattung des Behandlungshonorars)
– OLG Köln NJW-RR 1999, 674 = VersR 2000, 361
– OLG Nürnberg VersR 1996, 233 – NA-BGH –
– OLG Frankfurt MedR 1995, 364
(je Aufklärungsfehler – kein Wegfall des Honoraranspruchs)

Eine Belastung mit Unterhalt als Folge der Geburt eines gesunden Kindes
ist jedoch stets nur dann umfasst, wenn die Bewahrung vor den Unterhaltsaufwendungen durch die Geburt eines gesunden Kindes zum Schutzumfang des Behandlungsvertrages gehörte; eine Reflexwirkung ist nicht ausreichend.

– BGH, Urt. v. 15. 2. 2000 – VI ZR 135/99 – NJW 2000, 1782 = VersR 2000, 634
z. V. in BGHZ bestimmt
(verneint für orthopädische Operation an Wirbelsäule)

– OLG Karlsruhe VersR 2000, 718 – NA-BGH
(verneint für Stoffwechsellabor bei dem älteren Geschwisterkind für humangeneti-
sche Beratung vor Zeugung eines weiteren Kindes)

96 a   **c) Haftungsverzicht des Patienten**

Ein Haftungsverzicht wird in der Regel durch Individualvereinbarung
ausdrücklich und eindeutig erklärt werden müssen und schon nach der gesetzlichen Regelung nur bereits entstandene Ansprüche betreffen können
(vgl. § 397 BGB). Ein schon vor der Behandlung erklärter Verzicht ist an
dem Maßstab der Sittenwidrigkeit (§ 138 BGB) und an Treu und Glauben
(§ 242 BGB) zu messen. Sittenwidrig ist insbesondere ein Haftungsverzicht,
den der Patient aus seiner infolge der Krankheit regelmäßig gegebenen
Notlage heraus auf Verlangen der Behandlungsseite (Arzt oder Krankenhaus) erklärt. Anderes soll gelten, wenn der Patient von sich aus den Haftungsverzicht anbietet,

– OLG Saarbrücken NJW 1999, 871 – NA-BGH –

doch ist die Abgrenzung der beiden Fallgruppen schon im Tatsächlichen
häufig eher zufällig (vgl. auch Randnr. C 13)

2. Haftungsumfang

a) Begrenzung

97   Der Haftungsumfang wird begrenzt durch die Notwendigkeit ursächlicher
Verknüpfung des Haftungstatsbestands mit dem in Betracht stehenden
Schaden im Schutzbereich.

Nicht erstattungsfähig sind die Kosten einer nur fiktiven Behandlung, die
tatsächlich durchzuführen der Patient nicht beabsichtigt.

– BGH, Urt. v. 14. 1. 1986 – VI ZR 48/85 – BGHZ 97, 14, 16 = NJW 1986, 1538 =
VersR 1986, 550
– OLG Köln VersR 2000, 1021
– vgl. auch OLG Köln NJWE-VHR 1998, 163 = VersR 1998, 1510
– OLG Köln VersR 1988, 1049

b) Mitverschulden des Patienten (§ 254 BGB)

98   (1) **Selbstschädigung.** Ein die Haftung begrenzender Mitverschuldens-
einwand (§ 254 Abs. 1 BGB) kann sich daraus begründen, dass der Geschädigte durch ein mitursächlich schuldhaftes Verhalten, insbesondere durch
Verschweigen anamnestisch bedeutsamer Umstände trotz Frage oder durch
die Mißachtung von Therapiehinweisen, selbstschädigend zum Entstehen
des Schadens beiträgt.

– BGH, Urt. v. 27. 11. 1990 – VI ZR 30/90 – NJW 1991, 748 = VersR 1991, 308
(Therapiehinweise nicht hinreichend deutlich)
– BGH, Urt. v. 8. 10. 1985 – VI ZR 114/84 – BGHZ 96, 98, 100 = NJW 1986, 775 =
VersR 1986, 185
(Selbstmordgefährdung – Pflicht zur Gefahrenabwehr)
– BGH, Urt. v. 25. 6. 1985 – VI ZR 270/83 – NJW 1985, 2749 = VersR 1985, 1068
– OLG Köln VersR 1999, 624 – NA-BGH –
(Notfallaufnahme – LSD-Patientin – selbstmordgefährdet –
– OLG Köln NJWE-VHR 1998, 163 = VersR 1998, 1510
(objektive Neigung zur Kapselbildung verschwiegen)

– OLG Oldenburg NJWE-VHR 1997, 183 = VersR 1997, 1493
(Mitwirkung bei Nachbesserung der Zahnprothetik)
– OLG Köln NJW 1997, 3099 = VersR 1997, 1102
(Rauchen gegen ärztliche Anordnung – Gangrän)
– OLG Hamm VersR 1998, 323 NA-BGH
(Bluthochdruck)
– OLG München VersR 1992, 1266 (L)
(Verschweigen trotz Frage)

(2) **Mitverschulden gegenüber therapeutischer Beratung.** Liegt der Be- **99**
handlungsfehler dagegen in mangelhafter ärztlicher Beratung (therapeutischer Aufklärung), kann ein Mitverschulden des Patienten mit Rücksicht auf
den Wissens- und Informationsvorsprung des Arztes allenfalls dann bejaht
werden, wenn sich die Unvollständigkeit der Beratung jedem medizinischen
Laien aufdrängen musste oder der Patient ein weitergehendes persönliches
Wissen hatte.

– BGH, Urt. v. 17. 12. 1996 – VI ZR 133/95 – NJW 1997, 1635 = VersR 1997, 449
(pränatale Diagnostik – Meningocele –)
– BGH, Urt. v. 30. 6. 1992 – VI ZR 337/91 – NJW 1992, 2961 = VersR 1992, 1229
(Sterilisation – Therapiehinweise)
– OLG Köln VersR 2000, 1020 (Operation dringlich – Bedenkzeit – keine genügen-
de Aufklärung über Nachteile)
– OLG Stuttgart VersR 1996, 979
(Augenoperation – nach Fadenziehen Wundsprengung –)
– OLG Stuttgart VersR 1995, 1353
(Kopfschmerzen nach Spinalanästhesie – ohne Abklärung unterlassen –)

(3) **Mitverschulden gegenüber ärztlicher Aufklärung.** Auch im Bereich **100**
der ärztlichen Aufklärung kann der Einwand des Mitverschuldens des Patienten nur ausnahmsweise durchgreifen. Es ist grundsätzlich allein Sache
des Arztes, den Patienten durch genügende Aufklärung zu einer Entscheidung über seine Einwilligung in die Behandlung zu befähigen. Wenn der
Patient aber den unzutreffenden Eindruck erweckt, dass ihm die Risiken der
Behandlung bekannt oder gleichgültig seien, kann ihm eine unvollständige
oder falsche Auskunft über persönliche Verhältnisse ausnahmsweise zum
Mitverschulden gereichen.

– BGH, Urt. v. 15. 5. 1979 – VI ZR 70/77 – NJW 1979, 1933 = VersR 1979, 720
(Nierenbiopsie)
– BGH, Urt. v. 4. 11. 1975 – VI ZR 226/73 – NJW 1976, 363 = VersR 1976, 293
(Tympanoplastik)
– OLG Stuttgart VersR 1987, 515 – NA-BGH –
(Aortenisthmusstenose)

(4) **Verletzung der Schadensminderungspflicht.** In entsprechender Weise **101**
kann es einen Verstoß gegen die Pflicht zur Schadensminderung (§ 254
Abs. 2 BGB) bedeuten, wenn der Geschädigte es unterlässt, sich einer zumutbaren Operation zur Beseitigung seiner körperlichen Beeinträchtigung zu
unterziehen. Die Behandlungsseite hat dafür darzutun und zu beweisen, dass
der Eingriff einfach und gefahrlos, nicht mit besonderen Schmerzen verbunden ist und sichere Aussicht auf Heilung oder wesentliche Besserung bietet.

- BGH, Urt. v. 15. 3. 1994 – VI ZR 44/93 – NJW 1994, 1592
- BGH, Urt. v. 18. 4. 1989 – VI ZR 221/88 – NJW 1989, 2332 = VersR 1989, 701
- BGH, Urt. v. 4. 11. 1986 – VI ZR 12/86 – VersR 1987, 408
- OLG München NJW-RR 1994, 20 = VersR 1993, 1529

3. Honorarschulderstreckung (§ 1357 n. F. BGB)

102   Bei nicht getrennt lebenden Ehegatten gehört eine medizinisch erforderliche Behandlung des Ehegatten, deren Kosten sich aus der Sicht eines objektiven Beobachters im ökonomischen Lebenszuschnitt der Familie hält, zum primären Lebensbedarf, für den der leistungsfähige andere Ehegatte nach § 1357 n. F. BGB grundsätzlich mithaftet. Dies gilt für zeitlich und sachlich dringliche Behandlungen, deren Aufwand weder durch Inanspruchnahme ärztlicher Wahlleistungen noch durch anderweitige Behandlungssonderleistungen erhöht ist, ohne dass es einer vorgängigen Abstimmung zwischen den Ehegatten bedürfte, eine Mitverpflichtung des anderen Ehegatten entfällt aber dann, wenn die Höhe der Behandlungskosten die wirtschaftlichen Verhältnisse der Familie übersteigt (§ 1357 Abs. 1 S. 2 n. F. BGB). Für diese Bewertung ist u. a. maßgeblich, ob und inwieweit für die Behandlungskosten durch das Eintreten eines gesetzlichen oder privaten Krankenversicherers Versicherungsschutz besteht.

- BGH, Urt. v. 27. 11. 1991 – XII ZR 226/90 – BGHZ 116, 184, 186 = NJW 1992, 909
- BGH, Urt. v. 13. 2. 1985 – IV b ZR 72/83 – BGHZ 94, 1, 3 = NJW 1985, 1394 = VersR 1985, 545
- OLG Köln NJW-RR 1999, 228 = VersR 1999, 374
- OLG Köln VersR 1994, 107
- OLG Schleswig NJW 1993, 2996
- OLG Köln VersR 1993, 441
- Kammergericht NJW 1985, 682

103   Bei zeitlich und sachlich nicht gebotenen, kostspieligen ärztlichen Behandlungen unter Inanspruchnahme von ärztlichen Wahlleistungen oder anderweitigen Sonderleistungen hingegen gehören die Behandlungskosten nur dann zur angemessenen Deckung des Lebensbedarfs der Familie, wenn sich die Ehegatten über die Durchführung der Behandlung zuvor abgestimmt haben.

- BGH, Urt. v. 27. 11. 1991 – XII ZR 226/90 – BGHZ 116, 184, 186 = NJW 1992, 909

Zur Mitverpflichtung der mitversicherten Ehefrau eines bei der Krankenversorgung der Bundesbahnbeamten Versicherten:

- BGH, Urt. v. 15. 5. 1991 – VIII ZR 212/90 – NJW 1991, 2958 = MedR 1992, 100

Bei Getrenntleben besteht Alleinverpflichtung (§ 1357 Abs. 3 BGB) des den Behandlungsvertrag für sich selbst abschließenden Ehegatten.

- OLG Hamm NJWE-VHR 1998, 263 = VersR 1997, 1360

B. Haftung aus Behandlungsfehler

I. Behandlungsfehler

Mit dem zentralen Begriff des Behandlungsfehlers wird Arzthaftung er- **1** öffnet wie Arzthaftung begrenzt. Grundansatz ist, dass dem Patienten in der ärztlichen Behandlung das Schadensrisiko aus seiner Krankheit grundsätzlich verbleiben muss, insoweit als es auch behandlungsfehlerfreie ärztliche Kunst nicht vermeiden kann. Haftungsausgleichung soll nur dasjenige Schadensrisiko finden, das aus schuldhaft fehlerhafter Behandlung erwächst, und zwar begrenzt auf das Risiko, das fehlerfreie ärztliche Behandlung vermieden hätte. Diesen Grundansatz bringen Steffen/Dressler auf die plastische Formel, dass sich in der ärztlichen Behandlung das Risiko der unbehandelten Krankheit im Austausch gegen das Behandlungsrisiko fortsetzt, so dass Schadenslasten aus diesem Tauschrisiko der Krankheit zuzuordnen, vom Patienten zu tragen sind.

– Steffen/Dressler RWS-Skript, 8. Aufl., S. 47, Rdn. 128

1. Ärztlicher Soll-Standard

Der Sorgfaltsmaßstab des Arzthaftungsrechts orientiert sich an der Aufga- **2** be, Qualitätsmängel gegenüber dem anerkannten und gesicherten Stand der ärztlichen Wissenschaft im Zeitpunkt der Behandlung

– BGH, Urt. v. 10. 5. 1983 – VI ZR 270/81 – NJW 1983, 2080 = VersR 1983, 729
– OLG Hamm NJW 2000, 1801
– OLG Hamm VersR 1994, 1476 NA-BGH
– OLG Düsseldorf VersR 1996, 755 – NA-BGH

haftungsrechtlich zu sanktionieren. Er gibt das rechtliche Maß dessen, was in der ärztlichen Behandlung an Erwägungen und Maßstäben vom Arzt konkret zu erwarten ist. Er hat mannigfachen „Üblichkeiten" entgegenzutreten mit dem Maß des rechtlich „Erforderlichen". Dies gilt insbesondere im Sektor der Organisations- und Koordinierungspflichten der Behandlungsseite. Der Sorgfaltsmaßstab ist objektiv typisierend bestimmt und nicht subjektiv individuell. Es kommt an auf die im jeweiligen Fachkreis des Arztes zu fordernde Sorgfalt (praktischer Arzt, Facharzt, Krankenhausstufe)

– BGH, Urt. v. 2. 12. 1997 – VI ZR 386/96 – NJW 1998, 814 = VersR 1998, 242
  (Bereitschaftsdienst)
– BGH, Urt. v. 29. 1. 1991 – VI ZR 206/90 – BGHZ 113, 297, 302 = NJW 1991,
  1535 = VersR 1991, 469
  (Arzt für Allgemeinmedizin – Heilpraktiker)
– BGH, Urt. v. 14. 12. 1993 – VI ZR 67/93 – NJW 1994, 1596 = VersR 1994, 480
  (personelle Ausstattung des Entbindungsteams)

– einschließlich der vorauszusetzenden allgemeinen Kenntnisse –,

- BGH, Urt. v. 26. 1. 1999 – VI ZR 376/97 – BGHZ 140, 309 = NJW 1999, 1779 = VersR 1999, 579
  (physikalische Grundkenntnisse – Brandrisiko bei Verwendung von reinem Sauerstoff und Thermokauter)
- BGH, Urt. v. 9. 7. 1985 – VI ZR 8/84 – NJW 1985, 2650 = VersR 1985, 969
  (mechanische Beanspruchung während Operation – nicht in Literatur)

nicht auf die dahinter zurückbleibenden subjektiv individuellen Fähigkeiten und Kenntnisse. Der Facharzt in der ambulanten wie in der stationären Krankenbetreuung wird am objektiven Facharzt-Standard gemessen.

- BGH, Urt. v 21. 11. 1995 –VI ZR 341/94 – NJW 1996, 779 = VersR 1996, 330
- BGH, Urt. v. 10. 2. 1987 – VI ZR 68/86 – NJW 1987, 1479 = VersR 1987, 686
- OLG Frankfurt MedR 1995, 75

3 Krankenhäuser haben für ihre Eigenhaftung grundsätzlich den Facharzt-Standard vorzuhalten, soweit es um Spezifika mit den dafür erforderlichen Fachkenntnissen geht. Bei Anfänger-Operationen erfordert dies die Operationsassistenz durch einen Facharzt; dagegen ist es zulässig, wenn ein Assistenzarzt Verrichtungen vornimmt, die keinen Facharzt erfordern.

- OLG Oldenburg NJW-RR 1999, 1327 = VersR 2000, 191
  (Legen eines Zentralvenenkatheters – Gastroenterologie)

Die Anforderungen gehen über die bloße Anwesenheit des Facharztes bei der Operation hinaus. Erforderlich ist etwa, dass der Facharzt mit dem Anfänger vor der Operation die Vorgehensweise bespricht und diese auch während der Operation überwacht. Ständige Eingriffsbereitschaft und Eingriffsfähigkeit des aufsichtsführenden Facharztes müssen gewährleistet sein.

- OLG Oldenburg NJWE-VHR 1998, 140 = VersR 1998, 1381
  (Zahnarzt – vertikal verlagerter Weisheitszahn)
- OLG Oldenburg NJWE-VHR 1998, 18 = VersR 1998, 1380
  (Hüftgelenksendoprothese – Verletzung des Nervus femoralis)

4 Gleiches gilt auf dem Gebiet der Narkoseführung (Anästhesie). Bei der von einem Anfänger geleiteten Geburt muss durch entsprechende Organisation ausreichender Rufbereitschaft ebenfalls der Facharztstandard gewahrt werden.

- BGH, Urt. v. 3. 2. 1998 – VI ZR 356/96 – NJW 1998, 2736 = VersR 1998, 634
- BGH, Urt. v. 12. 7. 1994 – VI ZR 299/93 – NJW 1994, 3008 = VersR 1994, 1303
- BGH, Urt. v. 15. 6. 1993 – VI ZR 175/92 – NJW 1993, 2989 = VersR 1993, 1231
- BGH, Urt. v. 10. 3. 1992 – VI ZR 64/91 – NJW 1992, 1560 = VersR 1992, 745
- BGH, Urt. v. 26. 4. 1988 – VI ZR 246/86 – NJW 1988, 2298 = VersR 1988, 723
- BGH, Urt. v. 10. 2. 1987 – VI ZR 68/86 – NJW 1987, 1479 = VersR 1987, 686
- BGH, Urt. v. 27. 9. 1983 – VI ZR 230/81 – BGHZ 88, 248, 254 = NJW 1984, 655 = VersR 1984, 60
- OLG Braunschweig NJW-RR 2000, 238

Dies gilt auch für den Dienst zu schlechten Zeiten (Sonntags-, Feiertags-, Notdienst).

- OLG Düsseldorf VersR 1986, 659, 660

Ausnahmsweise ist der Einsatz eines Assistenzarztes ohne Assistenz eines Facharztes möglich, wenn die Kenntnisse und Fähigkeiten des Anfängers den Facharztstandard gewährleisten.

- OLG Zweibrücken NJWE-VHR 1997, 235 = VersR 1997, 1103
  (Geburtshilfe – Assistenzarzt im fünften Jahr)
- OLG Düsseldorf NJW 1994, 1598 = VersR 1994, 603
  (Exstirpation der Unterkieferdrüse)
- OLG Oldenburg VersR 1994, 180
  (abdominale Hysterektomie)

Verfügt ein an der Behandlung beteiligter Arzt über ein besonderes Fachwissen oder über individuelle Spezialkenntnisse aus der konkreten Behandlung, so hat er ihr Maß an Sorgfalt einzusetzen.

- BGH, Urt. v. 24. 6. 1997 – VI ZR 94/96 – NJW 1997, 3090 = VersR 1997, 1357
- BGH, Urt. v. 10. 2. 1987 – VI ZR 68/86 – NJW 1987, 1479 = VersR 1987, 686
- OLG Düsseldorf VersR 1992, 494
- OLG Oldenburg VersR 1989, 402 – NA-BGH –

Ob der im Krankenhaus tätige Arztnachwuchs (z. B. Assistenzarzt in 5 Weiterbildung zum Facharzt) hinsichtlich seiner Eigenhaftung am Facharzt-Standard zu messen ist oder nur an dem seiner Qualifikation entsprechend geringeren Sorgfaltsmaßstab, ist nicht unumstritten. Die Rechtsprechung tendiert hier ersichtlich – (nur) im Bereich der Eigenhaftung – zu geringeren Sorgfaltsanforderungen, ohne jedoch grundsätzlich den objektiven Sorgfaltsmaßstab (Gruppenfahrlässigkeit) aufzugeben.

- BGH, Urt. v. 12. 7. 1994– VI ZR 299/93 – NJW 1994, 3008 = VersR 1994, 1303
- BGH, Urt. v. 15. 6. 1993 – VI ZR 175/92 – NJW 1993, 2989 = VersR 1993, 1231
- BGH, Urt. v. 10. 3. 1992 – VI ZR 64/91 – NJW 1992, 1560 = VersR 1992, 745
- BGH, Urt. v. 26. 4. 1988 – VI ZR 246/86 – NJW 1988, 2298 = VersR 1988, 723
- BGH, Urt. v. 27. 9. 1983 – VI ZR 230/81 – BGHZ 88, 248, 257 = NJW 1984, 655
  = VersR 1984, 60
- OLG Zweibrücken VersR 1988, 165
- OLG Düsseldorf VersR 1986, 659, 660

Hinsichtlich des **apparativen Soll-Standard**s ist die Rechtsprechung be- 6 stimmt von dem Versuch, eine mittlere Linie zu halten zwischen dem Kostenaufwand und beständigem apparativen Modernisierungsdruck einerseits und Gewährleistung der Interessen des Patienten an Behandlungsqualität und Behandlungssicherheit andererseits. Die Behandlungsseite schuldet nicht das jeweils neueste Therapiekonzept und auch nicht eine dem immer neuesten Stand entsprechende apparative Ausstattung. Stets freilich ist eine modernem Standard gerecht werdende apparative Grundausstattung erforderlich, entsprechend den vorauszusetzenden Behandlungsbedingungen der jeweiligen stationären Versorgungsstufe (Kreiskrankenhaus, Universitätsklinik). Unterschritten ist der zu fordernde apparative Standard dann, wenn eine neue apparative Technik für den Patienten risikoärmer oder weniger belastend ist und/oder bessere Heilungschancen verspricht, in der medizinischen Wissenschaft im Wesentlichen unumstritten ist und in der Praxis verbreitet – nicht nur an wenigen Zentren – Anwendung findet.

– BGH, Urt. v. 26. 11. 1991 – VI ZR 389/90 – NJW 1992, 754 = VersR 1992, 238
(Mehr- oder Einzelfeldtechnik – Strahlenklinik (1982))
– BGH, Urt. v. 30. 5. 1989 – VI ZR 200/88 – NJW 1989, 2321 = VersR 1989, 851
(Radiumeinlage – Städtische Klinik (1977))
– BGH, Urt. v. 28. 6. 1988 – VI ZR 217/87 – NJW 1988, 2949, ins. nicht in VersR
1989, 80
(CTG ohne Zeit-Schreibung – Städt. Geburtsklinik (1981))
– BGH, Urt. v. 22. 9. 1987 – VI ZR 238/86 – BGHZ 102, 17, 24 = NJW 1988, 763 =
VersR 1988, 179
(Tubenkoagulation monopolar – Landfrauenklinik (1980))
– BGH, Urt. v. 27. 6. 1978 – VI ZR 183/76 – BGHZ 72, 132, 140 = NJW 1978, 2337
= VersR 1978, 1022
(Appendektomie – Belegkrankenhaus – Grundausstattung)
– OLG Saarbrücken VersR 1992, 52 – NA-BGH -
(hygienischer Mindeststandard – besondere Vorkehrungen)
– OLG Frankfurt VersR 1991, 185 – NA-BGH –
(älteres, gleichwertiges Hochfrequenzchirurgiegerät)

7   Das schließt **Kapazitätsgrenzen** nicht aus, die sich insbesondere bei Einführung einer neuen apparativen Diagnostik- oder Behandlungsmethode fi-
nanziell und wirtschaftlich ergeben können. Auf die Kosten darf es jedoch
nicht ankommen, solange diese nicht außer Verhältnis zu der Gefahr für den
Patienten stehen und die Gefahr nur entfernt ist. Defizite sind zunächst
möglichst zu neutralisieren und organisatorisch aufzufangen.

– BGH, Urt. v. 7. 7. 1987 – VI ZR 193/86 – NJW 1987, 2923 = VersR 1988, 155
(Altersgrenze für Amniozentese aus Gründen der Kapazität)
– OLG Köln NJWE-VHR 1998, 266 = VersR 1999, 847
(Kapazität bei CT-geplanter Bestrahlung nach Mamakarzinom-Operation)
– OLG Köln VersR 1993, 52 – NA-BGH –
(Kapazität bei Herzoperationen – Operationsverzögerung)
– OLG Hamm NJW 1993, 2387 = VersR 1994, 729 – NA-BGH –
(personelle Ausstattung in Psychiatrie)

8   Entsprechend der Pflicht, ein über die Norm hinausgehendes fachliches
Spezialwissen einzubringen, müssen auch im apparativen Bereich bessere
und modernere technische Gerätschaften, die noch nicht zum vorausgesetzten Ausstattungsstandard gehören, immer dann eingesetzt werden, wenn sie
für die konkrete Behandlung tatsächlich verfügbar sind.

– BGH, Urt. v. 30. 5. 1989 – VI ZR 200/88 – NJW 1989, 2321 = VersR 1989, 851
(Radiumeinlage – Dosisleistungsmessinstrument)
– BGH, Urt. v. 28. 6. 1988 – VI ZR 217/87 – NJW 1988, 2949, ins. nicht VersR
1989, 80
(CTG-Gerät)

Ein Medikament, das nicht zur Standardbevorratung gehört, kann ad hoc
zu beschaffen sein, wenn aus besonderen Gefahren der konkreten Behandlung veranlasst.

– BGH, Urt. v. 11. 12. 1990 – VI ZR 151/90 – NJW 1991, 1543 = VersR 1991, 315
(PPSB-Hepatitis-sicher statt PPSB normal)

9   **Wichtig:** Stets darf an Wissen und Fähigkeiten nur das verlangt werden,
was Erkenntnisstand der medizinischen Wissenschaft im Zeitpunkt der Behandlung ist.

Problematisch ist das Verhältnis des Soll-Standards zur sog. alternativen Medizin. Bei Meinungsverschiedenheiten zwischen beiden Richtungen kann der Richter nicht von einer Subsidiarität der alternativen Medizin ausgehen, sondern muss auch insoweit prüfen, ob eine Außenseitermethode mit allen sich hieran anknüpfenden Folgerungen etwa zur Aufklärungspflicht angewendet wurde oder ob die Anforderungen an die medizinische Sorgfalt beachtet wurden. Das Gericht hat sich mit den Einwendungen der jeweiligen Gegenseite auseinanderzusetzen und sich – sachverständig beraten – eine Überzeugung zu bilden.

– vgl. BGH, Urt. v. 2. 8. 1995 – 2 StR 221/94 -BGHSt 41, 206, 216f. = NJW 1995, 2930

Der medizinische Soll-Standard wird im Grundsatz vorgegeben von der medizinischen Wissenschaft. Behandlungsfehlerhaft ist, was sich – spiegelbildlich – als Verstoß gegen eine festgestellte Regel der medizinischen Wissenschaft darstellt. Seine Feststellung ist im Rechtsstreit Aufgabe des – zwingend sachverständig beratenen – Richters.

– BGH, Urt. v. 29. 11. 1994 – VI ZR 189/93 – NJW 1995, 776 = VersR 1995, 659

Methoden der Diagnose und Therapie, die erst in wenigen Spezialkliniken erprobt werden, bestimmen den allgemeinen Soll-Standard noch nicht; ihre Nichtanwendung begründet keine Haftung.

– BGH, Urt. v. 28. 2. 1984 – VI ZR 106/82 – NJW 1984, 1810 = VersR 1984, 470
– OLG Frankfurt VersR 1998, 1378 – NA-BGH – (Helicobacter-Eradikation)
– OLG Oldenburg VersR 1989, 402

Desgleichen muss in Diagnose und Therapie nicht stets die neueste und modernste apparative Technik eingesetzt werden.

– BGH, Urt. v. 22. 9. 1987 – VI ZR 238/86 – BGHZ 102, 17, 24 = NJW 1988, 763 = VersR 1988, 179
(Tubenkoagulation monopolar – nicht bipolar)

Für die medikamentöse Therapie ist zu beachten, dass die Nichtzulassung eines Medikaments für eine bestimmte Behandlungsmethode (für den Verkehr mit Arzneimitteln §§ 21ff und §§ 48ff AMG) die Verordnung des Medikaments durch den Arzt nicht von vornherein fehlsam macht.

– OLG München VersR 1991, 471 – NA-BGH –
(Bronchialkarzinom – Fiblaferon)
– OLG Köln VersR 1991, 186
(Herpesencephalitis – Aciclovir)

Nicht zu verkennen ist freilich, dass auch die von den Bundesausschüssen für Ärzte/Zahnärzte und Krankenkassen gemäß § 92 Abs. 1 SGB V aufgestellten Richtlinien über die ärztliche/zahnärztliche Versorgung der Kassenpatienten nicht unerheblich auf den Standard einwirken. Wenn eine Behandlung nach diesen Richtlinien nicht oder nur eingeschränkt abgerechnet werden darf (vgl. § 135 SGB V), wird sie sich nicht zum Standard ausbilden. Umgekehrt wird die Anwendung einer vom Bundesausschuss zur Abrechnung zugelassenen Behandlung nicht als generell fehlerhaft gewertet werden können.

Leitlinien (vgl. §§ 135 ff SGB V) und Rahmenvereinbarungen (vgl. § 115 b SGB V) von ärztlichen Fachgremien oder Verbänden können den Standard zutreffend beschreiben, aber auch – etwa wenn sie veraltet sind – hinter diesem zurückbleiben. Sie können nicht unbesehen als Maßstab für den Standard übernommen werden; das dürfte – wenn auch seltener – im Ergebnis auch auf die Richtlinien der Bundesausschüsse der Ärzte bzw. Zahnärzte und Krankenkassen (§§ 91 ff. SGB V) zutreffen. Letztere sind verbindlich und legen daher den Standard insoweit fest als eine Unterschreitung schwerlich zulässig sein dürfte. Andererseits können sich Empfehlungen und Richtlinien zum Standard entwickeln.

– BGH, Urt. v. 15. 2. 2000 – VI ZR 48/99 – NJW 2000, 1784 = VersR 2000, 725, z. V. in BGHZ bestimmt
(Impfempfehlung der STIKO)
– OLG Hamm NJW 2000, 1801
OLG Hamm NJW-RR 2000, 401
(Leitlinien der Bundesärztekammer für Wiederbelebung und Notfallversorgung)

2. Behandlungsfehlertypen

10   So vielfältig wie die real vorkommenden Behandlungsfehler, so vielfältig sind die Versuche, sie rechtlich in Gruppen zu strukturieren.

a) Generalisierte Qualitätsmängel

11   **(1) Übernahmeverschulden.** Hierher gehört zunächst die grundsätzliche Pflicht des Arztes, eine ärztliche Behandlung nur auf Grund hinreichender, allgemeiner und spezieller Fachkenntnisse vorzunehmen und sich durch ständige Weiterbildung auf seinem Fachgebiet auf dem wissenschaftlich neuesten Stand zu halten. Die Anforderungen hieran sind streng. Der Arzt ist insbesondere gehalten, sich auf seinem Fachgebiet generell wie im Blick auf eine konkret angewandte Behandlungsmethode mit der einschlägigen medizinischen Literatur nach dem letzten gesicherten Stand vertraut zu machen.

12   Beim Arzt für Allgemeinmedizin genügt regelmäßig die Lektüre inländischer Allgemeinfach-Periodika. Auch der niedergelassene Facharzt muss nicht Spezialveröffentlichungen über Kongresse oder ausländische Fachliteratur, verfolgen, soweit diese nur neue wissenschaftliche Denkanstöße, nicht aber einen neuen wissenschaftlichen Standard begründen. Vom Facharzt ist jedoch über die Lektüre der einschlägigen inländischen Fachzeitschriften hinaus auch die Berücksichtigung des methodenspezifischen ausländischen Schrifttums, nicht aber ein laufendes Studium der ausländischen Fachliteratur zu verlangen, wenn er neue, noch nicht allgemein eingeführte Methoden anwendet.

– BGH, Urt. v. 29. 1. 1991 – VI ZR 206/90 – BGHZ 113, 297, 302 = NJW 1991, 1535 = VersR 1991, 469
– BGH, Urt. v. 27. 10. 1981 – VI ZR 69/80 – NJW 1982, 697 = VersR 1982, 147
– BGH, Urt. v. 15. 3. 1977 – VI ZR 201/75 – NJW 1977, 1102 = VersR 1977, 546

– OLG München VersR 2000, 890
– OLG Frankfurt MedR 1995, 75
– OLG Düsseldorf VersR 1987, 414 – NA-BGH –
– OLG München MedR 1999, 466

In entsprechender Weise muss sich der Arzt auch beim Einsatz der technischen Apparatur mit deren Funktionsweise vertraut machen.

– OLG Saarbrücken VersR 1991, 1289
– OLG Nürnberg VersR 1970, 1061

Der behandelnde Arzt muss sich im Grundsatz – haftungsrechtlich – nicht **13** auf die seinem Fachgebiet zugeordneten Behandlungsmethoden beschränken. Übernimmt er freilich Behandlungsmaßnahmen außerhalb seines Fachgebiets, hat er einzustehen für den Qualitäts-Standard der übernommenen Behandlungsaufgabe.

– BGH, Urt. v. 27. 10. 1981 – VI ZR 69/80 – NJW 1987, 1482 = VersR 1987, 1089,
ins. nicht in BGHZ 99, 391
(Internist/Lungenfacharzt)
– BGH, Urt. v. 27. 10. 1981 – VI ZR 69/80 – NJW 1982, 1049 = VersR 1982, 147
(Urologe/TBC-Lungenfacharzt)

Entsprechend muss ein Heilpraktiker in der Anwendung einer invasiven Behandlungsmethode für den Sorgfaltsstandard mindestens eines Arztes für Allgemeinmedizin einstehen.

– BGH, Urt. v. 29. 1. 1991 – VI ZR 206/90 – BGHZ 113, 297, 304 = NJW 1991,
1535 – VersR 1991, 469
(Ozon-Sauerstoff-Behandlung)

Zu den Grenzen rechtmäßiger Therapie durch Heilpraktiker: **14**

– OLG München VersR 1991, 471 – NA-BGH –
– OLG Braunschweig VersR 1990, 57
(je zu Krebsbehandlungen)

Ist die Zuziehung eines Konsiliararztes geboten oder zum Schutz des Pa- **15** tienten die Überweisung an den Arzt des geforderten Fachgebietes bzw. die Überweisung an ein Krankenhaus, begründet die Unterlassung die Haftung aus Behandlungsfehler.

– BGH, Urt. v. 22. 9. 1987 – VI ZR 238/86 – BGHZ 102, 17, 25 = NJW 1988, 763 =
VersR 1988, 179
– BGH – NA-Beschluss v. 29. 3. 1983 – VI ZR 202/82 – VersR 1983, 563 zu OLG
Oldenburg
– OLG Düsseldorf VersR 1987, 1138

Zu dem noch in Fachausbildung stehenden Assistenzarzt wegen Über- **16** nahmeverschuldens:

– BGH, Urt. v. 3. 2. 1998 – VI ZR 356/96 – NJW 1998, 2736 = VersR 1998, 634
– BGH, Urt. v. 12. 7. 1994 – VI ZR 299/93 – NJW 1994, 3008 = VersR 1994, 1303
– BGH, Urt. v. 15. 6. 1993 – VI ZR 175/92 – NJW 1993, 2989 = VersR 1993, 1231
– BGH, Urt. v. 10. 3. 1992 – VI ZR 64/91 – NJW 1992, 1560 = VersR 1992, 745
– BGH, Urt. v. 26. 4. 1988 – VI ZR 246/86 – NJW 1988, 2298 = VersR 1988, 723

- BGH, Urt. v. 7. 5. 1985 – VI ZR 224/83 – NJW 1985, 2193 = VersR 1985, 782
- BGH, Urt. v. 27. 9. 1983 – VI ZR 230/81 – BGHZ 88, 248, 258 = NJW 1984, 655
  = VersR 1984, 60
- OLG Zweibrücken NJWE-VHR 1997, 161 = VersR 1997, 833
- OLG München VersR 1993, 1400
- OLG Düsseldorf VersR 1991, 1412
- OLG Koblenz VersR 1991, 1376
- OLG Düsseldorf VersR 1991, 1138
- OLG Köln VersR 1989, 372
- OLG Zweibrücken VersR 1988, 165

17　　Zu den generellen Verhaltenspflichten gehört weiter die Pflicht zur Vorhaltung und Verwendung der nach dem Stand der medizinischen Wissenschaft für die Behandlung erforderlichen technischen Hilfsmittel und Apparaturen. Es bedeutet deshalb ein Übernahmeverschulden, wenn für eine konkrete Behandlung die technisch-apparative Ausstattung unzureichend ist.

- BGH, Urt. v. 26. 11. 1991 – VI ZR 389/90 – NJW 1992, 754 = VersR 1992, 238
  (Bestrahlung in Mehrfeld- statt Großfeldtechnik)
- BGH, Urt. v. 30. 5. 1989 – VI ZR 200/88 – NJW 1989, 2321 = VersR 1989, 851
  (Radiumtherapie apparativ nicht dosisgeführt)
- BGH, Urt. v. 27. 6. 1978 – VI ZR 183/76 – BGHZ 72, 132, 141 = NJW 1978, 2337
  = VersR 1978, 1022
  (Appendektomie – fehlende Grundausstattung)
- OLG Zweibrücken NJWE-VHR 1996, 63
  (Hochrisikogeburt in Belegklinik)
- OLG Oldenburg VersR 1995, 49 – NA-BGH
  (Dilatation einer Nierenarterie – ohne Gefäßchirurgie)

18　　**(2) Organisations- und Koordinierungsverschulden.** Ein wichtiges Feld generalisierter Qualitätsmängel sind Verstöße gegen die Pflicht sachgerechter Organisation und Koordinierung der Behandlungsabläufe zur Gewährleistung der generellen organisatorischen Voraussetzungen des geforderten Qualitäts-Standards. Hierher gehört die Pflicht des Behandlungsträgers zur Sicherstellung

19　　– des hygienischen Standards:

- BGH, Urt. v. 17. 12. 1991 – VI ZR 40/91 – BGHZ 116, 379, 382 = NJW 1992,
  743 = VersR 1992, 314
- BGH, Urt. v. 30. 4. 1991 – VI ZR 178/90 – BGHZ 114, 284, 291 = NJW 1991,
  1948 = VersR 1991, 816
  (je Fremdbluttransfusion – Erregersicherheit)
- BGH, Urt. v. 8. 1. 1991 – VI ZR 102/90 – NJW 1991, 1541 = VersR 1991, 467
  (Keimübertragung durch Operationsteam)
- BGH, Urt. v. 7. 6. 1983 – VI ZR 171/81 – VersR 1983, 735
- BGH, Urt. v. 9. 5. 1978 – VI ZR 81/77 – NJW 1978, 1683 = VersR 1978, 764
  (je Desinfektion mit verunreinigtem Alkohol)
- BGH, Urt. v. 7. 11. 1981 – VI ZR 119/80 – NJW 1982, 699 = VersR 1982, 161
  (Unsterile Infusionsflüssigkeit)
- OLG Saarbrücken VersR 1992, 52 – NA-BGH –
- OLG Koblenz NJW 1991, 1553 = VersR 1992, 580
  (je Infektion in Operation)
- OLG Oldenburg VersR 1991, 1378
  (Isolierung von Hepatitis-B-Kranken)

– des apparativen Standards: **20**

– BGH, Urt. v. 26. 11. 1991 – VI ZR 389/90 – NJW 1992, 754 = VersR 1992, 238
– BGH, Urt. v. 30. 5. 1989 – VI ZR 200/88 – NJW 1989, 2321 = VersR 1989, 851
– OLG Oldenburg VersR 1991, 820
  (je Bestrahlungsgerät)
– BGH, Urt. v. 22. 9. 1987 – VI ZR 238/86 – BGHZ 102, 17, 24 = NJW 1988,
  763 = VersR 1988, 179
  (Koagulationsgerät)
– BGH, Urt. v. 24. 6. 1980 – VI ZR 106/79 – VersR 1980, 822
– BGH, Urt. v. 29. 5. 1979 – VI ZR 137/78 – VersR 1979, 844
  (je Narkosegerät)
– OLG Frankfurt VersR 1991, 185 – NA-BGH
  (Hochfrequenzchirurgiegerät)
– OLG Düsseldorf VersR 1985, 744 – NA-BGH
  (Manschettendruckgerät)
– OLG Hamm VersR 1980, 1030
  (Röntgengerät)

– des Standards der Medikamentvorhaltung: **21**

– BGH, Urt. v. 11. 12. 1990 – VI ZR 151/90 – NJW 1991, 1543 = VersR 1991,
  315
  (Nichtverfügbarkeit von PPSB – Hepatitis – sicher)
– OLG Köln VersR 1991, 186
  (Nichtanwendung von Aciclovir)

– des Standards der Geräte- und Verrichtungssicherheit   **22**

– BGH, Urt. v. 25. 6. 1991 – VI ZR 320/90 – NJW 1991, 2960 = VersR 1991,
  1058
  (Sturz im Krankenhaus – kippunsicherer Duschstuhl)
– BGH, Urt. v. 18. 12. 1990 – VI ZR 169/90 – NJW 1991, 1540 = VersR 1991,
  310
  (Sturz im Krankenhaus – Umbetten von Nachtstuhl in Bett)
– OLG Frankfurt – VersR 1995, 1498 – NA-BGH
  (Schlaganfall – Sturz aus Krankenhausbett)
– OLG Köln VersR 1990, 1240
  (Sturz von Untersuchungsliege in Ambulanz)

– des personellen Ausstattungs-Standards: **23**

– BGH, Urt. v. 16. 4. 1996 – VI ZR 190/95 – NJW 1996, 2429 = VersR 1996, 976
  (Nachtdienst durch inkompetentes Pflegepersonal)
– BGH, Urt. v. 3. 2. 1998 – VI ZR 356/96 – NJW 1998, 2736 = VersR 1998, 634
– BGH, Urt. v. 12. 7. 1994 – VI ZR 299/93 – NJW 1994, 3008 = VersR 1994,
  1303
  (je Geburtsleitung durch Anfänger – Rufbereitschaft)
– BGH, Urt. v. 14. 12. 1993 – VI ZR 67/93 – NJW 1994, 1596 = VersR 1994,
  480,
  (Entbindungsteam bei Zwillingsgeburt)
– BGH, Urt. v. 15. 6. 1993 – VI ZR 175/92 – NJW 1993, 2989 = VersR 1993,
  1231
  (Anfängernarkose mit Facharzt im angrenzenden OP-Saal)
– BGH, Urt. v. 10. 3. 1992 – VI ZR 64/91 – NJW 1992, 1560 = VersR 1992, 745
  (Anfängeroperation ohne Facharztassistenz)

– BGH, Urt. v. 26. 4. 1988 – VI ZR 246/86 – NJW 1988, 2298 = VersR 1988, 723
(Anfängerarzt in Klinikambulanz)
– BGH, Urt. v. 7. 5. 1985 – VI ZR 224/83 – NJW 1985, 2193 = VersR 1985, 782
– BGH, Urt. v. 27. 9. 1983 – VI ZR 230/81 – BGHZ 88, 248, 254 = NJW 1984,
655 = VersR 1984, 60
(je Lymphknotenexstirpation durch Anfänger)
– BGH, Urt. v. 29. 10. 1985 – VI ZR 234/83 – NJW 1986, 776 = VersR 1986, 295
(Operation nach ermüdendem Nachtdienst)
– BGH, Urt. v. 18. 6. 1985 – VI ZR 234/85 – BGHZ 95, 63, 71 = NJW 1985,
2189 = VersR 1985, 1043
– BGH, Urt. v. 30. 11. 1982 – VI ZR 77/81 – NJW 1983, 1374 = VersR 1983,
244, ins. nicht in BGHZ 85, 393
(je Parallelnarkose – Unterversorgung mit Anästhesisten)
– OLG Zweibrücken VersR 1997, 833
(Operation unter Aufsicht – Klippel-Trénaunay-Sydrom)
– OLG Oldenburg VersR 1995, 49 – NA-BGH
(Dilatation einer Nierenarterie)
– OLG München VersR 1993, 1400
(Absicherung der Diagnose des Anfängers)
– OLG Düsseldorf VersR 1993, 51
(Epilepsie-Patient – Grand mal-Anfall auf WC)
– OLG Stuttgart NJW 1993, 2384 = VersR 1993, 1358
(Einstellen des Wehentropfs durch Pflegedienst)

24   Hierher gehört ferner die Pflicht des Behandlungsträgers, die interne Ablauforganisation durch generelle Richtlinien und Weisungen so zu regeln,
dass in jeder Behandlungsphase der Facharzt – Standard verfügbar ist, der
fehlerfreie Behandlung und Überwachung sicherstellt.

– BGH, Urt. v. 3. 2. 1998 – VI ZR 356/96 – NJW 1998, 2736 = VersR 1998, 634
(Beckenendlage – Ärztin im zweiten Jahr – Rufbereitschaft)
– BGH, Urt. v. 12. 7. 1994 – VI ZR 299/93 – NJW 1994, 3008 = VersR 1994, 1303
(Geburtsleitung durch Anfänger – Rufbereitschaft)
– BGH, Urt. v. 10. 3. 1992 – VI ZR 64/91 – NJW 1992, 1560 = VersR 1992, 745
(Anfänger-Operation ohne Facharztassistenz)
– BGH, Urt. v. 20. 9. 1988 – VI ZR 296/87 – NJW 1989, 769 = VersR 1988, 1270,
ins. nicht in BGHZ 105, 189
– BGH, Urt. v. 26. 4. 1988 – VI ZR 246/86 – NJW 1988, 2298 = VersR 1988, 723
(je Anfängerarzt in Klinikambulanz)
– OLG München VersR 1994, 1113
(Entfernung der Nachgeburt durch Krankenschwester)
– OLG Stuttgart VersR 1994, 1114
(Hebamme – Facharzt – Schulterdystokie)
– BGH, Urt. v. 26. 2. 1991 – VI ZR 344/89 – NJW 1991, 1539 = VersR 1991, 694
– BGH, Urt. v. 3. 10. 1989 – VI ZR 319/88 – NJW 1990, 759 = VersR 1989, 1296
(je Anästhesist/Chirurg)
– BGH, Urt. v. 29. 5. 1979 – VI ZR 137/78 – VersR 1979, 844
(Narkosezwischenfall – Kontrolle des nachgeordneten Dienstes)
– BGH, Urt. v. 29. 10. 1985 – VI ZR 85/84 – NJW 1986, 776 = VersR 1986, 296
(Operation nach ermüdendem Nachtdienst)
– BGH, Urt. v. 21. 9. 1982 – VI ZR 130/81 – NJW 1983, 340 = VersR 1982, 1141
(Hodenatrophie – Überwachung nach Operation)
– OLG Schleswig VersR 1994, 310 – NA-BGH
(Anweisung bzw. Hinweis an Hintergrunddienst)

– OLG Koblenz VersR 1991, 1376
– OLG Karlsruhe VersR 1991, 1177
(je Anfänger – Harnleiter/Leistenbruchoperation)
– OLG Düsseldorf VersR 1991, 1138
(Prostataresektion – Übernahme durch Facharzt)
– OLG Stuttgart VersR 1990, 858 – NA-BGH
(Anfängerarzt in Psychiatrie)
– OLG Zweibrücken VersR 1988, 165
(Intubationsnarkose durch Anfängerarzt)

Dementsprechend haftet (auch) der das Anfängerhandeln überwachende **25**
Arzt, wenn er die Überwachung nicht oder unzureichend wahrnimmt; er hat die
getroffenen Kontrollmaßnahmen darzutun und gegebenenfalls zu beweisen

– OLG Düsseldorf VersR 1994, 352
(Lymphknotenexstirpation durch Anfänger – Überprüfung der Kenntnisse)

Dienstplan und Vertretungsregelungen müssen auch für den Dienst zu
schlechten Zeiten (Sonntags-, Feiertags-, Notdienst) den Facharzt-Standard
gewährleisten.

– OLG Düsseldorf VersR 1986, 659, 660

Notfall: Die ambulante Notfallversorgung in dringenden Fällen außerhalb **26**
der üblichen Sprechstunden erfolgt durch den von den kassenärztlichen Vereinigungen (§ 75 Abs. 1 SGB V) eingerichteten Bereitschaftsdienst der Vertragsärzte oder die Notfallambulanzen der Kliniken (für Belegärzte vgl. § 23
Abs. 1 Nr. 2 BPflV).

– BGH, Urt. v. 21. 11. 1992 – III ZR 178/91 – NJW 1993, 1526 = VersR 1993, 316
– BGH, Urt. v. 13. 11. 1990 – VI ZR 104/90 – NJW 1991, 1532 = VersR 1991, 433
– BSG, Urt. v. 27. 10. 1987 – 6 Rka 60/86 – MedR 1988, 106
– BSG, Urt. v. 15. 4. 1980 – 6 Rka 8/78 – USK 8055
– VGH Bad-Württ., Urt. v. 3. 11. 1998 – 9 S 3399/96 – MedR 1999, 228 (Befreiung
von der Teilnahmepflicht)
– OLG Braunschweig VersR 1999, 191
– OLG Hamm MedR 1992, 342

Der Notfalldienst ist Sicherstellung der vertragsärztlichen Versorgung
rund um die Uhr und soll – anders als der Rettungsdienst (vgl. z.B. § 1
Abs. 1, 2 bad-württ. Rettungsdienstgesetz i.d.F. v. 16. 7. 1998 – GBl.
S. 437) – die typischen Mittel des niedergelassenen Arztes bieten.
Notfälle können aber auch während der Behandlung auftreten. Für Not- **27**
fall- und Eilmaßnahmen gilt gleichfalls der Grundsatz des Facharzt-Stan-
dards. Zu berücksichtigen ist, dass es in aller Regel um Eilentscheidungen
und dringliche Maßnahmen unter erschwerten Verhältnissen gehen wird. In
der akuten Notfallsituation sind die zwangsläufigen Beschränkungen an
Entschlusszeit und sachlich/personell verfügbaren Mitteln angemessen zu
berücksichtigen. Geringeren Anforderungen in der Akutsituation korrespondiert freilich die Pflicht zu rechtzeitigen Notfallvorkehrungen in den ruhige-
ren Vorbereitungsphasen, wenn die konkrete Notlage vorhersehbar war oder
die Notfallbeherrschung speziell zum Standard gehört, etwa bei einem
Krankenhaus, das an der Notversorgung beteiligt ist.

- BGH, Urt. v. 2. 12. 1997 – VI ZR 386/96 – NJW 1998, 814 = VersR 1998, 242
  (Arzt für Allgemeinmedizin – latente Selbstmordgefahr)
- BGH, Urt. v. 13. 12. 1988 – VI ZR 22/88 – NJW 1989, 1541 = VersR 1989, 289
  (Anastomose bei Säugling – unterentwickelte Gefäße)
- BGH, Urt. v. 18. 12. 1984 – VI ZR 23/83 – NJW 1985, 1392 = VersR 1985, 338
  (hämorrhagischer Schock – Subclavia-Katheter)
- OLG Köln VersR 2000, 1150 (Zahnarzt – Wurzelfüllung nur teilweise)
- OLG Hamm NJW-RR 2000, 401
  (Internist – Abbruch der Basisreanimation – Verstoß gegen Leitlinien für Wieder-
  belebung und Notfallversorgung)
- OLG Braunschweig VersR 1999, 191
  (Notfallaufnahme – Organisation – Untersuchung innerhalb 15 Minuten – einsatz-
  fähiges Operationsteam – Schnittentbindung innerhalb 20 Minuten)
- OLG Zweibrücken VersR 2000, 605 – NA-BGH –
  (Notfallarzt – Arzt für Allgemeinmedizin – akute Gastroenterokolitis – drohender
  Herzinfarkt verkannt – nicht grob fehlerhaft)
- OLG Stuttgart NJW-RR 1997, 1114
  (Notfallarzt – Meningitis – Tests versäumt)
- OLG Bremen NJW-RR 1995, 320 = VersR 1995, 541
  (Notfallarzt – Säugling – Gastritis)
- OLG Bamberg VersR 1992, 578, 1019
  (Notfallarzt – Malaria)
- OLG Stuttgart VersR 1994, 1068
  (Notfall – Standard kleines Krankenhaus)
- OLG Stuttgart VersR 1994, 313 – NA-BGH)
  (Meningitis – Tests versäumt (Kernig, Brudzinski))
- OLG Hamm NJW-RR 1992, 1504
  (Notfall verlangt schnelle Entscheidungen)
- OLG München NJW-RR 1991, 1432 = VersR 1992, 21
  (epileptischer Anfall – Valium statt Diazepam)
- OLG Hamm VersR 1991, 1026 – NA-BGH
  (Selbstmordversuch am Tag nach Notfallbehandlung)
- OLG Karlsruhe VersR 1990, 53 – NA-BGH
  (Notfall nachts – Ellenbogenschnittwunde)
- OLG Düsseldorf VersR 1989, 807
  (Speichenbruch – Nachbehandlung durch Hausarzt)
- OLG Stuttgart NJW-RR 1988, 608
  (Notfallüberweisung – Prüfung der Notwendigkeit)
- OLG Frankfurt VersR 1987, 1118 – NA-BGH
  (Punktion der Arterie – bewusstloser Patient)
- OLG Hamm VersR 1983, 564 – NA-BGH
  (Notfalleinweisung – Nachblutung nach Operation)

Die Annahme eines groben Behandlungsfehlers ist daher selten.

- OLG Stuttgart NJW-RR 1997, 1114
  (Meningitis verkannt)

Eine Pflicht zur Übernahme der Behandlung ist in dringenden Fällen zu bejahen.

- BGH, Urt. v. 1. 3. 1955 – 5 StR 583/54 – BGHSt 7, 211, 213
- BGH, Urt. v. 9. 11. 1989 – IX ZR 269/87 – NJW 1990, 761 = VersR 1990, 91

28   Niedergelassener Arzt wie Krankenhausträger haben sicherzustellen, dass
über dringende Fälle und deren Aufnahme bzw. Behandlung am selben oder

einem späteren Tag nicht die Helferin/Sprechstundenhilfe, sondern der Arzt selbst entscheidet. In solchen Fällen kann aber die Bejahung eines Organisationsfehlers vom Nachweis einer Schilderung dramatischer Symptome seitens des Patienten abhängen.

– BGH, Urt. v. 9. 1. 1996 – VI ZR 70/95 – NJW 1996, 1597 = VersR 1996, 647

Für eine Risikoaufklärung wird häufig weder Zeit noch Aufnahmebereitschaft beim Patienten vorhanden sein.

– BGH, Urt. v. 11. 5. 1982 – VI ZR 171/80 – NJW 1982, 2121 = VersR 1982, 771
– OLG Saarbrücken VersR 1988, 95

Besonderheiten bestehen auch hinsichtlich der Einwilligung des Patienten; sie wird häufig fehlen, weil der Patient nicht ansprechbar ist. In solchen Fällen ist eine mutmaßliche Einwilligung zu prüfen.

– BGH, Urt. v. 10. 3. 1987 – VI ZR 88/86 – NJW 1987, 2291 = VersR 1987, 770

Zur Abrechnung der Notfallambulanz im Krankenhaus

– BGH, Urt. v. 20. 9. 1988 – VI ZR 296/87 – BGHZ 105, 189 = NJW 1989, 769 = VersR 1988, 1270

Narkosen fordern im Grundsatz den Facharzt für Anästhesie und entspre- **29** chende Anweisung des Behandlungsträgers, dass auch im personellen Engpass die Narkose von einem ausgebildeten Anästhesisten geführt werden kann.

– BGH, Urt. v. 15. 6. 1993 – VI ZR 175/92 – NJW 1993, 2989 = VersR 1989, 1231
– BGH, Urt. v. 26. 2. 1991 – VI ZR 344/89 – NJW 1991, 1539 = VersR 1991, 694
– BGH, Urt. v. 3. 10. 1989 – VI ZR 319/88 – NJW 1990, 759 = VersR 1989, 1296
– BGH, Urt. v. 18. 6. 1985 – VI ZR 234/85 – BGHZ 95, 63, 71 = NJW 1985, 2189 = VersR 1985, 1043
– BGH, Urt. v. 30. 11. 1982 – VI ZR 77/81 – NJW 1983, 1374 = VersR 1983, 244, ins. nicht in BGHZ 85, 393
– OLG Köln VersR 1989, 372
– OLG Zweibrücken VersR 1988, 165

Die allgemeine **Organisation**spflicht verlangt vom Behandlungsträger im **30** Besonderen auch die sachgerechte Auswahl, Anweisung und **Überwachung der nachgeordneten nichtärztlichen Mitarbeiter**, mit klaren und eindeutigen Regelungen hinsichtlich ihres Dienst- und Verantwortungsbereichs und der Zusammenarbeit mit dem ärztlichen Dienst.

– OLG Köln VersR 1992, 452
(Operationsassistenz durch PJ-Student)
– OLG Köln VersR 1991, 311 – NA-BGH –
(Darmrohr durch Arzthelferin statt Arzt)
– OLG Düsseldorf VersR 1987, 489 – NA-BGH –
(Überwachung der Aufwachphase durch Pfleger)
– OLG Oldenburg VersR 1992, 453 – NA-BGH –
– OLG Frankfurt VersR 1991, 929 – NA-BGH –
– OLG München VersR 1991, 586 – NA-BGH –
– OLG Hamm VersR 1991, 228 – NA-BGH –

– OLG Düsseldorf VersR 1990, 489 – NA-BGH –
(je zu Hebamme/geburtsleitendem Arzt)

Der Krankenhausträger hat die Chefärzte wegen der ihnen übertragenen Organisationsaufgaben seinerseits zu überwachen.

– BGH, Urt. v. 29. 5. 1979 – VI ZR 137/78 – VersR 1979, 844

Dem Chefarzt obliegt die fachliche Aufsicht über die nachgeordneten ärztlichen und nichtärztlichen Dienste.

– BGH, Urt. v. 22. 4. 1980 – VI ZR 121/78 – BGHZ 77, 74, 78 = NJW 1980, 1904 = VersR 1980, 768
– OLG Köln VersR 1989, 708
(Kontrolle über erfahrenen Oberarzt)

Ordnungsmäßige Überwachung der Assistenzärzte verlangt gezielte Kontrolle ihrer Arbeit; die regelmäßige Visite reicht nicht.

– BGH, Urt. v. 20. 9. 1988 – VI ZR 296/87 – NJW 1989, 769 = VersR 1988, 1270, ins. nicht in BGHZ 105, 189
– BGH, Urt. v. 26. 4. 1988 – VI ZR 246/86 – NJW 1988, 2298 = VersR 1988, 723
(Assistenzarzt in Klinikambulanz)
– OLG Oldenburg NJWE-VHR 1998, 140 = VersR 1998, 1381
(Assistenz-Zahnarzt)

31   Die Auswahlsorgfalt beim nachgeordneten ärztlichen und nichtärztlichen Personal erfordert sichere Gewähr für die allgemeine Fachqualifikation wie auch für die fachliche und persönliche Befähigung speziell im übertragenen Aufgabengebiet.

– BGH, Urt. v. 7. 5. 1985 – VI ZR 224/83 – NJW 1985, 2193 = VersR 1985, 782
– BGH, Urt. v. 27. 9. 1983 – VI ZR 230/81 – BGHZ 88, 248, 254 f. = NJW 1984, 655 = VersR 1984, 60
– BGH, Urt. v. 7. 10. 1980 – VI ZR 176/79 – NJW 1981, 628 = VersR 1981, 131, ins. nicht in BGHZ 78, 209
– BGH, Urt. v. 8. 5. 1979 – VI ZR 58778 – NJW 1979, 1535 = VersR 1979, 718
– BGH, Urt. v. 14. 3. 1978 – VI ZR 213/76 – NJW 1978, 1681 = VersR 1978, 542

An die Leitung (Weisungen) und die Überwachung (Kontrolle) des nachgeordneten ärztlichen und nichtärztlichen Personals werden sehr strenge Anforderungen gestellt.

– BGH, Urt. v. 24. 1. 1984 – VI ZR 203/82 – NJW 1984, 1403 = VersR 1984, 386
– BGH, Urt. v. 10. 1. 1984 – VI ZR 158/82 – BGHZ 89, 263, 272 = NJW 1984, 1400 = VersR 1984, 356
– BGH, Urt. v. 22. 4. 1980 – VI ZR 121/78 – BGHZ 77, 74, 78 = NJW 1980, 1901 = VersR 1980, 768
– BGH, Urt. v. 29. 5. 1979 – VI ZR 137/78 – VersR 1979, 844
– OLG München VersR 1994, 1113

Die Darlegung ausreichender Überwachung obliegt der Behandlungsseite.

– OLG Oldenburg NJWE-VHR 1998, 140 = VersR 1998, 1381
(Zahnarzt-Anfänger in Zahnklinik)

32   Der Chefarzt hat durch entsprechende Anweisung an das ärztliche Personal organisatorisch sicherzustellen, dass den Patienten eine erforderliche therapeutische Aufklärung für die Zeit nach der Behandlung (Nachsorge) erteilt wird.

– OLG Stuttgart VersR 1995, 1353
(Hinweis auf Behandlung möglicher Kopfschmerzen)

Gegenüber **psychisch Kranken** haben Klinikträger und Chefarzt wie auch **33** sonst die Pflicht, alle Gefahren von den ihm anvertrauten Patienten abzuwenden, die diesen wegen der Krankheit durch sich selbst drohen. Gleichgültig ist, ob die Aufnahme im Rahmen eines zivilrechtlichen Vertrags oder auf Grund Unterbringung (Anspruchsgrundlage § 839 BGB i.V.m. Art. 34 GG) erfolgt. Notwendig sind Überwachung und Sicherung der Kranken, jedoch nur in den Grenzen des Erforderlichen und des für das Krankenhauspersonal und den Patienten Zumutbaren,

– BGH, Urt. v. 23. 9. 1993 – III ZR 107/92 – NJW 1994, 794 = VersR 1994, 50
(Abtasten auf Feuerzeug)
– OLG Köln VersR 1999, 624
(Sicherheit des suizidgefährdeten Patienten ist oberstes Gebot)
– OLG Stuttgart NJW-RR 1995, 662
(latente Suizidalität – Unterbringung auf offener Station – Ausgang mit Angehörigen)

Zu berücksichtigen ist, dass ein Selbstmord psychisch Kranker auch in einem Psychiatrischen Krankenhaus niemals mit absoluter Sicherheit vermieden werden kann, eine lückenlose Überwachung ist weder möglich noch bei einer auf eine vertrauensvolle Zusammenarbeit ausgerichteten Behandlung sinnvoll.

– OLG Köln r+s 1995, 414

b) Konkrete Qualitätsmängel

Zu den auf die konkrete Behandlung bezogenen Behandlungsfehlern **34** rechnen zunächst die Fälle, in denen die gewählte ärztliche Diagnostik- oder Therapiemethode schon in ihrer Wahl fehlerhaft ist. Das beinhaltet die Fälle fehlender Veranlassung (Indikation) zur gewählten Diagnostik- oder Therapiemethode,

– BGH, Urt. v. 14. 11. 1995 – VI ZR 359/94 – NJW 1996, 777 = VersR 1996, 195
(Myelographie – Wirbelgleiten – Anhalt für Nervkompression)

selbst wenn der Patient die konkrete Behandlung wünscht und den Arzt erst dazu überreden muss,

– BGH, Urt. v. 22. 2. 1978 – 2 StR 372/77 – NJW 1978, 1206
– OLG Oldenburg NJW-RR 1999, 1329 = VersR 1999, 1499

wobei ungeklärt ist, ob dies in gleicher Weise bei kosmetischen Operationen gilt,

– OLG Köln VersR 1999, 1371

aber auch die Fälle fehlerhafter Wahl unter verschiedenen möglichen Methoden einschließlich der Medikation.

Im Grundsatz freilich ist die Wahl der Diagnostik- oder Therapiemethode primär Sache des Arztes, dem die Rechtsprechung darin ein zunehmend weites, freies Ermessen einräumt.

Hinsichtlich risikobehafteter invasiver diagnostischer Maßnahmen hat der Arzt jedoch eine besonders sorgfältige Güterabwägung zwischen der zu erwartenden Aussagefähigkeit, den Klärungsbedürfnissen und den besonderen Risiken für den Patienten vorzunehmen.

Umstritten ist derzeit, inwieweit der Arzt für erheblich beeinträchtigende Behandlungsmaßnahmen oder den (letalen) Abbruch der Behandlung (passive Sterbehilfe) eines nicht ansprechbaren Patienten einer vormundschaftsgerichtlichen Genehmigung (§ 1904 BGB) bedarf.

– BGH, Urt. v. 13. 9. 1994 – 1 StR 357/94 – BGHSt 40, 257 = NJW 1995, 204
– OLG Frankfurt NJW 1998, 2747
– OLG Zweibrücken NJW 2000, 2750 (Depot-Neuroleptika)

35   Unter verschiedenen in Heilungsaussichten sowie Eingriffsbelastung und Schadensrisiken im Wesentlichen gleichwertigen, eingeführten und bewährten Therapiemethoden kann der Arzt seine konkrete Anwendungsmethode frei wählen. Der Grundsatz freier Methodenwahl kann, soweit die Frage behandlungsfehlerhafter Therapie in Betracht steht, zu höheren Belastungen bzw. Schadensrisiken für den Patienten führen, wenn bessere Heilungs- und Erfolgschancen oder die besonderen Sachzwänge der konkreten Behandlung das rechtfertigen. Der Arzt muss nicht immer den sichersten Weg wählen. In den praktischen Ergebnissen lässt die Rechtsprechung unter verschiedenen eingeführten und bewährten Therapiemethoden die getroffene Methodenwahl vom Vorwurf des Behandlungsfehlers weitgehend frei bis zur Grenze der medizinischen Kontraindikation aus den Gegebenheiten der konkreten Behandlungslage bzw. in der Anwendung der technischen Apparatur bis zur Ablösung durch bessere und modernere Geräte in verbreiteter Praxisanwendung. Bekannte Risiken sind jedoch durch die Wahl einer risikoärmeren Alternative möglichst zu verringern oder zu vermeiden. Die Wahl der risikoreicheren Therapie muss stets medizinisch-sachlich begründet sein.

– OLG Bamberg NJWE-VHR 1997, 206
  (Herzstolpern – Thrombozytopenie – Medikation)

36   Dem Grundsatz freier ärztlicher Methodenwahl korrespondiert so der Grundsatz weitestmöglicher Methodensicherheit im Anwendungsbereich, insbesondere im konkreten Behandlungsfall.

Die fehlerfreie und den erkennbaren Besonderheiten des Patienten gerecht werdende Anwendung einer Therapiemethode, die für den Patienten mit höheren Belastungen bzw. höheren Schadensrisiken – selbst wenn diese durch Angstreaktionen des Patienten hervorgerufen sind – verbunden ist,

– vgl. OLG München NJW 1997, 1642 = VersR 1997, 1491

insbesondere aber die Anwendung einer noch nicht allgemein eingeführten und bewährten Methode, die sich noch in der Erprobung befindet, setzt deshalb voraus, dass der Arzt im Blick auf seine speziellen Vorkenntnisse und

Vorerfahrungen wie im Blick auf die Beherrschung der konkreten Behandlungsrisiken die erforderliche Methodensicherheit gewährleistet.

– OLG Düsseldorf VersR 1991, 1176

Unter solchen Voraussetzungen kann je nach Lage des medizinischen **37** Sachverhalts auch die Anwendung einer Außenseiter-Methode oder die Anwendung eines erst in der Erprobung stehenden Heilversuchs vertretbar sein und nicht schon für sich einen Behandlungsfehler begründen.

– BGH, Urt. v. 7. 7. 1987 – VI ZR 146/86 – NJW 1987, 2927 = VersR 1988, 82
– BGH, Urt. v. 23. 9. 1980 – VI ZR 189/79 – NJW 1981, 633 = VersR 1980, 1145

Anderes gilt dann, wenn eine an sich anerkannte, als solche nicht fehler- **38** hafte Heilmethode angewandt wird, obgleich im konkreten Sachverhalt die konkurrierende Behandlungsmethode zwingend indiziert ist.

– BGH, Urt. v. 17. 2. 1956 – VI ZR 248/54 – VersR 1956, 224
(Bruchbehandlung)

Behandlungsfehlerhaft ist die Anwendung einer in zurückliegender Zeit anerkannten Therapiemethode (erst) dann, wenn sie durch gesicherte medizinische Erkenntnisse überholt ist und daher derzeit bedenklich erscheinen muss.

– BGH, Urt. v. 27. 9. 1977 – VI ZR 162/76 – NJW 1978, 587 = VersR 1978, 41
(Analfistel – Fadenmethode)
– OLG Düsseldorf VersR 1986, 648
(Ischiasdehnung)

(1) Therapiewahl. Speziell zum Problemfeld Wahl der Diagnostik/ **39** Therapiewahl und Behandlungsfehler hat sich in jüngster Zeit eine reichhaltige Rechtsprechung entwickelt:

Diagnostische Methoden   40

– BGH, Urt. v. 29. 6. 1999 – VI ZR 24/98 – BGHZ 142, 126 = NJW 1999, 2731 = VersR 1999, 1241
(Schwangerschaftsuntersuchung des Mittagsurins statt des Morgenurins zur Prüfung der Beta-HCG-Konzentration)
– BGH, Urt. v. 4. 4. 1995 – VI ZR 95/94 – NJW 1995, 2410 = VersR 1995, 1055
(Myelographie der HWS – eingeengter Spinalkanal)
– OLG Düsseldorf NJW 1984, 2636 = VersR 1984, 643 – NA-BGH –
(Vertebralis – Angiographie)
– OLG München VersR 1998, 195 – NA-BGH –
(Zeckenbiss – Borreliose – HA-Test – Elisa – Kombination)

Therapeutische Methoden   41
Allgemeinmedizin

– OLG Koblenz MedR 2000, 37
(risikoreichere Applikation)

Chirurgie

– BGH, Urt. v. 31. 5. 1988 – VI ZR 261/87 – NJW 1988, 2302 = VersR 1988, 914
(Kirschnerdrähte statt Plattenosteosynthese)

– BGH, Urt. v. 22. 12. 1987 – VI ZR 32/87 – NJW 1988, 1514 = VersR 1988, 493
  (Operationsalternativen zu Fußgelenkversteifung)
– BGH, Urt. v. 7. 7. 1987 – VI ZR 146/86 – NJW 1987, 2927 = VersR 1988, 82
  (Torsions – Drehkeilfraktur – Bündelnagelung – Plattenosteosynthese)
– BGH, Urt. v. 9. 7. 1985 – VI ZR 81/84 – NJW 1985, 2650 = VersR 1985, 969
  (Adduktionsosteotomie (1970) – nicht allgemein verbreitete Operation)
– BGH, Urt. v. 11. 5. 1982 – VI ZR 171/80 – NJW 1982, 2121 = VersR 1982, 771
  (Marknagel nach Küntscher bei Oberschenkeltrümmerfraktur)
– OLG München VersR 1993, 103
  (Marknagel nach Küntscher bei Unterschenkelfraktur)
– OLG Düsseldorf VersR 1991, 1176
  (Marknagel nach Küntscher bei Oberarmquerfraktur)
– OLG Saarbrücken VersR 1990, 666 – NA-BGH –
  (Spongiosaentnahme zweimal aus gleichem Beckenkamm)
– OLG Schleswig VersR 1989, 1301 – NA-BGH –
  (Cervikalsyndrom – chiropraktische Therapie)
– OLG Köln VersR 1996, 712
  (Totalendoprothese – möglichst geringer Durchmesser)
– OLG Celle VersR 1992, 749 – NA-BGH –
  (Schmerzchirurgischer Eingriff am Rückenmark nach Nashold (1982) – statt Hinterstrangstimulation)
– OLG Frankfurt VersR 1989, 194 – NA-BGH –
  (Bandscheibeneingriff (1978) – Thromboseschutz physikalisch – Heparin-Prophylaxe)
– Kammergericht VersR 1993, 189 – NA-BGH –
  (Hallux valgus – Mayo statt Keller – Brandes)
– BGH, Urt. v. 7. 4. 1992 – VI ZR 192/91 – NJW 1992, 2351 = VersR 1992, 960
  (Strumektomie – operative Eingriffsvarianten)
– BGH, Urt. v. 13. 12. 1988 – VI ZR 22/88 – NJW 1989, 1541 = VersR 1989, 289
  (Gefäßoperation nach Potts statt Blalock-Taussig)
– BGH, Urt. v. 18. 6. 1985 – VI ZR 234/83 – BGHZ 105, 45, 50 ff = NJW 1988, 2946 = VersR 1989, 145
  (Gefäßoperation – AV-Kanal statt Blalock-Taussig)
– OLG München VersR 1993, 362 (LS)
  (Beinvenenthrombose – Heparin statt Thrombolyse)
– OLG Köln VersR 1992, 754
  (Gewichtsreduktion – Magenballon statt konservativ)
– BGH, Urt. v. 23. 2. 1986 – VI ZR 56/87 – NJW 1988, 1511 = VersR 1988, 495
  (Magenresektion nach Billroth statt Vagotomie)
– OLG Köln VersR 1990, 856 – NA-BGH –
  (Leberresektion statt Zystektomie)
– OLG Braunschweig VersR 2000, 636
  (Basedow – subtotale Schilddrüsenresektion – Parese des N. recurrens beidseits – Darstellung des Nerven oder intrakapsuläre Operation)
– OLG Düsseldorf VersR 1989, 703
  (Struma multinodosa – Resektion/Probeexcision (1981))
– OLG Düsseldorf NJWE-VHR 1997, 184
  (Mediastinoskopie statt Mediastinotomie)
– OLG Oldenburg VersR 1994, 1348 – NA-BGH –
  (Vasektomie – 18 mm Länge)
– OLG Hamm VersR 1993, 484 – NA-BGH –
  (Vasoresektion – 5 mm Länge)

Geburt, vor- und nachgeburtliche Betreuung **42**

- BGH, Urt. v. 13. 10. 1992 – VI ZR 201/91 – NJW 1993, 781 = VersR 1993, 327, ins. nicht in BGHZ 120, 1
  (Beckenendlage/Fußlage – ganze Extraktion – Hirnschäden)
- BGH, Urt. v. 12. 11. 1991 – VI ZR 369/90 – NJW 1992, 741 = VersR 1992, 237
- OLG Hamm VersR 1990, 52 – NA-BGH –
- OLG Stuttgart VersR 1989, 519 – NA-BGH –
  (je Großes Kind – Vakuumextraktion – Hirnschäden/Erb'sche Lähmung)
- OLG Hamm VersR 1991, 228 – NA-BGH –
- OLG Saarbrücken VersR 1988, 916 – NA-BGH –
  (je Großes Kind – vaginal – Hirnschäden/Erb'sche Lähmung)
- OLG Köln VersR 1988, 1185
  (Mißverhältnis Kopf – Geburtsweg – Forceps – Erb'sche Lähmung)
- BGH, Urt. v. 23. 4. 1991 – VI ZR 161/90 – NJW 1991, 2350 = VersR 1991, 815
- BGH, Urt. v. 6. 12. 1988 – VI ZR 132/88 – BGHZ 106, 153, 156 = NJW 1989, 1538 = VersR 1989, 253
- BGH, Urt. v. 3. 6. 1986 – VI ZR 95/85 – NJW 1986, 2886 = VersR 1986, 1079
- OLG Stuttgart VersR 1991 1141
- OLG Braunschweig VersR 1988, 1032 – NA-BGH –
- OLG Braunschweig VersR 1988, 382 – NA-BGH –
- OLG Hamburg VersR 1986, 1195 – NA-BGH –
- OLG Hamm VersR 1983, 565 – NA-BGH –
  (je Beckenendlage – vaginal – Hirnschäden/Erb'sche Lähmung)

Zur Abgrenzung:

- OLG Hamm VersR 1989, 255 – NA-BGH –
- BGH, Urt. v. 29. 1. 1985 – VI ZR 69/83 – VersR 1985, 343
  (Normalsitus – Vakuumextraktion bei vollständigem Muttermund, aber Kopfhochstand – Hirnschäden)
- OLG Braunschweig VersR 1986, 1214 – NA-BGH –
  (Normalsitus – vaginal – Krampfneigung der Mutter)
- OLG Köln VersR 1988, 1298
  (Heparin in Schwangerschaft (1978/80) – Osteoporose)
- OLG Frankfurt VersR 1988, 1032 – NA-BGH –
  (Paracervicalblockade in Geburt (1976))
- OLG Hamburg VersR 1990, 660 – NA-BGH –
  (Morbus Perthes – keine Thomasschiene bei Kleinkind)
- OLG Oldenburg VersR 1992, 877
  (Scheidenvorfall – Vaginopexie nach Williams- Richardson)
- OLG Frankfurt VersR 1989, 291 – NA-BGH –
  (Tubenkoagulation statt Laparotomie)
- OLG Hamburg VersR 1989, 147 – NA-BGH –
  (Pomeroyresektion statt Tubenkoagulation)
- OLG Köln VersR 1993, 361 – NA-BGH –
  (für belastende Krankengymnastik strenge Indikation)
- BGH, Urt. v. 17. 12. 1991 – VI ZR 40/91 – BGHZ 116, 379, 385 = NJW 1992, 743 = VersR 1992, 314
- OLG Zweibrücken NJW-RR 1998, 383 = VersR 1998, 1553
  (Bluttransfusion – Fremd-/Eigenblut – Indikation)

unbesetzt **43**

44   *Innere Medizin*

- OLG Bamberg NJWE-VHR 1997, 206
  (Herzstolpern – Nutzen-Risiko-Abwägung)

45   *Zahnarzt*

- BGH, Urt. v. 22. 2. 1978 – 2 StR 372/77 – NJW 1978, 1206
- OLG Oldenburg NJW-RR 1999, 1329 = VersR 1999, 1499
  (je zur Entfernung von Zähnen auf Wunsch des Patienten)
- OLG Frankfurt VersR 1996, 1150
  (Vollverblockung/zweigeteilte Brücke)
- OLG Oldenburg NJW-RR 1996, 1267 = VersR 1997, 60
  (Prothese – Abstandshaltung – okklusaler Kontakt)
- OLG Köln VersR 1996, 1538
  (Goldlegierung – unbekannte Allergie)
- OLG Oldenburg VersR 1994, 944
  (Wurzelspitzenresektion – Inlays – Verweildauer – Überkronung trotz Fehlstellung)
- OLG Köln VersR 1993, 1400
  (Verblockung im Front- und Seitenzahnbereich)

46   *plastische Chirurgie*

- OLG Köln VersR 1999, 1371
  (abstehende Ohrmuscheln – Korrektur – Wunsch beruht erkennbar auf psychischer
  Störung –)

47–49   *unbesetzt*

50   **Apparative Methoden**

- BGH, Urt. v. 26. 11. 1991 – VI ZR 389/90 – NJW 1992, 754 = VersR 1992, 238
  (Additive Einzel- Mehrfeldtechnik statt Großfeldtechnik)
- OLG Oldenburg VersR 1996, 1023
  (Bestrahlung – Zweifeld- statt Einfeldtechnik – Lückenbildung)
- BGH, Urt. v. 30. 5. 1989 – VI ZR 200/88 – NJW 1989, 2321 = VersR 1989, 851
  (Bestrahlungsapparatur ohne Dosismeßgerät)
- OLG Oldenburg VersR 1991, 820
  (Bestrahlungsapparatur – Ausfall des Dosismeßgeräts)
- BGH, Urt. v. 22. 9. 1987 – VI ZR 238/86 – BGHZ 102, 17, 21 = NJW 1988, 763 =
  VersR 1988, 179
  (Tubenkoagulation – monopolar statt bipolar)
- OLG Düsseldorf VersR 1992, 715
  (Tubenkoagulation mit bipolarer Zange statt operativer Durchtrennung)
- OLG Frankfurt VersR l991, 185 – NA-BGH –
  (Älteres, aber moderner Technik gleichwertiges Hochfrequenzchirurgiegerät)
- OLG Hamm VersR 1989, 965 – NA-BGH –
  (Magnetfeldbehandlung – Pseudarthrose im Unterarm jedenfalls unschädlich –
  nicht fehlerhaft)

51–54   *unbesetzt*

55   **(2) Diagnosefehler.** Ein Diagnosefehler ist nur in der Fehlinterpretation
von erhobenen oder sonst vorliegenden Befunden zu sehen. Die Unterlassung einer weitergehenden Befunderhebung ist dagegen als ein Behandlungsfehler zu werten.

- BGH, Urt. v. 4. 10. 1994 – VI ZR 205/93 – NJW 1995, 778 = VersR 1995, 46

Stellt sich die (objektive) Fehlerhaftigkeit einer Diagnose nicht als vorwerfbar dar, weil es sich um eine in der gegebenen Situation vertretbare Deutung der Befunde handelt, kann daraus keine Haftung hergeleitet werden. Ist die Deutung aber angesichts weiterer Befunde nicht mehr vertretbar, ist sie nicht nur objektiv fehlerhaft, sondern vorwerfbar und ein möglicherweise haftungsbegründendes Fehlverhalten. Gleiches gilt selbstverständlich, wenn der Arzt eindeutige Symptome nicht erkennt oder falsch deutet. Die Rechtsprechung ist in der Annahme eines Diagnosefehlers, d. h. der Fehlbewertung erhobener Befunde, zurückhaltender als im übrigen Therapiesektor; vgl. dazu im Grundsätzlichen:

– BGH, Urt. v. 14. 6. 1994 – VI ZR 236/93 – AHRS 1815/102
– BGH, Urt. v. 14. 7. 1992 – VI ZR 214/91 – NJW 1992, 2962 = VersR 1992, 1263
– BGH, Urt. v. 10. 11. 1987 – VI ZR 39/87 – NJW 1988, 1513 = VersR 1988, 293
– BGH, Urt. v. 14. 7. 1981 – VI ZR 35/79– NJW 1981, 2360 = VersR 1981, 1033
– BGH, Urt. v. 30. 5. 1958 – VI ZR 139/57 – VersR 1958, 545
– OLG Düsseldorf VersR 1987, 994 (LS)
– OLG Hamm VersR 2000, 101 – NA-BGH –

Allgemeinmediziner/Facharzt – ambulant/Erstversorgung   **56**

– OLG Nürnberg NJWE-VHR 1998, 19
(Hodentorsion – Atrophie)
– OLG Bamberg VersR 1992, 831 – NA-BGH –
(Herpesencephalitis verkannt – fraglich fehlerhaft)
– OLG Bamberg VersR 1992, 578 – NA-BGH –
(Malariainfektion verkannt – nicht fehlerhaft)
– OLG Düsseldorf VersR 1992, 240
(Bronchialkarzinom – Röntgenaufnahme fehlinterpretiert – fehlerhaft)
– OLG Düsseldorf VersR 1990, 1119 – NA-BGH –
(Chiropraktische Behandlung bei Hinweisen auf Gefäßerkrankung im Kopf-/ Halsbereich – fehlerhaft)
– OLG Hamburg VersR 1989, 1298 – NA-BGH –
(Plasmozytom – Vertrauen auf weiterbehandelnden Arzt – nicht fehlerhaft)
– OLG Celle VersR 1989, 806 – NA-BGH –
(Verdacht auf chron. Polyarthritis – Cortison – nicht fehlerhaft)
– OLG Köln VersR 1989, 631 – NA-BGH –
(Morbus Crohn bei Bechterew – Fehlwertung als Darmgrippe – fehlerhaft)
– OLG Düsseldorf VersR 1989, 478 – NA-BGH –
(Reizknie/Meniskusschaden – Hinweise auf Osteoklastom übersehen – nicht fehlerhaft – Unterlassen von Röntgenkontrollen fehlerhaft)
– OLG Stuttgart VersR 1989, 198 – NA-BGH –
(Kahnbeinfraktur – Röntgenaufnahme fehlbewertet – nicht fehlerhaft)
– OLG Hamm VersR 2000, 101 – NA-BGH –
(akute Appendizitis fälschlich bejaht – Appendektomie – nicht fehlerhaft)
– Kammergericht VersR 1988, 1184
(atypische Appendizitis verkannt – nicht fehlerhaft – Erklärung für „auslandsreisefähig" fehlerhaft)
– OLG Stuttgart VersR 1988, 1156
(maligne Hypertonie bei Adipositas verkannt – nicht fehlerhaft/Nichteinweisung in Klinik fraglich fehlerhaft)
– OLG Düsseldorf VersR 1986, 919 – NA-BGH –
(Sprunggelenksdistorsion – Knochen-Tbc unerkannt – nicht fehlerhaft)

– OLG Köln VersR 1999, 366
(Muskelschwäche, psychovegetatives Syndrom statt inkompletter Verschluss des Sinus sagittalis superior – nicht vorwerfbar)

57 Chirurgie

– BGH, Urt. v. 6. 7. 1999 – VI ZR 290/98 – NJW 1999, 3408 = VersR 1999, 1282 (Wundabstrich unterlassen – Osteitis nicht erkannt)
– BGH, Urt. v. 20. 9. 1988 – VI ZR 296/87 – BGHZ 105, 189, 197 = NJW 1989, 769 = VersR 1988, 1270
(Unterschenkelprellung – unerkannter Muskelriss – Tibialis anterior – Syndrom – fehlerhaft)
– BGH, Urt. v. 31. 5. 1988 – VI ZR 261/87 – NJW 1988, 2302 = VersR 1988, 914 (Oberschenkelfraktur – Gefäßzerreißungen – Tibialis anterior – Syndrom – fraglich fehlerhaft)
– OLG Hamm VersR 1990, 975 – NA-BGH –
(Schultergelenk-/Oberarmverletzung verkannt – Röntgen – degenerative Veränderungen – fehlerhaft)
– OLG Frankfurt VersR 1992, 578 – NA-BGH –
(Sprunggelenksdistorsion – beginnendes Sudecksyndrom verkannt – fehlerhaft (Nichtbehandlung grob))
– OLG Düsseldorf VersR 1989, 705 – NA-BGH –
(Radiusfraktur – Reposition/Gips – Entwicklung eines Sudecksyndroms – Diagnostik nicht fehlerhaft)
– OLG Stuttgart VersR 1988, 832 – NA-BGH –
(Meniskuseingriff (medial) – Übersehen alter Tibiakopffraktur (lateral) – nicht fehlerhaft)
– OLG Köln VersR 1986, 1216 – NA-BGH –
(Meniskuseingriff – Phlebothrombose – Diagnostik nicht fehlerhaft)
– OLG Düsseldorf VersR 1986, 919
(Sprunggelenksdistorsion – keine Differentialdiagnose auf Knochen-TBC – nicht fehlerhaft)
– OLG Düsseldorf VersR 1986, 893
(Sprunggelenksdistorsion – Phlebothrombose – Diagnostik nicht fehlerhaft)
– OLG Saarbrücken NJW-RR 1999, 176
(Kahnbeinabsprengung in Röntgenbild nicht erkannt – Sudecksyndrom – fehlerhaft – nicht grob)

58 Geburt, vor- und nachgeburtliche Betreuung

– BGH, Urt. v. 15. 2. 2000 – VI ZR 135/99 – NJW 2000, 1782 = VersR 2000, 634, z. V. in BGHZ bestimmt
– BGH, Urt. v. 28. 6. 1988 – VI ZR 217/87 – NJW 1988, 2949 = VersR 1989, 80
– OLG Oldenburg VersR 1990, 666
(Verspätete Schnittentscheidung – Verkennung der Befunde fehlerhaft/Versäumnis, nahe liegende Schlüsse zu ziehen, fraglich grob)
– OLG Naumburg VersR 1999, 1244
(Nichterkennen einer Schwangerschaft – Schmerzen im Unterbauch – kein Ersatz von Unterhaltsschaden für Kind)
– OLG Düsseldorf NJW 1995, 1620
(Nichterkennen einer Schwangerschaft – vaginale Untersuchung auf Pilz – kein Ersatz von Unterhaltsschaden)
– OLG München VersR 2000, 890 = MedR 1999, 466 –
(Ultraschall – lemon sign – Zitronenkopfform verkannt – 1991 nicht fehlerhaft)

– OLG Düsseldorf VersR 1992, 1132
(Mehrfachimpfung (Pertussis) – Muskelhypotonie – Hinweis auf bestehende Hirn-
schäden – fehlerhaft)
– OLG Köln VersR 1991, 1288
(Tiefliegende interne Analatresie nicht erkannt – nicht fehlerhaft)
– OLG München VersR 1990, 1398
(Intrauterinpessar – persistierende Schmerzen – Uterusperforation – Nichterkennen
fehlerhaft)
– OLG Köln VersR 1988, 1299
(Verdacht auf Adnexitis – Ovargravidität verkannt – nicht fehlerhaft)

Psychiatrie   **59**

– OLG Koblenz MedR 2000, 136
(objektiv akute Selbstmordgefahr nicht erkannt – Verbleiben auf offener Station –
Fenstersprung – methodisch richtige Diagnoseerstellung – nicht fehlerhaft)

unbesetzt   **60–64**

(3) Nichterheben erforderlicher Diagnose- und Kontrollbefunde. Der **65**
Arzt hat nicht nur die erhobenen Befunde zu bewerten, sondern er hat in aller Regel nach ersten Schlussfolgerungen in einem angemessenen zeitlichen
Rahmen Befunde zu erheben (Diagnostik). Das ist insbesondere dann der
Fall, wenn die ersten Befunde oder auch nur die Anamnese den Verdacht
auf das Vorliegen einer Erkrankung ergeben. Diesen Verdacht hat er mit den
hierfür üblichen Befunderhebungen abzuklären, also entweder zu erhärten
oder auszuräumen, um dann zu behandeln und/oder weiteren differential-
diagnostisch in Betracht kommenden Möglichkeiten nachzugehen.

Dazu gehört insbesondere auch, dass der Arzt die für die Diagnostik wichtigen Parameter beim Patienten abfragt; bei ausländischen Patienten ist er
jedoch nicht verpflichtet, zur Anamnese einen Dolmetscher hinzuzuziehen.

– KG MedR 1999, 226

Auf die medizinische Korrektheit von Beobachtungen der Patientenseite
darf er sich so wenig verlassen wie darauf, dass der Patient selbst erkennt,
was aus medizinischer Sicht wesentlich ist, und dies von sich aus mitteilt.

– OLG Oldenburg VersR 1998, 720 – NA-BGH –

Während die Rechtsprechung der wertenden Verkennung vorliegender
Befunde im Sinne von Diagnosefehlern mit Zurückhaltung begegnet, sind
ihre Anforderungen an die gehörige Erhebung der faktischen Grundlagen für
eine differenzierte Diagnostik und Therapie durchaus streng. Maßgebend ist
stets, was der medizinische Standard gebietet, nicht nur, was der mit der Behandlung befaßte Arzt im Einzelfall annimmt. Will der Arzt vom Standard
abweichen, bedarf es dazu ausreichender Befundtatsachen, die von der Behandlungsseite darzulegen und zu beweisen sind.

– BGH, Urt. v. 16. 3. 1999 – VI ZR 34/98 – NJW 1999, 1778 = VersR 1999, 716

Das umfasst auch, die Maßnahmen zeitlich so rasch durchzuführen, dass
dem Krankheitsbild des Patienten Rechnung getragen wird. Grundsätzlich
sind erforderliche Maßnahmen so schnell wie möglich durchzuführen, so
dass mit Hilfe der gewonnenen Ergebnisse zum Wohl des Patienten möglichst frühzeitig mit einer wirksamen Behandlung begonnen werden kann.

– OLG Hamm VersR 1999, 845
(verzögertes Bakteriogramm)

66 *Allgemeinmediziner/Facharzt – ambulant/Erstuntersuchung*
– BGH, Urt. v. 26. 10. 1993 – VI ZR 155/92 – NJW 1994, 801 = VersR 1994, 52
(Notfallarzt – diagnostische Abklärung eines möglichen Herzinfarkts durch Einweisung in Krankenhaus unterlassen)
– OLG Köln VersR 1999, 366
(Notfallarzt – unklare Muskelschwäche – psychovegetative oder cerebrale Ursache – kein Gehversuch – fehlerhaft)
– OLG Hamm VersR 1998, 982 – NA-BGH –
(Herz-Kreislauf-Stillstand nach pectanginösen Beschwerden – unauffälliges Ruhe-EKG – kein Belastungs-EKG – keine Einweisung in Krankenhaus – nicht fehlerhaft)
– OLG Oldenburg NJW 1995, 3061 = VersR 1996, 894
(Verdacht auf Appendizitis – Operation verzögert um 3 Tage – fehlerhaft)
– OLG Schleswig VersR 1992, 1097 – NA-BGH –
(Appendizitis-Verdacht – kein akutes Abdomen – Abtasten und Rückverweisung an Hausarzt ausreichend)
– OLG Oldenburg NJW-RR 1999, 610
(Verdacht auf Brustkrebs – Gewebeentnahme ohne radiologische Markierung – nicht fehlerhaft)
– OLG Zweibrücken VersR 1991, 427 – NA-BGH –
(Arbeitsdiagnose Mastopathie/Mammakarzinom – Schmerzen in Brust und fehlende Hinweise aus Mammographie/Tastbefund – keine Probeexcision – nicht fehlerhaft)
– OLG Düsseldorf VersR 1988, 1297
(Arbeitsdiagnose Mastopathie/Mammakarzinom – keine vorsorgliche Probeexcision – nicht fehlerhaft)
– OLG Stuttgart VersR 1989, 295
(Arbeitsdiagnose Mammakarzinom/Mastopathie – keine Probeexcision – fehlerhaft)
– OLG Oldenburg VersR 1991, 1141
(Tonsillitis – Stimmbandpolyp – nur Halsspiegelung nicht fehlerhaft)
– OLG Oldenburg VersR 1990, 1244
(Atherom am Kopf – keine Histologie – nicht fehlerhaft)
– OLG Hamm VersR 1990, 660 – NA-BGH –
(Sprunggelenksdistorsion – Wadenschmerz/Schwellung – keine Phlebographie – fehlerhaft)
– OLG Düsseldorf VersR 1989, 192 – NA-BGH –
(Gastrointestinalblutung – verspätete Bestimmung des Quickwerts – fraglich fehlerhaft, nicht grob)
– OLG Hamm VersR 1989, 292 – NA-BGH –
(Beinvenenverschluss – Verdacht auf Thrombophlebitis – keine weitere Diagnostik – fehlerhaft)
– OLG Düsseldorf VersR 1998, 1155
(Meteorismus (Blähungen) – Anamnese unvollständig – Dickdarmtumor – grob fehlerhaft)
– OLG Oldenburg VersR 1999, 101
(Trigeminusneuralgie – Kieferhöhlenfraktur nicht erkannt – Überweisung an Facharzt – nicht fehlerhaft)

67 *Augen/HNO*
– BGH, Urt. v. 10. 5. 1983 – VI ZR 270/81 – NJW 1983, 2080 = VersR 1983, 729

(Brutkastenkind RPM/RLF – keine Messung des Sauerstoffpartialdrucks – fehlerhaft, nicht grob)
– KG MedR 1999, 226
(schlechtes Sehen – kein Anhalt für Netzhautablösung – keine Fundusspiegelung – nicht fehlerhaft
– OLG Oldenburg VersR 1991, 1243
(Kurzsichtigkeit – Sehstörungen – keine Fundusspiegelung – fehlerhaft)
– OLG München NJW-RR 1995, 85 = VersR 1996, 379
(Kehlkopfkarzinom – keine Abklärung dauernder therapieresistenter Heiserkeit – keine Überweisung zum HNO-Arzt – fehlerhaft)

Chirurgie I 68

– BGH, Urt. v. 6. 7. 1999 – VI ZR 290/98 – NJW 1999, 3408 = VersR 1999, 1282
(Unterschenkelfraktur – Osteitis nicht erkannt – kein Wundabstrich – fehlerhaft)
– BGH, Urt. v. 16. 3. 1999 – VI ZR 34/98 – NJW 1999, 1778 = VersR 1999, 716
(Hydrozephalus – Hirnwasserdrainage durch Shunt – Gespenstersehen – kein Computertomogramm – fehlerhaft)
– BGH, Urt. v. 27. 11. 1990 – VI ZR 30/90 – NJW 1991, 748 = VersR 1991, 308
(Unterschenkelfraktur – Drehfehler – keine klinische Untersuchung (Tischhängeprobe) – fehlerhaft)
– BGH, Urt. v. 19. 5. 1981 – VI ZR 220/79 – VersR 1981, 752
(Fraktur/Ruptur der Symphyse – keine gezielte Röntgendiagnostik – fehlerhaft, fraglich grob)
– OLG Karlsruhe VersR 1994, 604
(Oberschenkelschaftfraktur – Drehfehler – keine Überprüfung – fehlerhaft)
– OLG Hamm VersR 1997, 1359
(Epiphysiolyse – Epiphyseodese – Schrauben zu tief – Perforation – keine i. o. Röntgenkontrolle – fehlerhaft –)
– OLG Hamm VersR 1991, 1059 – NA-BGH –
(Verdacht auf Fußrückenprellung – Röntgen nur am Fußrücken/nicht Sprunggelenk – fehlerhaft)
– OLG Köln VersR 1991, 930
(Sprunggelenkssprengung – trotz Hinweisen (Schwellung) keine Röntgenaufnahme – fehlerhaft, fraglich grob)
– OLG Stuttgart VersR 1999, 627
(stark entzündetes Fingerglied – keine Röntgenaufnahme – Verzögerung der Revision des Endgelenks – Verlängerung der Schmerzen – fehlerhaft)

Chirurgie II 69

– BGH, Urt. v. 30. 6. 1992 – VI ZR 337/91 – NJW 1992, 2961 = VersR 1992, 1229
(Sterilisation – nur ein Samenleiter durchtrennt – Histologiebericht nicht angefordert – keine Kontrolluntersuchung – fehlerhaft)
– BGH, Urt. v. 7. 4. 1992 – VI ZR 216/91 – NJW 1992, 2354 = VersR 1992, 747
(Mastektomie bei zweifelhaftem Malignitätsverdacht – vor Eingriff keine Probeexcision – fraglich fehlerhaft –)
– OLG Nürnberg VersR 1993, 104 – NA-BGH –
(Bandscheibenoperation – Rektumkarzinom nicht erkannt – ohne differenzierte Darmdiagnostik – nicht fehlerhaft –)
– OLG Köln VersR 1992, 1097
– OLG Köln VersR 1992, 1005 (LS)
– OLG Oldenburg VersR 1989, 481 – NA-BGH –
(je gynäkologische Operation – postoperativ Schmerzen – Unterlassen weiterer Diagnostik auf Harnleiterstörung – fehlerhaft, fraglich grob)

– OLG Düsseldorf NJWE-VHR 1996, 191 = VersR 1997, 240
(abdominale Hysterektomie – sekundäre Harnleiterläsion – keine Ultraschallkontrolle – fehlerhaft)
– OLG Stuttgart VersR 1991, 885
(Adnektomie – Ureterläsion – keine intraoperative Klärung des Ureterverlaufs – fehlerhaft)
– OLG Düsseldorf VersR 1986, 64
(Verdachtsdiagnose Mammakarzinom/Mastoppathie – Probeexcision wegen „Gruppenkalk" – keine Sicherung der Identität von entnommenem und gesuchtem Gewebe – fehlerhaft –)
– BGH, Urt. v. 13. 12. 1988 – VI ZR 22/88 – NJW 1989, 1541 = VersR 1989, 289
(Gefäßoperation nach Blalock-Taussig – strenge Anforderungen an präoperative Diagnostik – fraglich fehlerhaft –)
– OLG Düsseldorf VersR 1999, 1371
(Thromboseprophylaxe – Heparin – Thrombozytopenie – Diagnostik)
– OLG Zweibrücken NJWE-VHR 1998, 237 = VersR 1998, 590
(Gallenoperation – Druckgefühl im Ohr – kein HNO-Konsil – fehlerhaft – Morbus Ménière – nicht behandelbar – nicht kausal)
– OLG Köln NJWE-VHR 1997, 90
(Sigmadivertikulitis – Heparin – Blutung – Hämatom – Nervschädigung – CT erst bei neurologischen Ausfällen – nicht fehlerhaft)
– OLG Düsseldorf VersR 1991, 1412
(Operationsindikation fraglich – keine Befunderhebung zur Sicherung der Indikation – fehlerhaft –)
– OLG Köln VersR 1990, 1242 – NA-BGH –
(Tonsillektomie nach Halsentzündung – Streptokokkensepsis – keine zureichende Diagnostik – fehlerhaft –)
– OLG Köln NJWE-VHR 1997, 66
(Gallenblasenentfernung – keine Präparation des Ductus cysticus – Durchtrennung des Hauptgallengangs (Ductus hepaticus) – fehlerhaft –)
– OLG Köln NJWE-VHR 1997, 238
(instabile Angina pectoris – Linksherzkatheteruntersuchung – Hämatom in Punktionsstelle – nicht fehlerhaft –)
– OLG Oldenburg NJWE-VHR 1996, 18 = VersR 1997, 317
(Entfernung eines Lungenlappens ohne Schnellschnittuntersuchung – fehlerhaft –)
– OLG Saarbrücken VersR 1992, 1359 – NA-BGH –
(Handweichteilverletzung – tiefe Infektion nicht abgeklärt – Antibiotika/keine Wundrevision – fehlerhaft –)
– OLG Oldenburg VersR 1998, 57
(Verdacht auf inkarzerierte Leistenhernie – Klinik ausreichende Befundgrundlage – keine Abklärung durch Ultraschall vor Operation – nicht fehlerhaft –)
– OLG Nürnberg VersR 1995, 1057 – NA-BGH –
(Polypektomie – Verdacht auf Peritonitis – kein Ausschluss einer Darmwandperforation – keine gehaltene Abdomenaufnahme mit Kontrastmittel – fehlerhaft –)
– OLG Düsseldorf VersR 2000, 457
(Zentraler Venenkatheter – Entfernung – keine Prüfung auf Vollständigkeit – fehlerhaft)

70   *Geburt, vor- und nachgeburtliche Betreuung, Gynäkologie*

– BGH, Urt. v. 30. 5. 1995 – VI ZR 68/94 – NJW 1995, 2412 = VersR 1995, 1060
(verspätete Feststellung der Schwangerschaft – kein Schwangerschaftstest – Überlastungssyndrom – fraglich fehlerhaft –)

– BGH, Urt. v. 4. 10. 1994 – VI ZR 205/93 – NJW 1995, 778 = VersR 1995, 46
(Harnwegsinfekt während Schwangerschaft – keine vaginale Untersuchung – feh-
lerhaft – fraglich grob –)
– BGH, Urt. v. 14. 7. 1992 – VI ZR 214/91 – NJW 1992, 2962 = VersR 1992, 1263
(Neugeborenes – Gelbverfärbung – Geburtshelfer/Kinderärztin (U 2) – Bilirubinbe-
stimmung verspätet – fehlerhaft –)
– BGH, Urt. v. 20. 6. 1989 – VI ZR 320/88 – NJW 1989, 2943 = VersR 1989, 1051
(Neugeborenes – Rhesusbestimmung – Gynäkologe/Laborarzt – Blutprobe ver-
wechselt/offen wo – fraglich fehlerhaft –)
– BGH, Urt. v. 19. 5. 1987 – VI ZR 167/86 – NJW 1987, 2293 = VersR 1987, 1092
(Schnittentbindung – Sepsis – Leberversagen – keine zureichende Diagnostik –
fehlerhaft –)
– OLG Hamm VersR 1995, 341 – NA-BGH –
(Frühgeborenes – Auskühlung – Hirnschädigung – Temperaturüberwachung unter-
lassen – grob fehlerhaft –)
– OLG München VersR 2000, 890 = MedR 1999, 466
(Ultraschall – Triple-Test nicht angeboten – 1991 nicht fehlerhaft)
– OLG Nürnberg VersR 1999, 1545 – NA-BGH –
(Schwangerschaftsbetreuung – HIV-Test widersprüchlich – nicht abgeklärt – feh-
lerhaft)
– OLG Oldenburg NJW-RR 1997, 1118
(Schwangerschaftsbetreuung – Fruchtblasenprolaps – vaginale Untersuchung –
nicht fehlerhaft –)
– OLG Oldenburg VersR 1993, 229 – NA-BGH –
(Schwangerschaftsbetreuung durch Hausarzt – intra-uterine Mangelentwicklung/
postpartal Hirnblutung – keine zureichende Ultraschallkontrolle – fehlerhaft, frag-
lich grob –)
– OLG Koblenz VersR 1992, 359 – NA-BGH –
(Schwangerschaft – Röteln – bei Verdacht sorgfältige Anamnese und gezielte Be-
fragung)
– OLG Düsseldorf VersR 1992, 494
(Frauenarzt – Hinweis auf Toxoplasmoseinfektion – keine weiterführende Dia-
gnostik – fehlerhaft –)
– OLG Braunschweig VersR 2000, 454 – NA-BGH –
(Cerclage-Pessar – Abstrich und mikroskopische Untersuchung unterlassen – feh-
lerhaft)
– OLG Jena VersR 2000, 637 – NA-BGH –
(Knoten getastet – Mammographieempfehlung – keine Histologie – 1993 nicht feh-
lerhaft)
– OLG München VersR 1998, 588 – NA-BGH –
(Mammographie – Kalkeinlagerungen – Ultraschall/Histologie 1992 nicht Standard
– nicht fehlerhaft –)
– OLG Stuttgart VersR 1994, 1306
(Mammographie – Unterlassung fehlerhaft –)
– BGH, Urt. v. 30. 6. 1992 – VI ZR 337/91 – NJW 1992, 2961 = VersR 1992, 1229
(Sterilisation – nur ein Samenleiter durchtrennt – Histologie nicht berücksichtigt –
fehlerhaft)

Innere Medizin/Kardiologie **71**

– OLG München, Urt. v. 17. 9. 1998 – 1 U 5294/92 – mit NA-Beschl. v. 27. 7. 1999
– VI ZR 29/99 –
(Herz-Septum-Defekt – Rechtsherzinsuffizienz – keine Kontrolle des Flüssigkeits-
haushalts)

– OLG Oldenburg VersR 1999, 761
(Osteomyelitis – Behandlung – Laborparameter im Normbereich – kein Röntgen –
Entlassung – Rezidiv – nicht fehlerhaft)

72 *Neurologie*

– OLG Köln VersR 2000, 102
(Verdacht auf Guillain-Barré-Syndrom – keine Messung der Nervenleitgeschwindigkeit – fehlerhaft)

73 *unbesetzt*

74 Hierher rechnet auch die Pflicht, bei **Verzögerungen in der Behandlung**
durch die Erhebung von Kontrollbefunden das Risiko einer Schädigung des
Patienten möglichst gering zu halten.

– OLG Düsseldorf NJW 1995, 1620 = VersR 1995, 579
(Verschiebung einer gebotenen Operation – keine engmaschige Überwachung des
Weiteren Verlaufs – fehlerhaft –)

75   **(4) Fehler der konkreten Therapie.** In den klassischen Behandlungs-
fehlerbereich gehören vor allem die Fälle des Qualitätsmangels in der konkreten Handhabung einer an sich sachgerechten Behandlungsmethode. In
diesem Sektor findet sich die Mehrzahl der Behandlungsfehler.

Die Rechtsprechung hat klargestellt, dass die Frage des Behandlungsfehlers nicht abstrakt, sondern konkret zu beantworten ist, d.h. eine Behandlung entspricht nur dann den Regeln der medizinischen Wissenschaft, wenn
nicht nur die abstrakt anerkannte Heilmethode angewandt wird, sondern
konkret alles getan wird, was nach den Regeln und Erfahrungen der medizinischen Wissenschaft zur Bewahrung des Patienten vor körperlichen Schäden getan werden muss.

– BGH, Urt. v. 18. 12. 1984 – VI ZR 23/83 – NJW 1985, 1392 = VersR 1985, 338
(Hämorrhagischer Schock – Subclavia Katheter)
– BGH, Urt. v. 13. 10. 1964 – VI ZR 169/63 – NJW 1965, 345 = VersR 1964, 1246
(Hornhautgeschwür – Keimübertragung durch Tropfflasche)

Im Therapiebereich stehen in Betracht Behandlungsmaßnahmen oder Unterlassungen, die gegen anerkannte und gesicherte medizinische Soll-Standards verstoßen; besonderes Augenmerk ist darauf zu richten, ob die Behandlungsseite die Maßnahmen vorsieht, mit denen die Verwirklichung
eines der Behandlung immanenten Risikos erschwert oder ausgeschlossen
werden soll oder ob eine Standard-Methode zur Risikobeherrschung vernachlässigt wird. Die Gebräuchlichkeit eines Verfahrens reicht zur Vernei-
nung eines Behandlungsfehlers nicht aus, wenn nicht zugleich alles getan
wird, was nach den Regeln und Erfahrungen der medizinischen Wissenschaft zur Bewahrung des Patienten vor körperlichen Schäden getan werden
muss. Von vermeidbaren Maßnahmen ist abzusehen, wenn diese ein Risiko
für den Patienten bedeuten; bei schwerwiegenden Risiken für den Patienten
muss der Arzt deshalb auch unwahrscheinliche Gefährdungsmomente weitgehend ausschließen.

– BGH, Urt. v. 13. 10. 1964 – VI ZR 169/63 – NJW 1965, 345 = VersR 1964, 1246
(Infektion durch Medikament aus mehrfach verwendeter Tropfflasche – Pyocya-
neus – Abhilfe kein Standard – nicht fehlerhaft)

– BGH, Urt. v. 27. 5. 1952 – VI ZR 25/52 – BGHZ 8, 138, 140 f. = VersR 1953, 67
(Nervnadel – Sicherung gegen Verschlucken)
In diesen Zusammenhang gehört auch die sorgfältige Planung einer Operation bzw. der Behandlung, die in besonderen Fällen bis zur Bereitstellung von Ersatzmaterial gehen kann
– OLG Zweibrücken NJWE-VHR 1998, 210 = VersR 1999, 719
(Totalendoprothese – Sonderanfertigung – inkompatible Elemente – Passprobe vor Beginn des Eingriffs oder Ersatzprothese)

Allgemeinmediziner/Facharzt – ambulant/Erstuntersuchung　　　　**76**

– BGH, Urt. v. 9. 5. 1989 – VI ZR 268/88 – NJW 1989, 2948 = VersR 1989, 758
(Chiropraktische Behandlung der Halswirbelsäule durch Masseur – Abweichung von ärztlicher Anordnung fehlerhaft)
– BGH, Urt. v. 20. 9. 1988 – VI ZR 37/88 – NJW 1989, 767 = VersR 1988, 1273
(Fingerfraktur – Heilung in Fehlstellung fehlerhaft – Sehnendurchtrennung in Nachoperation zurechenbar)
– OLG Zweibrücken NJW-RR 1998, 1325 = VersR 1998, 590
(Verdacht auf Durchtrennung einer (Beuge-) Sehne – kleiner Finger – primäre Sehnennaht versäumt – fehlerhaft)
– BGH, Urt. v. 28. 1. 1986 – VI ZR 83/85 – NJW 1986, 2367 = VersR 1986, 601
(Inkompletter Verschluss der Kniearterien – medikamentöse Behandlung/Ablehnung eines Hausbesuchs – auf Symptomatik für kompletten Verschluss Krankenhauseinweisung (keine Therapiehinweise) verspätet – fehlerhaft)
– OLG Oldenburg NJWE-VHR 1997, 182
(Sehnenscheidenentzündung der Achillessehne – Muskelfaserriss – Thromboseprophylaxe nicht erforderlich)
– OLG Oldenburg VersR 1991, 549 – NA-BGH –
(Beweglichkeitsuntersuchung HWS (passives Drehen des Kopfs) – Bandscheibenvorschaden – nicht fehlerhaft)
– OLG Schleswig VersR 1989, 1301 – NA-BGH –
(Cervikalsyndrom – chiropraktische Therapie an oberen Halswirbeln – nicht fehlerhaft)
– OLG Schleswig VersR 1993, 1274 – NA-BGH –
(Verdacht auf subakute bis akute Appendizitis – Leukozyten normal – keine sofortige Operation – Beobachtung über zwei Tage – nicht fehlerhaft)
– OLG Celle VersR 1989, 806 – NA-BGH –
(Verdacht auf chron. Polyarthritis – Cortison kurz und niederdosiert – nicht fehlerhaft)
– OLG Düsseldorf VersR 1986, 919 – NA-BGH –
(Sprunggelenksdistorsion – Cortisoninjektion – nicht fehlerhaft)
– OLG Koblenz VersR 1992, 752 – NA-BGH –
(Antiepileptikum-Verordnung zweijährig entsprechend Empfehlung der Fachklinik – trotz Nebenwirkungen/Verschlechterungssymptome – fehlerhaft)
– OLG Zweibrücken VersR 1991, 427 – NA-BGH –
(Verdachtsdiagnose Mastopathie/Mammakarzinom – keine Probeexcision bei Schmerzen – keine Hinweise in Mammographie/Tastbefund – nicht fehlerhaft)
– OLG Celle VersR 1986, 554 – NA-BGH –
(Hodentorsionsverdacht – alsbaldige Einweisung in Krankenhaus – nicht fehlerhaft)

Kinderarzt　　　　**77**

– OLG Bremen NJW-RR 1995, 920 = VersR 1995, 541
(Gastroenteritis – weder engmaschige Kontrolle durch Notfallarzt/Bereitschaftsdienst noch Einweisung in Krankenhaus – fehlerhaft)

78   *Anästhesie*

- BGH, Urt. v. 26. 2. 1991 – VI ZR 344/89 – NJW 1991, 1539 = VersR 1991, 694
  (Anästhesist/Chirurg – zu den Verantwortlichkeiten)
- BGH, Urt. v. 3. 10. 1989 – VI ZR 319/88 – NJW 1990, 759 = VersR 1989, 1296
  (Ausleitungsphase nach ITN – Patient atemdepressiv/unruhig Gabe von Beruhigungsmitteln fraglich fehlerhaft – Verantwortlichkeit in postoperativer Phase)
- BGH, Urt. v. 18. 12. 1984 – VI ZR 23/83 – NJW 1985, 1392 = VersR 1985, 338
  (Fehlinjektion in Arterie)
- BGH, Urt. v. 18. 12. 1984 – VI ZR 23/83 – NJW 1985, 1392 = VersR 1985, 338
  (fehlerhafte Infusion in Arterie statt in Vene – Hirnschädigung)
- OLG Hamm VersR 1994, 1476 – NA-BGH –
  (Paracervikalblockade – 1988 fehlerhaft)
- OLG München NJW 1997, 1642 = VersR 1997, 1491
  (Periduralanästhesie – keine Vorsorge gegen vasovagale Synkope bei Anzeichen –
  fehlerhaft)
- OLG Köln VersR 1991, 695 – NA-BGH –
  (Bruchoperation – Lagerungsschaden des Nervus ulnaris – keine Kontrolle der
  Armlagerung während des Eingriffs durch Anästhesisten – fehlerhaft)
- OLG Celle VersR 1990, 50 – NA-BGH –
  (Cavafixvenenkatheter – Herzoperation – Anästhesist – Fragment in Lungenarterie
  – Fremdkörper – nicht fehlerhaft)
- OLG Stuttgart VersR 1988, 1137
  (Venenkatheter in Halsvene – Nervus medianus – Läsion – nicht notwendig fehlerhaft)
- OLG Bamberg VersR 1988, 407 (LS)
  (Fehlintubation/Zyanose – keine Kontrolle des Tubus – Anästhesieprotokoll – fehlerhaft)
- OLG Düsseldorf VersR 1987, 487
  (Plexusblockade – versehentlich arterielle Punktion – nicht fehlerhaft)
- OLG Hamm VersR 1986, 603
  (Blutersatz – Überfüllung des Kreislaufs – fehlerhaft)

79   *Augen/HNO*

- OLG Köln NJW-RR 1999, 675 = VersR 2000, 103
  (kalter Knoten in Schilddrüse – kein Schnellschnitt – keine Punktionszytologie –
  Exstirpation – nicht fehlerhaft)
- OLG Celle VersR 1990, 658 – NA-BGH –
  (Lymphknotenexstirpation im Hals – Lymphadenitis – Nervus accessorius-Läsion
  – fraglich fehlerhaft/ursächlich)
- OLG Düsseldorf VersR 1988, 968
  (Otitis – Einlegen eines Paukenröhrchens bei fraglichem Eiter in Paukenhöhle –
  fehlerhaft)
- OLG Düsseldorf VersR 1988, 742
  (Tonsillektomie – Verlust des Geschmacksempfindens – nicht fehlerhaft/ursächlich)
- OLG Celle VersR 1987, 591
  (Linsentrübung – Ablehnung eines operativen Eingriffs – nicht fehlerhaft)
- OLG Düsseldorf VersR 1997, 1235
  (Frühgeborenes – Frühgeborenen-Retinopathie (RPM, RLF) – Überwachung von
  Sauerstoff und Netzhaut – nicht fehlerhaft)
- OLG Düsseldorf VersR 1996, 755 – NA-BGH –
  (Frühgeborenes – unauffälliger Befund – keine Kontrolle auf Frühgeborenen-
  Retinopathie (RPM, RLF) – 1990 nicht fehlerhaft)

Chirurgie I   **80**

– BGH, Urt. v. 12. 3. 1991 – VI ZR 232/90 – NJW 1991, 2346 = VersR 1991, 777
   (Bandscheibeneingriff – Teilschädigung der Wurzel S 1 – fraglich fehlerhaft)
– BGH, Urt. v. 2. 6. 1987 – VI ZR 174/86 – NJW 1988, 762 = VersR 1987, 1238
– BGH, Urt. v. 18. 3. 1986 – VI ZR 215/84 – NJW 1986, 2365 = VersR 1986, 788
   (Decubitus – keine zureichende Pflege und Decubitusprophylaxe – keine Anwei-
   sungen und Kontrolle – fehlerhaft)
– OLG Hamm VersR 1993, 102 – NA-BGH –
   (Bandscheibeneingriff – Querschnitt/Darmlähmung – fragliche Indikation – nicht
   fehlerhaft)
– OLG Düsseldorf VersR 1992, 1230 – NA-BGH –
   (Bandscheibeneingriff (L 5/S 1) – Häschenlagerung – intraoperativ Prolaps im
   HWS-Bereich – nicht fehlerhaft/ursächlich)
– OLG Köln VersR 1988, 855 – NA-BGH –
   (Bandscheibeneingriff – Ureterläsion – Darmatonie kein spezifisches Verdachts-
   symptom – nicht fehlerhaft)
– OLG Hamm VersR 1988, 743 – NA-BGH –
   (Bandscheibeneingriff – Diabetes – keine Antibiotikaprophylaxe – nicht fehler-
   haft)
– OLG Saarbrücken VersR 1990, 666 – NA-BGH –
   (Spongiosaentnahme aus gleichseitigem Beckenkamm zweifach – nicht fehlerhaft)
– OLG Oldenburg VersR 1997, 1535
   (Hüftgelenksendoprothese – Operationsplanung – Bereitstellung unterschiedlicher
   Größen – nicht fehlerhaft)
– Kammergericht VersR 1989, 915 – NA-BGH –
   (Hüftgelenksendoprothese – intraoperativ Femurschaftsprengung – fehlerhaft)
– OLG Celle VersR 2000, 58 – NA-BGH –
   (Oberschenkelschaftbruch – Normnagel statt Spezialanfertigung – nicht stets feh-
   lerhaft)
– OLG Düsseldorf VersR 1998, 55 – NA-BGH –
   (Oberschenkel-Trümmerbruch – Operation in Oedem – nicht fehlerhaft)
– OLG Oldenburg NJW-RR 1997, 1384
   (Kreuzbandersatzplastik – abgebrochene Nadel/Fremdkörper – im Bohrkanal –
   nicht fehlerhaft)
– OLG Köln VersR 1991, 1376
   (Knieeingriff bei freien Gelenkkörpern – Zugang lateral nach vergeblichen Versu-
   chen – fehlerhaft)
– OLG München VersR 1996, 1193
   (Knieoperation trotz hoher Blutsenkung – Infektion – fehlerhaft)
– OLG Saarbrücken NJW-RR 1999, 749
   (künstliches Kniegelenk – keine Prüfung auf Materialfestigkeit – nicht fehlerhaft/
   Luxation – vor Re-Operation nicht erkannt – fehlerhaft)
– BGH, Urt. v. 6. 7. 1999 – VI ZR 290/98 – NJW 1999, 3408 = VersR 1999, 1282
   (Unterschenkeltrümmerbruch – Operation in Weichteilschwellung nicht nachweis-
   lich fehlerhaft)
– BGH, Urt. v. 10. 2. 1987 – VI ZR 68/86 – NJW 1987, 1479 = VersR 1987, 686, 687
   (Tibialis-Anterior-Syndrom – keine alsbaldige Faszienspaltung – fehlerhaft)
– OLG Stuttgart VersR 1990, 1014
   (Unterschenkelfraktur – Marknagel/Drehfehler – keine baldige postoperative Kor-
   rektur – fehlerhaft)
– OLG Nürnberg VersR 1989, 256 – NA-BGH –
   (Unterschenkelfraktur – Osteosynthese – Teilbelastung 4 Wochen p. o. – fraglich
   fehlerhaft, nicht grob)

– OLG Düsseldorf VersR 1999, 450
(Verrenkungsbruch des oberen Sprunggelenks – kein Zugverband, keine mechanische Korrektur – Einsteifung in Spitzfußstellung)

– OLG Hamm VersR 1988, 807 – NA-BGH –
(Sprunggelenksfraktur – Schwellung – Operieren in Schwellung fehlerhaft (Anscheinsbeweis))

– OLG Oldenburg VersR 1994, 1196
(Distorsion des oberen Sprunggelenks – Außenbandverletzung – konservative Behandlung – nicht fehlerhaft)

– BGH, Urt. v. 29. 11. 1988 – VI ZR 231/87 – VersR 1989, 189
(Hallux valgus – intraoperative Sehnenverletzung durch Hohmannhebel – fraglich fehlerhaft)

– BGH, Urt. v. 24. 1. 1989 – VI ZR 170/88 – NJW 1989, 2330 = VersR 1989, 512

– OLG Nürnberg VersR 1990, 1121 – NA-BGH –
(je Humerusfraktur – T-Platten – in Metallentfernung Nervus radialis-Läsion – „von Schraube zu Schraube" keine Darstellung des Nervs erforderlich)

– OLG Hamm VersR 1989, 1263 – NA-BGH –
(Oberarmfraktur – Osteosynthese mit 6-Loch-Platte 4 Wochen nach Unfall – Wundabszess – Spaltung – nicht fehlerhaft)

– OLG Hamm VersR 1989, 965 – NA-BGH –
(Pseudarthrose im Unterarm – Spongiosaplastik – Span aus Beckenkamm – Plattengröße/Rat zur Reoperation – nicht fehlerhaft)

– OLG Hamm VersR 1989, 706 – NA-BGH –
(Dupuytrensche Kontraktur – Operation durch erfahrenen Assistenzarzt – ohne Oberarzt – nicht fehlerhaft)

– OLG Düsseldorf VersR 1989, 705 – NA-BGH –
(Handgelenksfraktur – Sudecksyndrom – Therapieregie ohne grobe Regelverstöße nicht fehlerhaft)

– OLG Oldenburg VersR 1991, 229 – NA-BGH –
(Glatte Schnittwunde – Wundinfektion – bei gehöriger Wundrevision Antibiotika nicht erforderlich)

– OLG Düsseldorf VersR 1988, 161
(Fingerverletzung durch Hundebiss – Handfehlstellung in Schiene – fehlerhaft)

– OLG Düsseldorf VersR 1994, 1423
(Verschluss einer Schädel-Knochenbohrung – Histoacrylkleber – 1982 nicht fehlerhaft)

81   *Chirurgie II*

– BGH, Urt. v. 7. 4. 1992 – VI ZR 216/91 – NJW 1992, 2354 = VersR 1992, 747
(Mastektomie beidseits – Histologie-Bericht nicht auffindbar – keine Verantwortung des Operators)

– OLG Düsseldorf VersR 1999, 1152 (L) – NA-BGH –
(Mammakarzinom – Mastektomie – Vorbereitung Chemotherapie mit Cortison – nicht fehlerhaft)

– BGH, Urt. v. 8. 3. 1988 – VI ZR 201/87 – NJW 1988, 1511 = VersR 1988, 495
(Oberschenkelfrakturen mit Zerreißungen der Beingefäße – Notfallversorgung im Kreiskrankenhaus – primär Frakturstabilisierung/sekundär Versorgung der Gefäßzerreißungen – fraglich fehlerhaft, nicht grob)

– OLG Düsseldorf VersR 1992, 883
(Sterilisation – Erfolg nicht überprüft trotz unübersichtlicher Verhältnisse – fehlerhaft)

– OLG Oldenburg NJW-RR 1995, 345 = VersR 1995, 1353
(Fremdkörper – Nadelrest – in Weichteil belassen – fraglich fehlerhaft)

- BGH, Urt. v. 10. 3. 1987 – VI ZR 88/86 – NJW 1987, 2291 = VersR 1987, 770
  (Verschluss der Oberschenkelvene – Thrombektomie – kein Bypass nach Reverschluss – fraglich fehlerhaft)
- OLG München VersR 1993, 362 (LS)
  (Beinvenenthrombose – Heparinmedikation in zu niederer Dosierung – fehlerhaft (nicht grob))
- OLG Düsseldorf VersR 1988, 1296
  (Bruststraffungs-Plastik – technischer Durchführungsmangel – fehlerhaft)
- OLG Düsseldorf VersR 1986, 1244 – NA-BGH –
  (Brustplastik – Mängel in Planung und Eingriffstechnik – fehlerhaft)
- OLG Düsseldorf VersR 1986, 63
  (Schamlippenkürzung – fehlerhaft)
- OLG Köln NJWE-VHR 1996, 41 = VersR 1997, 115
  (Mammaptosis – Brustplastik – Augmentation mit Silikon – 1985 nicht fehlerhaft)
- BGH, Urt. v. 10. 3. 1992 – VI ZR 64/91 – NJW 1992, 1560 = VersR 1992, 745
- OLG Saarbrücken VersR 1988, 95
- OLG Karlsruhe VersR 1988, 93
  (je Nahtinsuffizienzen – nicht fehlerhaft)
- OLG Düsseldorf VersR 1988, 807
  (Appendizitis perforata – subakutes Stadium – keine sofortige Operation – nicht fehlerhaft)
- OLG München VersR 1986, 1217 – NA-BGH –
  (Appendektomie – fibrinöse Beläge – keine tiefe Saugdrainage – nicht fehlerhaft)
- OLG Stuttgart VersR 1994, 180
  (Entlassung bei „vagem Verdacht auf Appendizitis" – nicht fehlerhaft)
- OLG Stuttgart VersR 1990, 1279
  (Laparoskopie – Fehllagerung des Patienten – Verletzung der arteria iliaca – fehlerhaft)
- OLG Düsseldorf VersR 1988, 967
  (Laparoskopie – epigastrische Hernie – nicht fehlerhaft)
- OLG Nürnberg VersR 1988, 1050 – NA-BGH –
  (Dünndarmnekrose – Schmerzsymptomatik mit Schmerzmitteln überdeckt – fehlerhaft, fraglich grob)
- OLG Köln VersR 1995, 1235
  (Polyposis – Gastroskopie/Magenbiopsie – Schluckauf – Perforation der Magenwand – nicht fehlerhaft)
- BGH, Urt. v. 16. 6. 1981 – VI ZR 38/80 – NJW 1981, 2513 = VersR 1981, 954
  (Herzkatheteruntersuchung – verfrühte Entlassung – fehlerhaft)
- OLG Düsseldorf VersR 1999, 1371
  (Gefäßchirurgie – Thromboseprophylaxe – Heparin – keine Verträglichkeitskontrolle – nicht fehlerhaft)
  OLG Brandenburg MedR 1998, 470
  (Varizenstripping – Verletzung des Nervus cutaneus dorsalis medialis – nicht fehlerhaft)
- OLG München VersR 1997, 1281 – NA-BGH –
  (Bypassoperation – Anschluss an großen Diagonal- statt an Hauptast der Herzkranzarterie – nicht fehlerhaft)
- OLG Celle VersR 1990, 50 – NA-BGH –
  (Herzeingriffe – Cavafix-Katheterfragment in Lungenarterie – Fremdkörper – konkret nicht fehlerhaft)
- OLG Celle VersR 1988, 829 – NA-BGH –
  (Herzkatheteruntersuchung – Kleinkind – Hirnembolie – nicht fehlerhaft)

– OLG Köln VersR 1986, 480
(Infarktpatient – keine Carotisangiographie – nicht fehlerhaft)
– OLG Köln VersR 1986, 198
(Hirntumor – keine operative Intervention – nicht fehlerhaft)
– OLG Braunschweig VersR 2000, 636
– OLG Düsseldorf VersR 1989, 703
– OLG Koblenz VersR 1988, 297
(je Strumektomie – keine Darstellung des Nervus recurrens – nicht fehlerhaft)
– OLG Düsseldorf VersR 2000, 456
(Cholezystektomie – Verwachsungen – Laparotomie zur anatomischen Identifizierung unterlassen – fehlerhaft)
– BGH, Urt. v. 7. 7. 1992 – VI ZR 211/91 – NJW-RR 1992, 1241 = VersR 1993, 228
(Hysterektomie – vaginale Scheidenraffung – Nervus femoralis-Läsion – fraglich fehlerhaft)
– BGH, Urt. v. 3. 12. 1991 – VI ZR 48/91 – NJW 1992, 1558 = VersR 1992, 358
(Hysterektomie – keine Stützung der Harnblase – fehlerhaft)
– OLG Düsseldorf VersR 1987, 287
– OLG Düsseldorf VersR 1986, 921
(je Hysterektomie – Harnleiterläsion – fehlerhaft)
– OLG Koblenz VersR 1999, 1420
(vaginale Hysterektomie – Fremdkörper (Tupfer) zurückgelassen – nicht grob)
– OLG Oldenburg VersR 1992, 877
(Vaginopexie – Harnblase miterfasst – fehlerhaft)
– OLG Köln VersR 1992, 92
(Adnektomie – Blasenscheidenfistel – nicht fehlerhaft)
– OLG Stuttgart VersR 1991, 885
(Adnektomie – keine Klärung des Ureterverlaufs – Ureterläsion – fehlerhaft)
– OLG Düsseldorf VersR 1991, 1138
(Prostataresektion – Harnblasenläsion – Anfängereingriff – fehlerhaft)
– OLG Stuttgart VersR 1989, 1094 – NA-BGH –
(Prostatovesikulektomie – versehentlich Colondivertikelstein mitentfernt – nicht fehlerhaft)
– OLG Hamm VersR 1989, 480 – NA-BGH –
(Harnleiterverletzung bei Steinentfernung mit Zeiss'scher Schlinge – Kontrastmittelparavasat/keine akuten Krankheitssymptome – Zuwarten statt sofortiger Fistelung/Freilegung – nicht fehlerhaft)
– OLG München NJWE-VHR 1997, 20 = VersR 1997, 831
(Pendelhoden – Fixierung – Hodenatrophie – nicht fehlerhaft)
– OLG Koblenz VersR 1995, 342 – NA-BGH –
(Penisprothese – Längendifferenz der beiden Prothesenschenkel – nicht fehlerhaft)
– OLG Karlsruhe VersR 1997, 241 – NA-BGH –
(Ballonvalvuloplastie – Mitralklappensprengung – Perforation des Herzmuskels – nicht fehlerhaft)

82   *Geburt, vor- und nachgeburtliche Betreuung*

– OLG Oldenburg VersR 1990, 666
(Normalsitus – verspätete Schnittentbindung – Hirnschäden – Verkennung vorliegender Befunde fehlerhaft – fraglich grob)
– BGH, Urt. v. 28. 6. 1988 – VI ZR 217/87 – NJW 1988, 2949, insoweit nicht in VersR 1989, 80
(Nichtanwendung verfügbaren CTG-Geräts – fehlerhaft)
– BGH, Urt. v. 3. 6. 1986 – VI ZR 95/85 – NJW 1986, 2886 = VersR 1986, 1079
(Beckenendlage – vaginal – keine Schnittentbindung – fraglich fehlerhaft)

– BGH, Urt. v. 29. 1. 1985 – VI ZR 69/83 – VersR 1985, 343
(Normalsitus – Vakuumextraktion/Forceps bei offenem Muttermund/Kopfhochstand – Hirnschäden – verspätete Schnittentbindung fehlerhaft, fraglich grob)
– OLG Oldenburg VersR 1993, 362 – NA-BGH –
(Normalsitus – Schnittentbindung – Geburtsleitung zeitweise unkontrolliert – fraglich fehlerhaft)
– OLG Köln VersR 1997, 748 – NA-BGH –
(lebensfrische Neugeburt – postpartale Überwachung – 15-Minuten-Abstand ausreichend)
– OLG Oldenburg NJW 2997 = VersR 1993, 1357
(Zwillingsschwangerschaft Abbruch – Arztbrief – Sicherung der Nachsorge
zum Ausschluss des Fortbestands der Schwangerschaft erforderlich – fehlerhaft)
– OLG Zweibrücken VersR 1992, 496 – NA-BGH –
(Intrauteriner Fruchttod (Zwillinge/13. SSW) – Ausräumung – Perforation des Uterus – Darmläsion – nicht notwendig fehlerhaft)
– OLG Koblenz VersR 1992, 612
(Mekoniumverschmierte Neugeburt – unzureichende postpartale Überwachung –
fehlerhaft)
– OLG Köln VersR 1990, 1244
(Episiotomie – Zurücklassen der Drainage in Wunde – fehlerhaft)
– OLG München VersR 1989, 960 – NA-BGH –
(Geringfügige Verspätung des Arztes im Kreißsaal fehlerhaft; nicht grob, wenn
Ruf nicht dringlich)
– OLG Stuttgart VersR 1999, 582
(Beckenverengung – Kind im Beckeneingang – Vakuumestraktion statt Schnittentbindung – Schulterdystokie – fehlerhaft)
– OLG Stuttgart VersR 1989, 632
(Schnittentbindung – Einriss der arteria uterina – nicht fehlerhaft)
– OLG Saarbrücken VersR 1988, 916 – NA-BGH –
(Großes Kind – vaginal – Erb'sche Lähmung/Asphyxie – forcierte Extraktionsversuche – fehlerhaft)
– OLG Stuttgart VersR 1987, 1252 – NA-BGH –
(Normalsitus – vaginal – Schiefhals/Hüftfehlstellung – nur Hebamme/kein Arzt –
fehlerhaft)
– OLG Braunschweig VersR 1987, 76 – NA-BGH –
(Sturzgeburt – Gehirnblutung – mangelnde Untersuchungssorgfalt der Hebamme –
fehlerhaft)
– OLG Braunschweig VersR 1986, 1214
(Normalsitus – vaginal – Hirnschäden – Krampfanfall unter Geburt – fraglich fehlerhaft)
– OLG Hamburg VersR 1986, 896 – NA-BGH –
(Normalsitus – vaginal – Hirnschäden – Wehentropf bei Geburtsbereitschaft –
nicht fehlerhaft)
– BGH, Urt. v. 14. 7. 1992 – VI ZR 214/91 – NJW 1992, 2962 = VersR 1992, 1263
(U 2-Basisuntersuchung – Hyperbilirubinämie – Kinderärztin/Geburtshelfer – fehlerhaft)
– BGH, Urt. v. 20. 6. 1989 – VI ZR 320/88 – NJW 1989, 2943 = VersR 1989, 1051
(Rhesusfaktorfehlbestimmung – Frauenarzt/Arzt für Labormedizin – Blutprobe (offen wo) verwechselt)
– KG VersR 1996, 332 – NA-BGH –
(Missbildung des Feten – während Schwangerschaft nicht erkannt – nicht fehlerhaft)

- OLG München VersR 1994, 1113
  (Arzt überlässt Krankenschwester das Holen der Nachgeburt – Zug an der Nabel-
  schnur (Cordtraction) – Uterusinversion)
- OLG Frankfurt VersR 1990, 854 – NA-BGH –
  (Frühgeburt – Konisation des Muttermundes – keine vorsorgliche Cerclage – nicht
  fehlerhaft)
- OLG Stuttgart VersR 1988, 856 – NA-BGH –
  (Schwangerschaft – Eingangsuntersuchung durch Sprechstundenhilfe – fehler
  haft)
- OLG Stuttgart VersR 1994, 1114
  (Abgrenzung der Tätigkeitsbereiche Hebamme/Facharzt – bei Schulterdystokie
  muss Facharzt zugezogen werden)
- OLG Düsseldorf VersR 1997, 1235
  (Frühgeborenes – RPM – transkutane Überwachung der Sauerstoffgabe im Inkuba-
  tor – fehlerhaft)
- OLG Frankfurt NJW-RR 1995, 1048 = VersR 1996, 101
  (missed abortion – Ausräumung – Eingang des Histologiebefundes nicht über-
  wacht)

83 *Injektionen/Transfusionen/Medikamente/Strahlentherapie*

- BGH, Urt. v. 29. 1. 1991 – VI ZR 206/90 – BGHZ 113, 297, 301 = NJW 1991,
  1535 = VersR 1991, 469
  (Ozon-Sauerstoff-Injektion in Knievene – Kreislaufschock – fraglich fehlerhaft)
- BGH, Urt. v. 14. 2. 1989 – VI ZR 65/88 – BGHZ 106, 391, 393 = NJW 1989, 1533
  = VersR 1989, 514
  (Schultersteife – intraartikuläre Injektion eines Corticoids – nicht fehlerhaft)
- BGH, Urt. v. 7. 6. 1988 – VI ZR 277/87 – NJW 1989, 771 = VersR 1988, 1031
- OLG München VersR 1990, 312 – NA-BGH –
  (je Valiuminjektion in Tabatiere – Eindringen in Arterie nicht notwendig fehlerhaft
  – Fortsetzung der Injektion nach Schmerzbekundung fehlerhaft – (vgl. auch BGH,
  Urt. v. 7. 10. 1980 – VI ZR 176/79 – BGHZ 78, 209 – NJW 1981, 628 = VersR
  1981, 131))
- OLG Düsseldorf NJW-RR 1998, 170 = VersR 1998, 1242
  (intraartikuläre Injektion – Knie – Infektion – nicht notwendig fehlerhaft – Sorg-
  faltspflichten)
- OLG Frankfurt MedR 1995, 75
  (intraarterielle Injektion einer Pufferlösung – fehlerhaft)
- OLG Bremen VersR 1990, 385
- OLG Düsseldorf VersR 1988, 38
- OLG Düsseldorf VersR 1984, 241
  (je intramuskuläre Injektion in Gesäß – Ischiadicuslähmung – fehlerhaft)
- OLG Köln VersR 1988, 44
  (Intramuskuläre Injektion – Spritzenabszess – Aushilfspfleger – fehlerhaft)
- OLG Düsseldorf VersR 1987, 487 – NA-BGH –
  (Axilläre Plexusblockade – versehentlich arterielle Punktion – nicht fehlerhaft)
- OLG Düsseldorf VersR 1986, 472
  (Injektion in Ellenbogenvene (Extracyt) – Paravasat – nicht fehlerhaft)
- OLG Schleswig VersR 1993, 1022 – NA-BGH –
  (paravertebrale Infiltration – Räuspern oder Husten des Patienten – Einstich in die
  Lunge – nicht fehlerhaft)
- OLG Oldenburg NJW-RR 1999, 1327 = VersR 2000, 191
  (Zentralvenenkatheter – Halsvenenzugang statt Ellenbogenvenenzugang – nicht
  fehlerhaft)

- BGH, Urt. v. 17. 12. 1991 – VI ZR 40/91 – BGHZ 116, 379, 381 = NJW 1992, 743
  = VersR 1992, 314
  (Fremdbluttransfusion – fragliche Infektion mit HIV – Hepatitis (Non A-Non-B) –
  keine Untersuchung der Blutkonserve in Klinik, aber strenge Anforderungen an
  Herstellerauswahl)
- BGH, Urt. v. 30. 4. 1991 – VI ZR 178/90 – BGHZ 114, 284 291 = NJW 1991,
  1948 = VersR 1991, 816
  (Fremdbluttransfusion – HIV–Infektion bei bekanntem Spender – strenge Anforde-
  rungen an Ausschluss der Klinikblutspender aus Risikogruppen – fehlerhaft)
- OLG Koblenz NJW-RR 1998, 167
  (Hämopphilie A – Faktor VIII-Präparat – HIV – keine Zurechnung)
- OLG Zweibrücken NJW-RR 1998, 383 = VersR 1998, 1553
  (Fremdbluttransfusion – Hepatitis C – keine Zurechnung)
- OLG Düsseldorf NJWE-VHR 1997, 89 = VersR 1998, 103
  (Fremdbluttransfusion – HIV – Blutkonserve HIV negativ – keine Zurechnung)
- Kammergericht VersR 1992, 316 – NA-BGH –
  (Fremdbluttransfusion – Blutkonserve HIV – hepatitiskontaminiert – Patient/
  nicht Spender an Lues vorerkrankt – keine Zurechnung)
- OLG München VersR 1991, 679
  (Fremdbluttransfusion – Blutkonserve Kell-positiv/Empfänger Kell-negativ – Un-
  tersuchung des Empfängers auf Kellfaktor nicht erforderlich)
- BGH, Urt. v. 11. 12. 1990 – VI ZR 151/90 – NJW 1991, 1543 = VersR 1991, 315
  (Marcumarpatient – präoperativ Gabe von PPSB-normal – trotz Infektionsrisiko
  (Hepatitis) nicht fehlerhaft – Nichtbeschaffung von PPSB – Hepatitis-sicher – frag-
  lich fehlerhaft)
- OLG Düsseldorf VersR 1994, 220
  (Marcumarpatient – Kortisontherapie nicht fehlerhaft)
- OLG Frankfurt NJW-RR 1995, 406 = VersR 1995, 660
  (Schutzimpfung gegen Mumps – Diabetes mellitus – Risiko nicht bekannt – nicht
  fehlerhaft)
- OLG Köln VersR 1991, 186
  (Herpesencephalitis – Ausschluss von Fieberkrämpfen/Meningitis – Aciclovir ver-
  spätet – fehlerhaft (zu weitgehend grob))
- OLG Düsseldorf VersR 1990, 385 – NA-BGH –
  (Tranquillizer – hypochondrisches Angstsyndrom – nicht fehlerhaft)
- OLG Hamm VersR 1989, 594 – NA-BGH –
  (Lungenentzündung – Refobacin – Nierenwerte normal – keine audiometrische
  Kontrolle – nicht fehlerhaft)
- OLG Frankfurt VersR 1989, 193 – NA-BGH –
  (Low-dose-Heparin nach Bandscheibeneingriff (1978) – Thrombose – Nachblu-
  tungsrisiko – nicht fehlerhaft)
- OLG Köln VersR 1988, 1298
  (Heparinmedikation in Schwangerschaft (1979/80) – Osteoporose – nicht fehlerhaft)
- BGH, Urt. v. 26. 11. 1991 – VI ZR 389/90 – NJW 1992, 754 = VersR 1992, 238
  (Bestrahlung in Einzel-/Mehrfeldtechnik bei Morbus Hodgkin (1982) – fehlerhaft)
- BGH, Urt. v. 12. 12. 1989 – VI ZR 83/89 – NJW 1990, 1528 = VersR 1990, 522
  (Brusttumor – Telekobaltbestrahlung nach Mastektomie – zur Strahlendosierung)
- OLG Köln NJWE-VHR 1998, 266 = VersR 1999, 847
  (Brusttumor – Telekobaltbestrahlung – Rippenspontanfraktur – Osteoradionekrose
  – zur Dosierung)
- BGH, Urt. v. 30. 5. 1989 – VI ZR 200/88 – NJW 1989, 2321 = VersR 1989, 851
  (Radiumeinlage bei Gebärmutterhalskarzinom – keine Gesamtdosismessung –
  Nichtanwendung verfügbaren Meßgeräts fehlerhaft)

– OLG Oldenburg VersR 1991, 820
(Bestrahlungstherapie bei Gebärmutterhalskarzinom – Ausfall des Dosismeßgeräts – fraglich fehlerhaft)

84 *Nervschäden*

– BGH, Urt. v. 9. 7. 1996 – VI ZR 101/95 – NJW 1996, 3074 = VersR 1996, 1239
(Nervus cutaneus femoralis lateralis – Nierenbeckenplastik)
– BGH, Urt. v. 7. 5. 1985 – VI ZR 224/83 – NJW 1985, 2193 = VersR 1985, 782
– BGH, Urt. v. 27. 9. 1983 – VI ZR 230/81 – BGHZ 88, 248, 251 = NJW 1984, 655
= VersR 1984, 60
(je Nervus accessorius – Lymphdrüsenexstirpation durch Anfängerarzt – fehlerhaft)
– OLG Celle VersR 1990, 658 – NA-BGH –
(Nervus accessorius – Lymphdrüsenexstirpation – fraglich fehlerhaft)
– OLG Düsseldorf NJWE-VHR 1997, 112
(Nervus ischiadicus – Implantation eines künstlichen Hüftgelenks – nicht fehlerhaft)
– OLG Nürnberg VersR 1990, 1121 – NA-BGH –
(Nervus radialis – Metallentfernung nach Humerusfraktur – fraglich fehlerhaft)
– BGH, Urt. v. 26. 2. 1985 – VI ZR 124/83 – NJW 1985, 2192 = VersR 1985, 639
(Nervus ulnaris – Bandscheibenoperation – Lagerungsschaden – nicht fehlerhaft)
– BGH, Urt. v. 10. 11. 1981 – VI ZR 92/80 – VersR 1982, 168
(Nervus ulnaris – Fingerweichteilverletzung/Operation – fraglich fehlerhaft)
– OLG Köln VersR 1991, 695 – NA-BGH –
(Nervus ulnaris – Bruchoperation – Lagerungsschaden – fehlerhaft)
– OLG Karlsruhe VersR 1990, 53 – NA-BGH –
(Nervus ulnaris – Schnittverletzung in Ellenbogen – Notfallversorgung/fraglicher
Befund – nicht fehlerhaft)
– OLG Hamm VersR 1989, 965 – NA-BGH –
(Nervus ulnaris/cutaneus femoris lateralis – Spongiosa aus Beckenkamm – nicht
fehlerhaft)
– OLG Bremen VersR 1990, 385
(Nervus ischiadicus – intramuskuläre Injektion – regelmäßig fehlerhaft)
– OLG Düsseldorf VersR 1989, 703
– OLG Düsseldorf VersR 1989, 251
– OLG Düsseldorf VersR 1989, 191
(je Nervus recurrens – Strumektomie – nicht notwendig fehlerhaft)
– OLG Stuttgart VersR 1988, 1137
(Nervus medianus – Venenkatheter in Halsvene – nicht fehlerhaft)
– OLG Köln NJWE-VHR 1998, 62 = VersR 1999, 100
(Nervus infraorbitalis – Operation der (falschen) Gesichtsseite fehlerhaft)
– OLG Düsseldorf VersR 1994, 1423
(Nervus facialis – Hitzeschädigung beim Aufbohren des Ohrknochens Morbus Me-
nière – nicht nachweislich fehlerhaft)
– BGH, Urt. v. 7. 7. 1992 – VI ZR 211/91 – NJW-RR 1992, 1241 = VersR 1993, 228
(Nervus genito-femoralis – Hysterektomie/vaginale Scheidenraffung – fraglich feh-
lerhaft)
– OLG München VersR 1988, 525
(Nervus genito-femoralis – Läsion – Harninkontinenzoperation – nicht fehlerhaft)
– OLG Frankfurt VersR 1992, 578 – NA-BGH –
– OLG Düsseldorf VersR 1989, 705 – NA-BGH –
– OLG Oldenburg VersR 1988, 603 – NA-BGH –
(je zu Sudecksyndrom)
– OLG Hamm VersR 1994, 1304
(Nervus alveolaris – Zahnextraktion – nicht fehlerhaft)

Psychiatrie (s. auch Randnr. A 56) **85**
– BGH, Urt. v. 16. 3. 1999 – VI ZR 34/98 – NJW 1999, 1778 = VersR 1999,
  716
  (Gespenstersehen nach Shunt-Operation bei Hydrozephalus)
– BGH, Urt. v. 23. 9. 1992 – III ZR 107/92 – NJW 1994, 794 = VersR 1994, 50
  (Selbstmordversuch mit Feuerzeug)
– OLG Koblenz NJWE-VHR 1998, 88 = VersR 1998, 897
  (Delirium – Fixierung mit Bauchgurt statt Vollfixierung – Fenstersprung – nicht
  fehlerhaft)
– OLG Koblenz MedR 2000, 136
  (akute Selbstmordgefahr – Verbleiben auf offener Station – Fenstersprung – me-
  thodisch richtige Diagnoseerstellung – nicht fehlerhaft)
– OLG Köln VersR 1999, 624 – NA-BGH –
  (Rauschgiftpatientin – Selbstmordgefahr – Allgemeinkrankenhaus)
– OLG Oldenburg VersR 1997, 117
  (gerontopsychiatrische Station – halboffen – keine akute Selbstmordgefahr – rap-
  tusartige autoaggressive Handlung – nicht fehlerhaft)
– OLG Stuttgart MedR 1999, 374
  (latente Selbstmordgefahr – keine Durchsuchung der persönlichen Habe – fehlerhaft)
– OLG München MedR 1998, 366
  (Fixierung ohne eindeutige Anzeichen für Selbstgefährdung nicht zulässig)
– OLG Düsseldorf NJW-RR 1995, 1050
  (latente Selbstmordgefahr – nicht fehlerhaft)
– OLG Köln r+s 1995, 414
  (geschlossene Abteilung starke Selbstmordgefahr – Psychose aus dem schizophre-
  nen Formenkreis – keine ausreichende Sicherung des Raumes – fehlerhaft)
– OLG Stuttgart NJW-RR 1995, 662
  (latente Selbstmordgefahr – offene Station – Ausgang mit Angehörigen – nicht feh-
  lerhaft)
– OLG Karlsruhe VersR 1995, 217 – NA-BGH –
  (nicht indizierte Fixierung – Selbstschädigung des Patienten – fehlerhaft)
– OLG Stuttgart VersR 1994, 731 – NA-BGH –
  (Sicherung abhängig von Befinden und Behandlungsziel – nicht fehlerhaft)
– OLG Frankfurt VersR 1993, 1271
  (Borderline-Syndrom – endogene Depression – offene Station – Selbstmordversuch
  mit Plastikbeutel – keine ständige Überwachung außerhalb der Krise – nicht fehler-
  haft)
– OLG Köln VersR 1993, 1156
  (latente Selbstmordgefahr – geschlossene Abteilung – fraglich fehlerhaft)
– OLG Hamm VersR 1991, 1026 – NA-BGH –
  (Überwachung in Familie – keine Einweisung – nicht fehlerhaft)
– OLG Hamm VersR 1990, 1240 – NA-BGH –
  (paranoid-halluzinatorische Psychose – offene Abteilung – nicht fehlerhaft)
– OLG Stuttgart VersR 1990, 858 – NA-BGH –
  (Facharztstandard in PLK – Diplompsychologe)
– OLG Düsseldorf VersR 1984, 1173
  (Schizophrenie – unauffällig – keine Gitterverwahrung – nicht fehlerhaft)
– OLG Hamm VersR 1986, 171 – NA-BGH –
  (Selbstmordversuch mit Desinfektionsmittel – nicht fehlerhaft)
– OLG Braunschweig VersR 1985, 576 – NA-BGH –
  (Überwachung bei Verfolgungswahn und Fluchtgedanken – offene Station – feh-
  lerhaft)

- OLG Köln VersR 1984, 1078
  (prädeliranter Patient Überwachung – fehlerhaft)
- OLG Düsseldorf VersR 1984, 193 – NA-BGH –
  (Fluchtversuch – offene Station – objektiv nachträgliche Prognose – kein Verschulden)
- OLG Düsseldorf VersR 1983, 739
  (ärztliche Überwachungspflicht bei an Depressionen leidendem, erkennbar selbstmordgefährdetem Patienten in geriatrischer Abteilung – nicht fehlerhaft)
- OLG Hamm VersR 1983, 43 – NA-BGH –
  (Überwachung bei reaktiver Depression)

86   Hygiene/Desinfektion

- BGH, Urt. v. 8. 1. 1991 – VI ZR 102/90 – NJW 1991, 1541 = VersR 1991, 467
  (Keimübertragung durch OP-Team – Nierenoperation – fraglich fehlerhaft)
- BGH, Urt. v. 14. 2. 1989 – VI ZR 65/88 – BGHZ 106, 391, 393 = NJW 1989, 1533
  = VersR 1989, 514
  (Intraartikuläre Injektion (1981) ohne sterile Handschuhe und sterile Abdeckung – fehlerhaft)
- OLG Düsseldorf NJW 1998, 3420 = VersR 1998, 1377
  (Kreißsaal/rooming in – kein Mundschutz für Vater – Herpes labialis – Herpesencephalitis – nicht grob fehlerhaft)
- OLG Saarbrücken VersR 1992, 52 – NA-BGH –
  (Hüftgelenksendoprothese – tiefe Wundinfektion – Ausgleichung baulich-hygienischer Defizite durch besondere organisatorische Vorkehrungen (Infektionsstatistik in der Norm!) – nicht fehlerhaft)
- OLG München VersR 1991, 425
  (Hepatitisinfektion – unzureichend desinfiziertes Darmrohr – fehlerhaft; Spritzeninfektion unzutreffend)
- OLG Hamm VersR 1991, 186 – NA-BGH –
  (Epiduralanästhesie – Desinfektionsspray auf Einstichstelle und Hände – 1982 nicht fehlerhaft)

87   Zahnarzt

- OLG Köln VersR 2000, 1150 (Fremdkörper – Wurzelkanalbehandlung – Prüfung der Instrumente erforderlich)
- OLG Oldenburg NJW-RR 1999, 1328
  (Abschleifen der Vorderzähne – fehlerhaft)
- OLG Koblenz NJW 1999, 3419 = VersR 1999, 759
  (Zahnfüllung – Füllmaterial Amalgam – nicht fehlerhaft)
- OLG Oldenburg NJWE-VHR 1998, 140 = VersR 1998, 1381
  (Zahnarzt-Anfänger – Entfernung eines vertikal verlagerten Weisheitszahns – Lockerung mit Hebel – Kieferbruch – fehlerhaft)
- OLG Düsseldorf VersR 1995, 416 – BGH-NA –
  (Primärteleskopkrone gelangt bei Anpassung in die Mundhöhle – wird eingeatmet – nicht fehlerhaft)
- OLG Köln VersR 1993, 361
  (Zahnersatz – Eingliederung vor Behandlung von Parodontose – fehlerhaft)

88   Organisation

- OLG Frankfurt NJW-RR 1995, 1048 = VersR 1996, 101
  (missed abortion – Ausräumung – Ergebnismitteilung der Histologie muss überwacht werden)

– OLG Hamm MedR 1992, 340
(Organisation des Büroablaufs – Mitteilung von Befunden des Konsiliararztes – zuziehender Belegarzt muss organisieren)
– OLG Frankfurt MedR 1995, 75
(geburtshilfliche Abteilung – mit der Intubation von Neugeborenen vertrauter Arzt erforderlich)
– OLG Stuttgart VersR 1994, 1114
(Anweisung zur Abgrenzung der Tätigkeitsbereiche Hebamme – Facharzt erforderlich – Schulterdystokie)

Pflegedienst   **89**

– OLG Düsseldorf VersR 1993, 1539
(Umbettung – Lagerung nach Narkose – Patellaluxation – fehlerhaft)

Mehrfacherkrankungen stellen den Arzt vor erhebliche Probleme. In ei-   **90**
nem solchen Fall ist der Arzt zu weitergehender Befunderhebung nur dann
verpflichtet, wenn die Beschwerden des Patienten nicht oder nicht vollständig durch die zunächst festgestellte Erkrankung erklärt werden.

– OLG Nürnberg VersR 1993, 104 – NA-BGH –
(Orthopäde – Bandscheibenvorfälle der LWS – Rektumkarzinom nicht überprüft –
nicht fehlerhaft)

unbesetzt   **91–94**

(5) Die therapeutische Sicherungsaufklärung. Zu den konkreten Risi-   **95**
koschutzpflichten in der ärztlichen Behandlung zählt nicht zuletzt auch die
Pflicht zur Erteilung der sog. therapeutischen Aufklärung. Hierunter versteht
man die zur Sicherstellung des Behandlungserfolgs notwendige Erteilung
von Schutz- und Warnhinweisen zur Mitwirkung an der Heilung und zur
Vermeidung möglicher Selbstgefährdung, um
– den Patienten – auch nach Abschluss einer Behandlung – zu einer seinem
Zustand angepassten Lebensweise zu veranlassen,
– für die richtige Einnahme der verordneten Medikamente zu sorgen,
– den Patienten über mögliche Folgen und Nebenwirkungen einer Behandlung zu unterrichten und ihn zu den gebotenen Selbstschutzmaßnahmen
zu veranlassen,
– ihm durch Information über Ernst und Entwicklung seines Leidens die
Dringlichkeit einer gebotenen Behandlung klarzumachen.
Die therapeutische Sicherungsaufklärung verlangt z.B. bei gefährlichen   **96**
Medikamenten Hinweise zur Höchstmenge, zur zeitlichen Höchstanwen-
dungsdauer und zu den Nebenwirkungen, sowie zu den Komplikationen und
einem drohenden Schaden

– BGH, Urt. v. 13. 1. 1970 – VI ZR 121/68 – NJW 1970, 511 = VersR 1970, 324
– OLG Koblenz MedR 2000, 37
– OLG Hamburg VersR 1996, 1537 – NA-BGH –

bei der Strahlenbehandlung etwa Verhaltensmaßregeln zum Schutz der be-
strahlten Haut vor Kombinationsschäden,

– BGH, Urt. v. 16. 11. 1971 – VI ZR 76/70 – NJW 1972, 335 = VersR 1972, 153

nach Sterilisation den Hinweis, dass das Risiko einer möglicherweise fortbe-
stehenden Zeugung bzw. Empfängnis besteht,

– BGH, Urt. v. 25. 1. 2000 – VI ZR 68/99 – n. v.
– BGH, Urt. v. 27. 6. 1995 – VI ZR 32/94 – NJW 1995, 2407 = VersR 1995, 1099
– BGH, Urt. v. 30. 6. 1992 – VI ZR 337/91 – NJW 1992, 2961 = VersR 1992, 1229
– BGH, Urt. v. 10. 3. 1981 – VI ZR 202/79 – NJW 1981, 2002 = VersR 1981, 730
– BGH, Urt. v. 2. 12. 1980 – VI ZR 175/78 – NJW 1981, 630 = VersR 1981, 278
– OLG Hamm NJWE-VHR 1997, 281
– OLG Düsseldorf VersR 1995, 542
– OLG Hamm VersR 1993, 484 – NA-BGH –

die eindeutige Anweisung an den Patienten, als mögliche Thromboseprophylaxe das Bein nicht völlig ruhig zu stellen, sondern zu belasten und den Fuß abzurollen,

– OLG Bremen VersR 1999, 1151

bei – auch freiwilliger – Schutzimpfung (etwa gegen Kinderlähmung) eine Belehrung über die Risiken, die Kontaktpersonen des mit Lebendviren Geimpften erwachsen, und über Vorsichtsmaßnahmen, die zur Vermeidung einer Ansteckung getroffen werden können.

– BGH, Urt. v. 7. 7. 1994 – III ZR 52/93 – BGHZ 126, 386, 388 = NJW 1994, 3012 = VersR 1994, 1228
– a. A. OLG Hamm NJW-RR 2000, 1266 – zusätzlich Kausalität verneint

Nach unvollständiger (Notfall-)Behandlung ist der Patient über die erforderliche Nachbehandlung aufzuklären.

– OLG Köln VersR 2000, 1150

97   Die therapeutische Aufklärung kann sich mit der Selbstbestimmungsaufklärung überschneiden. Das ist insbesondere der Fall, wenn die therapeutische Aufklärung den Hinweis auf eine den Patienten belastende Behandlung beinhaltet. Es ist Sache des Patienten zu entscheiden, auf welche Chancen und Risiken er sich einlassen will.

– BGH, Urt. v. 27. 11. 1990 – VI ZR 30/90 – NJW 1991, 748 = VersR 1991, 308
   (Einbestellung des Patienten zur Untersuchung auf Drehfehler nach Osteosynthese
   – Warnung vor Unterlassung)
– BGH, Urt. v. 25. 4. 1989 – VI ZR 175/88 – BGHZ 107, 222, 225 = NJW 1989, 2318 = VersR 1989, 702
   (Beratung über Behandlungsbedürftigkeit eines Retikulumzellsarkoms)
– OLG Stuttgart VersR 1997, 700
   (Morbus Coats – Beratung über den Ist-Zustand verschlechternde Therapie zur Rettung des Sehvermögens)

98   Die Intensität der therapeutischen Aufklärung richtet sich nach den Umständen des Einzelfalles. Neigt der Patient dazu, eine erhebliche und schwere Gefahr zu verharmlosen, muss der Arzt deutliche Worte finden und hat erforderlichenfalls sogar ein Streitgespräch mit dem Patient zu führen.

Die therapeutische Aufklärung ist – soweit dem nicht Grenzen in der Sache entgegenstehen – nachholbar.

– OLG Hamm NJWE-VHR 1997, 281

Die therapeutische Sicherungsaufklärung ist notwendiger Bestandteil der kunstgerechten ärztlichen Behandlung, jedoch bislang lediglich als Nebenpflicht eingestuft; ihre nicht gehörige Erfüllung stellt deshalb einen – vom Patienten zu beweisenden – Behandlungsfehler dar:

Allgemeinmediziner/Facharzt – ambulant/Erstversorgung **99**

– BGH, Urt. v. 28. 1. 1986 – VI ZR 83/85 – NJW 1986, 2367 = VersR 1986, 601 (Inkompletter Beinarterienverschluss – kein Hinweis auf alsbaldige dringliche Krankenhausbehandlung trotz deutlicher Symptomatik – fehlerhaft, fraglich grob)
– OLG Oldenburg VersR 1998, 720 – NA-BGH – (Epiglottitis – Pseudokrupp – Unterrichtung der Eltern – Hinweis zur richtigen Reaktion bei Lebensgefahr erforderlich)
– OLG Oldenburg NJW-RR 1997, 24 = VersR 1997, 1492 (Patient trägt das Risiko unzureichender Befundschilderung und dadurch bedingt fehlerhafter telefonischer therapeutischer Aufklärung)
– OLG Köln VersR 1992, 1231 – NA-BGH – (Verdachts-EKG auf ernsthafte Herzerkrankung – kein Hinweis auf Konsequenzen für weitere Lebensführung – fehlerhaft (grob))
– OLG Hamburg VersR 1990, 1119 – NA-BGH – (Inkompletter Gefäßverschluss nach Bypassoperation – keine sofortige Einweisung in Gefäßklinik – nicht fehlerhaft)
– OLG München VersR 1988, 1156 (Fingerverletzung – Eiterinfektion – Wiederbestellung ohne Gefahrhinweis – fehlerhaft)
– OLG Celle VersR 1988, 159 (Hodentorsionsverdacht – keine sofortige Krankenhauseinweisung – fehlerhaft)
– OLG Celle VersR 1986, 554 – NA-BGH – (Hodentorsionsverdacht – Einweisung in Krankenhaus – nicht fehlerhaft)
– OLG Karlsruhe VersR 1987, 1247 – NA-BGH – (Spontanpneumothorax – kein Hinweis auf Notwendigkeit klinischer Behandlung – fehlerhaft)
– Kammergericht VersR 1987, 992 – NA-BGH – (Insulinpflichtiger Diabetiker – kein Hinweis auf sofortige Krankenhauseinweisung)
– OLG Celle VersR 1985, 346 (Herzinfarktverdacht – keine dringliche Empfehlung zur Klinikeinweisung – fehlerhaft)
– BGH, Beschl. v. 1. 4. 1980 – VI ZR 238/79 – VersR 1980, 853 zu OLG Braunschweig (Lungen-TBC-Patient – kein Hinweis auf gebotene Weiterbehandlung – fehlerhaft)
– OLG Frankfurt NJW 2000, 875 = VersR 2000, 320
– OLG Frankfurt MedR 2000, 196 – NA-BGH – (Aids-Patient – Hinweis an Lebensgefährtin – Schweigepflichtverletzung gerechtfertigt)

Augen/HNO **100**

– OLG Stuttgart VersR 1996, 979 (Augenoperation – Fadenentfernung – Wundsprengung – kein dringlicher Hinweis, dass Druck, Stoß, Reiben des Augapfels zu vermeiden – fehlerhaft)
– OLG Celle VersR 1987, 591 (Linsentrübung – Ablehnung operativen Eingriffs – kein Hinweis auf Eingriffsmöglichkeit als „Pionierversuch" in anderer Klinik – nicht fehlerhaft)
– OLG München NJW-RR 1995, 85 = VersR 1996, 379 (therapieresistente Heiserkeit – keine Untersuchung durch HNO-Arzt – kein dringlicher Hinweis auf Risiko eines Kehlkopfkarzinoms – fehlerhaft)

101   *Chirurgie I*

- BGH, Urt. v. 27. 11. 1990 – VI ZR 30/90 – NJW 1991, 748 = VersR 1991, 308
  (Unterschenkelfraktur – Marknagel/Drehfehler (erkannt) – Patient, der trotz Anordnung eine weitere Untersuchung abzuwarten, die Ambulanz verlassen hat, ist alsbald neu einzubestellen und auf Dringlichkeit einer Nachoperation klar hinzuweisen – fehlerhaft)
- BGH, Urt. v. 29. 11. 1988 – VI ZR 231/87 – VersR 1989, 189
  (Hallux-valgus-Operation – fragliche Sehnenverletzung – nach Misserfolg kein Hinweis auf Erfolgsaussicht einer Nachoperation – fehlerhaft)
- BGH, Urt. v. 7. 7. 1987 – VI ZR 146/86 – NJW 1987, 2927 = VersR 1988, 82
  (Oberarmfraktur – Entlassung ohne Frakturheilung – kein Arztbrief zur Nachbehandlung – fehlerhaft)
- OLG Hamm VersR 1987, 106 – NA-BGH –
  (Unterschenkelfraktur – Reposition – Fehlstellung – kein Hinweis auf Notwendigkeit sofortiger Operation – fehlerhaft)
- OLG Karlsruhe VersR 1990, 53 – NA-BGH –
  (Schnittverletzung im Ellenbogenbereich – Notfallaufnahme Kreiskrankenhaus – Hinweis auf mögliche Nervverletzung – Verweisung an neurologischen Facharzt ausreichend – nicht fehlerhaft)
- OLG München NJW 1994, 1599
  (Unterschenkelschiene – Krücken – keine Einweisung in Benutzung bei 33-jährigem Mann – nicht fehlerhaft)
- OLG Frankfurt VersR 1999, 1544 –NA-BGH –
  (perkutane Nukleotomie – ambulant – Unterstützung der Wirbelsäule beim Sitzen – Kissenunterlage nur durch Fachkraft – keine Hinweise – fehlerhaft)

102   *Chirurgie II*

- BGH, Urt. v. 25. 6. 1985 – VI ZR 270/83 – NJW 1985, 2749 = VersR 1985, 1068
  (Curettage – Hinweise aus Histologiebefund auf mögliche Schwangerschaft – keine dringliche Wiedereinbestellung – fehlerhaft)
- BGH, Urt. v. 16. 6. 1981 – VI ZR 38/80 – NJW 1981, 2513 = VersR 1981, 954
  (Herzkatheteruntersuchung – Patient verlässt entgegen ärztlichem Rat die Klinik – kein Hinweis auf Infektionsgefahr – fehlerhaft)
- BGH, Urt. v. 27. 6. 1995 – VI ZR 32/94 – NJW 1995, 2407 = VersR 1995, 1099
  (Vasektomie – kein ausreichender Hinweis auf Erforderlichkeit eines Spermiogramms – fehlerhaft)
- OLG Oldenburg VersR 1994, 1348 – NA-BGH –
- OLG Düsseldorf VersR 1992, 317 – NA-BGH –
  (je Vasektomie – Aufklärung über Versagerrisiko)
- OLG Hamm VersR 1993, 484 – NA-BGH –
  (Vasoresektion – kein Hinweis auf Rekanalisation – fehlerhaft)
- OLG Hamm NJWE-VHR 1997, 281
  (Sterilisation bei Notsectio – Hinweis auf Versagerrisiko erforderlich)
- OLG Oldenburg NJW-RR 1995, 345 = VersR 1995, 1353
  (Fremdkörper – Nadelrest – in Weichteil belassen – Hinweis unterlassen – fehlerhaft)
- OLG Oldenburg NJWE-VHR 1998, 41 = VersR 1998, 1110
  (Harnleiterstein – stumme Niere – dringlicher Hinweis auf lebensbedrohlichen Zustand und unverzügliche Entlastungsoperation erforderlich)
- OLG Hamm VersR 1989, 480 – NA-BGH –
  (Harnleiterverletzung – Kontrastmittelparavasat – Wiedereinbestellung bei Schmerzen (ohne Hinweis auf gravierende Folgen) – bei Zahnarzt als Patient nicht fehlerhaft)

– OLG Köln VersR 1987, 1250 – NA-BGH –
(Nekrotisierende Enterocolitis – Patient verlässt Klinik gegen ärztlichen Rat – Hinweis für weiteres Verhalten ausreichend – nicht fehlerhaft)
– OLG München VersR 1987, 165 – NA-BGH –
(Krebsvorsorgeuntersuchung – Hämorrhoiden – nachdrücklicher Hinweis, Hautarzt aufzusuchen – nicht fehlerhaft)

Anästhesie   **103**

– OLG Stuttgart VersR 1995, 1353
(nach Spinalanästhesie Hinweis auf Behandlungsbedarf möglicher Kopfschmerzen wegen Liquorverlustsyndrom erforderlich)

Geburt, vor- und nachgeburtliche Betreuung   **104**

– BGH, Urt. v. 28. 3. 1989 – VI ZR 157/88 – NJW 1989, 2320 = VersR 1989, 700
(Immunglobulingabe bei Rhesusunverträglichkeit Mutter/Kind – kein Hinweis auf Neuschwangerschaftsgefahr aus Antikörperbildung trotz Immunglobulin – fehlerhaft)
– OLG Braunschweig VersR 1998, 459 – NA-BGH –
(EPH-Gestose – Wachstumsverzögerung – kein dringlicher Hinweis auf Notwendigkeit stationärer Behandlung – fehlerhaft)
– OLG München NJW-RR 1993, 1120 = VersR 1994, 105
(Schwangerenvorsorge – genetisch bedingte Missbildung der Extremitäten (Phokomelie) – ohne Anhaltspunkte nicht zu überprüfen – nicht fehlerhaft)
– OLG München VersR 1988, 523 – NA-BGH –
(Schwangerenvorsorge – 39-jährige Frau – Hinweis auf Risiko des Mongolismus und auf Amniozentese erforderlich – fehlerhaft)
– BGH, Urt. v. 25. 1. 2000 – VI ZR 68/99 – n.v.
(Tubenkoagulation – Hinweis auf Versagerrisiko – nicht fehlerhaft)
– OLG Köln NJW 1994, 3016 (L) = VersR 1995, 967
(Tubenkoagulation – Hinweis auf Versagerrisiko – nicht fehlerhaft)
– OLG Koblenz VersR 1994, 371 – NA-BGH –
(Tubenkoagulation – Versagerrisiko aufklärungsbedürftig)
– OLG Düsseldorf VersR 1992, 751
(Tubenkoagulation – kein Hinweis, bei Ausbleiben der Regel, Arzt wegen Tubargravidität aufzusuchen – fehlerhaft)
– OLG Hamburg VersR 1989, 147 – NA-BGH –
(Pomeroyresektion – Hinweis auf Versagerrisiko)
– OLG Saarbrücken VersR 1988, 831 – NA-BGH –
(Sterilisation nach Pomeroy – Aufklärung über Versagerrisiko)
– OLG Schleswig VersR 1987, 419 – NA-BGH –
(Sterilisation – Clip – Aufklärung über Versagerquote)
– OLG Oldenburg NJW 1996, 2432 = VersR 1997, 193
(Schwangerschaftsabbruch – Zwilling – kein Hinweis auf Kontrolluntersuchung – fehlerhaft)
– OLG Düsseldorf NJW 1998, 3420 = VersR 1998, 1377
(rooming in – Hinweis auf Hygiene – Herpes labialis – nicht grob)

Innere Medizin   **105**

– OLG Düsseldorf VersR 1997, 1402 – NA-BGH –
(Patient verlässt Klinik gegen eindringlichen ärztlichen Rat – nicht fehlerhaft)
– OLG Köln VersR 1996, 1278
(Wirkung der Medikation – Hinweis auf Gefahr von Stürzen wegen Kreislaufdysregulation – fehlerhaft)

– OLG Nürnberg VersR 1995, 1057 – NA-BGH –
(Verdacht auf Peritonitis wegen Darmperforation nach Entfernung eines Polypen –
dringender Hinweis auf Ausschluss erforderlich)

106, 107   *unbesetzt*

108   **Beratung als Hauptpflicht**

Die Pflicht zur Erteilung von Hinweisen kann auch wesentlicher Inhalt der Beziehung zwischen Arzt und Patient sein wie etwa im Falle der genetischen Beratung, wenn Eltern vor dem Entschluss zur Zeugung eines Kindes eine befürchtete oder in der Familie bereits aufgetretene Erbkrankheit ausschließen wollen. Unabhängig davon, welche Untersuchungen und Eingriffe zum Erhalt des für eine solche Beratung erforderlichen Materials geboten sind, hat der Vertragspartner die Pflicht, das Befundergebnis ohne Unklarheiten mitzuteilen. Wenn das Ergebnis unklar ist, kann eine verdeckende Mitteilung die vertragliche (positive Vertragsverletzung), in der Regel jedoch keine deliktische Haftung des um Beratung angegangenen Arztes begründen.

Je nach dem Inhalt des „Beratungsvertrages" kann es dabei ausreichen, dass jegliche genetische Schädigung ausgeschlossen werden sollte; dann fällt jede genetische Schädigung unter den Schutzzweck des Vertrages und begründet einen haftungsrechtlich relevanten Zurechnungszusammenhang.

– BGH, Urt. v. 16. 11. 1993 – VI ZR 105/92 – BGHZ 124, 128, 133 = NJW 1994, 788 = VersR 1994, 425
– BGH, Urt. v. 28. 4. 1987 – VI ZR 171/86 – BGHZ 100, 363 ff. = NJW 1987, 1189 = VersR 1987, 990

109   Eine Verletzung der Pflicht zur therapeutischen Aufklärung kann insbesondere bei ansteckender Krankheit zu einer Haftung des Arztes auch gegenüber infizierten nahen Angehörigen führen

– BGH, Urt. v. 7. 7. 1994 – III ZR 52/93 – BGHZ 126, 386, 388 ff. = NJW 1994, 3012 = VersR 1994, 1229
(Kinderlähmung – Schutzimpfung)
– OLG Düsseldorf VersR 1995, 339 – NA-BGH –
(Aids)

110–114   *unbesetzt*

115   **(6) Koordinierungsfehler.** Die Fallgruppe der konkreten Qualitätsmängel umfasst ferner Verstöße gegen die Pflicht zum ärztlich-verantwortlichen Umgang mit dem Risiko in der konkreten Behandlung.

Der Arzt, der wegen eigener begrenzter Fähigkeiten oder Ausstattung keine ordnungsgemäße Behandlung durchführen kann, muß den Patienten alsbald an fachkundige Kollegen oder ein Krankenhaus überweisen.

– OLG Saarbrücken VersR 2000, 1241 – NA-BGH – (Allgemeinarzt-Endokarditis-Diagnostik)

In einer weitgehend – in der vertikalen wie in der horizontalen Ebene – Aufgaben teilenden Medizin wird naturgemäß der Anspruch an gehörige Abstimmung und Koordinierung der ärztlichen Gesamtbehandlung zu einer zentralen Qualitätsanforderung zur Gewährleistung eines ärztlich verantwortlichen Umgangs mit dem Risiko der konkreten Behandlung. Die allgemeinen Pflichten zur betrieblichen Organisation finden daher in besonderen ärztlichen Pflichten zur Koordinierung der jeweils konkreten Behandlungsabläufe Entsprechung und Fortsetzung mit dem Ziel, den fachärztlichen Standard der Gesamtbehandlung ohne Lücken an Information, Abstimmung und Behandlungszuständigkeit unter den Behandlungsbeteiligten sicherzustellen. Daher muss für jede Behandlungsphase ein verantwortlicher Arzt bestellt sein, dem in Information, Abstimmung und Koordinierung der Therapiegesamtmaßnahmen die Behandlungsregie obliegt, auch für die Entlassung des Patienten aus stationärer Behandlung.

(a) Die horizontale Ebene spricht zunächst an die in der Gesamtbehandlung des Patienten im Zeitzusammenhang **parallel laufende Aufgabenteilung der verschiedenen medizinischen Fachgebiete.** Anknüpfung und Grenzen der haftungsrechtlichen Verantwortlichkeit der beteiligten Ärzte bestimmen sich primär nach den spezifischen Vereinbarungen der beteiligten medizinischen Fachgebiete über Zuständigkeit und Verantwortlichkeit in der jeweiligen Behandlungsphase, hilfsweise nach den eingeführten generellen Übungen der medizinischen Wissenschaft, wie sie in zahlreichen Vereinbarungen der Berufsverbände zur Zusammenarbeit (bekanntestes Beispiel: Vereinbarung zur Zusammenarbeit zwischen Chirurg und Anästhesist bei der Operation) zum Ausdruck kommen. Oberstes Gebot und Richtschnur ist das Wohl des Patienten. Diese führen zu dem Grundsatz, dass die beteiligten Ärzte den spezifischen Gefahren der Arbeitsteilung entgegenwirken müssen, deshalb koordiniert einer Unverträglichkeit verschiedener eingesetzter Methoden oder Instrumente vorzubeugen haben und schon präoperativ durch hinreichende gegenseitige Information und Abstimmung vermeidbare Risiken für den Patienten auszuschließen haben. **116**

– BGH, Urt. v. 26. 1. 1999 – VI ZR 376/97 – BGHZ 140, 309 = NJW 1999, 1779 = VersR 1999, 579

In der horizontalen Ebene gilt als Grundprinzip der Vertrauensgrundsatz. Dieser Grundsatz gilt nur, soweit es um Gefahren geht, die ausschließlich dem Aufgabenbereich eines der beteiligten Ärzte zugeordnet sind, nicht aber dann, wenn die von den beteiligten Ärzten angewendeten Maßnahmen für sich genommen jeweils beanstandungsfrei sind und das besondere Risiko sich erst aus der Kombination der beiderseitigen Maßnahmen ergibt. Die Ärzte verschiedener Fachgebiete können wechselseitig davon ausgehen, dass der andere beteiligte Arzt die Behandlungsaufgaben seiner Kompetenz und Zuständigkeit richtig wahrnimmt. Freilich verlangt die Pflicht zum sachgerechten Umgang mit dem Risiko der Gesamtbehandlung, dass die beteiligten Ärzte den aus der Aufgabenteilung zwangsläufig erwachsenden Spezialisierungsrisiken, insbesondere im Blick auf Lücken in Information und gegenseitiger Abstimmung, mit kommunikativer Sorgfalt entgegenwirken. Dies verlangt vom überweisenden Arzt, dass er die Befunde des hinzugezogenen Arztes des Spezialfachs jedenfalls einer summarischen Überprüfung auf Plausibilität unterzieht. Erkannten Fehlern oder tatsächlichen/wertenden Unzulänglichkeiten der Befunde des beigezogenen Arztes muss er nachgehen. Gleiches gilt für sich gleichsam aufdrängende, leicht erkennbare Unzulänglichkeiten. Umgekehrt kann auch dem zu einer speziellen Untersuchung seines Fachgebiets herangezogenen Arzt obliegen, den überweisenden Arzt auf Zweifel an den eigenen Befunden oder auf erkannte oder offenkundige Fehler des überweisenden Arztes in seiner bisherigen Diagnostik und/oder Therapie hinzuweisen.

– BGH, Urt. v. 26. 1. 1999 – VI ZR 376/97 – BGHZ 140, 309 = NJW 1999, 1779 = VersR 1999, 579
(Anästhesist – operativ tätiger Ophthalmologe – Schieloperation – Thermokauter bei Ketanest-Narkose mit reinem Sauerstoff – erhebliche Verbrennungen)
– BGH, Urt. v. 5. 10. 1993 – VI ZR 237/92 – NJW 1994, 797 = VersR 1994, 102
(Augenarzt – Klinik – Tränenweg-Spülung – kindliches Glaukom – Klinik: kein Hinweis auf ausstehende Messung des Augeninnendrucks – fehlerhaft)
– BGH, Urt. v. 14. 7. 1992 – VI ZR 214/91 – NJW 1992, 2962 = VersR 1992, 1263
(Gynäkologe/Kinderärztin (U 2 – Basisuntersuchung) – Kinderärztin: kein besonderer Hinweis auf erkannte Gelbverfärbung fehlerhaft – Gynäkologe: keine Prüfung des Fremdbefunds und keine eigene Befundung fehlerhaft)
– BGH, Urt. v. 8. 11. 1988 – VI ZR 320/87 – NJW 1989, 1536 = VersR 1989, 186
(Gynäkologe/Überweisung zur Behandlung in Krankenhaus (Cerclage/Amniozentese) – verspätete Erstamniozentese/keine Zweitamniozentese – Kinderarzt/Gynäkologe fehlerhaft/leicht erkennbare Zweifel an Richtigkeit der Krankenhausbehandlung nicht berücksichtigt)
– KG VersR 1995, 300 – NA-BGH –
(Blutkonserve – Hepatitis C – Vertrauen auf Kontrolle durch Blutbank – nicht fehlerhaft)

117   Fehlt es an einer klaren Abgrenzung der Verantwortungsbereiche, haften die kooperierenden Ärzte dem Patienten als Gesamtschuldner.

– OLG Stuttgart VersR 1995, 1353
– OLG Stuttgart VersR 1994, 1114

118   Im Blick auf die spezifischen Gefahren der Spezialisierung, insbesondere der Koordinierungslücken, tendiert die Rechtsprechung richtigerweise zu einer Fehler-/Verschuldensvermutung zu Lasten der beteiligten Ärzte, wenn die konkrete Schadensursache im Kommunikationsbereich entstanden ist. Bei festgestellten Koordinierungsfehlern liegt zudem die Annahme einer Ursächlichkeitsvermutung zu Lasten des Arztes nahe.

– BGH, Urt. v. 24. 1. 1984 – VI ZR 203/82 – NJW 1984, 1403 = VersR 1984, 386
(Lagerungsschaden in Operation)
– anders: BGH, Urt. v. 20. 6. 1989 – VI ZR 320/88 – NJW 1989, 2943 = VersR 1989, 1051
(Gynäkologe/Blutentnahme – Laborarzt/Rhesusfaktorbestimmung – Blutprobe (fraglich wo) verwechselt)

119   (b) Für die Fälle der **in Zeitstufen aufeinander folgenden Behandlungen** verschiedener Ärzte (vor-/nachbehandelnder Arzt) gilt der Grundsatz der je eigenen diagnostischen und therapeutischen Verantwortlichkeit. Aus diesen Grundsätzen folgt: Auch hier freilich verlangt die Pflicht zum sachgerechten Umgang mit dem Behandlungsrisiko von den in Zeitstufen behandelnden Ärzten die Vermeidung von Informationsdefiziten und Informationslücken. Demgemäß ist der Spezialist, an den der Patient vom behandelnden Arzt überwiesen wird, nicht zur umfassenden Beratung und Behandlung des Patienten verpflichtet, wenn der überweisende Arzt weiterhin die Behandlung führt. Der zugezogene Arzt übernimmt zwar eigenständige Pflichten und bestimmt in eigener Verantwortung die Art und Weise **seiner** Leistungserbringung ebenso wie das „Ob" **seiner** Leistung. Er hat zu prüfen, ob die von ihm erbetene Leistung den Regeln der ärztlichen Kunst entspricht und nicht kontraindiziert ist. Grundsätzlich ist er aber an den ihm erteilten Auftrag gebunden und darf eigenmächtig (ohne Einwilligung des primär behandelnden Arztes) keine weitergehenden Untersuchungs- und Behandlungsmaßnahmen durchführen, die in die Behandlung des überweisenden Arztes eingreifen würden.

– BGH, Urt. v. 5. 10. 1993 – VI ZR 237/92 – NJW 1994, 797 = VersR 1994, 102

(aa) Pflichtenkreis des überweisenden Arztes. *(a1) Überweisung zur* **120** *Weiterbehandlung:* Überweist der Arzt den Patienten zur Weiterbehandlung an einen anderen (Fach-)Arzt, ist seine Aufgabe mit der Übernahme des Patienten durch den hinzugezogenen Arzt beendet. Der vorbehandelnde (überweisende) Arzt ist bei Übergabe der Behandlung an den weiterbehandelnden Arzt – neben seiner Pflicht zur therapeutischen Aufklärung des Patienten – jedoch gehalten, in nicht einfach liegenden, eine besondere Überwachung erfordernden Fällen dem nachbehandelnden Arzt neben dem Entlassungsbefund die sich daraus für die Nachbehandlung ergebenden besonderen therapeutischen Konsequenzen, etwa durch einen Arztbrief, mitzuteilen.

– BGH, Urt. v. 7. 7. 1987 – VI ZR 146/86 – NJW 1987, 2927 = VersR 1988, 82
– BGH, Urt. v. 16. 6. 1981 – VI ZR 38/80 – NJW 1981, 2513 = VersR 1981, 954
– OLG Köln NJW-RR 1994, 861
– OLG Oldenburg VersR 1993, 1357
– OLG Hamm VersR 1984, 91

(a2) Konsil: Zieht der behandelnde Arzt dagegen den weiteren Arzt kon- **121** siliarisch zu, verbleibt die Pflicht zur Behandlung des Patienten und damit auch zur Koordination der ärztlichen Zusammenarbeit beim überweisenden Arzt. Er muss den Konsiliararzt rechtzeitig einschalten

– OLG Hamm VersR 1996, 756 – NA-BGH –
(Kinderarzt/Augenarzt – Erblindung wegen Netzhautablösung bei Frühgeborenem)

und ausreichend unterrichten, insbesondere auch ihm bekannte fremdanamnestische Befunde übermitteln, damit dieser sie in seine Beurteilung einbeziehen kann.

– OLG Celle VersR 1997, 365 – NA-BGH –
(Internist/Psychiater – Selbstmordversuch)

Für die bereits erfolgte Behandlung bleibt der überweisende Arzt auch dann verantwortlich, wenn er einen Konsiliararzt zuzieht.

– OLG Köln VersR 1990, 1242 – NA-BGH –
(Operateur für unterlassene Antibiotikagabe nach Tonsillektomie/Zuziehung eines Internisten)

122   Dem überweisenden Arzt, der die Behandlung auch in der Folge führt,
kommt jedoch für die weitere Behandlung zugute, dass er auf die Richtigkeit der von dem hinzugezogenen Arzt erhobenen Befunde vertrauen darf.
In der Regel wird der hinzugezogene Arzt (häufig ein Laborarzt) weder als
Verrichtungsgehilfe (§ 831 I BGB) noch als Erfüllungsgehilfe (§ 278 BGB)
des überweisenden Arztes tätig, schon weil ihm in der Regel dessen Gebietszulassung fehlen wird.

– BGH, Urt. v. 29. 6. 1999 – VI ZR 24/98 – BGHZ 142, 126 = NJW 1999, 2731 =
  VersR 1999, 1241
  (zytologisches histologisches Labor – Gynäkologe – Pathologe)

Als Faustregel kann formuliert werden: wer liquidiert, der haftet. Nur in
den seltenen Fällen, in denen der überweisende (Vertrags-) Arzt die Tätigkeit, für die er den weiteren Arzt zuzieht, selbst ausführen dürfte und könnte
(z. B. die Fälle des „kleinen Labors" bei einem Facharzt für Innere Medizin,
vgl. BMV-Ä § 25 II i. V. m. Abschnitt O I oder O II BEMA) und als Vertragsarzt selbst gegenüber der GKV abrechnet, kommt eine Haftung für den
zugezogenen Facharzt als Erfüllungsgehilfe (§ 278 BGB) in Frage. In diesen
Fällen war der Arzt als Vertragsarzt gehalten, den Konsoliararzt im eigenen
Namen zuzuziehen und dessen Leistung selbst gegenüber der Kassenärztlichen Vereinigung abzurechnen.

– BSG, Urt. v. 20. 3. 1996 – 6 RKa 21/95 – BSGE 78, 91 = SozR 3-5540 § 25 Nr. 2
– OLG Köln VersR 2000, 1279 (Schadensersatz wegen unwirksamer Regelung)

Der Vertrag kommt jedenfalls bei Kassenpatienten in solchen Fällen nicht
zwischen dem Patienten und dem zugezogenen Arzt, sondern zwischen dem
zuziehenden und dem zugezogenen Arzt zustande.

In der großen Mehrzahl der Fälle ist dem überweisenden Arzt schon wegen seiner Fachgebietsbeschränkung eine eigene Erbringung der Leistung –
man denke nur an die humangenetischen Leistungen bei genetischer Beratung – nicht möglich; der zugezogene Arzt rechnet die von ihm erbrachte
Leistung gegenüber dem Patienten oder der KÄV selbst ab, erbringt eine eigene höchstpersönliche Leistung (§ 613 BGB) und ist nicht in Erfüllung einer Vertragspflicht des überweisenden Arztes tätig. Anderes (§ 278
BGB)gilt dagegen, wenn der Konsiliararzt für ein umfassend zuständiges
Krankenhaus tätig wird (s. o. Randnr. A 28) und dann folgerichtig von diesem honoriert wird.

– OLG Karlsruhe VersR 2000, 718 – NA-BGH –

Eine Haftung des weiterbehandelnden (Haus-) Arztes für fehlerhafte Befunde des zugezogenen Arztes kommt deshalb nur dann in Betracht, wenn er
erkennen muss oder erkannt hat, dass gewichtige Bedenken gegen das diagnostische oder therapeutische Vorgehen des hinzugezogenen Konsiliararztes bestehen, diese nicht berücksichtigt und mit dem Patienten auch nicht
erörtert. Insoweit liegt jedoch ein eigenes Fehlverhalten des weiterbehandelnden Arztes und keine Zurechnung fremden Fehlverhaltens vor.

– BGH, Urt. v. 8. 11. 1988 – VI ZR 320/87 – NJW 1989, 1536 = VersR 1989, 186
  (verspäteter Termin zur Amniozentese)

– OLG Hamm MedR 1999, 35
(Pathologe bestätigt fehlerhaft ductales Mammacarzinom — Mastektomie – Gynäkologe durfte sich auf Histologie trotz Gerüchten verlassen)
– OLG Hamm VersR 1998, 323 – NA-BGH –
(Bluthochdruck – Hausarzt/Internist-Radiologe – Pyelonephritis – Nierenarterienstenose – Hausarzt darf sich auf Krankenhaus der Maximalversorgung in der Regel verlassen)
– OLG Düsseldorf VersR 1997, 1235 – NA-BGH –
(RPM/RLF-Kontrolle eines Frühgeborenen durch hinzugezogenen Augenarzt – Augenarzt-Kontrolle)
– OLG Düsseldorf NJW-RR 1996, 669
(Arzt für Allgemeinmedizin – Rückenschmerzen – Neurologe – Radiologe – Orthopäde)
– OLG Köln VersR 1993, 1157
(Unfallchirurg – Arthroskopie in chirurgischer Abteilung eines Krankenhauses – Abwarten des Arztbriefs)

Der überweisende Arzt darf aber mit den eigenen Befunden nicht zu vereinbarende Befunde des Konsiliararztes nicht kritiklos übernehmen, sondern muss – wo nötig – an eine Verwechslung denken und sogar eine Identitätsprüfung veranlassen, wenn anders es zu unbehebbaren Schäden kommen kann.

– OLG Düsseldorf VersR 1997, 1358 – NA-BGH –
(Gastroenterologe – Histologie unvereinbar mit Sichtbefund – Magenresektion)

(bb) Pflichten des hinzugezogenen Arztes. Der hinzugezogene Arzt ist **123** gehalten, den behandelnden Arzt in einem Arztbrief über das Ergebnis des Überweisungsauftrags zu unterrichten. Insoweit ist eine Schutzpflicht gegenüber dem Patienten ebenso wie eine Berufspflicht des Arztes gesichert (vgl. § 73 Abs. 1 b S. 2 SGB V),

– BGH, Urt. v. 5. 10. 1993 – VI ZR 237/92 – NJW 1994, 797 = VersR 1994, 102
– BGH, Urt. v. 14. 7. 1992 – VI ZR 214/91 – NJW 1992, 2962 = VersR 1992, 1263
– OLG Köln NJW-RR 1994, 861
– OLG Oldenburg NJW 1993, 2997 = VersR 1993, 1357

deren Erfüllung die Schweigepflicht nicht verletzt.

– OLG München NJW 1993, 797 = VersR 1993, 1537

Damit erschöpfen sich die Pflichten des hinzugezogenen Arztes nicht, doch sind sie – je nach Art der Zusammenarbeit (zu den verschiedenen Möglichkeiten einer auf Überweisung erfolgenden Zusammenarbeit vgl. § 24 Abs. 3 BMV-Ä) – unterschiedlich ausgestaltet.

(b1) Der **Konsiliararzt** muss nicht notwendig in vertraglichen Beziehun- **124** gen zum Patienten stehen. Er wird häufig (insbesondere in Krankenhäusern) ohne Befragung des Patienten vom behandelnden Arzt hinzugezogen. Stellt der hinzugezogene niedergelassene Arzt sein Honorar dem ihn einschaltenden Belegarzt oder Krankenhaus in Rechnung, sollen keine unmittelbaren Vertragsbeziehungen zum Patienten zustande kommen.

– OLG Oldenburg NJW 1996, 1601 = VersR 1996, 1111

Der Konsiliararzt liquidiert in der Regel jedoch aus einem eigenen Vertrag mit dem Patienten oder der Krankenversicherung, wenn nur er die Gebietszulassung für die erbrachten Leistungen besitzt. Er ist dann nicht Erfüllungsgehilfe (§ 278 BGB) des behandelnden Arztes, dem insoweit rechtlich keine Pflicht zu eigener Untersuchung obliegt (vgl. BMV-Ä 1995, § 15 Abs. 1).

– BGH, Urt. v. 29. 6. 1999 – VI ZR 24/98 – BGHZ 142, 126 = NJW 1999, 2731 = VersR 1999, 1241
(Pathologe für Histologie eines gynäkologischen Abradats)

Wird der zugezogene Arzt lediglich konsiliarisch (beratend) tätig, obliegt nicht ihm die Verantwortung für die Behandlung des Patienten und er haftet grundsätzlich nur für sein eigenes Handeln. Der Konsiliararzt darf darauf vertrauen, von dem überweisenden Arzt vollständig unterrichtet zu werden. Zur eigenen Erhebung fremdanamnestischer Befunde ist er deshalb nicht ohne weiteres verpflichtet.

– OLG Celle VersR 1997, 365 – NA-BGH –
(Selbstmordversuch – Konsiliararzt Psychiater)

125   Die Behandlungsverantwortung mit der Pflicht zu vollständiger therapeutischer Aufklärung verbleibt bei dem die Behandlung führenden (überweisenden) Arzt.

Anderes gilt, wenn der konsiliarisch tätige Arzt erkennt oder erkennen muss, dass der überweisende Arzt drohende Gefahren verkannt und sie in seine Überweisung deshalb nicht einbezogen hat. Dann muss auch ein lediglich konsiliarisch hinzugezogener Arzt auf die Notwendigkeit weiterer diagnostischer Maßnahmen hinweisen.

– BGH, Urt. v. 5. 10. 1993 – VI ZR 237/92 – NJW 1994, 797 = VersR 1994, 102

126   Auch bei Dringlichkeit wird er den Patienten unmittelbar beraten müssen (therapeutische Aufklärung), wenn das seine Pflicht, den Patienten vor den aus der Behandlung folgenden Gefahren zu schützen, erfordert.

127   Der hinzugezogene Arzt ist regelmäßig an den Auftrag gebunden, wenn er konsiliarisch tätig wird. Die Bindung des Konsiliararztes an den Überweisungsauftrag bedeutet indessen nicht, dass seine Tätigkeit lediglich auf die technische Ausführung des Auftrags begrenzt, die Funktion des hinzugezogenen Arztes also lediglich in der eines Werkzeugs ohne eigene Verantwortung zu sehen wäre. Er übernimmt vielmehr im Rahmen des Überweisungsauftrags auch eigenständige Pflichten. So bestimmt er in eigener Verantwortung nicht nur die Art und Weise der Leistungserbringung (z. B. Festlegung der Strahlendosis durch den Radiologen). Er muss auch prüfen, ob die von ihm erbetene Leistung den Regeln der ärztlichen Kunst entspricht und nicht etwa kontraindiziert ist. Ebenso muss er prüfen, ob seine Leistung ärztlich sinnvoll ist, ob also der Auftrag von dem überweisenden Arzt richtig gestellt ist und dem Krankheitsbild entspricht. Empfiehlt er eine Operation, haftet er aber nicht schon deshalb auch für fehlende Aufklärung.

– OLG Oldenburg NJW 1996, 1601 = VersR 1996, 1111

128   Im allgemeinen gilt freilich – wie stets für die Zusammenarbeit von Ärzten – der Vertrauensgrundsatz. Der hinzugezogene Arzt kann sich deshalb im Regelfall darauf verlassen, dass der überweisende Arzt, jedenfalls wenn er derselben Fachrichtung angehört, den Patienten in seinem Verantwortungsbereich sorgfältig und ordnungsgemäß untersucht und behandelt hat und dass die Indikation zu der erbetenen Leistung zutreffend gestellt ist.

- OLG Oldenburg NJWE-VHR 1999, 188 = VersR 99, 452
  (Arbeitsteilung – Vertrauen auf Ausheilung einer der Gewebeentnahme entgegenstehenden Salmonellose)
- OLG Stuttgart VersR 91, 1060
  (Phlebographie – Vertrauen des Radiologen auf Indikationsstellung durch Internisten)
- OLG Stuttgart AHRS 0920/32 – NA-BGH – insoweit nicht in VersR 1992, 55)
  (Kinderklinik – Neugeborenenbetreuung – niedergelassene Augenärztin – RLF)
- OLG Oldenburg VersR 1989, 1300
  (gynäkologische Klinik – niedergelassener Kinderarzt – Neugeborenenbetreuung)
- OLG Stuttgart VersR 88, 832 – NA-BGH –
  (chirurgische Klinik – Radiologe – Aortenaneurysma – Angiographie)
- OLG Düsseldorf VersR 1989, 191
  (Fehldiagnose – Sigmoideotomie – Haftung des für eine Kontrastmitteldarstellung zugezogenen Röntgenologen, nicht des Operateurs)
- OLG Düsseldorf NJW 1984, 2636 = VersR 84, 643 – NA-BGH –
  (Angiographie – Indikationsstellung durch Neurologen – Vertrauen des zugezogenen Radiologen)

Oberstes Ziel bleibt stets, den Patienten vor den ihm aus seiner Krankheit **129** drohenden Gefahren – soweit möglich – zu schützen. Hat der hinzugezogene Arzt auf Grund bestimmter Anhaltspunkte Zweifel an der Richtigkeit der ihm übermittelten Diagnose, muss er diesen Zweifeln nachgehen und darf sie nicht auf sich beruhen lassen. Das gilt insbesondere dann, wenn sich der überweisende Arzt an einen Spezialisten oder an eine Klinik wegen einer Leistung wendet, die er selbst nicht erbringen kann.

- BGH, Urt. v. 14. 7. 1992 – VI ZR 214/91 – NJW 1992, 2962 = VersR 1992,
  1263
  (Gynäkologe/Kinderärztin (U 2-Basisuntersuchung) – Hyperbilirubinämie verkannt
  – Gynäkologe/Klinikärzte fehlerhaft)
- OLG Naumburg NJWE-VHR 1998, 184 = VersR 1998, 983
  (fortschreitende Lähmungen – keine Computertomographie – Tumor – fehlerhaft)
- OLG Oldenburg NJWE-VHR 1999, 188 = VersR 99, 452
  (bei Arbeitsteilung Vertrauen auf Ausheilung einer der Gewebeentnahme entgegenstehenden Salmonellose)

Der hinzugezogene Arzt darf aber eigenmächtig keine über den Auftrag **130** hinausgehenden Untersuchungs- oder Behandlungsmaßnahmen durchführen. Damit würde er in die Behandlung des überweisenden Arztes eingreifen, der von dem Patienten gewählt worden ist und der mit dem Überweisungsauftrag nur bestimmte ärztliche Leistungen einem anderen Arzt übertragen hat. Hält er weitere Leistungen für erforderlich, ist der hinzugezogene Arzt verpflichtet, die Einwilligung des primär behandelnden Arztes einzuholen.

Er kann sich andererseits nicht darauf berufen, dass er für zusätzliche, je **131** doch von dem Auftrag nicht gedeckte Leistungen für einen Kassenpatienten keine Gebühren erhält, und aus diesem Grund von der angezeigten Maßnahme absehen. Die ärztlichen Pflichten hängen nicht von den jeweiligen

Gebührenregelungen ab, sondern ergeben sich aus dem ärztlichen Selbstverständnis und den Schutzinteressen des Patienten in dem oben beschriebenen Sinn.

– BGH, Urt. v. 5. 10. 1993 – VI ZR 237/92 – NJW 1994, 797 = VersR 1994, 102
(niedergelassener Augenarzt – Klinik – kindliches Glaukom)

Will der hinzugezogene (Konsiliar-)Arzt die Behandlung (derzeit oder überhaupt) nicht übernehmen, muss er die zum Schutz des Patienten unaufschiebbaren erforderlichen Maßnahmen ergreifen. So muss ausnahmsweise er dem Patienten eine erforderliche therapeutische Aufklärung erteilen (s. o. Rdnr. B 126).

Nach Ende der Beratung oder Behandlung und „Rücküberweisung" an den behandelnden Hausarzt kann und muss sich der hinzugezogene Arzt im Regelfall darauf verlassen, dass der Hausarzt seinen (üblicherweise in einem Arztbrief ausgesprochenen) Empfehlungen folgt und die erforderlichen Maßnahmen veranlasst, zumal wenn dieser und nicht der hinzugezogene Arzt fachkundig ist. Einer Rückfrage bedarf es dann in der Regel nicht; das Unterlassen einer Rückfrage ist im Allgemeinen kein grober Fehler.

– OLG Celle VersR 1998, 1419 – NA-BGH –
(Urologe – Nierenkonsil – pathologischer Kreatininwert nicht erkannt)

132   (b2) Wird der hinzugezogene Arzt um **Übernahme der Behandlung** des Patienten gebeten, kommt mit der Übernahme der Behandlung ein Behandlungsvertrag zwischen dem Patienten und dem „nachbehandelnden" Arzt zustande. Im allgemeinen endet damit die Behandlungsverantwortung des „überweisenden" Arztes für die Folgebehandlung, doch kann er für Fehler des nachbehandelnden Arztes dann haften, wenn die Nachbehandlung durch einen Fehler des erstbehandelnden Arztes veranlasst worden ist.

133   Dem „nachbehandelnden" hinzugezogenen Arzt obliegen die Pflichten des behandelnden Arztes. Er hat die Diagnose selbständig zu stellen und zu überprüfen und die Therapie eigenverantwortlich zu wählen. Eine Übernahme der von dem vorbehandelnden Arzt erhobenen Befunde kann sich zwar im Einzelfall anbieten, wenn diese zuverlässig übermittelt werden (bildgebende Verfahren; histologische Befunde) oder die Diagnostik den Patienten belasten würde. Im Regelfall wird eine nicht belastende Diagnostik (etwa Labor) zumeist wiederholt werden, weil die aktuellen Befunde zu erheben und vom nachbehandelnden Arzt selbständig auszuwerten sind.

134   Der nachbehandelnde Arzt darf den diagnostischen und therapeutischen Wertungen und Empfehlungen des vorbehandelnden Arztes, auch wenn dieser ein Spezialist ist, nicht ohne eigene Prüfung folgen. Auch gegenüber dem Spezialarzt gilt das Prinzip der Plausibilitätsprüfung dahin, dass der nachbehandelnde Arzt leicht erkennbaren Zweifeln und Bedenken gegen die Richtigkeit des dortigen Vorgehens nachgehen muss.

– BGH, Urt. v. 7. 7. 1987 – VI ZR 146/86 – NJW 1987, 2927 = VersR 1988, 82
(Oberarmbruch/Bündelnagelung – ambulante Röntgenkontrollen erforderlich – kein Arztbrief)
– BGH, Urt. v. 16. 6. 1981 – VI ZR 38/80 – NJW 1981, 2513 = VersR 1981, 954
(Herzkatheteruntersuchung – verfrühte Entlassung – kein Hinweis auf Infektionsgefahr an Hausarzt)

– OLG Köln NJW-RR 1994, 861
(Bandscheibenoperation – Nachbehandlung in Kurklinik)
– OLG Schleswig VersR 1992, 1097 – NA-BGH –
(Verdacht auf Appendizitis – Überweisung)
– OLG Koblenz VersR 1992, 752 – NA-BGH –
(Antiepileptikumsverordnung – Medikamentenempfehlung der Fachklinik – Nebenwirkungen und Verschlechterungssymptome)
– OLG Hamm VersR 1989, 706, 707 – NA-BGH –
(Dupuytren'sche Kontraktur – postoperative Nachsorge erforderlich – kein Arztbrief)
– OLG Hamm VersR 1984, 91
(Hiatoplastik – Erfolg zweifelhaft – kein Arztbrief)
– BGH, Urt. v. 28. 1. 1986 VI ZR 83/85 – NJW 1986, 2367 = VersR 1986, 601
(Inkompletter Verschluss der Unterschenkelarterie – Ablehnung eines Hausbesuchs durch erstbehandelnden Arzt – nachbehandelnder Arzt weist ein, aber verspätet – erstbehandelnder Arzt: fehlerhaft)
– OLG Düsseldorf VersR 1991, 1412
(Anfängeroperation – Operation unter Aufsicht – Vertrauen auf Indikationsstellung durch übergeordnete Ärzte)
– OLG Hamburg VersR 1989, 1298 – NA-BGH –
(Abbruch der Behandlung vor Diagnose (Osteosarkom) – Mitteilung an weiterbehandelnden Arzt – Vertrauen auf gehörige Weiterbehandlung)
– OLG Düsseldorf VersR 1987, 487 – NA-BGH –
(Handoperation in Plexusanästhesie – postoperative Nachschau – Chirurg statt Anästhesist)
– OLG Hamm VersR 1983, 884 – NA-BGH –
(Anästhesist – Vertrauen auf Befundung der Aufnahmen durch Röntgenologen)

c) **Einzelfälle.** Insgesamt stellt die Rechtsprechung an die Pflicht zum **135** ärztlich verantwortlichen Umgang mit dem Risiko der konkreten Gesamtbehandlung durch sachgerechte Koordinierung nicht unerhebliche Anforderungen

– Mangelnde Koordinierung im Zusammenwirken der Ärzte der **horizon-** **136** **talen Ebene.** Bei (zeitgleicher) Kooperation mehrerer Ärzte ist sicherzustellen, dass der Patient nicht durch unklare Kompetenzverteilung beeinträchtigt wird.

– BGH, Urt. v. 26. 1. 1999 – VI ZR 376/97 – BGHZ 140, 309 = NJW 1999, 1779 = VersR 1999, 579
(Anästhesist – operativ tätiger Ophthalmologe – Schieloperation – Thermokauter bei Ketanest-Narkose mit reinem Sauerstoff – erhebliche Verbrennungen)
– BGH, Urt. v. 9. 1. 1996 – VI ZR 70/95 – NJW 1996, 1597 = VersR 1996, 647
(Klinik hat erst einen Tag später ein Bett frei – überweisender Arzt muss Einweisung in andere Klinik veranlassen)
– BGH, Urt. v. 5. 10. 1993 – VI ZR 237/92 – NJW 1994, 797 = VersR 1994, 102
(Augenarzt – Tränenwegspülung – kindliches Glaukom – Hinweis auf Messung des Augeninnendrucks, versäumt – fehlerhaft)
– BGH, Urt. v. 14. 7. 1992 – VI ZR 214/91 – NJW 1992, 2962 = VersR 1992, 1263
(Gynäkologe/Belegarzt – frei praktizierende Kinderärztin (U 2-Basisuntersuchung) – Hyperbilirubinämie verkannt – Gynäkologe/Klinikärzte fehlerhaft)
– BGH, Urt. v. 26. 2. 1991 – VI ZR 344/89 – NJW 1991, 1539 = VersR 1991, 694
(Morbus Addison – HNO-Operation – keine Substitution fehlender NNR-Hormone durch Cortisol – verantwortlich: Anästhesist für prae-, intra- und postope-

rative Substitution, fehlerhaft – Chirurg: nicht prae- und intraoperativ, postoperativ fraglich – fehlerhaft)
– BGH, Urt. v. 3. 10. 1989 – VI ZR 319/88 – NJW 1990, 759 = VersR 1989, 1296, 1297
  (Magenoperation – postoperativ Anästhesist verantwortlich bis Narkosewirkungen abgeklungen/keine Übergabe an Station – fehlerhaft – Operateur nicht fehlerhaft)
– BGH, Urt. v. 20. 6. 1989 – VI ZR 320/88 – NJW 1989, 2943 = VersR 1989, 1051
  (Gynäkologe/Blutentnahme – Laborarzt/Rhesusfaktorbestimmung – Blutprobe verwechselt – fraglich wo – nicht fehlerhaft)
– BGH, Urt. v. 8. 11. 1988 – VI ZR 320/87 – NJW 1989, 1536 = VersR 1989, 186
  (Gynäkologe – Klinikärzte – verspätete Amniozentesen – Gynäkologe/Klinikärzte fehlerhaft)
– BGH, Urt. v. 19. 5. 1987 – VI ZR 167/86 – NJW 1987, 2293 = VersR 1987, 1092
  (Schnittentbindung/operative Wundrevision – Sepsis – Chirurg verantwortlich für postoperative Nachsorge auf Station – fehlerhaft – Anästhesist nicht fehlerhaft)
– BGH, Urt. v. 10. 1. 1984 – VI ZR 158/82 – BGHZ 89, 263, 267 = NJW 1984, 1400 = VersR 1984, 355
  (Entkoppelung eines Subclaviavenen-Zentralkatheters – Anästhesist verantwortlich bis postnarkotische Phase beendet, nicht fehlerhaft – Chirurg/Stationsärzte: verantwortlich für die postoperative Phase nach Übergabe auf Station – fehlerhaft)
– OLG Köln NJWE-VHR 1998, 113
  (Zahnarzt – Anästhesist: Aufklärung über Narkoserisiken, Narkoseführung, Aufrechterhaltung und Wiederherstellung der Vitalparameter)
– OLG Oldenburg VersR 1995, 218
  (Kompartmentsyndrom – Verweigerung der Operationsmitwirkung durch Anästhesist – Chirurg muss notfalls den leitenden Arzt einschalten)
– OLG Düsseldorf NJW 1993, 2995 = VersR 1993, 885
  (Chirurg – Anästhesist – Narkosefähigkeit)
– OLG München VersR 1994, 684 – NA-BGH –
  (Anästhesist – Chirurg – postoperative Nachsorge auf Intensivstation)
– OLG Köln VersR 1990, 1242 – NA-BGH –
  (Tonsillektomie – praeoperativ fragliche Infektion – Anästhesist verantwortlich für Narkosefähigkeit – nicht fehlerhaft – Chirurg für Operationsfähigkeit und allgemeine Wundinfektionsprophylaxe – fehlerhaft/in postoperativer Phase Zuziehung eines internistischen Konsiliararztes wegen Gelenkschmerzen – keine Entlastung des Chirurgen für eigene Behandlungsverantwortung und -fehler)
– OLG Düsseldorf VersR 1987, 487 – NA-BGH –
  (Handoperation – axilläre Plexusblockade – Chirurg/Stationsärzte für postoperative Überwachung auf Station – fehlerhaft – Anästhesist nicht fehlerhaft)
– BGH, Urt. v. 24. 1. 1984 – VI ZR 203/82 – NJW 1984, 1403 = VersR 1984, 386
  (Operation in Häschenstellung – Lagerungsschaden – Anästhesist verantwortlich für Lagerung und intraoperative Kontrolle – Chirurg verantwortlich für Überprüfung der Lagerung zu Beginn des Eingriffs)
– OLG Düsseldorf VersR 1992, 1230 – NA-BGH –
  (Bandscheibeneingriff – Lagerung in Häschenstellung – intraoperativ Prolaps in Wirbelsäule – kein Lagerungsschaden)
– OLG Köln VersR 1991, 695 – NA-BGH –
  (Hernienoperation – Lagerungsschaden – Anästhesist/Chirurg nicht fehlerhaft)
– OLG Stuttgart VersR 1991, 1060
  (Überweisung durch Facharzt an Radiologen mit beschränktem Untersuchungsauftrag – Radiologe darf auf Indikationsstellung vertrauen – nicht fehlerhaft)

– OLG Celle VersR 1991, 1012 – NA-BGH –
(Überweisung durch Frauenarzt an Frauenklinik mit beschränktem Auftrag
(Lues-Infektion) – in Klinik keine Anamnese auf Rötelnkontakt – nicht fehler-
haft)
– OLG Düsseldorf VersR 1989, 191
(Überweisung durch Chirurgen an Radiologen zur Kontrastmitteluntersuchung
des Darms – Fehlauswertung des Befunds durch Radiologen – Chirurg darf bei
Indikation zur Sigmoidektomie auf Befundauswertung des Radiologen vertrauen
– Radiologe: im Blick auf Eingriff fehlerhaft)
– OLG Stuttgart VersR 1992, 1134
(Meldung für Spenderniere an Transplantationszentrum durch Urologen – Auf-
trag des Urologen an Radiologen – Weiterleitung des Befundes an Transplan-
tationszentrum von Urologen verabsäumt – fehlerhaft)
– OLG Düsseldorf NJW 1984, 2636 = VersR 1984, 643 – NA-BGH –
(Überweisung an Radiologen – Vertebralisangiographie – Indikation fälschlich
bejaht – Radiologe darf auf Prüfung der Indikation vertrauen – nicht fehlerhaft)

vertikale Zusammenarbeit **137**
– Mangelnde Kontrolle und Koordinierung der Zusammenarbeit mit dem
nachgeordneten ärztlichen und nichtärztlichen Dienst

– BGH, Urt. v. 29. 9. 1998 – VI ZR 268/97 – NJW 1999, 863 = VersR 1999, 190
(Lipomentfernung – Nervverletzung – Naht – Anweisung und Kontrolle des
Pflegedienstes zur Ruhigstellung unterlassen – fehlerhaft)
– BGH, Urt. v. 26. 2. 1991 – VI ZR 344/89 – NJW 1991, 1539 = VersR 1991, 694
(Morbus Addison – HNO-Operation – Cortisolsubstitution – keine Abstimmung
der Medikamentenverantwortung Anästhesist an Stationsarzt/Pflegedienst – feh-
lerhaft)
– BGH, Urt. v. 3. 10. 1989 – VI ZR 319/88 – NJW 1990, 759 = VersR 1989, 1296
(Anästhesist in postoperativer Phase – keine Abstimmung der Übernahme auf
Station mit Stationsarzt/Pflegedienst – fehlerhaft)
– BGH, Urt. v. 2. 6. 1987 – VI ZR 174/86 – NJW 1988, 762 = VersR 1987, 1238
– BGH, Urt. v. 18. 3. 1986 – VI ZR 215/84 – NJW 1986, 2365 = VersR 1986,
788
(je Decubitus – keine Anweisung und Kontrolle des Pflegedienstes in Behand-
lung, Pflege Prophylaxe – fehlerhaft)
– BGH, Urt. v. 10. 1. 1984 – VI ZR 158/82 – BGHZ 89, 263, 271 = NJW 1984,
1400 = VersR 1984, 355
(Entkoppelung eines Subclaviavenen-Katheters – keine Weisungen für Überwa-
chung an Pflegepersonal – fehlerhaft)
– BGH, Urt. v. 24. 1. 1984 – VI ZR 203/82 – NJW 1984, 1403 = VersR 1984, 386
(Operation in Häschenstellung – keine Anweisung zur Lagerung und deren
Kontrolle – fehlerhaft)
– BGH, Urt. v. 19. 2. 1995 – VI ZR 272/93 -BGHZ 129, 6, 11 = NJW 1995, 1611
= VersR 1995, 706
(Hebamme nur zuständig bis zur Eingangsuntersuchung durch Arzt)
– OLG Düsseldorf NJW 1998, 3420 = VersR 1998, 1377
(Hygiene im Kreißsaal – kein Mundschutz für Vater – Herpes labialis – nicht
grob fehlerhaft)
– OLG Oldenburg VersR 1997, 1236 – NA-BGH –
(CTG-Auswertung durch Hebamme – Anordnung der Therapie durch Arzt)
– OLG München VersR 1994, 1113
(Krankenschwester – Hebamme – Credé'scher Handgriff)

- OLG Stuttgart NJW 1994, 1114
  (Schulterdystokie – Hebamme – Gynäkologe – grober Fehler der Kompetenzorganisation)
- OLG Stuttgart NJW 1993, 2384 = VersR 1993, 1358
  (Mangelnde Kontrolle und fehlende Anweisung der Nachtschwester auf geburtshilflicher Station – fehlende Überwachung – eigenmächtiges Einstellen des Wehentropfs durch Pflegepersonal ohne Anweisung)
- OLG Köln VersR 1993, 1487
  (mechanische Fixierung eines manisch erregten Patienten nicht ohne ärztliche Anweisung)
- OLG München VersR 1991, 1288
  (Spondylodese-Operation – Anordnung des Operateurs für postoperative Versorgung – Chefarzt weicht ohne Rücksprache ab – fehlerhaft)
- OLG Düsseldorf VersR 1990, 1277
  (Transport eines Problempatienten mit Krankentaxi (Diabetes/fiebrig/halbseitengelähmt) – keine Anweisung des Stationsarzts an Pflegepersonal/Fahrer für Schutzvorkehrungen – fehlerhaft)

138 Durch geeignete Büroorganisation ist sicherzustellen, dass die Zusammenarbeit nicht beeinträchtigt wird, etwa Befunde verlorengehen oder verspätet übermittelt werden.

- OLG Koblenz VersR 1994, 353
  (Curettage – Endometritis – keine Überwachung auf rasche Untersuchung der Gewebeprobe – fehlerhaft)
- OLG Hamm MedR 1992, 340
  (Gynäkologe muss bei konsiliarischer Einschaltung eines Kinderarzts sicherstellen, dass ihm dessen Ergebnisse rechtzeitig übermittelt werden)

139 – Mangelnde Kontrolle der Fähigkeiten und der Behandlungsmaßnahmen eines Anfängerarztes

- BGH, Urt. v. 26. 4. 1988 – VI ZR 246/86 – NJW 1988, 2298 = VersR 1988, 723
  (Anfängerarzt in Klinikambulanz – ohne Weisung und Kontrolle in Zusammenarbeit mit Facharzt/Oberarzt – fehlerhaft)
- BGH, Urt. v. 10. 2. 1987 – VI ZR 68/86 – NJW 1987, 1479 = VersR 1987, 686, 687
  (Tibialis-anterior-Syndrom – Eingangsdiagnose durch Arztanfänger – keine alsbaldige Überprüfung durch Oberarzt/Facharzt – fehlerhaft)
- BGH, Urt. v. 7. 5. 1985 – VI ZR 224/83 – NJW 1985, 2193 = VersR 1985, 782, 783
- BGH, Urt. v. 27. 9. 1983 – VI ZR 230/81 – BGHZ 88, 248, 254 = NJW 1984, 655 = VersR 1984, 60
- OLG Oldenburg NJWE-VHR 1998, 18 = VersR 1998, 1380
  (Überwachung der Kenntnisse des operierenden Anfängers – Hüftgelenkendoprothese)
- OLG Düsseldorf VersR 1994, 352
  (Lymphdrüsenexstirpation durch Arztanfänger – fehlerhaft)
- OLG Zweibrücken VersR 1988, 165
  (Intubationsnarkose durch Anfänger – fehlerhaft)

140 – Übertragung von Behandlungsaufgaben an nicht hinreichend qualifiziertes nichtärztliches Personal oder mangelnde Anleitung und Kontrolle

- BGH, Urt. v. 19. 2. 1995 – VI ZR 272/93 – NJW 1995, 1611 = VersR 1995, 706, ins. nicht in BGHZ 129, 6
(Eklamptischer Krampfanfall – freiberufliche Hebamme – keine Erhebung vitaler (Blutdruck-)Parameter bei Schwangerer – grob fehlerhaft – kein Vertrauen des Belegarztes auf ordnungsgemäßes Vorgehen, weil selbst in gleicher Weise fehlerhaft unterlassen)
- BGH, Urt. v. 7. 10. 1980 – VI ZR 176/79 – NJW 1981, 628 = VersR 1981, 131, ins. nicht BGHZ 78, 209
(Kurznarkose – intravenöse Injektion durch Krankenschwester – fehlerhaft)
- BGH, Urt. v. 8. 5. 1979 – VI ZR 58/78 – NJW 1979, 1935 = VersR 1979, 718
(Intramuskuläre Injektion durch Krankenpflegehelferin – Spritzenlähmung – fraglich fehlerhaft)
- BGH, Urt. v. 27. 11. 1973 – VI ZR 167/72 – NJW 1974, 604 = VersR 1974, 486
(Intravenöse Injektion durch MTA – fraglich fehlerhaft)
- OLG Köln VersR 1992, 452
(Operationsassistenz durch Studierende im praktischen Jahr – fehlerhaft)
- OLG München VersR 1991, 311
(Einführung eines Darmrohrs durch Arzthelferin – fehlerhaft)
- OLG Stuttgart VersR 1988, 856 – NA-BGH –
(Schwangerschaftserstuntersuchung durch Sprechstundenhilfe/keine Überprüfung durch Arzt – fehlerhaft)
- OLG Düsseldorf VersR 1987, 489 – NA-BGH –
(Überwachung kritischer Aufwachphase durch Anästhesiepfleger – fehlerhaft)
- OLG Oldenburg VersR 1992, 453 – NA-BGH –
(Geburtsleitung durch Hebamme bei Risikogeburt – kein Oberarzt – fehlerhaft)
- OLG München VersR 1991, 586 – NA-BGH –
(Geburtsleitung durch Hebamme – Nichtzuziehung des Arztes bei Herztonabfall – fehlerhaft)
- OLG Hamm VersR 1991, 228
(Geburtsleitung durch Hebamme bei Risikogeburt – kein Oberarzt – fehlerhaft)
- OLG Stuttgart VersR 1987, 1253 – NA-BGH –
(Entbindung durch Hebamme – kein Arzt – fehlerhaft, konkret nicht grob)
- OLG Köln VersR 1988, 44
(Intramuskuläre Injektion durch Aushilfspfleger – Spritzenabszess – fehlerhaft)
- OLG Bremen NJW 1970, 1233 = VersR 1970, 447
(Magenaushebung durch Sprechstundenhilfe – keine hinreichenden ärztlichen Anweisungen – fehlerhaft)

Zum Gesamtschuldnerausgleich   141

- OLG Düsseldorf NJW-RR 1999, 1043
- OLG Düsseldorf NJW-RR 1999, 99

unbesetzt   142–149

(7) Fehler bei Abbruch einer Schwangerschaft. Unter der Geltung der **150** §§ 218a, 218b, 219 StGB a.F. hat der Bundesgerichtshof eine differenzierte Regelung entwickelt. Hiernach war im Anschluss an die strafrechtliche Regelung auch zivilrechtlich zwischen den einzelnen Indikationen für einen Abbruch zu unterscheiden.

(a) Notlagenindikation (§ 218a Abs. 2 Nr. 3 StGB a.F.). Ein Schwan- **151** gerschaftsabbruch aus sog. Notlagenindikation, der wegen Behandlungsfehlers eines Arztes ohne Erfolg bleibt, begründet Ansprüche aus Delikt nur, soweit hierdurch die körperliche Integrität der Mutter geschädigt wurde und etwa ein weiterer Schwangerschaftsabbruch erforderlich ist oder körperliche und seelische Beschwerden mit Krankheitswert durch die fortdauernde Schwangerschaft auf dem ärztlichen Handeln beruhen und schwerwiegend sind. Das kann einen deliktischen Anspruch der Mutter begründen auf Ersatz des auf dem Körperschaden beruhenden materiellen Schadens, insbesondere der Behandlungskosten für die fehlsam nicht verhinderte Entbindung und auf ein Schmerzensgeld.

152   Ein deliktischer Anspruch auf Ersatz des durch die Geburt eines geschädigten oder gesunden Kindes entstehenden Unterhaltsaufwands ist jedoch nicht gegeben. Insoweit fehlt es an Folgen des deliktischen Handelns: Für die Zeugung des Kindes hat der Arzt nicht einzustehen. Die Schwangerschaft beruht nicht auf dem Versagen des Arztes; die durch die Fortdauer der Schwangerschaft begründeten körperlichen Beschwernisse der Mutter haben für das bereits gezeugte Kind keine kausale Bedeutung.

– BGH, Urt. v. 27. 11. 1984 – VI ZR 43/83 – NJW 1985, 671 = VersR 1985, 240

153   Das schuldhafte Fehlverhalten des Arztes ist aber geeignet, die Haftung aus Verletzung eines auf den Abbruch der Schwangerschaft gerichteten wirksamen Behandlungsvertrags und insoweit auch auf Ersatz des durch die Geburt des Kindes vermittelten Unterhaltsaufwands zu begründen.

– BGH, Urt. v. 25. 2. 1992 – VI ZR 44/91 – NJW 1992, 1556 = VersR 1992, 829
– BGH, Urt. v. 15. 4. 1986 – VI ZR 72/85 – VersR 1986, 869
(je zurechenbar erfolgloser Versuch des Abbruchs)
– BGH, Urt. v. 9. 7. 1985 – VI ZR 244/83 – BGHZ 95, 199, 209 = NJW 1985, 2752
= VersR 1985, 965
– BGH, Urt. v. 25. 6. 1985 – VI ZR 270/83 – NJW 1985, 2749 = VersR 1985, 1068
(je Ausschabung – kein Hinweis auf histologisch negatives Ergebnis)
– BGH, Urt. v. 27. 11. 1984 – VI ZR 43/83 – NJW 1985, 671 = VersR 1985, 240
(kein Hinweis auf Überprüfung des Ergebnisses der Ausschabung/Curettage)

Ein solcher Vertrag kann grundsätzlich wirksam abgeschlossen werden, denn der Abbruch ist bei Vorliegen der gesetzlichen Voraussetzungen als nicht rechtswidrig anzusehen und verstößt deshalb nicht gegen ein gesetzliches Verbot (§ 134 BGB). Das gesetzlich vorgesehene Beratungsverfahren und der Entschluss der an dem Abbruch beteiligten Ärzte sind für das Gericht nicht bindend.

154   Die ursprüngliche Regelung des Abtreibungsrechts im Strafgesetzbuch wurde zwar durch das Schwangeren- und Familienhilfegesetz vom 27. 7. 1992 (BGBl I, 1398) im Sinne einer Fristenregelung geändert. Mit Beschluss vom 28. 5. 1993 – 2 BvF 2/90 u.a. – BVerfGE 88, 203 ff = NJW 1993, 1751 ff. – hat das Bundesverfassungsgericht § 218a Abs. 1 StGB für zum Teil verfassungswidrig erklärt und festgestellt, dass die Bestimmung nichtig ist. Die nunmehr ab 1. 10. 1995 mit dem Schwangeren- und Familienhilfe-Änderungsgesetz vom 21. 5. 1995 – BGBl. I, 1050 – eingeführte Fassung des § 218a StGB kennt die Notlagenindikation nicht mehr. Ein Abbruch innerhalb zwölf Wochen nach Empfängnis ist nicht mehr tatbestandsmäßig.

Für die Zeit bis 1. 10. 1995 sind die vom Bundesverfassungsgericht auf- **155**
gestellten Grundsätze bei Anwendung der Notlagenindikation zu beachten.
Bei einem Abbruch auf Grund der Notlagenindikation des § 218 a Abs. 2
Nr. 3 StGB a. f. kann aber nicht mehr eine Vermutung für das Vorliegen der
Indikation im Zeitpunkt des fehlgeschlagenen Abbruchs allein auf Grund eines durchgeführten Beratungs- und ärztlichen Prüfungsverfahrens bejaht
werden. Es bedarf vielmehr – auch für die vor der Entscheidung des Bundesverfassungsgerichts liegende Zeit – konkreter Feststellungen zum Vorliegen einer Ausnahmesituation, die den Anforderungen genügt. Das ist nur
dann der Fall, wenn die Schwangerschaft im Zeitpunkt des Abbruchversuchs
eine Belastung der Schwangeren bedeutete, die ein solches Maß an Aufopfe-
rung eigener Lebenswerte verlangte, dass ein Austragen des Kindes nicht
zumutbar war, wenn also die Schwere des sozialen oder psychisch-perso-
nalen Konflikts so deutlich erkennbar wurde, dass die Indikation den anderen Indikationsfällen vergleichbar war. Dafür ist der Durchführung des Be-
ratungsverfahrens keine Vermutung mehr zu entnehmen. Vielmehr hat das
Gericht nach Vortrag der Partei konkrete Feststellungen zu einer Ausnahmesituation zu treffen. Ist die Ausnahmesituation nicht festzustellen, vermag
der Behandlungsvertrag auf Abbruch der Schwangerschaft keinen Anspruch
auf Ersatz des den Eltern entstandenen „Unterhaltsschadens" zu begründen.

– BGH, Urt. v. 28. 3. 1995 – VI ZR 356/93 – BGHZ 129, 178, 184 = NJW 1995,
1609 = VersR 1995, 964
– BVerfG, Urt. v. 28. 5. 1993 – 2 BvF 2/90 u. a. – NJW 1993, 1751, 1758 unter
D.III.2.a)
– OLG Köln NJWE-VHR 1997, 64

Unberührt bleibt der Anspruch der Mutter auf Schmerzensgeld für die **156**
physischen und psychischen Belastungen mit Krankheitswert durch die aufgrund ärztlichen Verschuldens fortbestehende Schwangerschaft

– BGH, Urt. v. 27. 11. 1984 – VI ZR 43/83 – NJW 1985, 484 = VersR 1985, 240
– OLG Oldenburg NJW 1996, 2432 = VersR 1997, 193
– OLG Oldenburg VersR 1993, 1357
– OLG Zweibrücken NJW 1984, 1824

Beweisbelastet für die angeblich fehlende Indikation, ist der Arzt schon **157**
wegen seines widersprüchlichen Verhaltens, denn er hatte den ohne Indikation rechtswidrigen Abbruch selbst versucht und die Schwangere hatte das
Beratungsverfahren nach §§ 218 b, 219 StGB „bestanden".

– BGH, Urt. v. 15. 4. 1986 – VI ZR 72/85 – VersR 1986, 869

Dabei wird es auch bei Berücksichtigung der Entscheidung des Bundesverfassungsgerichts verbleiben können.

Für die Überprüfung des zutreffenden „ärztlichen Erkenntnis" ist medizi- **158**
nische Sachkenntnis erforderlich; eine Überprüfung ist dem Gericht deshalb
nur in seltenen Ausnahmefällen ohne sachverständige Beratung möglich, so
etwa wenn die Feststellung der Voraussetzungen durch Falschangaben er-
schlichen war oder der Arzt offensichtlich aus Gefälligkeit gehandelt hatte.
Auf eine Vereitelung der Familienplanung kam und kommt es nicht an, weil

sie nicht als Grund für einen Schwangerschaftsabbruch vom Gesetz anerkannt war.

159 Der Anspruch auf Ersatz der Unterhaltsaufwendungen kann nach § 242 BGB wegen Mitverschuldens der Mutter entfallen, wenn diese den Fehler des Arztes bei gleich bleibender Konfliktlage durch einen erneuten rechtmäßigen Abbruchsversuch wiedergutmachen könnte.

– BGH, Urt. v. 27. 11. 1984 – VI ZR 43/83 – NJW 1985, 671 = VersR 1985, 240
– OLG Braunschweig VersR 1992, 91 – NA-BGH –

Der Unterhaltsaufwand der Mutter (und des Vaters) gehört bei der Notlagenindikation zu den Belastungen, die mit dem Abbruch der Schwangerschaft abgewendet werden sollten, und war daher vom Schutzzweck des Vertrages umfasst,

– BGH, Urt. v. 25. 2. 1992 – VI ZR 44/91 – NJW 1992, 1556 = VersR 1992, 829
– BGH, Urt. v. 9. 7. 1985 – VI ZR 244/83 – BGHZ 95, 199, 209 = NJW 1985, 2752
  = VersR 1985, 965
– BGH, Urt. v. 27. 11. 1984 – VI ZR 43/83 – NJW 1985, 671 = VersR 1985, 240

nicht jedoch ein eventueller Verdienstausfall der Eltern infolge der Betreuung des Kindes, selbst wenn dieses schwerstbehindert ist. Der haftungsrechtliche Zurechnungszusammenhang wie der Schutzzweck des Behandlungsvertrages stehen einer Abwälzung auch dieser Folge der Geburt des Kindes entgegen. Der Arzt hat von den wirtschaftlichen Belastungen, die aus der von ihm zu verantwortenden Geburt des Kindes hergeleitet werden, nur den für die Existenzsicherung des Kindes erforderlichen Teil zu übernehmen.

– BGH, Urt. v. 4. 3. 1997 – VI ZR 354/95 – NJW 1997, 1638 = VersR 1997, 698

Der Anspruch auf Ersatz des Unterhaltsaufwands entfällt, wenn die Voraussetzung für die vorzeitige Beendigung der Schwangerschaft nachträglich nicht eintritt oder wegfällt, jedoch nicht schon bei jeder günstigen Einkommensentwicklung auf Seiten des Vaters.

– BGH, Urt. v. 25. 2. 1992 – VI ZR 44/91 – NJW 1992, 1556 = VersR 1992, 829
– OLG Braunschweig VersR 1992, 91 – NA-BGH –

160 Der für den ersatzpflichtigen Unterhaltsaufwand zu gewährende Entschädigungsbetrag ist am Regelsatz für minderjährige Kinder nach der Regelbetrags-Verordnung orientiert.

Der Entschädigungsbetrag ist aufzustocken um den Wert der Mühewaltung des den Haushalt und die Kinder betreuenden Elternteils (Betreuungsunterhalt); dieser Betrag kann wiederum bis zur Höhe des Regelsatzes gehen.

Im Wege der Vorteilsausgleichung ist von der Entschädigung der Kindergeldbetrag abzusetzen, der durch die Geburt des ungewollten Kindes ausgelöst worden ist.

Der so ermittelte Anspruch steht ehelichen Eltern je zur Hälfte zu.

– BGH, Urt. v. 18. 3. 1980 – VI ZR 247/78 – BGHZ 76, 259, 273 = NJW 1980, 1452
  = VersR 1980, 558
– BGH, Urt. v. 27. 11. 1984 – VI ZR 43/83 – NJW 1985, 671 = VersR 1985, 240

– BGH, Urt. v. 25. 2. 1992 – VI ZR 44/91 – NJW 1992, 1556 = VersR 1992, 829
– OLG Zweibrücken NJW 1984, 1824

Ob Gleiches auch für den – ebenfalls in den Schutzbereich des Vertrages einbezogenen – nichtehelichen Vater gilt,

– OLG Frankfurt VersR 1994, 942 – NA-BGH –

hat der BGH bisher offengelassen. Der Ersatz des Unterhaltsaufwands ist begrenzt auf den Unterhalt bis zur Vollendung des 18. Lebensjahres.

– BGH, Urt. v. 18. 3. 1980 – VI ZR 247/78 – BGHZ 76, 259, 273 = NJW 1980, 1452
= VersR 1980, 558

(b) Medizinische Indikation (§ 218a Abs. 2 StGB n. F.). Bei einem **161** Schwangerschaftsabbruch zum Schutz der Gesundheit der Mutter ist der auf einen Abbruch gerichtete Vertrag wirksam, wenn die gesetzlichen Voraussetzungen vorliegen. Die Entscheidung des Bundesverfassungsgerichts vom 28. 5. 1993 (– 2 BvF 2/90, 4/92, 5/92 – BVerfGE 88, 203 ff = NJW 1993, 1751) hat daran nichts geändert (vgl. dort unter D I 2c bb).

Geblieben ist diese Möglichkeit zum Abbruch einer Schwangerschaft auch nach dem Schwangeren- und Familienhilfe-Änderungsgesetz – SFHÄndG – vom 21. August 1995 (BGBl I, 1050).

Ein Abbruch aus medizinischer Indikation ist unbefristet möglich (§ 218a Abs. 2 StGB n. F.). Hierauf gerichtete Verträge sind – wegen des zumindest gleichrangigen Schutzgutes Gesundheit der Mutter – rechtmäßig und wirksam.

Der Schutzzweck des Behandlungsvertrages ist insbesondere beim Be- **162** gehren von Unterhaltsschaden für ein ungewünschtes Kind besonders zu beachten. Ein Behandlungsvertrag, der den Schutz der mütterlichen Gesundheit zum Inhalt hat, umfasst allerdings nach seinem Zweck im Allgemeinen nicht die Freistellung von Unterhaltsbelastungen. Das hat zur Folge, dass ein fehlgeschlagener Abbruch aus medizinischer Indikation in der Regel nicht zum Ersatz des Unterhaltsaufwandes für ein gesundes oder geschädigtes Kind verpflichtet.

– BGH, Urt. v. 15. 2. 2000 – VI ZR 135/99 – NJW 2000, 1782 = VersR 2000, 634,
z. V. in BGHZ bestimmt
– BGH, Urt. v. 25. 6. 1985 – VI ZR 270/83 – NJW 1985, 2749 = VersR 1985, 1068
– OLG Naumburg VersR 1999, 1244
– OLG Düsseldorf NJW 1995, 1620

Dagegen verbleibt es bei der deliktischen Haftung des Arztes auf Schmer- **163** zensgeld für die durch die Schwangerschaft und Geburt verursachten körperlichen und psychischen Belastungen, die über eine komplikationslose Schwangerschaft und Geburt hinausgehen. Gleiches gilt für etwaige Behandlungskosten, die durch das Fehlschlagen des Abbruchs verursacht werden.

– BGH, Urt. v. 25. 6. 1985 – VI ZR 270/83 – NJW 1985, 2749 = VersR 1985, 1068

(c) Kindliche (eugenische oder embryopathische) Indikation (§ 218a 164 Abs. 2 Nr. 1 StGB a. F.). Auch ein Schwangerschaftsabbruch aus kindlicher Indikation war bei Vorliegen der gesetzlichen Voraussetzungen rechtmäßig und ein auf den Abbruch gerichteter Behandlungsvertrag grundsätzlich wirksam. In den Fällen medizinisch kindlicher (eugenischer, embryopathischer) Indikation war eine Austragung des Kindes für die Mutter unzumutbar. Die Indikation hatte als Ausnahmetatbestand vor der Verfassung Bestand (vgl. BVerfG aaO unter D I 2c) bb)). Ein aus dieser Indikation auf einen Abbruch gerichteter Vertrag war rechtswirksam.

– BGH, Urt. v. 16. 11. 1993 – VI ZR 105/92 – BGHZ 124, 128, 137 = NJW 1994, 788 = VersR 1994, 425

Voraussetzung war, dass nach ärztlicher Erkenntnis der Schwangerschaftsabbruch angezeigt war. Ob dringende Gründe für die Annahme einer nicht behebbaren pränatalen Schädigung des ungeborenen Kindes bestanden, hatte der Arzt nach den vorhandenen Diagnosemöglichkeiten zu beurteilen. Die Prognose musste sich auf die Schwere der Schädigung und das Fehlen ihrer Behebbarkeit erstrecken. Dazu hatte sie sich nicht allein an den Umständen des Einzelfalles auszurichten, sondern hatte als objektive Wertungsrichtlinie im Auge zu behalten, ob das ungeborene Kind einmal zu im Wesentlichen selbständiger phyischer Existenz in der Lage sein werde.

– OLG Zweibrücken NJW-RR 2000, 235 = MedR 2000, 233

Eine Vertragsverletzung, als die ein Behandlungsfehler zu werten ist, konnte daher Ansprüche der Mutter und des in den Schutzbereich des Vertrages einbezogenen Vaters begründen, nicht aber Ansprüche des Kindes.

165　　Freistellung von den gesamten Unterhaltsbelastungen über das 18. Lebensjahr hinaus und nicht nur von dem behinderungsbedingten Mehrbedarf konnte aber nur insoweit verlangt werden als der Behandlungsvertrag reichte, also nur bei Behinderungen oder Schädigungen des Kindes, die einen Abbruch der Schwangerschaft gestattet hätten, dagegen nicht, wenn bei fehlerfreiem ärztlichen Vorgehen eine Schädigung des Kindes im Mutterleib verhindert worden wäre.

– BGH, Urt. v. 22. 11. 1983 – VI ZR 85/82 – BGHZ 89, 95, 107 = NJW 1984, 658 = VersR 1984, 186
(Mongolismus)
– OLG Düsseldorf VersR 1999, 232 – NA-BGH –
(Retardierung – Angiom und medikamentöse Behandlung der Mutter)

Bei Vorliegen dieser Voraussetzungen war – weil die Geburt des Kindes verhindert werden sollte – der gesamte Unterhaltsbedarf ohne Beschränkung auf den behinderungsbedingten Mehrbedarf oder den (ggfs. doppelten) Regelbetrag zu ersetzen.

Auch bestand ein Schmerzensgeldanspruch der Mutter – gerichtet auf die Beschwerden, die infolge des Behandlungsfehlers eingetreten und schwerwiegend sind und die mit einer natürlichen, komplikationslosen Geburt verbundenen Beeinträchtigungen übersteigen. Für die mit jeder Geburt einhergehenden Beeinträchtigungen hatte der Arzt, der die Zeugung des Kindes nicht veranlasst hat, nicht einzustehen. Zu berücksichtigen war ferner, wenn der Mutter die mit dem Abtreibungseingriff verbundenen Beschwerden erspart worden sind.

vgl. zum Ganzen
- BGH, Urt. v. 22. 11. 1983 – VI ZR 85/82 – BGHZ 89, 95 = NJW 1984, 658 =
  VersR 1984, 186
  (Amniozentese – Mongolismus)
- BGH, Urt. v. 18. 1. 1983 – VI ZR 114/81 – BGHZ 86, 240 = NJW 1983, 1371 =
  VersR 1983, 396
  (Rötelninfektion)

Das Kind dagegen hatte und hat keinen Anspruch darauf, nicht geboren **166**
zu werden („wrongful life"). Die Rechtsprechung hatte lediglich einen
Schadensersatzanspruch des Kindes anerkannt, wenn dieses durch ärztliches
Fehlverhalten im Mutterleib geschädigt worden war.

- BGH, Urt. v. 11. 1. 1972 – VI ZR 46/71 – BGHZ 58, 48, 55 = NJW 1972, 1126 =
  VersR 1972, 372
- BGH, Urt. v. 20. 12. 1952 – II ZR 141/51 – BGHZ 8. 243, 248 f. = NJW 1953, 417
  = VersR 1953, 86

Wegen der mit der Zulassung der embryopathischen Indikation befürch- **167**
teten Diskriminierung Behinderter (vgl. Art. 3 Abs. 3 Satz 2 GG) hat
das Schwangeren- und Familienhilfe-Änderungsgesetz vom 21. 8. 1995
(BGBl I, 1050) die embryopathische Indikation als Rechtfertigungsgrund
beseitigt. Ein Schwangerschaftsabbruch ist nicht mehr aus Gründen einer
eugenischen oder sonstigen Schädigung des Kindes, sondern nur noch innerhalb zwölf Wochen ab Empfängnis (§ 218 a Abs. 1 StGB n. F.) nicht tatbestandsmäßig oder aus mütterlicher Indikation (§ 218 a Abs. 2 StGB n. F.)
gerechtfertigt. Diese Indikationen folgen den bereits dargestellten Regeln.
Die für die eugenische bzw. embryopathische Indikation entwickelten
Grundsätze sind daher nur noch auf einen Abbruch bis zum Inkrafttreten des
Schwangeren- und Familienhilfe-Änderungsgesetzes am 1. 10. 1995 anwendbar. § 218 a Abs. 4 StGB n. F. kommt als Ersatz für die embryopathische Indikation schwerlich in Betracht. Die Bestimmung enthält einen persönlichen Strafausschließungsgrund nur für die Schwangere. Für den Arzt
dagegen bleibt der Abbruch strafbar nach § 218 StGB. Die Tat bleibt insgesamt rechtswidrig. Ist aber der Abbruch nicht gerechtfertigt, wird der Vertrag nicht als Ansatz dafür dienen können, den von der Rechtsordnung miß-
billigten Erfolg, die sozialen und wirtschaftlichen Belastungen der Eltern
durch das behinderte Kind zu vermeiden, im Ergebnis doch herbeizuführen.

- BGH, Urt. v. 28. 3. 1995 – VI ZR 356/93 – BGHZ 129, 178, 184 = NJW 1995,
  1609 = VersR 1995, 964
  (Notlagenindikation)

(d) Kriminologische Indikation (§ 218 a Abs. 2 Nr. 2 StGB a. F. = **168**
§ 218 a Abs. 3 StGB n. F.). Entscheidungen hierzu sind nicht ersichtlich.
Auch insoweit müssen jedoch die für einen fehlgeschlagenen Abbruch aus
mütterlicher Indikation entwickelten Regeln anwendbar sein.

- BGH, Urt. v. 15. 2. 2000 – VI ZR 135/99 – NJW 2000, 1782 = VersR 2000, 634,
  z. V. in BGHZ bestimmt

(e) Verspätete Diagnose /Nichterkennen einer Schwangerschaft. Un- **169**
abhängig von einer Indikationslage besteht ein (deliktischer) Anspruch auf

Schmerzensgeld, wenn der Arzt pflichtwidrig eine Schwangerschaft fehlerhaft verspätet erkennt mit der Folge, dass die Frist (z. B. nach § 218 a Abs. 1 StGB n. F.) verstrichen und ein sonst möglicher Abbruch nicht mehr durchgeführt werden darf. Voraussetzung ist, dass der Behandlungsfehler zu psychischen Belastungen mit Krankheitswert geführt hat. Diesem Anspruch kann nicht entgegengehalten werden, der Frau sei ein Schwangerschaftsabbruch erspart geblieben.

– BGH, Urt. v. 30. 5. 1995 – VI ZR 68/94 – NJW 1995, 2412 = VersR 1995, 1060

Dagegen kann ein Unterhaltsschaden dahin, dass durch die Versäumung der Abtreibungsfristen eine Unterhaltsbelastung entsteht, als Schaden allenfalls dann geltend gemacht werden, wenn sich darin ein Risiko verwirklicht hätte, auf dessen Vermeidung die Behandlung im Rahmen des Behandlungsvertrages gerichtet war. Geht es bei der Behandlung dagegen nicht um die Abwendung einer unzumutbaren Belastung durch ein Kind, dann darf auch nicht angenommen werden, dass die Vermeidung von Unterhaltsaufwendungen durch die Geburt des gesunden Kindes zum Schutzumfang des Behandlungsvertrages gehörte.

– BGH, Urt. v. 15. 2. 2000 – VI ZR 135/99 – NJW 2000, 1782 = VersR 2000, 634, z. V. in BGHZ bestimmt
– OLG Naumburg VersR 1999, 1244

170   **(8) Fehler bei pränataler Diagnostik.** Der Arzt haftet grundsätzlich für falsche oder unvollständige Auskunft über die zur Früherkennung von Schädigungen des Kindes im Mutterleib durch angeborene (eugenische) oder pränatal erworbene Beeinträchtigungen gebotenen Maßnahmen, sofern dadurch ein zulässiger Schwangerschaftsabbruch (§ 218 a Abs. 1 Nr. 3 bzw. Abs. 2 StGB n. F.) vereitelt wird. Er muss die Mutter auf deren Frage nach Schäden oder Missbildungen des Kindes wegen ihres Alter – auch ohne dass diese im Einzelnen nach den Möglichkeiten einer Amniozentese oder nach Mongolismus fragt – umfassend beraten und ihr diejenigen Fakten vermitteln, die für ihre vollständige und eigenständige Entscheidung erforderlich sind, evtl. sogar über die Unterschiede zwischen der medizinischen und der strafrechtlichen Methode zur Berechnung der Fristen für einen Abbruch.

– BGH, Urt. v. 4. 3. 1997 – VI ZR 354/95 – NJW 1997, 1638 = VersR 1997, 698 (Chromosomenanomalie – Mikrozephalus)
– BGH, Urt. v. 7. 7. 1987 – VI ZR 193/86 – NJW 1987, 2923 = VersR 1988, 155 (Trisomie – Mongolismus – keine Aufklärung)
– BGH, Urt. v. 22. 11. 1983 – VI ZR 85/82 – BGHZ 89, 95, 99 = NJW 1984, 658 = VersR 1984, 186 (Mongolismus)
– BGH, Urt. v. 18. 1. 1983 – VI ZR 114/81 – BGHZ 86, 240, 244 = NJW 1984, 658 = VersR 1983, 396 (Röteln)
– OLG München VersR 2000, 890 = MedR 1999, 466 (Triple-Test – lemon-sign – Kenntnis 1991 nicht Standard)
– OLG Zweibrücken NJW-RR 2000, 235 = MedR 2000, 233 (Trisomie 21 – Mongolismus – keine Beratung)

– OLG Koblenz VersR 1992, 359 – NA-BGH –
(Röteln)
– OLG Düsseldorf VersR 1992, 493 – NA-BGH –
(Röteln)
– OLG Düsseldorf VersR 1998, 194 – NA-BGH –
(Amniozentese – Chromosomenanalyse fehlerhaft – Inversionsduplikation – Inkontinenz – Autismus – Ataxie)
– OLG Düsseldorf VersR 1992, 494
(Toxoplasmose)
– OLG Stuttgart VersR 1991, 229
(Mongolismus – Amniozentese unterlassen)
– OLG München VersR 1988, 523 – NA-BGH –
(Mongolismus)
– OLG Nürnberg VersR 1999, 1545 – NA-BGH –
(widersprüchliche HIV-Tests nicht abgeklärt – Kind hat HIV – Unterhaltsschaden)

Zur Suche nach Missbildungen der Frucht ist der Arzt aber nur ver- **171**
pflichtet, wenn dafür Anhaltspunkte vorliegen, zu denen auch das vorgerückte Alter der werdenden Mutter gehören kann (vgl. Mutterschafts-Richtlinien).

– BGH, Urt. v. 7. 7. 1987 – VI ZR 193/86 – NJW 1987, 2923 = VersR 1988, 155
(Mongolismus)
– KG VersR 1996, 332 – NA-BGH –
(verkürzte Extremitäten)
– OLG Karlsruhe VersR 1993, 705
(Hydrozephalus – Myelomeningozele)
– OLG München VersR 1988, 523 – NA-BGH –
(Mongolismus)
– OLG Düsseldorf VersR 1987, 414 – NA-BGH –
(Röteln)

Auch die medizinisch nicht erforderte Verzögerung der Diagnostik mit **172**
der Folge, dass ein Schwangerschaftsabbruch aus zeitlichen Gründen nicht mehr durchgeführt werden kann, kann ein die Haftung des Arztes begründender Behandlungsfehler sein.

– BGH, Urt. v. 8. 11. 1988 – VI ZR 320/87 – NJW 1989, 1536 = VersR 1989, 186
(Mongolismus)

Der Arzt muss beweisen, dass sich die Patientin nach ordnungsgemäßer **173**
Aufklärung nicht „aufklärungsrichtig" verhalten hätte.

– BGH, Urt. v. 22. 11. 1983 – VI ZR 85/82 – BGHZ 89, 95, 103 = NJW 1984, 658 =
VersR 1984, 186
– OLG Zweibrücken NJW-RR 2000, 235 = MedR 2000, 233
– OLG Nürnberg VersR 1999, 1545 – NA-BGH –

Die praktische Bedeutung dieser Behandlungsfehler ist dennoch wegen **174**
der Gesetzesänderung durch das Schwangeren- und Familienhilfe-Änderungsgesetz, mit der die eugenische Indikation als selbständiger Grund für den Abbruch einer Schwangerschaft ab 1. 10. 1995 beseitigt worden ist, zweifelhaft. Die derzeitige pränatale Diagnostik – insbesondere durch Fruchtwasseruntersuchung – ist häufig erst nach Ablauf der Frist von zwölf Wochen ab Empfängnis (§ 218 a Abs. 1 StGB) aussagekräftig. Zu einem

späteren Zeitpunkt aber kommt ein Abbruch nur noch aus medizinischer mütterlicher Indikation in Betracht, so dass ein Abbruch trotz Kenntnis schwerster Schädigung der Frucht häufig nicht möglich sein wird. Die Kausalität, die grundsätzlich zur Beweislast des Patienten steht,

– BGH, Urt. v. 7. 7. 1987 – VI ZR 193/86 – NJW 1987, 2923 = VersR 1988, 155

ist in den Fällen mütterlicher medizinischer Indikation zweifelhaft.

– BGH, Urt. v. 27. 11. 1984 – VI ZR 43/83 – NJW 1985, 671 = VersR 1985, 240

175   Zu ersetzen ist grundsätzlich der Unterhaltsaufwand für das Kind sowie der durch die Schädigung des Kindes bedingte Mehrbedarf.

– BGH, Urt. v. 29. 6. 1999 – VI ZR 24/98 – BGHZ 142, 126 ff. = NJW 1999, 2731 = VersR 1999, 1241
(Untersuchung des Morgenurins unterlassen – Schwangerschaft nicht erkannt – Amniozentese unterlassen – mongoloides Kind geboren – Unterhaltsschaden
– BGH, Urt. v. 4. 3. 1997 – VI ZR 354/95 – NJW 1997, 1638 = VersR 1997, 698
(Mikrozephalus)
– BGH, Urt. v. 22. 11. 1983 – VI ZR 85/82 – BGHZ 89, 95, 103 = NJW 1984, 658 = VersR 1984, 186
(Mongolismus)
– BGH, Urt. v. 18. 1. 1983 – VI ZR 114/81 – BGHZ 86, 240, 247 = NJW 1983, 1371 = VersR 1983, 396
(Röteln)
– OLG München VersR 1988, 523 – NA-BGH –
(Mongolismus)

sowie die Kosten der medizinischen Betreuung des Kindes,

– OLG Düsseldorf VersR 1998, 194 – NA-BGH –
(Amniozentese – Chromosomenanalyse fehlerhaft)

aber wegen des insoweit nicht gegebenen haftungsrechtlichen Zurechnungszusammenhangs und des hierauf nicht gerichteten Schutzzwecks des Behandlungsvertrags nicht für einen aus dem erhöhten Betreuungsaufwand des Kindes folgenden Verdienstausfall der Eltern.

– BGH, Urt. v. 4. 3. 1997 – VI ZR 354/95 – NJW 1997, 1638 = VersR 1997, 698
(Mikrozephalus)

176   Auch steht der Mutter kein Schmerzensgeldanspruch für die Beschwerden zu, die diejenigen der natürlichen, komplikationslosen Geburt nicht übersteigen diese hat die Mutter ohne Zutun des Arztes mit der Schwangerschaft hingenommen.
Jedenfalls der eheliche Vater des Kindes ist in den Schutzbereich des Behandlungsvertrages eingeschlossen, so dass ihm eigene Ansprüche auf Ersatz seines materiellen Schadens zustehen.

– BGH, Urt. v. 18. 1. 1983 – VI ZR 114/81 – BGHZ 86, 240, 248 = NJW 1983, 1371 = VersR 1983, 396
(Röteln)
– OLG Zweibrücken NJW-RR 2000, 235 = MedR 2000, 233
(Trisomie 21)

Das geschädigte Kind hat dagegen keine eigenen Ansprüche („wrongful life"). Das Kind bleibt deshalb schutzlos, sobald die Unterhaltspflicht der Eltern endet.

– BGH, Urt. v. 18. 1. 1983 – VI ZR 114/81 – BGHZ 86, 240, 250 = NJW 1983, 1371
= VersR 1983, 396
(Röteln)

(9) Fehlerhafte genetische Beratung. Beratungsverträge, durch welche **177** bereits die Zeugung eines erbgeschädigten Kindes verhindert werden soll, sind auf die Erzielung eines rechtmäßigen Erfolges gerichtet. Sie sind rechtlich unbedenklich wirksam.

– BVerfG, Urt. v. 12. 11. 1997 – 1 BvR 479/92 u. a. – NJW 1998, 519 =
VersR 1998, 190
– BVerfG, Urt. v. 28. 5. 1993 – 2 BvF 2/90 u. a. – BVerfGE 88, 203 = NJW 1993,
1751, 1764
– BVerfG, Urt. v. 27. 10. 1998 – 1 BvR 2306/96 u. a. – NJW 1999, 841

Der Arzt hat nach dem Inhalt des Beratungsvertrags den Patienten (Mutter, Vater oder beide Eltern) vollständig und richtig darüber zu unterrichten, ob die Gefahr einer genetischen Schädigung eines Kindes dieser Partner besteht.

Selbstverständlich übernimmt der Arzt auch insoweit keine Richtigkeitsgewähr, sondern lediglich die Pflicht, die Auskunft entsprechend dem derzeit geltenden Standard zu erteilen. Die auf dieser Basis erteilte Auskunft muss jedoch insbesondere klar und unmißverständlich auch für den medizinischen Laien sein. Im übrigen ist es eine Frage des Vertragsinhalts, ob der Arzt nur die Gefahr einzelner Erbschäden oder jeglicher (prüfbaren) genetischen Schädigung beurteilen soll.

– BGH, Urt. v. 16. 11. 1993 – VI ZR 105/92 – BGHZ 124, 128, 138 = NJW 1994,
778 = VersR 1994, 425

Voraussetzung eines Ersatzanspruchs ist, dass der Anspruchsteller zur **178** Überzeugung des Gerichts nachweisen kann, das Kind wäre bei behandlungsfehlerfreier Auskunft nicht gezeugt worden. Das erfordert die Angabe und Beurteilung der dann verwendeten Empfängnisverhütungsmittel und ihrer Zuverlässigkeit. Das Kind ist nicht mit der Begründung, bei richtiger Beratung seiner Eltern wäre es nicht gezeugt worden, anspruchsberechtigt. Insoweit gilt gleiches („wrongful life") wie zur pränatalen Diagnostik und zum fehlgeschlagenen Schwangerschaftsabbruch.

– OLG Düsseldorf VersR 1995, 1498 (L) – NA-BGH –

Der Schutzzweck des Vertrages wird sich in der Regel auf die wirtschaft- **179** lichen Folgen miterstrecken, auch wenn sie nicht im Vordergrund stehen. Damit ist der durch die Geburt des geschädigten Kindes entstehende Unterhaltsaufwand zu erstatten, nämlich der Unterhalt und der Mehrbedarf für ein behindertes Kind.

– BGH, Urt. v. 15. 2. 2000 – VI ZR 135/99 = NJW 2000, 1782 = VersR 2000, 634,
z. V. in BGHZ bestimmt

– BGH, Urt. v. 16. 11. 1993 – VI ZR 105/92 – BGHZ 124, 128, 138 f. = NJW 1994, 788 = VersR 1994, 425

Auch Schmerzensgeld für die Mutter wegen der Beschwerden durch Schwangerschaft und Geburt wird im Falle fehlerhafter Beratung angesprochen werden können, wenn bei vollständiger und richtiger Beratung das behinderte Kind nicht gezeugt worden wäre.

180   (10) Fehler bei Empfängnisverhütung, insbesondere bei Sterilisation. Die Sterilisation mit Einwilligung des Patienten, gleichgültig, ob Mann oder Frau, ist heute rechtlich zulässig.

– BVerfG, Urt. v. 12. 11. 1997 – 1 BvR 479/92 u. a. – NJW 1998, 519 = VersR 1998, 190
– BVerfG, Urt. v. 28. 5. 1993 – 2 BvF 2/90 u. a. – BVerfGE 88, 203 = NJW 1993, 1751
– BGH, Urt. v. 16. 11. 1993 – VI ZR 105/92 – BGHZ 124, 128, 137 = NJW 1994, 788 = VersR 1994, 425
– BGH, Urt. v. 19. 6. 1984 – VI ZR 76/83 – NJW 1984, 2625 = VersR 1984, 864
– BGH, Urt. v. 10. 3. 1981 – VI ZR 202/79 – NJW 1981, 2002 = VersR 1981, 730
– BGH, Urt. v. 18. 3. 1980 – VI ZR 247/78 -BGHZ 76, 259, 261 ff. = NJW 1980, 1452 = VersR 1980, 558
– BGH, Urt. v. 29. 6. 1976 – VI ZR 68/75 – BGHZ 67, 48, 50 ff. = NJW 1976, 1790 = VersR 1976, 1088

Der Arzt, der sich durch den Behandlungsvertrag zur Vornahme der Sterilisation verpflichtet hat, muss sie entsprechend dem medizinischen Standard durchführen. Zu einer Kontrolle ist er intraoperativ, aber nur in engen Grenzen postoperativ gehalten.

– BGH, Urt. v. 27. 6. 1995 – VI ZR 32/94 – NJW 1995, 2407 = VersR 1995, 1099
– BGH, Urt. v. 30. 6. 1992 – VI ZR 337/91 – NJW 1992, 2961 = VersR 1992, 1229
  (je Kontrolle durch Spermiogramm nach Vasektomie)
– OLG Düsseldorf VersR 1993, 883
  (Besicht der Tubenligatur intraoperativ erforderlich)
– OLG Düsseldorf VersR 1992, 317 – NA-BGH –
  (Histologie des resezierten Samenleiterstücks neben Spermiogramm nur bei besonderem Anlass)
– OLG Hamm VersR 1989, 1298 – NA-BGH –
  (keine Kontrolle der Tubenligatur mit Kontrastmittel erforderlich)
– OLG Frankfurt VersR 1989, 291 – NA-BGH –
  (keine Kontrolle mit Hysterosalpingographie erforderlich)

181   Auch bei ordnungsgemäßer Ausführung der Sterilisation kann eine Haftung des Arztes in Frage kommen, wenn er die ihm aus dem Behandlungsvertrag obliegende Nebenpflicht zur Aufklärung über das Versagerrisiko verletzt. Dabei geht es um therapeutische Aufklärung, nicht um Selbstbestimmungsaufklärung. Sie soll der Frau die Notwendigkeit weiterer Empfängnisverhütung vor Augen führen, um möglichste Sicherheit vor Empfängnis zu gewähren.

– BGH, Urt. v. 25. 1. 2000 – VI ZR 68/99 – n.v.
– BGH, Urt. v. 10. 3. 1981 – VI ZR 202/79 – NJW 1981, 2002 = VersR 1981, 730
– BGH, Urt. v. 2. 12. 1980 – VI ZR 175/78 – NJW 1981, 630 = VersR 1981, 278
– OLG Köln NJW 1994, 3016 (L) = VersR 1995, 967

– OLG Koblenz VersR 1994, 371 – NA-BGH –
– OLG Düsseldorf VersR 1992, 751
– OLG Hamburg VersR 1989, 147 – NA-BGH –
– OLG Saarbrücken VersR 1988, 831 – NA-BGH –
– OLG Schleswig VersR 1987, 419 – NA-BGH –

Der Patient muss beweisen, wie er sich verhalten hätte, wenn der Arzt ihn ordnungsgemäß über das Versagerrisiko unterrichtet hätte. Zur Behauptung, dass die Partner (zusätzlich) Verhütungsmittel verwendet hätten, kann der Ehegatte als Zeuge oder die Partei zu vernehmen sein

– BGH, Urt. v. 25. 1. 2000 – VI ZR 68/99 – n.v.

Umgekehrt vermag eine ordnungsgemäße Aufklärung bei fehlerhaft durchgeführter Sterilisation den Arzt nicht zu entlasten. Bei fehlerhafter Sterilisation ist das Risiko einer unerwünschten Empfängnis nicht – wie beabsichtigt verringert worden.

Die Herbeiführung einer von der Frau ungewollten Schwangerschaft ist deliktisch als unbefugter Eingriff in das körperliche Befinden wegen der mit der Schwangerschaft verbundenen Unzuträglichkeiten und Beschwernisse eine rechtswidrige Körperverletzung. Das gilt auch dann, wenn die Schwangerschaft infolge fehlgeschlagener Sterilisation des Ehemannes eintritt. Der haftungsrechtliche Zurechnungszusammenhang wird nicht dadurch unterbrochen, dass der Verletzungserfolg den Geschlechtsverkehr voraussetzt. Schutzzweck der Sterilisation ist es, weitere Schwangerschaften der Ehefrau von ihrem Ehemann zu verhindern. Offen gelassen hat der BGH die Frage, ob gleiches auch außerehelich gilt.

– BGH, Urt. v. 27. 6. 1995 – VI ZR 32/94 – NJW 1995, 2407 = VersR 1995, 1099

182 Voraussetzung eines jeden Ersatzanspruchs ist, dass eine zum Zeitpunkt des Sterilisationseingriffes bereits bestehende Schwangerschaft ausgeschlossen ist.

– OLG Koblenz VersR 1994, 371 – NA-BGH –

Schmerzensgeld kann die Mutter zum Ausgleich der in der ungewollten Schwangerschaft liegenden Körperverletzung sowie der mit der anschließenden Entbindung verbundenen Unzuträglichkeiten und Mißempfindungen auch dann verlangen, wenn die Schwangerschaft ohne pathologische Begleitumstände verläuft.

– BGH, Urt. v. 27. 6. 1995 – VI ZR 32/94 – NJW 1995, 2407 = VersR 1995, 1099
– BGH, Urt. v. 19. 6. 1984 – VI ZR 76/83 – NJW 1984, 2625 = VersR 1984, 864
– BGH, Urt. v. 18. 3. 1980 – VI ZR 247/78 – NJW 1980, 1452 = VersR 1980, 558, ins. nicht in BGHZ 76, 259
– OLG Düsseldorf VersR 1993, 883
– OLG Köln VersR 1987, 187
– OLG Hamm NJW 1999, 1787 = VersR 1999, 1111
(Zwillingsschwangerschaft)

183 Die deliktische Beeinträchtigung der Frau ist aber mit der Entbindung beendet, so dass sich aus Deliktsrecht kein Anspruch auf Ersatz des durch die Geburt eines Kindes entstehenden Unterhaltsaufwands ableiten lässt. Die

Unterhaltsverpflichtung ist ein bloßer Vermögensschaden, der nicht von § 823 I BGB gedeckt ist; die Vermögensinteressen der Eltern fallen nicht unter den Schutzzweck der deliktischen Norm. Eine Haftung auf Ersatz des Unterhaltsaufwands kommt daher nur in Betracht, wenn die vertragliche Verpflichtung zur Abwendung einer wirtschaftlichen Notlage darauf gerichtet ist, die Geburt eines weiteren Kindes zu verhindern. Im Regelfall ist anzunehmen, dass durch den Behandlungsvertrag auf Sterilisation gerade die wirtschaftlichen Belastungen durch ein Kind vermieden werden sollen (abgeschlossene Familienplanung).

– BGH, Urt. v. 15. 2. 2000 – VI ZR 135/99 – NJW 2000, 1782 = VersR 2000, 634, z. V. in BGHZ bestimmt
– BGH, Urt. v. 27. 6. 1995 – VI ZR 32/94 – NJW 1995, 2407 = VersR 1995, 1099
– BGH, Urt. v. 19. 6. 1984 – VI ZR 76/83 – NJW 1984, 2625 = VersR 1984, 864
– BGH, Urt. v. 10. 3. 1981 – VI ZR 202/79 – NJW 1981, 2002 = VersR 1981, 730
– BGH, Urt. v. 2. 12. 1980 – VI ZR 175/78 – NJW 1981, 630 = VersR 1981, 278
– BGH, Urt. v. 18. 3. 1980 – VI ZR 247/78 – BGHZ 76, 259, 262 = NJW 1980, 1452 = VersR 1980, 558
– BGH, Urt. v. 18. 3. 1980 – VI ZR 105/78 – BGHZ 76, 249, 256 = NJW 1980, 1450 = VersR 1980, 555
– OLG Düsseldorf VersR 1993, 883
– OLG Düsseldorf VersR 1992, 317 – NA-BGH –

Das ist jedoch dann nicht der Fall, wenn die Sterilisation zum Schutz der Mutter vor Gesundheitsgefahren erfolgt ist. Bei ausschließlich medizinischer Indikation sind weitergehende Wünsche und Absichten grundsätzlich unerheblich, solange nicht ein berechtigtes Vertrauen der Eltern in eine Familienplanung besteht und vom Arzt der wirtschaftliche Schutz mitübernommen worden ist.

– BGH, Urt. v. 10. 3. 1981 – VI ZR 202/79 – NJW 1981, 2002 = VersR 1981, 730
– OLG Zweibrücken NJW-RR 1997, 666 = VersR 1997, 1009

Auch der Ehepartner, der am Abschluss des Vertrages nicht unmittelbar beteiligt ist, wird vom Schutz des Vertrages umfasst.

– OLG Düsseldorf VersR 1993, 883

Den Eltern ist es nicht zuzumuten, das trotz abgeschlossener Familienplanung gezeugte Kind zur Adoption freizugeben. Auch eine Vorteilsausgleichung im Hinblick auf mögliche spätere Unterhaltspflichten des Kindes ist nicht angebracht.

– BGH, Urt. v. 25. 1. 2000 – VI ZR 68/99 – n.v.
– BGH, Urt. v. 19. 6. 1984 – VI ZR 76/83 – NJW 1984, 2625 = VersR 1984, 864
– BGH, Urt. v. 18. 3. 1980 – VI ZR 247/78 -BGHZ 76, 259, 264 = NJW 1980, 1452 = VersR 1980, 558,
– BGH, Urt. v. 18. 3. 1980 – VI ZR 105/78 – BGHZ 76, 249, 257 = NJW 1980, 1450 = VersR 1980, 555

Auch bei ordnungsgemäßer, aber erfolgloser Ausführung der Sterilisation kann eine Haftung des Arztes in Frage kommen, wenn dieser die ihm nach dem Behandlungsvertrag obliegende Aufklärung über das Versagerrisiko der Sterilisationsmethode nicht vorgenommen hat. Darin ist ebenfalls ein Behandlungsfehler (therapeutische Aufklärung, Sicherungsaufklärung), kein Verstoß gegen die Selbstbestimmungsaufklärung zu sehen. Der Patient hat daher darzulegen und zu beweisen, dass weitere Verhütungsmaßnahmen ergriffen worden wären, um das Versagerrisiko möglichst auszugleichen. Die Kausalität dieser Verhütungsmaßnahmen wird dann vermutet, sofern die Schwangerschaft nicht schon im Zeitpunkt des Sterilisationseingriffs vorgelegen hat.

– BGH, Urt. v. 10. 3. 1981 – VI ZR 202/79 – NJW 1981, 2002 = VersR 1981, 730
– BGH, Urt. v. 2. 12. 1980 – VI ZR 175/78 – NJW 1981, 630 = VersR 1981, 278
– OLG Koblenz VersR 1984, 371 – NA-BGH –

Ansprüchen kann ein Mitverschulden des Mannes nach Durchtrennung **184** der Samenleiter dann entgegengehalten werden, wenn dieser nach ordnungsgemäßem Hinweis auf die erforderliche Überprüfung des Erfolgs der Operation zu einem Spermiogramm nach sechs Wochen einbestellt worden, aber nicht erschienen war.

– BGH, Urt. v. 30. 6. 1992 – VI ZR 337/91 – NJW 1992, 2961 = VersR 1992, 1229
– OLG Köln VersR 1988, 43
– OLG Düsseldorf NJW 1995, 788

Der Beweis, dass er die Sterilisation überhaupt ausgeführt hat, obliegt dem Arzt

– BGH, Urt. v. 10. 3. 1981 – VI ZR 202/79 – NJW 1981, 2002 = VersR 1981, 730

Zu ersetzen ist der Unterhalt einschließlich des Mehrbedarfs eines ge- **185** schädigten Kindes.

– BGH, Urt. v. 27. 6. 1995 – VI ZR 32/94 – NJW 1995, 2407 = VersR 1995, 1099

Der Unterhaltsaufwand ist infolge der Angleichung durch das Kindschaftsreform-Gesetz vom 16. 12. 1997 (BGBl I, 2942) ab 1. 7. 1998 grundsätzlich nur nach den Regelsätzen für minderjährige Kinder (§ 1612a Abs. 1 BGB i. V. m. Regelbetrag-Verordnung) zu ersetzen. Für pflegerische Dienstleistungen kann der Betrag aufgestockt werden, bis der doppelte Satz des Regelbetrags erreicht ist. Sonderbedarf für geschädigt geborene Kinder kann den Anspruch weiter erhöhen.

Gleiches wird für Sonderbedarf auf Grund späterer Schädigung des Kindes gelten müssen.

Das durch die Geburt des Kindes ausgelöste Kindergeld ist anzurechnen.

Inhaber des so bemessenen Anspruchs auf Befreiung von Unterhaltsaufwand sind beide Eltern zu gleichen Teilen, nicht etwa als Gesamtgläubiger.

Der Befreiungs-(Zahlungs-)anspruch ist zunächst für die Zeit bis zur Vollendung des 18. Lebensjahres begrenzt. Für die Zeit danach kann vor Vollendung nur Feststellung gerichtlich geltend gemacht werden.

– BGH, Urt. v. 18. 3. 1980 – VI ZR 247/78 – BGHZ 76, 259, 273 = NJW 1980, 1452 = VersR 1980, 558
– OLG Köln VersR 1987, 187

186   Der Ersatzanspruch umfasst allerdings nicht stets den gesamten Unterhaltsaufwand. Jedenfalls bei gehobenen wirtschaftlichen Verhältnissen tritt der Gesichtspunkt der Teilhabe des Kindes an den wirtschaftlichen Möglichkeiten der Familie gegenüber einem Aufwand mit Schadencharakter in den Vordergrund und kann den Ersatzanspruch beschränken.

– BGH, Urt. v. 2. 12. 1980 – VI ZR 175/78 – NJW 1981, 630 = VersR 1981, 278
– BGH, Urt. v. 18. 3. 1980 – VI ZR 247/78 – BGHZ 76, 259, 270 = NJW 1980, 1452
= VersR 1980, 558

Die Ersatzpflicht umfasst gleichfalls nicht Unterhaltslasten des Ehemannes für die nach und wegen der Geburt des Kindes geschiedene Ehefrau,

– BGH, Urt. v. 2. 12. 1980 – VI ZR 175/78 – NJW 1981, 630 = VersR 1981, 278

und nicht den Verdienstausfall der Eltern; dieser ist als nur mittelbare Folge nicht zu ersetzen.

– OLG Düsseldorf VersR 1993, 883

Auch die Beerdigungskosten für das infolge des Behandlungsfehlers gezeugte, ausgetragene, aber nicht lebensfähige Kind sind vom Schutzbereich der Vertragspflichten nicht umfasst und nicht zu ersetzen.

– OLG Düsseldorf NJW 1995, 3059 = VersR 1996, 711

Gleiches gilt, wenn der Arzt bei einem rechtswirksamen, auf Verhinderung der Zeugung eines Kindes und der damit verbundenen wirtschaftlichen Belastung der Eltern gerichteten Behandlungsvertrag seine Beratungspflichten verletzt, so dass es zur Geburt eines Kindes kommt, also auch bei fehlerhafter Beratung über die Sicherheit der empfängnisverhütenden Wirkung eines vom Arzt verordneten Hormonpräparats.

– BGH, Urt. v. 15. 2. 2000 – VI ZR 135/99 – NJW 2000, 1782 = VersR 2000, 634,
  z. V. in BGHZ bestimmt
– BGH, Urt. v. 3. 6. 1997 – VI ZR 133/96 – NJW 1998, 155 = VersR 1997, 1422

187   Eine Fruchtbarkeits-Stimulationsbehandlung dagegen führt nicht zur Haftung für die Unterhaltsbelastung durch gesunde Vierlinge, weil die Medizin die Zahl der Teilungen nicht zu steuern vermag. Bei bekanntem Mehrlingsrisiko ist auch eine therapeutische Aufklärung der Patientin, die allein eine Haftung des Arztes ermöglichen könnte, nicht erforderlich.

– OLG Hamm NJW 1993, 795 = VersR 1993, 1273 – NA-BGH –

Ein Anspruch des Kindes gegen den Arzt auf den von ihm benötigten Unterhalt besteht nicht. Das Kind hat keinen Anspruch darauf, nicht geboren zu werden („wrongful life").

– BGH, Urt. v. 18. 1. 1983 – VI ZR 114/81 – BGHZ 86, 240, 254 = NJW 1983, 1371
  = VersR 1983, 396
– OLG Düsseldorf VersR 1995, 1498 – NA-BGH –

II. Kausalität

Zum Arzthaftungsprozess gehört das alte Problem der Kausalitätsfest- **188**
stellung, an dem eine Vielzahl von Haftungsansprüchen scheitert.
Haftung aus Vertrag oder unerlaubter Handlung besteht nur, wenn und insoweit dem
schuldhaften Behandlungsfehler der Schaden des Patienten ursächlich zugerechnet werden kann. Für die Kausalität zwischen Behandlungsfehler und
Schäden, die aus der Behandlung in Betracht stehen, ist zu unterscheiden
zwischen der haftungsbegründenden Kausalität (§ 286 ZPO) und der haftungsausfüllenden Kausalität (§ 287 ZPO).

1. Haftungsbegründende Kausalität

Die haftungsbegründende Kausalität (§ 286 ZPO) betrifft stets, aber auch **189**
nur die Frage der ursächlichen Verknüpfung zwischen dem Behandlungsfehler und dem Eintritt des ersten Schadens an Körper oder Gesundheit (sog.
körperliche oder gesundheitliche Primärschädigung). Dies entspricht für den
Anspruch aus unerlaubter Handlung ständiger Rechtsprechung. Für den Bereich der vertraglichen Haftung aus ärztlichem Behandlungsvertrag hat der
Bundesgerichtshof inzwischen klargestellt, dass auch hier Gleiches gilt:

– BGH, Urt. v. 24. 6. 1986 – VI ZR 21/85 – NJW 1987, 705 = VersR 1986, 1121
  (Aufgabe von BGH VersR 1965, 583)

Grundsätzlich haftet der Schädiger – im Zivilrecht anders als im Sozial- **190**
recht – für alle gesundheitlichen Beeinträchtigungen, die durch die schädi-
gende Handlung verursacht sind. Der zum Schadensersatz verpflichtende
Umstand muss nicht die überwiegende, wesentliche, richtunggebende, unmittelbare oder alleinige Ursache sein. Auch der bloße „Auslöser" im Sinne
einer Mitursache in einem „Ursachenbündel" genügt.

– BGH, Urt. v. 27. 6. 2000 – VI ZR 201/99 – VersR 2000, 1282
– BGH, Urt. v. 26. 1. 1999 – VI ZR 374/97 – NJW-RR 1999, 819 = VersR 1999, 862
– BGH, Urt. v. 11. 11. 1997 – VI ZR 146/96 – NJW 1998, 813 = VersR 1998, 200
– BGH, Urt. v. 5. 11. 1996 – VI ZR 275/95 – NJW 1997, 544 = VersR 1997, 122
– OLG Köln NJW-RR 1999, 720

Vorschäden gehen üblicherweise zu Lasten des Schädigers. Wer einen
gesundheitlich schon geschwächten Menschen verletzt, kann nicht verlangen so gestellt zu werden, als wenn der Betroffene gesund gewesen wäre. So
ist die volle Haftung des Schädigers auch in Fällen bejaht worden, in denen
der Schaden auf einem Zusammenwirken körperlicher Vorschäden und der
Schädigung beruhte.

– BGH, Urt. v. 30. 4. 1996 – VI ZR 55/95 – BGHZ 132, 341, 345 = NJW 1996, 2425
  = VersR 1996, 990
– BGH, Urt. v. 22. 9. 1992 – VI ZR 293/91 – NJW 1992, 3298 = VersR 1993, 55
– BGH, Urt. v. 6. 6. 1989 – VI ZR 241/88 – BGHZ 107, 359, 363 = NJW 1989, 2616
  = VersR 1989, 923
– BGH, Urt. v. 15. 10. 1968 – VI ZR 226/67 – VersR 1969, 43

- BGH, Urt. v.10. 5. 1966 – VI ZR 243/64 – VersR 1966, 737
- BGH, Urt. v. 9. 1. 1962 – VI ZR 138/61 – VersR 1962, 351

Gerade in den im Arzthaftungsrecht zu entscheidenden Fällen ist der Patient in der Regel jedoch bereits erkrankt, wenn er einen Arzt einschaltet. Dieses Krankheitsrisiko wird nicht durch die Übernahme der Behandlung zum Risiko des Arztes. Soweit Schäden aus der Grunderkrankung herrühren, hat der Patient sie zu tragen. Nur soweit die (fehlerhafte) Behandlung zu (weiteren) Schäden führt, haftet der Arzt.

Die haftungsbegründende ursächliche Verknüpfung zwischen Behandlungsfehler und Primärschädigung liegt vor, wenn der primäre Schaden auf die festgestellte Fehlbehandlung zurückzuführen ist und wenn die nach dem medizinischen Soll-Standard richtige Behandlung den Eintritt des Primärschadens verhindert hätte. Liegt der Behandlungsfehler in der Unterlassung einer gebotenen ärztlichen Maßnahme (z. B. fehlsame Diagnose, Unterlassung von Diagnose- oder Kontrolluntersuchungen), besteht der Kausalnexus im Band zwischen Fehler und Primärschädigung dann, wenn die nach dem medizinischen Soll-Standard gebotene Maßnahme zum richtigen Befund und sodann zur richtigen Therapie geführt hätte und wenn die Primärschädigung dadurch vermieden worden wäre. **Die bloße Wahrscheinlichkeit des Nichteintritts genügt nicht.** Entsprechend ist die unterlassene Therapieaufklärung ursächlich für den Primärschaden, wenn der richtig erteilte Schutz- und Sicherungshinweis zum sachgerechten Verhalten des Patienten bzw. zur sachgerechten Behandlung geführt hätte und wenn hierwegen der Primärschaden nicht eingetreten wäre.

- BGH, Urt. v. 28. 3. 1989 – VI ZR 157/88 – NJW 1989, 2320 = VersR 1989, 700
- BGH, Urt. v. 19. 5. 1987 – VI ZR 167/86 – NJW 1987, 2293 = VersR 1987, 1092
  (je Diagnose und Kontrollbefund)
- BGH, Urt. v. 24. 6. 1986 – VI ZR 21/85 – NJW 1987, 705 = VersR 1986, 1121
  (Therapieaufklärung)

Eine ursächliche Verknüpfung zwischen Behandlungsfehler und Primärschaden besteht nur dann und insoweit, als die Schädigung auf der Pflichtwidrigkeit beruht. Der tatsächlichen Schadensentwicklung aus dem pflichtwidrigen Verhalten ist die gedacht sachgerechte Behandlung gegenüberzustellen. Primärschäden, die in der zeitlichen Folge oder im Schädigungsausmaß auch bei sachgerechtem Behandlungsverhalten eingetreten wären, beruhen nicht ursächlich auf der Pflichtwidrigkeit.

- BGH, Urt. v. 14. 7. 1992 – VI ZR 214/91 – NJW 1992, 2962 = VersR 1992, 1263
- BGH, Urt. v. 20. 9. 1988 – VI ZR 37/88 – NJW 1989, 767 = VersR 1988, 1273

191   Der haftungsrechtliche Zurechnungszusammenhang zwischen dem Arztfehler des erstbehandelnden Arztes und den Primär- und Folgeschäden wird mit der Weiterbehandlung durch einen anderen Arzt nur dann unterbrochen, wenn der Fehler des nachbehandelnden Arztes völlig ungewöhnlich und unsachgemäß ist und zu der Behandlung durch den ersten Arzt bei wertender Betrachtung nur ein „äußerlicher", gleichsam „zufälliger" Zusammenhang besteht, die erste Schädigungshandlung nur noch den äußeren Anlaß für die Schädigungshandlung des nachbehandelnden Arztes bildet.

Auch grobe Behandlungsfehler des nachbehandelnden Arztes können dem fehlerhaft erstbehandelnden Arzt zugerechnet werden und führen nicht ohne weiteres zu einer Unterbrechung des haftungsrechtlichen Zurechnungszusammenhanges.

– BGH, Urt. v. 20. 9. 1988 – VI ZR 37/88 – NJW 1989, 767 = VersR 1988, 1273
– BGH, Urt. v. 28. 1. 1986 – VI ZR 83/85 – NJW 1986, 2367 = VersR 1986, 601
– BGH, Urt. v. 23. 10. 1984 – VI ZR 24/83 – NJW 1985, 676 = VersR 1985, 60
– BGH, Urt. v. 10. 7. 1959 – VI ZR 87/58 – VersR 1959, 811
– OLG Saarbrücken VersR 2000, 1241 – NA-BGH –
– OLG Oldenburg NJWE-VHR 1998, 41 = VersR 1998, 1110
– OLG München NJW-RR 1997, 600 = VersR 1997, 577
– OLG München VersR 1996, 63 – NA-BGH –
– OLG Frankfurt VersR 1995, 785 – NA-BGH –
– OLG Hamm NJW 1996, 446 = VersR 1996, 585 – NA-BGH –
– OLG Köln, VersR 1994, 987 – NA-BGH –
– OLG Hamm VersR 1992, 610 – NA-BGH –
– OLG Hamm VersR 1989, 1263
– OLG Celle VersR 1987, 940, 941
– OLG Braunschweig VersR 1987, 76 – NA-BGH –
– OLG Hamm VersR 1985, 1072 – NA-BGH –

2. Haftungsausfüllende Kausalität

Die haftungsausfüllende Kausalität (§ 287 ZPO) betrifft die Frage der ur- **192** sächlichen Verknüpfung zwischen dem Primärschaden und den daraus entstehenden weiteren Sekundärschäden, z. B. weitere Gesundheitsschädigung sowie die Vermögensschäden insgesamt.

– BGH, Urt. v. 20. 9. 1988 – VI ZR 37/88 – NJW 1988, 2948 = VersR 1988, 1273
– BGH, Urt. v. 24. 6. 1986 – VI ZR 21/85 – NJW 1987, 705 = VersR 1986, 1121

Dem Schaden rechnen nicht nur die physischen Folgen einer Primärschä- **193** digung zu, sondern grundsätzlich auch **psychische Folgen**, ausgenommen bei Bagatellschädigungen und Rentenneurosen

– BGH, Urt. v. 16. 11. 1999 – VI ZR 257/98 – NJW 2000, 862 = VersR 2000, 372
– BGH, Urt. v. 11. 11. 1997 – VI ZR 376/96 – BGHZ 137, 142, 146 ff. = NJW 1998, 810 = VersR 1998, 801
– BGH, Urt. v. 11. 11. 1997 – VI ZR 146/96 – NJW 1998, 313 = VersR 1998, 200
– BGH, Urt. v. 25. 2. 1997 – VI ZR 101/96 – NJW 1997, 1640 = VersR 1997, 752
– BGH, Urt. v. 30. 4. 1996 – VI ZR 55/95 – BGHZ 132, 341, 343 ff. = NJW 1996, 2425 = VersR 1996, 990 (primäre und sekundäre psychische Folgen)
– OLG Köln NJW-RR 2000, 760
– OLG Koblenz VersR 1999, 1421

unbesetzt **194**

3. Hypothetischer Kausalverlauf – Reserveursache

An der Ursächlichkeit des Behandlungsfehlers für den Primärschaden wie **195** für den Sekundärschaden fehlt es allerdings, wenn feststeht, dass der Primäroder Sekundärschaden aus einer anderen Verursachungskette – insbesondere einer behandlungsunabhängigen Entwicklung des Grundleidens – in Ausprägung und Zeitpunkt auch bei einer hypothetisch fehlerfreien Behandlung in entsprechender Weise eingetreten wäre.

196–199 *unbesetzt*

III. Beweislasten

1. Behandlungsfehler

a) Vollbeweis

200 Der Patient trägt durchgehend die Beweislast für den objektiven Behandlungsfehler. Diesen Beweis führt er durch den Beweis einer Abweichung der ärztlichen Behandlung vom medizinischen Standard. Sache der Behandlungsseite ist es dann, ausreichende Befundtatsachen darzulegen (und gegebenenfalls zu beweisen), die eine Abweichung vom standardgemäßen Vorgehen gestatteten.

– BGH, Urt. v. 16. 3. 1999 – VI ZR 34/98 – NJW 1999, 1778 = VersR 1999, 716

Der Beweis des Behandlungsfehlers ist nach § 286 ZPO zur Gewissheit des Richters zu führen. Entscheidend ist die persönliche Überzeugung des Gerichts, nicht der Grad der Überzeugung eines Sachverständigen, das setzt nicht den Ausschluss letzter Zweifel, sondern lediglich einen für das praktische Leben brauchbaren Grad von Gewissheit voraus (Beweismaß).

– BGH, Urt. v. 26. 10. 1993 – VI ZR 155/92 – NJW 1994, 801 = VersR 1994, 52

Diese Beweislast gilt für fehlerhaftes positives Tun wie für fehlerhaftes Unterlassen gleichermaßen. Bleibt die Behauptung ungeklärt, ist der Behandlungsfehler zu Lasten des Patienten unbewiesen.

– BGH, Urt. v. 11. 12. 1990 – VI ZR 151/90 – NJW 1991, 1543 = VersR 1991, 315
(Rechtzeitige Beschaffung eines Medikaments)
– BGH, Urt. v. 20. 6. 1989 – VI ZR 320/88 – NJW 1989, 2943 = VersR 1989, 1051
(Verwechslung einer Blutprobe im Verantwortungsbereich)
– BGH, Urt. v. 28. 6. 1988 – VI ZR 217/87 – NJW 1988, 2949 = VersR 1989, 80
(Verspätung einer Schnittentbindung)
– BGH, Urt. v. 3. 2. 1987 – VI ZR 56/86 – BGHZ 99, 391, 395 = NJW 1987, 1482 = VersR 1987, 1089
(Diagnose- und Kontrollbefunde)
– BGH, Urt. v. 24. 6. 1986 – VI ZR 21/85 – NJW 1987, 705 = VersR 1986, 1121
– OLG Hamm VersR 1989, 1298 – NA-BGH –
– OLG Köln VersR 1989, 631 – NA-BGH –
(je Therapieaufklärung)
– BGH, Urt. v. 18. 3. 1986 – VI ZR 215/84 – NJW 1986, 2365 = VersR 1986, 788
(Pflegeanweisungen und -maßnahmen)
– BGH, Urt. v. 14. 7. 1981 – VI ZR 35/79 – NJW 1981, 2360 = VersR 1981, 1033
(Injektion – Phlegmone – keine Überweisung an Spezialisten)
– OLG Hamm VersR 1993, 102 – NA-BGH –
(Mangelnde Indikation)

Bereits für die Beweisebene des Behandlungsfehlers gilt anderes nur im Fehlerbereich des sog. voll beherrschbaren Risikos, insbesondere bei Organisations- und/oder Koordinierungsdefiziten.

Behauptet bei feststehender Unterlassung einer Diagnose- oder Kontroll- **201** untersuchung die Behandlungsseite, die Maßnahme sei kontraindiziert gewesen, liegt darin ein Bestreiten des Behandlungsfehlers; bleibt die Kontraindikation ungeklärt, trägt der Patient den Beweisnachteil.

– BGH, Urt. v. 10. 3. 1987 – VI ZR 88/86 – NJW 1987, 2291 = VersR 1987, 770

b) Beweiserleichterung aus Dokumentationsmängeln

Beweiserleichterungen in der Ebene bereits des Behandlungsfehlerbewei- **202** ses kommen dem Patienten zugute aus pflichtwidrig unvollständiger oder widersprüchlicher **Dokumentation,** wenn sich hieraus eine unzumutbare Verschlechterung der Beweissituation für den Patienten ergibt. Läßt die Behandlungsseite pflichtwidrig dokumentationsbedürftige Befunde in den Krankenunterlagen undokumentiert oder findet eine Therapieaufklärung, die zu dokumentieren wäre, pflichtwidrig in den Krankenunterlagen keinen Niederschlag, folgt hieraus ein Indiz dafür, dass, was nicht dokumentiert, auch nicht geschehen ist. Insoweit ist nach Vortrag oder über die Anhörung eines Sachverständigen (§ 144 ZPO) zunächst zu klären, was im Einzelnen hätte geschehen müssen; ist dazu nichts ausreichend dokumentiert, wird vermutet, dass die aus medizinischer Sicht erforderlichen Maßnahmen unterblieben sind. Sodann ist die Unterlassung der erforderlichen Maßnahmen haftungsrechtlich zu würdigen (s. auch Randnr. B 247).

– BGH, Urt. v. 19. 2. 1995 – VI ZR 272/93 – BGHZ 129, 6, 10 = NJW 1995, 1611 = VersR 1995, 706
– BGH, Urt. v. 23. 3. 1993 – VI ZR 26/92 – NJW 1993, 2375 = VersR 93, 836
  (je Befundfeststellung – Kontrolle auf Sudeck unterlassen)
– BGH, Urt. v. 28. 6. 1988 – VI ZR 217/87 – NJW 1988, 2948 = VersR 1989, 80
– OLG Köln VersR 1992, 1231 – NA-BGH –
– OLG Köln VersR 1989, 631, 632 – NA-BGH –
  (je Therapiehinweis)
– OLG Frankfurt VersR 1992, 578 – NA-BGH –
  (Befundfeststellung)

Radierungen oder Veränderungen der Dokumentation können – wie die fehlende Dokumentation – eine Vermutung begründen.

– BGH, Beschl. v. 12. 11. 1991 – VI ZR 196/91 – VersR 1992, 578 zu OLG Frankfurt

Auch ein erheblicher zeitlicher Abstand der Dokumentation zum Geschehen kann einer fehlenden Dokumentation in Ausnahmefällen gleichkommen.

– OLG Zweibrücken NJW-RR 2000, 27 = VersR 1999, 1546 – NA-BGH –

(1) **Dokumentationspflicht.** Die vertraglich wie deliktisch begründete Pflicht zur ärztlichen Dokumentation entbehrt, abgesehen von den Grundlinien, bisher noch der kasuistischen Durchstrukturierung.

Ziel und Zweck der Dokumentation sind nicht die forensische Beweis-
sicherung, sondern die Gewährleistung sachgerechter medizinischer Behandlung durch Erstarzt und weiterbehandelnden Arzt. Eine Dokumentation,
die **medizinisch** nicht erforderlich ist, ist aus Rechtsgründen nicht geboten.

- BGH, Urt. v. 6. 7. 1999 – VI ZR 290/98 – NJW 1999, 3408 = VersR 1999, 1282
- BGH, Urt. v. 19. 2. 1995 – VI ZR 272/93 – BGHZ 129, 6, 9 = NJW 1995, 1611 =
  VersR 1995, 706
- BGH, Urt. v. 23. 3. 1993 – VI ZR 26/92 – NJW 1993, 2375 = VersR 1993, 836

203 Hieraus folgen generelle Grenzen des Umfangs der Dokumentation wie
auch der Art und Weise der Dokumentationsform. Aufzeichnungspflichtig
sind die für die ärztliche Diagnose und Therapie wesentlichen medizinischen Fakten, in einer für den Fachmann hinreichend klaren Form, mit der
Maßgabe, dass die Dokumentationspflicht rechtlich nicht weiter reicht als
das medizinische Erfordernis; es genügen die klinikarztüblichen Kürzel und
Zeichen; die Dokumentation muss für den Fachmann inhaltlich verständlich
und vollständig sein, nicht für den Laien im Formalen.

- BGH, Urt. v. 23. 3. 1993 – VI ZR 26/92 – NJW 1993, 2375 = VersR 93, 836
- BGH, Urt. v. 24. 1. 1989 – VI ZR 170/88 – NJW 1989, 2330 = VersR 1989, 512,
  513
- OLG Nürnberg VersR 1990, 1121 – NA-BGH –
- OLG Saarbrücken VersR 1988, 916 – NA-BGH –
- (Zur Begrenzung auf die medizinischen Erfordernisse)

204 Bei standardisierten Routineeingriffen genügt die Angabe eines Kurzbe-
griffs.

- BGH, Urt. v. 10. 3. 1992 – VI ZR 64/91 – NJW 1992, 1560 = VersR 1992, 745
- (Appendektomie – „Stumpf in typischer Weise" genügt)
- BGH, Urt. v. 24. 1. 1984 – VI ZR 203/82 – NJW 1984, 1403 = VersR 1984, 386
- (Lagerung in Häschenstellung – Symbol genügt)
- OLG Oldenburg NJWE-VHR 1998, 138 = VersR 1999, 319
- (Magenresektion nach Billroth II – typische B-II- Resektion (2/3 Resektion))
- OLG Stuttgart VersR 1993, 608
- (Tonsillektomie – TE)

Andererseits kann eine ordnungsgemäße Dokumentation auch die Anfer-
tigung von Skizzen erfordern.

- OLG Stuttgart VersR 1997, 700
- (Augenbefund bei Morbus Coats)

Die Dokumentation erfolgt üblicherweise hand- oder maschinschriftlich
auf Papier, Karteikarten oder Vordrucken. Im Vordringen begriffen ist eine
Speicherung auf elektronischen Medien. Diese bieten enorme Möglichkeiten
hinsichtlich bildgebender Dokumentation auch des Behandlungsgeschehens,
beinhalten aber auch die Gefahr des beabsichtigten oder versehentlichen
Löschens oder Veränderns des gespeicherten Inhalts. Die Rechtsprechung
hat – soweit ersichtlich – bislang keine Bedenken geäußert.

205 Inhaltlich sind im Grundsatz aufzuzeichnen die wesentlichen medizinischen Feststellungen und Veranlassungen zu Diagnostik und Therapie (Dia-

gnose-Kontrolluntersuchungen mit Befunden, Laborbefunde, Medikation, Operationsbericht, Narkoseprotokoll) sowie die wichtigsten Fakten zum Therapieablauf (Vitalparameter), insbesondere soweit abweichend vom Standard- oder Normalverlauf (Abweichen von Standardvorgängen, im Eingriff angetroffene anatomische Abweichungen, Komplikationen, Wechsel des Operateurs, Behandlungsweigerung, Therapiehinweise, Anfängerbefassung und -kontrolle, spezielle Weisungen für Funktionspflege). **Selbstverständlichkeiten** sind nicht zu dokumentieren.

- OLG Zweibrücken NJWE-VHR 1997, 284 = VersR 1997, 1281
  (Einhaltung des Ausstattungsstandards)
- OLG Braunschweig NJW-RR 2000, 238 - NA-BGH -
  (Episiotomienaht nicht dokumentationspflichtig)
- OLG Köln NJW-RR 1999, 1790 = VersR 1998, 1026
  (Hautdesinfektion vor intramuskulärer Injektion)

Das Nichtdokumentieren einer ärztlich gebotenen Maßnahme kann zu der **206** Vermutung führen, dass die Maßnahme unterblieben ist, ist aber weder eine eigenständige Anspruchsgrundlage noch führt sie – ohne die Vermutung eines groben Behandlungsfehlers – allein zu einer Beweislastumkehr hinsichtlich des Ursachenzusammenhangs.

- BGH, Urt. v. 29. 9. 1998 - VI ZR 268/97 - NJW 1999, 863 = VersR 1999, 190
  (Naht eines Nervs - Pflegeanweisung zur Ruhigstellung fraglich zu dokumentieren)
- BGH, Urt. v. 23. 3. 1993 - VI ZR 26/92 - NJW 1993, 2375 = VersR 93, 836
  (Sudeck-Syndrom - zu dokumentieren: Symptome, nicht deren Fehlen)
- BGH, Urt. v. 24. 1. 1989 - VI ZR 170/88 - NJW 1989, 2330 = VersR 1989, 512
- OLG Nürnberg VersR 1990, 1121 - NA-BGH -
  (je Humerusfraktur - Metallentfernung von Schraube zu Schraube - zu dokumentieren: Abweichung von üblichem Vorgehen)
- OLG Düsseldorf NJWE-VHR 1996, 168 = VersR 1997, 748
  (Tumorentfernung - Nervus ulnaris-Läsion - Blutsperre nicht dokumentiert - Rückschluss auf Fehlen und fehlerhaftes Vorgehen)
- OLG Zweibrücken NJWE-VHR 1996, 63
  (Geburt aus Risikositus - Wehentätigkeit und fetale Herztöne - Befunde zum Geburtsfortschritt)
- OLG Düsseldorf VersR 1991, 1176
  (Humerusfraktur - Küntschernagelung/Schaftsprengung - im OP-Bericht keine anatomischen Besonderheiten dokumentiert - Rückschluss auf fehlerhaftes Vorgehen)
- OLG Köln VersR 1988, 1249
  (Meniskusschaden - Arthroskopie - keine Feststellung, ob Hakenzug angewandt - nicht zu dokumentieren, weil übliche Routineuntersuchung)
- BGH, Urt. v. 2. 6. 1987 - VI ZR 174/86 - NJW 1988, 762 = VersR 1987, 1238
- BGH, Urt. v. 18. 3. 1986 - VI ZR 215/84 - NJW 1986, 2365 = VersR 1986, 788
  (Decubitus - zu dokumentieren: Diagnose/Medikation/Anweisung für spezielle Decubitusprophylaxe/Kontrolle der Anweisungen)
- BGH, Urt. v. 7. 5. 1985 - VI ZR 224/83 - NJW 1985, 2193 = VersR 1985, 782
  (Lymphdrüsenexstirpation - Anfängerarzt - kein Operationsbericht)
- BGH, Urt. v. 24. 1. 1984 - VI ZR 203/82 - NJW 1984, 1403 = VersR 1984, 386
  (Lagerung in Häschenstellung - Plexusparese - zu dokumentieren: Anfangslagerung/Symbol genügt, nicht intra-operative Routinekontrolle)

- BGH, Urt. v. 10. 1. 1984 – VI ZR 122/82 – NJW 1984, 1408 = VersR 1984, 354
  (Geburt aus Beckenendlage – dokumentiert „Manualextraktion" – nicht hinreichend aussagekräftig (?))
- OLG Stuttgart VersR 1999, 582
  (Geburtshilfe – Armplexusparese – Erb'sche Lähmung – Horner-Syndrom – keine Dokumentation zur Schulterentwicklung – Vermutung, dass fehlerhaft (?))
- OLG Köln VersR 1994, 1424
  (Geburtshilfe – Armplexusparese – Erb'sche Lähmung – sehr schwere Schulterentwicklung – nicht ausreichende Dokumentation)
- OLG Bremen VersR 1989, 1163 – NA-BGH –
  (Geburt – CTG-Streifen bei nicht pathologischen Befunde müssen nicht archiviert werden)
- OLG Köln VersR 1988, 1299
  (Eileiterschwangerschaft/Fehldiagnose Adnexitis – routinemäßige Wiedereinbestellung muss nicht dokumentiert werden)
- OLG Zweibrücken NJWE-VHR 1997, 235 = VersR 1997, 1103
  (Schulterdystokie – unstreitige Entwicklungsmethode – Dokumentationsfehler unschädlich)
- OLG Saarbrücken VersR 1988, 916 – NA-BGH –
  (Geburt – Schulterdystokie – Vermerk „schwere Schulterentwicklung" – Dokumentation unzureichend)
- BGH, Urt. v. 9. 11. 1982 – VI ZR 23/81 – NJW 1983, 332 = VersR 1983, 151
  (Tubensterilisation – unvollständige Dokumentation zu Eingriff und Nachsorge)
- BGH, Urt. v. 10. 3. 1981 – VI ZR 202/79 – NJW 1981, 2002 = VersR 1981, 533
  (Tubensterilisation – Durchführung streitig – vorliegender Operationsbericht zu berücksichtigen)
- OLG Köln VersR 1989, 631, 632 – NA-BGH –
  (Amniozentese – zu dokumentieren: Therapiehinweise auf mögliche Chromosomenanomalie)
- BGH, Urt. v. 27. 6. 1978 – VI ZR 183/76 – BGHZ 72, 132, 137 = NJW 1978, 2337 = VersR 1978, 1022
- BGH, Urt. v. 21. 9. 1982 – VI ZR 302/80 – BGHZ 85, 212, 217 = NJW 1983, 333 = VersR 1982, 1193
  (je Appendektomie – Sepsis – völlig unzulängliche, fraglich geänderte Dokumentation zu Diagnostik und Therapie)
- OLG Köln VersR 1992, 1231 – NA-BGH –
  (EKG-Befunde mit Hinweisen auf schwere Herzerkrankung – zu dokumentieren: Therapiehinweise)
- OLG Bamberg VersR 1992, 831 – NA-BGH –
  (Hausarztbesuche – zu dokumentieren: nur krankhafte Befunde und von Routineuntersuchungen abweichende Befunde)
- OLG Frankfurt VersR 1987, 1118 – NA-BGH –
  (Druckverband – nicht dokumentationspflichtig)
- OLG Frankfurt VersR 1992, 758 – NA-BGH –
  (Sprunggelenksdistorsion – Sudeckentwicklung – zu dokumentieren: Befunde bei Gipsabnahme)
- OLG Düsseldorf VersR 1991, 1138 – NA-BGH –
  (Operation – zu dokumentieren: Wechsel des Operateurs)
- OLG Oldenburg VersR 1990, 1399
  (Hautdefekt – zu dokumentieren: plastische Deckung)
- OLG Karlsruhe VersR 1989, 852
  (Gebisssanierung – zu dokumentieren: Befund zu Parodontosestatus)

– OLG Köln VersR 1988, 1274 – NA-BGH –
(Ureterneueinpflanzung – zu dokumentieren: Maßnahmen zur Druckvermeidung in
Harnabflusswegen)
– OLG Düsseldorf VersR 1988, 968
(Otitis – eitriges Sekret – zu dokumentieren: Befund über Sekretbestimmung)
– OLG Stuttgart NJW-RR 1995, 662
(Dokumentation ärztlicher Routinevisite in Psychiatrie)
– OLG Stuttgart VersR 1990, 858 – NA-BGH –
(Suizidpatient – Anfängerarzt – zu dokumentieren: Diagnosebefunde in kritischer
Phase)
– BGH, Beschl. v. 12. 11. 1991 – VI ZR 196/91 zu OLG Frankfurt VersR 1992, 578
– BGH, Urt. v. 27. 6. 1978 – VI ZR 183/76 – BGHZ 72, 132, 139 = NJW 1978, 2337
= VersR 1978, 1022
– OLG Saarbrücken OLGR 1997, 286
– OLG Bamberg VersR 1988, 407 (LS)
(je zur Beweiswürdigung unvollständiger, fraglich fehlerhafter oder nachträglich
gefertigter Aufzeichnungen)

Ausnahmsweise kann aus medizinischer Sicht auch die Pflicht bestehen, **207**
negative Befunde zu dokumentieren, etwa wenn Anlass zur Ausräumung
eines Verdachts besteht oder bei medizinisch besonders wichtigen Befunden
(Vitalparametern)

– BGH, Urt. v. 19. 2. 1995 – VI ZR 272/93 – BGHZ 129, 6, 9 = NJW 1995, 1611 =
VersR 1995, 706
(Blutdruckwert bei Eingangsuntersuchung einer Schwangeren vor der Entbin-
dung)
– OLG Stuttgart VersR 1998, 1550 – NA-BGH –
(Überwärmung und Schwellung bei Verdacht auf Infektion des Kniegelenks nach
Arthroskopie)

Erhöhten Anforderungen an Inhalt und Genauigkeit der Dokumentation **208**
unterliegen Anfängerärzte in selbständiger Behandlung (operative Eingriffe
und Therapiemaßnahmen entsprechenden Gewichts).

– BGH, Urt. v. 7. 5. 1985 – VI ZR 224/83 – NJW 1985, 2193 = VersR 1985, 782
(Lymphdrüsenexstirpation – Anfängerarzt)
– OLG Düsseldorf VersR l991, 1138 – NA-BGH –
(Vasoresektion – Operateurwechsel Anfängerarzt/Oberarztassistenz – keine Doku-
mentation zu Situs bei Wechsel – für beide Ärzte fehlerhaft)
– OLG Stuttgart VersR 1990, 858 – NA-BGH –
(Suizidpatient – Anfängerarzt – keine Dokumentation der Diagnosebefunde in kri-
tischer Phase)

(2) **Widerlegbare Vermutung.** Bei pflichtwidrig nicht oder widersprüch- **209**
lich dokumentierten Befunden, Therapiemaßnahmen oder Therapiehinweisen steht der Behandlungsseite indessen selbstverständlich ihrerseits der
Beweis offen, dass desungeachtet der Befund erhoben, die Maßnahme vorgenommen oder die Therapieaufklärung erteilt worden ist. Steht dies fest,
fehlt es an dem behaupteten Behandlungsfehler; die mangelhafte Dokumentation bleibt insoweit beweisrechtlich unschädlich.

– BGH, Urt. v. 10. 1. 1984 – VI ZR 122/82 – NJW 1984, 1408 = VersR 1984, 354
– OLG München VersR 1993, 362 (LS)
– OLG Köln VersR 1990, 856 – NA-BGH –

210   Der Richter darf der Entscheidung nicht ein beliebig mögliches Verständnis der Dokumentation zugrunde legen. Er hat vielmehr den aus medizinischer Sicht zu verstehenden Inhalt unter Berücksichtigung der bekannten Fehlerquellen nach Gewichtung und Auseinandersetzung mit der Zuverlässigkeit weiterer Indizien festzustellen und muss die für seine Würdigung des Verständnisses der Dokumentation entscheidenden Gesichtspunkte im Urteil nachvollziehbar darlegen.

– BGH, Urt. v. 3. 2. 1998 – VI ZR 356/96 – NJW 1998, 2736 = VersR 1998, 634

211   Die Verletzung der Dokumentationspflicht schützt das Integritätsinteresse des Patienten nicht unmittelbar; allein aus einem Dokumentationsmangel als solchem begründet sich eine Haftung deshalb nicht.

– BGH, Urt. v. 19. 2. 1995 – VI ZR 272/93 – BGHZ 129, 6, 10 = NJW 1995, 1611 = VersR 1995, 706
– BGH, Urt. v. 23. 3. 1993 – VI ZR 26/92 – NJW 1993, 2375 = VersR 93, 836
– BGH, Urt. v. 24. 1. 1989 – VI ZR 170/88 – NJW 1989, 2330 = VersR 1989, 512
– BGH, Urt. v. 28. 6. 1988 – VI ZR 217/87 – NJW 1988, 2948 = VersR 1989, 80

212   **(3) Befundsicherungspflicht.** Der Arzt muss aber nicht nur Befunde dokumentieren, sondern auch erhobene Befunde sichern. Dementsprechend gehört es zu den Organisationsaufgaben der Behandlungsseite (Arzt, Krankenhausträger) sicherzustellen, dass Unterlagen, die Auskunft über das Behandlungsgeschehen geben, jederzeit aufgefunden werden können. Der niedergelassene Arzt wie das Krankenhaus müssen die Behandlungsunterlagen aufbewahren (vgl. § 11 Abs. 2 BO). Auch Röntgenaufnahmen, Untersuchungsbescheinigungen, Unterlagen über die Behandlung mit radioaktiven Substanzen, Unterlagen über Röntgenuntersuchungen, Belehrung über Arbeitsmethoden, Gefahren und Schutzmaßnahmen im Umgang mit Röntgenstrahlen, Durchschriften ausgefertigter Betäubungsmittelrezepte, Unterlagen über Verbleib und Bestand von Betäubungsmitteln, Aufzeichnungen über Befunde und Behandlungsmaßnahmen müssen aufbewahrt werden (vgl. §§ 28 Abs. 4, 29, 41, 43 Verordnung über den Schutz vor Schäden durch Röntgenstrahlen vom 8. 1. 1987, BGBl I 114; § 42 Abs. 5 Strahlenschutzverordnung i.d.F. v. 30. 6. 1989, BGBl I 1321; § 5 Abs. 9 Betäubungsmittel-Verschreibungsverordnung i.d.F. v. 20. 1. 1998 – BGBl. I 74; § 5 BMV-Ä). Dazu gehört, dass der Krankenhausträger bei Ausgabe der Aufnahmen an eine andere Stelle dokumentiert, wann er die Röntgenbilder an welche Stelle zu welchem Zweck weitergeleitet hat, dass er den Rückerhalt vermerkt und dass er ggfs. für die Rückgabe Sorge trägt und seine Bemühungen hierzu dokumentiert. Versäumt er dies, geht es nicht zu Lasten des Patienten, wenn wegen der Unauffindbarkeit der Aufnahmen die Frage eines Behandlungsverschuldens nicht abschließend geklärt werden kann. Vielmehr hat sich in einem solchen Fall die Behandlungsseite von dem Vorwurf des Verschuldens und möglicherweise auch schon des objektiven Fehlverhaltens zu entlasten.

– BGH, Urt. v 21. 11. 1995 – VI ZR 341/94 – NJW 1996, 779 = VersR 1996, 330

Entsprechend kann – über das eigene Interesse des Arztes am Nachweis einer Fremdverursachung hinaus – eine Pflicht bestehen, die Unterlagen für die Planung einer Operation nach deren Fehlschlag aufzubewahren.

– OLG Zweibrücken NJWE-VHR 1998, 210 = VersR 1999, 719
(Implantat – Sonderanfertigung – Aufbewahrung von Bestellunterlagen und des nicht verwendbaren Implantats)

2. Behandlungsverschulden

Der Arzt schuldet dem Patienten eine Behandlung nach dem jeweils zu **213** fordernden medizinischen Standard. Er muss grundsätzlich die Maßnahmen ergreifen, die von einem gewissenhaften und aufmerksamen Arzt aus berufsfachlicher Sicht seines Fachbereichs vorausgesetzt und erwartet werden. Der Fahrlässigkeitsbegriff ist hier – wie regelmäßig im Zivilrecht – objektiviert. Ob personelle oder räumliche Engpässe die vom Standard gebotene Behandlung erschwert haben, ist daher unerheblich.

– BGH, Urt. v. 16. 5. 2000 – VI ZR 321/98 – NJW 2000, 2741 = VersR 2000, 1146, z.V.b. in BGHZ
– BGH, Urt. v. 16. 3. 1999 – VI ZR 34/98 – NJW 1999, 1778 = VersR 1999, 716
– BGH, Urt. v. 29. 11. 1994 – VI ZR 189/93 – NJW 1995, 776 = VersR 1995, 659
– OLG Saarbrücken VersR 2000, 1241

Der Patient ist beweisbelastet auch für den Sachverhalt, aus dem sich das Behandlungsverschulden begründet. Einer entsprechenden, unter Beweis gestellten Behauptung des Patienten hat das Gericht nachzugehen und – wenn der eingeschaltete Sachverständige sich nicht klar zur Vermeidbarkeit der Schädigung äußert – für eine Klärung zu sorgen.

Es ist ferner Sache des Patienten vorzutragen und zu beweisen, dass ein Arzt des nachgeordneten Dienstes persönlich in Anspruch genommen werden kann, weil er selbständig gehandelt oder eine ihm gegebenenfalls obliegende Pflicht zu Gegenvorstellungen gegen Anweisungen des übergeordneten ärztlichen Dienstes verletzt hat (vgl. zur Entlastung durch die hierarchische Struktur im Krankenhaus oben Randnr. A 59 mit Nachweisen aus der Rechtsprechung). Eine solche Anweisung, von der der Patient in den seltensten Fällen Kenntnis haben kann, wird jedoch der angewiesene Arzt zumindest vortragen müssen.

Die Verschuldensvermutung des § 282 BGB findet im Kernbereich des **214** ärztlichen Handelns keine Anwendung. Anderes indessen gilt dann, wenn es nicht um den nur begrenzt steuerbaren Kernbereich ärztlichen Handelns geht, sondern um die Risiken aus dem Krankenhausbetrieb, die voll beherrscht werden können und müssen, insbesondere durch sachgerechte Organisation und Koordinierung des Behandlungsgeschehens. Dementsprechend trägt in Anwendung des Rechtsgedankens des § 282 BGB die Beweislast für Fehler- und Verschuldensfreiheit im Bereich des sog. voll beherrschbaren Risikos (z.B. Gerätesicherheit, Hygienegewähr, Verrichtungssicherheit des Pflegepersonals, Anfängerbeschäftigung) die Behandlungsseite.

- BGH, Urt. v. 6. 10. 1998 – VI ZR 239/97 – NJW 1999, 860 = VersR 1999, 60
- BGH, Urt. v. 24. 1. 1995 – VI ZR 60/94 – NJW 1995, 1618 = VersR 1995, 539
- BGH, Urt. v. 10. 3. 1992 – VI ZR 64/91 – NJW 1992, 1560 = VersR 1992, 745
- BGH, Urt. v. 8. 1. 1991 – VI ZR 102/90 – NJW 1991, 1541 = VersR 1991, 467
- BGH, Urt. v. 18. 12. 1990 – VI ZR 169/90 – NJW 1991, 1540 = VersR 1991, 310
- BGH, Urt. v. 22. 1. 1980 – VI ZR 263/78 – NJW 1980, 1159 = VersR 1980, 428
- BGH, Urt. v. 14. 3. 1978 – VI ZR 213/76 – NJW 1978, 1681 = VersR 1978, 542

215   Zu beachten ist weiter, dass für die generelle fachliche Qualifikation des Arztes, d. h. für die in der Behandlung erforderlichen Fachkenntnisse und Facherfahrungen grundsätzlich der Arzt beweispflichtig ist. Der Arzt, der sich auf einem ihm fremden Fachgebiet betätigt, kann sich nicht ohne weiteres mit dem Hinweis auf fehlende Kenntnis entlasten.

- BGH, Urt. v. 24. 6. 1980 – VI ZR 7/79 – NJW 1980, 2751 = VersR 1980, 940
- BGH, Urt. v. 27. 10. 1981 – VI ZR 69/80 – NJW 1982, 697 = VersR 1982, 147

Desgleichen hat der Arzt zu beweisen, dass der vereinbarte Eingriff überhaupt durchgeführt worden ist, dass er seine vertragliche Hauptpflicht erfüllt hat.

- BGH, Urt. v. 10. 3. 1981 – VI ZR 202/79 – NJW 1981, 2002 = VersR 1981, 730

3. Kausalität

216   Für die ursächliche Verknüpfung zwischen dem Behandlungsfehler und dem in Betracht stehenden Schaden ist generell der Patient beweisbelastet.

a) Haftungsbegründende Kausalität

217   Im Band der haftungsbegründenden Kausalität zwischen Behandlungsfehler und erstem körperlichen oder gesundheitlichen Primärschaden ist Vollbeweis nach § 286 ZPO zu führen.

- BGH, Urt. v. 26. 10. 1993 – VI ZR 155/92 – NJW 1994, 801 = VersR 1994, 52
- BGH, Urt. v. 3. 2. 1987 – VI ZR 56/86 – BGHZ 99, 391, 395 = NJW 1987, 1482 = VersR 1987, 1089
- BGH, Urt. v. 24. 6. 1986 – VI ZR 21/85 – NJW 1987, 705 = VersR 1986, 1121

Vorschäden sind nur dann zu berücksichtigen, wenn sich im Rahmen des Gesamtschadens im Sinne einer Teilkausalität differenzieren lässt, inwieweit tatsächlich Beschwerden ausschließlich auf den Vorschaden zurückzuführen sind, die ohnehin aufgetreten wären, und inwieweit Beschwerden ausschließlich durch die ärztliche Behandlung bedingt sind; Kausalität und Haftung sind dann nur für den letzteren Bereich zu bejahen. Anderenfalls verbleibt es bei der Einstandspflicht für den gesamten Schaden (Gesamtkausalität).

- BGH, Urt. v. 16. 5. 2000 – VI ZR 321/98 – NJW 2000, 2741 = VersR 2000, 1146, z. V. b. in BGHZ
- BGH, Urt. v. 1. 10. 1996 – VI ZR 10/96 – NJW 1997, 796 = VersR 1997, 362
- BGH, Urt. v. 22. 10. 1963 – VI ZR 187/62 – VersR 1964, 49

Ausreichend ist der Beweis der Mitverursachung des Schadens durch einen Behandlungsfehler.

– BGH, Urt. v. 27. 6. 2000 – VI ZR 201/99 – VersR 2000, 1282
(Außendrehfehler nach Operation)
– BGH, Urt. v. 26. 1. 1999 – VI ZR 374/97 – NJW-RR 1999, 819 = VersR 1999, 862
(HOPS – Ursachenbündel)
– OLG Köln VersR 1998, 106
(fehlerhafte Reposition)

(1) **Grundsatz.** Der Patient hat bei feststehendem Behandlungsfehler **218** durch **positives Tun** zum Nachweis der haftungsbegründenden Kausalität zu beweisen, dass die nach dem medizinischen Soll-Standard gebotene, richtige Behandlung den Eintritt des Primärschadens verhindert hätte. Bei feststehendem fehlerhaften **Unterlassen** (z. B. Fehldiagnose oder Nichterhebung von Diagnose- oder Kontrollbefunden) ist der Patient beweisbelastet dahin, dass bei richtiger Diagnose oder rechtzeitiger Erhebung der Befunde und richtiger Behandlung nach dem medizinischen Soll-Standard die Primärschädigung gänzlich oder teilweise vermieden worden wäre.

– BGH, Urt. v. 28. 6. 1988 – VI ZR 217/87 – NJW 1988, 2949 = VersR 1989, 80
– OLG Köln VersR 1998, 767 – NA-BGH –
(je verspätete Schnittentbindung)
– BGH, Urt. v. 10. 11. 1987 – VI ZR 39/87 – NJW 1988, 1513 = VersR 1988, 293
– OLG Hamm VersR 1993, 440 – NA-BGH –
– OLG Oldenburg VersR 1993, 229 – NA-BGH –
– OLG Düsseldorf VersR 1989, 478
– OLG Düsseldorf VersR 1989, 192 – NA-BGH –
(je Befunderhebung)
– BGH, Urt. v. 18. 3. 1986 – VI ZR 215/84 – NJW 1986, 2365 = VersR 1986, 788
– OLG Karlsruhe VersR 1986, 44, 45 – NA-BGH –
(je Pflegeanweisungen und -maßnahmen)
– OLG Zweibrücken NJWE-VHR 1998, 237 = VersR 1998, 590
(Gallenoperation – Druckgefühl im Ohr – kein HNO-Konsil – Morbus Ménière)
– OLG Zweibrücken VersR 1988, 590
(Durchtrennung der Beugesehne am kleinen Finger – primäre Sehnennaht unterlassen – eingeschränkte Beweglichkeit)
– OLG Koblenz VersR 1996, 1241 – NA-BGH –
(Blitz-Nick-Salaam-Anfallsleiden nach DPT-Impfung)
– OLG Köln VersR 1996, 464 – NA-BGH –
(Ausschabung – Uterusperforation – Endometriose – Infertilität)
– OLG Nürnberg MedR 1995, 323
(Keuchhusten- (Pertussis-) Impfung – Kinderarzt – frühkindlicher Gehirnschaden – Meningo-Encephalocele)

(2) **Behandlungsverweigerung durch Patient.** Schwierigkeiten bereiten in **219** der Rechtspraxis die nicht seltenen Fälle behaupteter Behandlungsweigerung des Patienten oder des eigenmächtigen Abbruchs der Behandlung. Sie stellen sich dar teils als Bestreiten des Behandlungsfehlers, teils als Bestreiten seiner Kausalität für den Primärschaden.
Dazu im Einzelnen:
(a) **Tatsächliche Weigerung.** (aa) Ist in den Fällen einer erforderlichen **220** Befunderhebung oder Therapiemaßnahme deren **Unterlassung unstreitig,**

behauptet indessen die Behandlungsseite, die Untersuchungs- oder Behandlungsmaßnahme sei dem Patienten vorgeschlagen, der Patient habe die Durchführung der Maßnahme aber (tatsächlich) verweigert oder habe die Behandlung eigenmächtig abgebrochen, so bestreitet die Behandlungsseite die Fehlerhaftigkeit der Unterlassung. Der Patient trägt den Beweisnachteil, wenn die behauptete Weigerung oder der eigenmächtige Abbruch der Behandlung unaufklärbar bleibt. Indessen kommt ihm in aller Regel eine Beweiserleichterung zugute, wenn Weigerung oder Abbruch der Behandlung auf den behaupteten Behandlungsvorschlag nicht dokumentiert sind.

– BGH, Urt. v. 3. 2. 1987 – VI ZR 56/86 – BGHZ 99, 391, 394 = NJW 1987, 1482 = VersR 1987, 1089
– OLG Düsseldorf VersR 1985, 169

221 Eine schriftliche Erklärung des Patienten ist zur Dokumentation zwar hilfreich, jedoch nicht erforderlich.

– OLG Düsseldorf VersR 1997, 1402 – NA-BGH –

Materiell ist die Behandlungsseite in dem von ihr behaupteten Sachverhalt verweigerter Befolgung ihres Behandlungsvorschlags gehalten, dem Patienten zu den medizinischen Folgen eingehende Schutz- und Gefahrhinweise (Therapieaufklärung) zu geben. Wird solches von der Behandlungsseite versäumt, liegt darin ein Behandlungsfehler; die behauptete Weigerung des Patienten ist dann rechtlich unbeachtlich.

– BGH, Urt. v. 27. 1. 1998 – VI ZR 339/96 – NJW 1998, 1782 = VersR 1998, 585
– BGH, Urt. v. 24. 6. 1997 – VI ZR 94/96 – NJW 1997, 3090 = VersR 1997, 1357
– BGH, Urt. v. 27. 11. 1990 – VI ZR 30/90 – NJW 1991, 748 = VersR 1991, 308
– BGH, Urt. v. 3. 2. 1987 – VI ZR 56/86 – BGHZ 99, 391, 397 = NJW 1987, 1482 = VersR 1987, 1089
– OLG Köln VersR 2000, 102
– OLG Köln VersR 1996, 1021
– OLG München NJW-RR 1995, 85 = VersR 1996, 379 (L)
– OLG Frankfurt VersR 1994, 1066 – NA-BGH –
– OLG Köln VersR 1993, 361

222 Wird die Erteilung der erforderlichen Therapieaufklärung behauptet, trägt der Patient für ihre Unterlassung die Beweislast, freilich kommt ihm eine Beweiserleichterung zugute, wenn die Therapieaufklärung ihrerseits nicht dokumentiert ist.

– BGH, Urt. v. 24. 6. 1997 – VI ZR 94/96 – NJW 1997, 3090 = VersR 1997, 1357
– BGH, Urt. v. 19. 5. 1987 – VI ZR 147/86 – NJW 1987, 2300 = VersR 1987, 1091
– BGH, Urt. v. 3. 2. 1987 – VI ZR 56/86 – BGHZ 99, 391, 394 = NJW 1987, 1482 = VersR 1987, 1089
– OLG Köln VersR 1992, 1231 – NA-BGH –
– OLG Köln VersR 1989, 631, 632 – NA-BGH –

Zu einer vergleichbaren Fallgestaltung streitiger Behandlungsweigerung und streitiger Selbstbestimmungsaufklärung:

– BGH, Urt. v. 12. 11. 1991 – VI ZR 369/90 – NJW 1992, 741 = VersR 1992, 237 (Schnittentbindung – vaginale Entbindung)

(bb) Ist in den Fällen erforderlicher Untersuchung oder Befunderhebung **223** bereits die Unterlassung streitig, behauptet aber die Behandlungsseite, die Behandlungsmaßnahme sei durchgeführt, steht die Unterlassung als Behauptung eines Behandlungsfehlers

– BGH, Urt. v. 10. 3. 1981 – VI ZR 202/79 – NJW 1981, 2002 = VersR 1981, 730

zur Beweislast des Patienten. Gegebenenfalls kommt ihm eine Beweiserleichterung zugute, wenn die Behandlungsmaßnahme zu dokumentieren gewesen wäre. Eine Grundlage für die Behauptung der Behandlungsseite, der Patient habe die Behandlungsmaßnahme tatsächlich verweigert, gibt es in dieser Alternative nicht.

(b) **Hypothetische Weigerung.** Anders beurteilen sich die Fälle einer er- **224** forderlichen Befunderhebung oder Behandlungsmaßnahme, in denen die Unterlassung unstreitig ist, die Behandlungsseite indessen (nur) behauptet, der Patient hätte sich, wäre ihm dies vorgeschlagen worden, der Maßnahme verweigert. Die Behandlungsseite bestreitet hier die Kausalität ihrer Unterlassung; sie zu beweisen, obliegt dem Patienten.

Im Bereich unterlassener Therapieaufklärung gehört bei unstreitiger Unterlassung die Behauptung der Behandlungsseite, der Patient hätte, wäre der Therapiehinweis erteilt worden, dem Hinweis keine Folge gegeben, gleichfalls zum Bestreiten der Kausalität der Unterlassung, die im Grundsatz zur Beweislast des Patienten steht.

Bei der Unterlassung erforderlicher Therapieaufklärung hat der Patient zu beweisen, dass er, sofern richtig aufgeklärt, der Aufklärung Folge gegeben hätte, sich richtig verhalten und in richtige Therapie begeben hätte und hieraus der Primärschaden vermieden worden wäre.

– BGH, Urt. v. 24. 6. 1986 – VI ZR 21/85 – NJW 1987, 705 = VersR 1986, 1121
– OLG Celle VersR 1986, 554 – NA-BGH –
(je Therapieaufklärung)

Angesichts der spezifischen Funktion des Gefahr- und Warnhinweises **225** spricht, freilich beschränkt auf das Beweisband zwischen Unterlassung und Entschluß des Patienten, häufig eine Vermutung zugunsten des Patienten, dass er sich aufklärungsrichtig verhalten hätte. Dann hat insoweit die Beweislast grundsätzlich die Behandlungsseite tragen. Das gilt jedenfalls, soweit die Beratungspflicht einen gezielten Rat zum Gegenstand hat und das gedacht „aufklärungsrichtige" Verhalten naheliegt, weil die aufklärungspflichtige Gefahr regelmäßig nur durch die Befolgung des in Betracht stehenden konkreten Verhaltensrats gemieden werden kann.
So im Ergebnis:

– BGH, Urt. v. 8. 11. 1988 – VI ZR 320/87 – NJW 1989, 1536 = VersR 1989, 186
(Verspätete Amniozentese – kein Hinweis auf erforderliche Zweitamniozentese – fehlerhaft, fraglich grob – Beweislast der Behandlungsseite für nicht aufklärungsrichtigen Entschluss)
– BGH, Urt. v. 25. 4. 1989 – VI ZR 175/88 – BGHZ 107, 222, 228 = NJW 1988, 2318 = VersR 1989, 702
(Retikulumzellkarzinom – kein Hinweis auf Befund und Behandlungsnotwendigkeit – grob fehlerhaft – Beweislast der Behandlungsseite für nicht aufklärungsrichtigen Entschluss)

– BGH, Urt. v. 24. 6. 1986 – VI ZR 21/85 – NJW 1987, 707 = VersR 1986, 1121
(Unterschenkelfraktur – kein Hinweis auf erforderliche Nachoperation – grob fehlerhaft – Beweislast der Behandlungsseite für nicht aufklärungsrichtigen Entschluss)
– BGH, Urt. v. 22. 11. 1983 – VI ZR 85/82 – BGHZ 89, 95, 103 = NJW 1984, 658 = VersR 1984, 186
(Amniozentese – unvollständige Beratung über Morbus Down-Risiko – fehlerhaft, nicht grob – Beweislast der Behandlungsseite für nicht aufklärungsrichtigen Entschluss)
– OLG Zweibrücken NJW-RR 2000, 235 = MedR 2000, 233
(Beratung über pränatale Diagnostik – Amniozentese)
– OLG Köln VersR 1996, 1278
(Wirkung der Medikation – Sturzgefahr – hinweispflichtig)
– OLG Stuttgart VersR 1996, 979
(Augenoperation – Vermutung für vorsichtiges Verhalten nach ordnungsgemäßem Hinweis)
– OLG Oldenburg VersR 1995, 96
(Hodentorsion – Freilegung unterlassen – Arzt muss beweisen, dass Patient nicht hätte freilegen lassen)
– OLG Köln VersR 1992, 1231, 1232 – NA-BGH –
(EKG – Verdacht auf ernste Herzerkrankung – kein Hinweis für künftige Lebensführung – fehlerhaft, nicht grob – Beweislast der Behandlungsseite für nicht aufklärungsrichtigen Entschluss)
– OLG Düsseldorf VersR 1985, 169, 170
(Kein Hinweis auf absolut indizierten Eingriff – Beweislast der Behandlungsseite für nicht aufklärungsrichtiges Verhalten)

226 In der vergleichbaren Fallkonstellation einer Verletzung der Pflichten zu Warn- und Ausschlusshinweisen gegenüber Blutspendern aus Risikogruppen muß den „Gleichwohl-Entschluss" gleichfalls die Behandlungsseite beweisen.

– BGH, Urt. v. 30. 4. 1991 – VI ZR 178/90 – BGHZ 114, 284, 296 = NJW 1991, 1948 = VersR 1991, 816

227 Ist Gegenstand einer therapeutischen Aufklärungspflicht indessen nur die vollständige und richtige Darstellung einer allgemeinen Risiko- und/oder Gefahrenlage ohne gezielten Verhaltensrat und zugleich die Entschlusslage des Patienten offen, weil zur Vermeidung des Risikos verschiedene Verhaltensweisen geeignet sind, verbleibt es auch für das Kausalitätsband zwischen der Unterlassung der Aufklärung und dem Entschluss des Patienten bei der Beweisbelastung des Patienten.

– BGH, Urt. v. 28. 3. 1989 – VI ZR 157/88 – NJW 1989, 2320 = VersR 1989, 700
(Immunglobulingabe bei Rhesusunverträglichkeit Mutter/Kind – kein Hinweis auf dennoch mögliche Antikörperbildung – Beweislast der Mutter, wie sie sich verhalten hätte)
– BGH, Urt. v. 10. 3. 1981 – VI ZR 202/79 – NJW 1981, 2002 = VersR 1981, 730
– BGH, Urt. v. 2. 12. 1980 – VI ZR 175/78 – NJW 1981, 630 = VersR 1980, 278
(je Sterilisation)

228 (3) **Gegenbeweis.** Gegenüber der Behandlungsfehler-Schadenskausalitätsbehauptung des Patienten kann selbstredend die Behandlungsseite den gegenläufigen Beweis führen, dass sich das Behandlungsverschulden mit Gewissheit auf den Primärschaden nicht ausgewirkt hat.

- BGH, Urt. v. 29. 10. 1985 – VI ZR 85/84 – NJW 1986, 776 = VersR 1986, 295
(Operation durch übermüdeten Arzt – § 831 Abs. 1 Satz 2 BGB – Beweis, dass
sich Übermüdung nicht ausgewirkt hat)
- OLG Köln VersR 1990, 930
(Keine Röntgenaufnahme – Erhebung des Befundes hätte zur selben Therapie ge-
führt)
- OLG Karlsruhe VersR 1990, 53 – NA-BGH –
(Kein Hinweis auf Behandlungsnotwendigkeit in Klinik – Patient meldet sich aus
eigenem Entschluss)
- OLG Düsseldorf VersR 1986, 659
(Fehldiagnose durch Anfängerarzt – Beweis, dass auch ein Facharzt nicht richtig
diagnostiziert hätte)

b) Haftungsausfüllende Kausalität

Im Band der haftungsausfüllenden Kausalität zwischen körperlicher oder **229**
gesundheitlicher Primärschädigung und weiteren Sekundärschäden an Gesundheit oder Vermögen ist gleichfalls der Patient beweisbelastet, insoweit
freilich mit den geringeren Beweisanforderungen des § 287 ZPO.
Die Abgrenzung des Primärschadens vom Sekundärschaden ist gelegent-
lich nicht ganz einfach. Sie ist danach vorzunehmen, ob der Kläger den Fol-
geschaden einer Schädigung oder die Schädigung selbst geltend macht. Primärschaden ist der Schaden in seiner konkreten Ausprägung, nicht die von
den Symptomen abstrahierte Schädigung. Die als Auswirkung der Schädigung geltendgemachten gesundheitlichen Beeinträchtigungen sind keine
Folgeschäden, sondern der Primärschaden, wenn sie nur das äußere Erschei-
nungsbild der organischen Schädigung und keine darüber hinausgehende
Schädigung betreffen. Anderes wird möglicherweise gelten, wenn der Geschädigte eine konkrete organische Verletzung (etwa die Schädigung von
Hirngewebe) geltend machen kann.

- BGH, Urt. v. 21. 7. 1998 – VI ZR 15/98 – NJW 1998, 3417 = VersR 1998, 1153
(Verhaltensstörungen wegen minimaler cerebraler Dysfunktion (MCD) nach Fehler
bei Geburtsleitung – Primärschaden)
- BGH, Urt. v. 28. 6. 1988 – VI ZR 288/87 – NJW 1988, 2948 = VersR 1989, 145
(Hodenentzündung nach Ausstreuung von Tuberkelbazillen infolge Behandlungs-
fehlers – Primärschaden)

c) Hypothetischer Kausalverlauf – Reserveursache

Die Behauptung der Behandlungsseite, der aus dem Behandlungsfehler in **230**
Betracht stehende Schaden – Primär- oder Sekundärschaden – hätte sich be-
handlungsunabhängig in entsprechender Weise auch bei fehlerfreier Behandlung verwirklicht, steht als Einwand der sog. Reserveursache zur Beweislast der Behandlungsseite (st. Rspr.).

- OLG Köln VersR 1992, 1231, 1232 – NA-BGH –

IV. Anscheinsbeweis

Die Heranziehung der Grundsätze des Anscheinsbeweises zugunsten des **231**
beweisbelasteten Patienten kann im Bereich des Haftungsgrundes in Be-

tracht kommen im Blick auf die Frage, ob aus einem festgestellten Behandlungsfehler typischerweise auf das Vorliegen eines Verschuldens und/oder auf die ursächliche Zuordnung des Primärschadens geschlossen werden kann. Umgekehrt kann in Betracht stehen, dass eine feststehende Primärschädigung typischerweise nur durch einen schuldhaften Behandlungsfehler verursacht sein kann.

Greift der Anscheinsbeweis, so liegt es an der Behandlungsseite, den Anschein zu erschüttern durch den Beweis eines Sachverhalts, der die ernsthafte Möglichkeit eines atypischen Verlaufs nahelegt. In der neueren Rechtsprechung findet sich ein Anscheinsbeweis – bejahend oder ablehnend – erörtert:

232   *Allgemeinmediziner/Facharzt – ambulant/Erstversorgung*

– BGH, Urt. v. 20. 6. 1989 – VI ZR 320/88 – NJW 1989, 2943 = VersR 1989, 1051
  (Gynäkologe/Laborarzt – Blutprobe (fraglich wo) verwechselt – kein Anscheinsbeweis für Verursachung im Verantwortungsbereich)
– OLG Köln VersR 1992, 1475
  (Zahnextraktion – Beschädigung des Nachbarzahns Anscheinsbeweis für übermäßige Kraftanwendung)

233   *Anästhesie*

– OLG Köln VersR 1987, 1020 – NA-BGH –
  (ITN in ungenügender Narkosetiefe – Bronchospasmus/weitere gefahrerhöhende Umstände – Anscheinsbeweis für Behandlungsfehler)
– OLG Düsseldorf VersR 1987, 489 – NA-BGH –
  (ITN – apallisches Syndrom – Anscheinsbeweis für Behandlungsfehler)
– OLG Düsseldorf VersR 1988, 742
  (Tonsillektomie – zeitnah Verlust des Geschmacksempfindens – kein Anscheinsbeweis für Behandlungsfehler)

234   *Chirurgie*

– OLG Hamm VersR 1999, 845 – NA-BGH –
  (Bandscheibenoperation – Diszitis – kein Anscheinsbeweis für Behandlungsfehler/Hygienefehler)
– OLG Oldenburg NJWE-VHR 1998, 19 = VersR 1998, 636
  (Oberschenkelbruch – Osteosynthese – Hüftkopfnekrose – kein Anscheinsbeweis für Behandlungsfehler)
– OLG Hamm VersR 1998, 1243 – NA-BGH –
  (Hüftgelenksoperation – Armplexusparese – Anscheinsbeweis für ursächlichen Behandlungsfehler bei Lagerung)
– OLG Karlsruhe VersR 1992, 1265
  (Hüftgelenksoperation – Kontinuitätsdurchtrennung der arteria femoralis und des Nervus femoralis – kein Anscheinsbeweis für Fehlanwendung eines Hohmann-Hakens (zweifelhaft))
– OLG Hamm VersR 1987, 807 – NA-BGH –
  (Sprunggelenksoperation in ausgedehnte Weichteilschwellung – Anscheinsbeweis für fehlerhaft gesetzte Infektion und Schadensursächlichkeit)
– BGH, Urt. v. 10. 3. 1992 – VI ZR 64/91 – NJW 1992, 1560 = VersR 1992, 745
– OLG Karlsruhe VersR 1988, 93 – NA-BGH –
  (je Appendektomie – Nahtinsuffizienz – kein Anscheinsbeweis für Behandlungsfehler)
– OLG Saarbrücken VersR 1988, 95 – NA-BGH –
  (Magenresektion – Nahtinsuffizienz – kein Anscheinsbeweis für Behandlungsfehler)

- OLG Schleswig VersR 1993, 1274 – NA-BGH –
  (Appendizitis – Intensivstation – Bauchdeckenabszesse und Verwachsungen – kein
  Anscheinsbeweis für Behandlungsfehler)
- OLG Oldenburg NJW-RR 2000, 241 = VersR 1999, 848
  (Entlassung – 2 Stunden später Hodentorsion – kein Anscheinsbeweis für Behandlungsfehler)
- OLG Hamm VersR 1999, 452 – NA-BGH –
  (Harnröhrenschlitzung – Arterienverletzung – kein Anscheinsbeweis für Behandlungsfehler)
- OLG Oldenburg NJW-RR 1996, 406 = VersR 1997, 318
  (Prostatabiopsie – Prostatitis – kein Anscheinsbeweis für Kausalität)
- OLG Oldenburg VersR 1994, 54
  (Darmspiegelung – Darmperforation – kein Anscheinsbeweis für Behandlungsfehler)
- OLG Düsseldorf VersR 1992, 751
- OLG Saarbrücken VersR 1988, 831 – NA-BGH –
- OLG Hamm VersR 1987, 1146 – NA-BGH –
- OLG Düsseldorf VersR 1987, 412 – NA-BGH –
  (je Sterilisation – Rekanalisation/Folgeschwangerschaft – kein Anscheinsbeweis
  für Behandlungsfehler)
- OLG Oldenburg NJW-RR 2000, 240 = VersR 2000, 59
  (Vasektomie – Spätrekanalisation – kein Anscheinsbeweis für Behandlungsfehler)
- OLG Zweibrücken NJWE-VHR 1997, 284 = VersR 1997, 1281
  (Hochfrequenzchirurgiegerät – fraglicher Decubitus außerhalb der Elektrodenanlegestellen – kein Anscheinsbeweis für Behandlungsfehler)
- OLG Saarbrücken VersR 1991, 1289
  (Hochfrequenzchirurgiegerät – Verbrennungen am Gesäß – kein Anscheinsbeweis
  für Behandlungsfehler)
- OLG Köln VersR 1990, 1244 (LS)
  (Drainagefragment in Episiotomiewunde – Anscheinsbeweis für Behandlungsfehler, wenn Sicherung der Drainage ungeklärt)
- OLG Celle VersR 1990, 50 – NA-BGH –
  (Herzkatheterfragment in Lungenarterie – mehrfache Herzeingriffe – kein Anscheinsbeweis für Behandlungsfehler)
- OLG Oldenburg NJW-RR 1999, 178
- OLG Düsseldorf VersR 1989, 705 – NA-BGH –
  (je Radiusfraktur – Sudeckentwicklung – kein Anscheinsbeweis für Behandlungsfehler)
- OLG Hamm VersR 1989, 480 – NA-BGH –
  (Harnleitersteinentfernung/Zeiss'sche Schlinge – Harnleiterverletzung – kein Anscheinsbeweis für Behandlungsfehler)
- OLG Oldenburg VersR 1988, 695 – NA-BGH –
  (Schädeloperation bei Syringomyelitis – postoperativ meningeale Symptomatik –
  kein Anscheinsbeweis für Behandlungsfehler)
- OLG Hamm VersR 1987, 1119
  (Fisteloperationen mehrfach – Sanierung durch Nachoperateur – kein Anscheinsbeweis für Behandlungsfehler)
- OLG Stuttgart VersR 1993, 608
  (Tonsillektomie – Geschmacksverlust – kein Anscheinsbeweis für Behandlungsfehler)
- OLG Braunschweig VersR 2000, 637
  (M. Basedow – Schilddrüsenresektion – Lähmung des N. recurrens bds. – kein Anscheinsbeweis für Behandlungsfehler)

235 *Geburt*
 - BGH, Urt. v. 3. 6. 1986 – VI ZR 95/85 – NJW 1986, 2886 = VersR 1986, 1079
   (Entbindung vaginal – Hämatome an Kopf und Gesäß – kein Anscheinsbeweis für
   Behandlungsfehler)
 - OLG Schleswig VersR 1997, 831 – NA-BGH –
   (Entbindung operativ vaginal – Vakuumextraktion – Horner-Syndrom – Fraktur
   des Arms – Armplexuslähmung – kein Anscheinsbeweis für Behandlungsfehler)
 - OLG Zweibrücken NJWE-VHR 1997, 235 = VersR 1997, 1103
   (Schulterdystokie – Plexusparese – Horner-Syndrom – kein Anscheinsbeweis für
   Behandlungsfehler)
 - OLG Stuttgart VersR 1988, 856 – NA-BGH –
   (Entbindung vaginal – Hirnschäden – kein Anscheinsbeweis für Überwachungs-
   fehler)

236 *Injektionen, Transfusionen, Punktionen, Impfungen*
 - BGH, Urt. v. 7. 6. 1988 – VI ZR 277/87 – NJW 1989, 771 = VersR 1988, 1031
   (Valiuminjektion in Tabatiere – Eindringen in Arterie – kein Anscheinsbeweis für
   Behandlungsfehler)
 - BGH, Urt. v. 14. 2. 1989 – VI ZR 65/88 – NJW 1989, 1533 = VersR 1989, 514,
   ins. nicht in BGHZ 106, 391
   (Intraartikuläre Corticoidinjektion in Schultergelenk – Gelenkempyem/Exitus/
   Aufklärungshaftung – Anscheinsbeweis für Infektion und Schadensursächlich-
   keit)
 - OLG Düsseldorf NJW-RR 1998, 170
   (Intraartikuläre Injektion – Infektion des Gelenks – Beweiserleichterung nur bei
   Verstoß gegen Regeln über Desinfektion)
 - OLG Hamm VersR 2000, 323 – NA-BGH –
   (Punktion des Kniegelenks – Infektion – kein Anscheinsbeweis für mangelnde
   Asepsis)
 - OLG Düsseldorf VersR 1991, 1136
   (Intraartikuläre Injektion in Reizknie – eitrige Wunde im Ellenbogenbereich – zeit-
   nahes Empyem – Anscheinsbeweis für fehlerhaft gesetzte Infektion und Schadens-
   ursächlichkeit)
 - OLG Köln VersR 1988, 1136
   (Periartikuläre Injektion – Abszess nach längerer Zeit – kein Anscheinsbeweis für
   Behandlungsfehler (mangelnde Asepsis))
 - OLG Oldenburg VersR 1987, 390 – NA-BGH –
   (Intraartikuläre Injektion in Kniegelenk – tiefe Wundinfektion – kein Anscheins-
   beweis für Behandlungsfehler (mangelnde Asepsis))
 - OLG Bremen VersR 1990, 1151
 - OLG Düsseldorf VersR 1984, 241
   (je intramuskuläre Injektion in Gesäßmuskel – Ischiadicuslähmung – Anscheins-
   beweis für Behandlungsfehler und Schadensursächlichkeit (falsche Injektionsstelle
   und/oder falsche Einstichrichtung))
 - OLG Düsseldorf VersR 1988, 38
   (Intramuskuläre Injektion in Gesäßmuskel – aseptische Gewebsnekrose – Anscheinsbeweis für Behandlungsfehler und Schadensursächlichkeit (falsche Injek-
   tionstechnik))
 - OLG Oldenburg VersR 1995, 786 – NA-BGH –
   (intraartikuläre Punktion – Infektion – kein Anscheinsbeweis für Behandlungsfehler)
 - OLG Oldenburg NJW-RR 1999, 1327 = VersR 2000, 191
   (Zentralvenenkatheter – Punktionsversuche für Halsvenenzugang – erfolglos – Lid-
   heberschwäche – kein Anscheinsbeweis für Behandlungsfehler)

– OLG Düsseldorf VersR 1986, 495
(Akupunktur – nachfolgend Hepatitis – kein Anscheinsbeweis für Behandlungsfehler (mangelnde Asepsis))
– OLG Düsseldorf NJW-RR 1998, 170 = VersR 1998, 1242
(Infektion nach intraartikulärer Injektion – kein Anscheinsbeweis für Behandlungsfehler)
– OLG Köln NJW-RR 1999, 1790 = VersR 1998, 1026
(intramuskuläre Injektion – am Folgetag Spritzenabszess – kein Anscheinsbeweis für fehlerhafte Hautdesinfektion)
– OLG München VersR 1986, 496 (LS)
(Spritzeninfektion aufeinander folgend bei mehreren Patienten – kein Anscheinsbeweis für Behandlungsfehler (mangelnde Asepsis) – zweifelhaft)
– BGH, Urt. v. 30. 4. 1991 – VI ZR 178/90 – BGHZ 114, 284, 290 = NJW 1991, 1948 = VersR 1991, 816
(Fremdbluttransfusion (Ehefrau) – HIV-Infektion bei bekanntem Spender – Anscheinsbeweis für Schadensursächlichkeit der Transfusion (Infektionsfreiheit vor Spende/Infektion in Spende/Infektionsweitergabe an Ehemann))
– OLG Düsseldorf NJWE-VHR 1997, 89 = VersR 1998, 103
(Fremdbluttransfusion – HIV-Infektion – Blutkonserve HIV-negativ – kein Anscheinsbeweis)
– OLG Hamm NJW-RR 1997, 219
(PPSB-Verabreichung – HIV-Infektion – Blutkonserve und Spender nicht nachweisbar HIV-positiv – kein Anscheinsbeweis)
– OLG Düsseldorf NJW 1996, 1599 = VersR 1996, 1240
(Fremdbluttransfusion – HIV-Infektion – bekannte Spender ohne Infektion – kein Anscheinsbeweis)
– OLG Düsseldorf VersR 1996, 377 – NA-BGH –
(Fremdbluttransfusion bei Geburt – HIV-Infektion bei unbekanntem Spender)
– OLG Düsseldorf NJWE-VHR 1998, 236
(Erythrozyten-Konzentrat – HCV-Infektion – kein Anscheinsbeweis)
– OLG Celle NJW-RR 1997, 1456 – NA-BGH –
(Substitutionstherapie – Infektion mit Hepatitis C (HCV) – Charge infiziert – Anscheinsbeweis für Verursachung durch Präparat)
– Kammergericht VersR 1992, 316 – NA-BGH –
(Fremdbluttransfusion – Hepatitis/HIV-Infektion bei bekanntem Spender – Patientin an Lues vorerkrankt/Spender nicht – kein Anscheinsbeweis für Schadensursächlichkeit der Transfusion)
– OLG Koblenz NJW-RR 1998, 167
(Hämophilie A – Faktor VIII-Präparat – HIV – kein Anscheinsbeweis für Kausalität falscher Angaben des Bundesgesundheitsamts, wenn Zeitpunkt der Ansteckung unbekannt)
– OLG München VersR 1997, 314 – NA-BGH –
(Zeckenschutzimpfung (FSME) – Meningismus – kein Anscheinbeweis für Kausalität)
– OLG Nürnberg MedR 1995, 323
(Keuchhusten-(Pertussis-)Impfung durch Kinderarzt – frühkindlicher Gehirnschaden – Meningo-Encephalocele – kein Anscheinsbeweis für Kausalität)

Nervschäden **237**

– BGH, Urt. v. 26. 2. 1985 – VI ZR 124/83 – NJW 1985, 2192 = VersR 1985, 639
(Nervus ulnaris – Bandscheibenoperation – kein Anscheinsbeweis für Behandlungsfehler)

- OLG Karlsruhe VersR 1992, 1265
  (Nervus femoralis – Hüftgelenksoperation – kein Anscheinsbeweis für Behandlungsfehler)
- OLG Stuttgart MedR 1999, 320 (Nervus femoralis-Schädigung bei Gefäßoperationen Oberschenkel – kein Anscheinsbeweis für Behandlungsfehler)
- OLG Stuttgart NJW-RR 1999, 751 = VersR 1999, 1500
  (Nervus lingualis – Schädigung bei Leitungsanästhesie – kein Anscheinsbeweis für Behandlungsfehler)
- OLG Stuttgart NJW.-RR 1999, 752 = VersR 1999, 1018
  (Nervus lingualis – Extraktion eines Weisheitszahns – Schädigung durch Rosenbohrer/Zahnfräse – Anscheinsbeweis für Verschulden)
- OLG Hamburg VersR 1989, 1297 – NA-BGH –
  (Nervus alveolaris – Zahnextraktion – kein Anscheinsbeweis für Behandlungsfehler)
- OLG Köln NJW-RR 1999, 675 = VersR 2000, 103
  (Nervus recurrens – Teilstrumektomie – kein Anscheinsbeweis für Behandlungsfehler)
- OLG Düsseldorf VersR 1989, 191
  (Nervus recurrens – Strumektomie – kein Anscheinsbeweis für Behandlungsfehler)
- OLG Stuttgart VersR 1988, 1137
  (Nervus medianus – Halsvenenkatheter – kein Anscheinsbeweis für Behandlungsfehler)
- OLG Düsseldorf VersR 1987, 487
  (Nervus medianus – Plexusblockade – kein Anscheinsbeweis für Behandlungsfehler)

Pflege

- OLG Köln NJW-RR 2000, 1267
  (praesakraler Decubitus IV – Anscheinsbeweis für groben Pflegefehler)

V. Beweiserleichterungen

1. Voll beherrschbare Risiken

238 Die Pflicht zu gehöriger Organisation und Koordinierung des Behandlungsablaufs belastet die Behandlungsseite mit der Gewährleistung eines generellen Sicherheits-Standards der Behandlung gegen bekannte Risiken, deren volle Vermeidung von der Behandlungsseite gefordert werden muss, weil zur Gefahr- und Schutzvorsorge des Patienten notwendig, und von der Behandlungsseite auch gefordert werden kann, weil voll beherrschbar durch sachgerechte Maßnahmen der Organisation und Koordinierung des Behandlungsträgers (vgl. o. Randnr. B 214).

239 Steht fest, dass der Primärschaden des Patienten im Gefahrbereich dieses sog. voll beherrschbaren Risikos gesetzt worden ist, folgen hieraus Beweiserleichterungen für den Patienten. Sie betreffen die Ebene des Beweises der objektiven Fehlverrichtung und des Verschuldens. Voraussetzung ist jedoch stets die Feststellung, dass es sich um einen voll beherrschbaren Bereich handelt.

240 Die Ebene der haftungsbegründenden Kausalität wird nicht ohne weiteres umfasst. Für den Kausalitätsbeweis greifen nur ganz ausnahmsweise Beweiserleichterungen ein, so etwa bei groben Behandlungs- oder Organisationsfehlern.

– BGH, Urt. v. 1. 2. 1994 – VI ZR 65/93 – NJW 1994, 1594 = VersR 1994, 562
(Gummiwärmeflaschen in Kinderklinik; Beweislast für Erfüllung der Organisationspflicht beim Klinikträger – unter II. 2. a); für Kausalität nur bei groben Organisationsfehlern – unter II. 2. b))
– BGH, Urt. v. 10. 11. 1970 – VI ZR 83/69 – NJW 1971, 241 = VersR 1971, 227
(Infektion auf Neugeborenenstation – Verstöße gegen Hygiene – Beweislast für Einhaltung der Hygiene beim Klinikträger)

Anderes muss gelten, wenn sich der Gesundheitsschaden nicht nur in dem **241** Bereich ereignet, dessen Gefahren vom Klinikpersonal voll beherrscht werden können und müssen, sondern zusätzlich eine unerkannte und nicht zu erwartende Disposition (z.B. infolge einer anatomischen Varietät) des Patienten gegeben ist, die diesen für das verwirklichte Risiko anfällig macht; dann ist ein Gefahrenbereich gegeben, der nicht mehr uneingeschränkt beherrscht werden kann.

– BGH, Urt. v. 24. 1. 1995 – VI ZR 60/94 – NJW 1995, 1618 = VersR 1995, 539
(Schilddrüsenoperation – Thoracic-outlet-Syndrom – Lagerung des Arms in Abduktion < 90° möglicherweise nicht fehlerhaft – Armplexusläsion)

Der Bereich des voll beherrschbaren Risikos ist etwa angesprochen in folgenden Fallkonstellationen:

Anfängereingriffe infolge fehlerhaften Einsatzes eines Arztes in Weiterbildung oder Ausbildung

– BGH, Urt. v. 3. 2. 1998 – VI ZR 356/96 – NJW 1998, 2736 = VersR 1998, 634
(Geburtshilfe)
– BGH, Urt. v. 15. 6. 1993 – VI ZR 175/92 – NJW 1993, 2989 = VersR 1993, 1231
(Anfängernarkose – HNO-Operation mit Umlagerung)
– BGH, Urt. v. 10. 3. 1992 – VI ZR 64/91 – NJW 1992, 1560 = VersR 1992, 745
(Appendektomie – Anfängerarzt)
– BGH, Urt. v. 7. 5. 1985 – VI ZR 224/83 – NJW 1985, 2193 = VersR 1985, 782
– BGH, Urt. v. 27. 9. 1983 – VI ZR 230/81 – BGHZ 88, 248, 254f. = NJW 1984, 655 = VersR 1984, 60
(je Lymphdrüsenexstirpation – Anfängerarzt)
– OLG Oldenburg NJWE-VHR 1998, 140 = VersR 1998, 1381
(Extraktion eines tiefliegenden, vertikal verlagerten Weisheitszahns)
– OLG Schleswig NJW 1997, 3098
(Entlassung durch AiP ohne ordnungsgemäße Abschlussuntersuchung)
– OLG Zweibrücken VersR 1988, 165
(Anästhesie – Anfängerarzt)

Verrichtungssicherheit des Pflegepersonals **242**

– BGH, Urt. v. 18. 12. 1990 – VI ZR 169/90 – NJW 1991, 1540 = VersR 1991, 310
(Sturz beim Umbetten von Stuhl in Krankenbett)
– OLG Köln VersR 1990, 1240
(Sturz von Krankenliege)
– OLG Köln VersR 1992, 1517
(Schwimmbad in psychiatrischer Klinik – Überwachungssicherheit)

– BGH, Urt. v. 10. 1. 1984 – VI ZR 158/82 – BGHZ 89, 263, 269 = NJW 1984, 1400
 = VersR 1984, 355
 (Entkoppelung eines zentralvenösen Infusionssystems Funktionspflege)
– OLG Stuttgart NJW 1993, 2384 = VersR 1993, 1358
 (mangelnde Überwachung des Belegarztes und fehlerhafte personelle Ausstattung
 durch den Klinikträger)
– OLG Dresden NJW-RR 2000, 761
 (Sturz eines Patienten im Pflegeheim)

243 *Gerätesicherheit*

– BGH, Urt. v. 1. 2. 1994 – VI ZR 65/93 – NJW 1994, 1594 = VersR 1994, 562
 (Organisation von Anschaffung, Überprüfung und Aussonderung bei Wärmefla-
 schen für Inkubatoren)
– BGH, Urt. v. 11. 10. 1977 – VI ZR 110/75 – NJW 1978, 584 = VersR 1978, 82
 (Narkosegerät)
– OLG Köln VersR 2000, 974
 (Schraubverbindung zwischen arteriellem Katheter und Infiltrationspatrone)
– OLG Hamm NJW 1999, 1787 = VersR 1999, 1111
 (Elektrokauter)
– OLG Düsseldorf VersR 1985, 744 – NA-BGH –
 (Manschettendruckgerät)
– OLG Hamm VersR 1980, 585 – NA-BGH –
 (Röntgengerät)
– BGH, Urt. v. 27. 1. 1981 – VI ZR 138/78 – VersR 1981, 462
– OLG München VersR 1994, 54
– OLG Köln VersR 1988, 140
 (je Zurücklassen eines Tupfers in der Operationsöffnung)

244 *Lagerungsschäden*

– BGH, Urt. v. 24. 1. 1995 – VI ZR 60/94 – NJW 1995, 1618 = VersR 1995, 539
 (Anästhesie durch Infusion in rechten, abgespreizt gelagerten Arm – Lagerungs-
 schaden – keine Beweislastumkehr, weil Thoracic-outlet-Syndrom als Ursache
 möglich)
– BGH, Urt. v. 24. 1. 1984 – VI ZR 203/82 – NJW 1984, 1403 = VersR 1984, 386
 (Bandscheibenoperation – Häschenstellung – Lagerungsschaden)
– OLG Hamm VersR 1998, 1243 – NA-BGH –
 (Armplexuslähmung – Lagerungsschaden)
– OLG Oldenburg VersR 1995, 1194
 (Leistenbruchoperation – Fersen-Drucknekrose – Lagerung ordnungsgemäß – kei-
 ne Beweiserleichterung)
– OLG Köln VersR 1991, 695 – NA-BGH –
 (Bruchoperation – Nervus-ulnaris–Lagerungsschaden)

245 *Hygienebereich*

– BGH, Urt. v. 8. 1. 1991 – VI ZR 102/90 – NJW 1991, 1541 = VersR 1991, 467
 (Keimübertragung durch OP-Team – in Ergebnis und Tendenz einschränkend – bei
 Feststellung (zur Beweislast des Patienten) der Nichteinhaltung des hygienischen
 Standards sollte voll beherrschbares Risiko und dessen Verwirklichung im kon-
 kreten Fall angenommen werden)
– vgl. auch: OLG Koblenz NJW 1991, 155 = Vers 1992, 580;
– BGH, Urt. v. 10. 11. 1970 – VI ZR 83/69 – NJW 1971, 241 = VersR 1971, 227
– BGH, Urt. v. 3. 11. 1981 – VI ZR 119/80 – NJW 1982, 699 = VersR 1982, 161
 (Unsterile Infusion)

– BGH, Urt. v. 9. 5. 1978 – VI ZR 81/77 – NJW 1978, 1683 = VersR 1978, 764
(Desinfektion mit verunreinigtem Alkohol)

Zu beachten bleibt freilich auch bei den sog. voll beherrschbaren Risiken: **246**
Der Behandlungsseite bleibt stets der Beweis eröffnet, dass ein verschuldeter Behandlungsfehler nicht vorliegt (st. Rspr.).

Ferner kann sie nachweisen, dass nicht in ihrem Risikobereich liegende,
bei der Operationsplanung nicht erkennbare Umstände vorlagen, die
ebenfalls zu der Schädigung geführt haben könnten. Dann ist eine Beweislastumkehr nicht gerechtfertigt und hat zu unterbleiben.

– BGH, Urt. v. 24. 1. 1995 – VI ZR 60/94 – NJW 1995, 1618 = VersR 1995, 539
(Thoracic-outlet-Syndrom – Lagerungsschaden)

2. Dokumentationsmängel

Die unterlassene oder lückenhafte Dokumentation einer aus medizini- **247**
scher Sicht zu dokumentierenden Maßnahme führt zu der Vermutung, dass
die Maßnahme unterblieben ist. Sie bildet aber keine eigenständige Anspruchsgrundlage (s. o. Randnr. B 208).

– BGH, Urt. v. 19. 2. 1995 – VI ZR 272/93 – BGHZ 129, 6, 10 = NJW 1995, 1611 =
VersR 1995, 706
– BGH, Urt. v. 23. 3. 1993 – VI ZR 26/92 – NJW 1993, 2375 = VersR 93, 836
– BGH, Urt. v. 24. 1. 1989 – VI ZR 170/88 – NJW 1989, 2330 = VersR 1989, 512
– BGH, Urt. v. 28. 6. 1988 – VI ZR 217/87 – NJW 1988, 2949 = VersR 1988, 80
– BGH, Urt. v. 9. 11. 1982 – VI ZR 23/81 – NJW 1983, 332 = VersR 1983, 151

In der obergerichtlichen Rechtsprechung findet sich zwar für das Beweis- **248**
band Behandlungsfehler zum Primärschaden die Annahme von Beweiserleichterungen zugunsten des Patienten, wenn die Behandlungsdokumentation unzureichend ist und sich hieraus für den Patienten die Aufklärung des
Sachverhalts im Haftungsprozess unzumutbar erschwert.

– BGH, Urt. v. 27. 6. 1978 – VI ZR 183/76 – BGHZ 72, 132, 139 = NJW 1978, 2337
= VersR 1978, 1022
– BGH, Urt. v. 9. 11. 1982 – VI ZR 23/81 – NJW 1983, 332 = VersR 1983, 151
– BGH, Urt. v. 24. 1. 1984 – VI ZR 203/82 – NJW 1984, 1403 = VersR 1984, 386
– BGH, Urt. v. 10. 1. 1984 – VI ZR 122/82 – NJW 1984, 1408 = VersR 1984, 354
– BGH, Urt. v. 7. 5. 1985 – VI ZR 224/83 – NJW 1985, 2193 = VersR 1985, 782
– BGH, Urt. v. 18. 3. 1986 – VI ZR 215/84 – NJW 1986, 2365 = VersR 1986, 788

Die Rechtsprechung des Bundesgerichtshofs zeigte dann aber eine dem- **249**
gegenüber beschränkend gegenläufige Tendenz, ohne zunächst die Beweisfigur für das Kausalitätsband gänzlich zurückzunehmen.

– BGH, Urt. v. 24. 1. 1989 – VI ZR 170/88 – NJW 1989, 2330 = VersR 1989, 512
– BGH, Urt. v. 28. 6. 1988 – VI ZR 217/87 – NJW 1988, 2949 = VersR 1989, 80
– BGH, NA-Beschl. v. 12. 11. 1991 – VI ZR 196/91 – VersR 1992, 578 zu OLG
Frankfurt
– OLG Düsseldorf VersR 1991, 1138 – NA-BGH –
– OLG Nürnberg VersR 1990, 1121

Nach neuer Rechtsprechung wird jedoch eine Beweislastumkehr hinsicht- **250**
lich des Ursachenzusammenhangs für den Schaden durch den Dokumenta-

tionsfehler allein grundsätzlich nicht begründet. Dazu kann es nur kommen, wenn eine gänzlich unterlassene oder unvollständige Dokumentation einen groben Behandlungsfehler oder das Unterlassen einer Diagnostik mit behandlungspflichtigem Ergebnis indiziert, die als solche die Grundlage für eine Beweislastumkehr bilden.

– BGH, Urt. v. 23. 3. 1993 – VI ZR 26/92 – NJW 1993, 2375 = VersR 1993, 836

3. Grober Behandlungsfehler

251   Für die Fälle des sog. groben Behandlungsfehlers hat sich zugunsten des Patienten die Annahme von Beweiserleichterungen bis hin zur Beweislastumkehr,

– BGH, Urt. v. 16. 5. 2000 – VI ZR 321/98 – NJW 2000, 2741 = VersR 2000, 1146, z. V. b. in BGHZ
– OLG Brandenburg NJW-RR 2000, 24 = VersR 2000, 489

bezogen auf die Ursächlichkeit des Behandlungsfehlers für den Primärschaden, in der Rechtsprechung früh und fest etabliert. Die Beweisfigur trägt wesentlich zur Herstellung der Waffengleichheit der Parteien im Arzthaftungsprozess bei; sie ist keine Beweissanktion für ärztliches Behandlungsverschulden, sondern Ausgleichung der durch den groben Behandlungsfehler zu Lasten des Patienten verschlechterten Beweissituation hinsichtlich des Verwirklichungsspektrums des Fehlers bei der Behandlung eines Patienten durch den Arzt oder auch durch das Pflegepersonal.

– BGH, Urt. v. 10. 11. 1970 – VI ZR 83/69 – NJW 1971, 241 = VersR 1971, 227
– OLG München VersR 1997, 977 – NA-BGH
– OLG Frankfurt AHRS 6551/8

a) Grundsatz

252   Eine begrifflich scharf umgrenzte Definition hat der grobe Behandlungsfehler bisher nicht gefunden. Er entwickelt sich in der Rechtsprechung aus der zunehmenden Ausprägung kasuistischer Fallgruppen. Generell ist ein Behandlungsfehler dann als grob zu bewerten, wenn ein medizinisches Fehlverhalten vorliegt, das aus objektiver ärztlicher Sicht nicht mehr verständlich erscheint, weil ein solcher Fehler dem Arzt „schlechterdings nicht unterlaufen darf". Dabei ist abzustellen allein auf die objektive Fehlerqualität, die im subjektiven Verschuldensbereich keine Entsprechung finden muss, etwa im Sinne des Vorhalts gesteigerter, grober Fahrlässigkeit. Die Feststellung grob fehlerhaften Verhaltens ist stets dann gerechtfertigt, wenn Verstöße gegen elementare medizinische Behandlungsstandards oder elementare medizinische Erkenntnisse vorliegen. Dafür kommt es nur darauf an, ob das ärztliche Verhalten eindeutig gegen gesicherte medizinische Erkenntnisse und bewährte ärztliche Behandlungsregeln und Erfahrungen verstößt. Die Feststellung dessen trägt die Umkehr der Beweislast.

– BGH, Urt. v. 3. 11. 1998 – VI ZR 253/97 – NJW 1999, 862 = VersR 1999, 231
– BGH, Urt. v. 6. 10. 1998 – VI ZR 239/97 – NJW 1999, 860 = VersR 1999, 60
– BGH, Urt. v. 2. 12. 1997 – VI ZR 386/96 – NJW 1998, 814 = VersR 1998, 242
– BGH, Urt. v. 19. 11. 1996 – VI ZR 350/95 – NJW 1997, 798 = VersR 1997, 315

- BGH, Urt. v. 11. 6. 1996 – VI ZR 172/95 – NJW 1996, 2428 = VersR 1996, 1148
- BGH, Urt. v. 4. 10. 1994 – VI ZR 205/93 – NJW 1995, 778 = VersR 1995, 46, 47
- BGH, Urt. v. 26. 11. 1991 – VI ZR 389/90 – NJW 1992, 754 = VersR 1992, 238
- BGH, Urt. v. 3. 12. 1985 – VI ZR 106/84 – NJW 1986, 1540 = VersR 1986, 366
- BGH, Urt. v. 10. 5. 1983 – VI ZR 270/81 – NJW 1983, 2080 = VersR 1983, 729, 730
- BGH, Urt. v. 27. 6. 1978 – VI ZR 183/76 – BGHZ 72, 132, 135 = NJW 1978, 2337 = VersR 1978, 1022.

Auch ein Organisationsfehler kann als grober Behandlungsfehler zu wer- **253** ten sein

- BGH, Urt. v. 16. 4. 1996 – VI ZR 190/95 – NJW 1996, 2429 = VersR 1996, 976 (Rufbereitschaft des Geburtshelfers – Überwachung des CTG durch hierfür nicht ausgebildeten und nicht unterwiesenen Pflegedienst – Überwachungspflicht des Belegkrankenhauses – grober Organisationsfehler)
- BGH, Urt. v. 1. 2. 1994 – VI ZR 65/93 – NJW 1994, 1594 = VersR 1994, 562 (Wäremflaschen – Verwendung im Inkubator – Beachtung des Anschaffungsdatums unterlassen – nicht grob)
- OLG Hamm VersR 1997, 1403 – NA-BGH – (Riesenkind 5270 gr – Schulterdystokie – Geburtsleitung durch unerfahrenen Assistenzarzt ohne ausreichenden Hintergrunddienst – grob fehlerhaft)
- OLG Köln VersR 1996, 856 (Frühgeborene Zwillinge – augenärztliche Kontrolle – RLF – schriftlicher Hinweis bei Entlassung an Eltern – Nachsorge – keine Anordnung – grober Organisationsfehler)
- OLG Hamm NJW 1993, 2387 = VersR 1994, 729 – NA-BGH – (personelle Unterbesetzung wegen Urlaubs – grob)

Die Beurteilung hat das ganze Behandlungsgeschehen im Auge, so dass auch mehrere, für sich genommen nicht grobe Einzelfehler in der erforderlichen Gesamtwürdigung einen groben Behandlungsfehler begründen können.

- BGH, Urt. v. 16. 5. 2000 – VI ZR 321/96 – z. V. b.
- BGH, Urt. v. 27. 1. 1998 – VI ZR 339/96 – NJW 1998, 1782 = VersR 1998, 585
- BGH, Urt. v. 8. 3. 1988 – VI ZR 201/97 – NJW 1988, 1511 = VersR 1988, 495
- BGH, Urt. v. 21. 9. 1982 – VI ZR 302/80 – BGHZ 85, 212 = NJW 1983, 333 = VersR 1982, 1193
- OLG Stuttgart VersR 1997, 700
- OLG Schleswig VersR 1994, 311 – NA-BGH –
- OLG Stuttgart VersR 1990, 858 – NA-BGH –

Da immer das Gewicht des objektiven Gesamtgeschehens maßgeblich ist, **254** können umgekehrt selbstverständlich auch äußere, erschwerende Behandlungsbedingungen, etwa zwangsläufige Beschränkungen der personellen und/oder sachlichen Verhältnisse oder der Entschlusszeiten der Bewertung eines Fehlers als grob begrenzend entgegenstehen.

- BGH, Urt. v. 8. 3. 1988 – VI ZR 201/97 – NJW 1988, 1511 = VersR 1988, 495

Eine nicht optimale, aber im Großen und Ganzen sachgerechte Behandlung mit nur geringfügigen Verzögerungen ist nicht als grob fehlerhaft angesehen worden.

- OLG Düsseldorf VersR 1997, 490 – NA-BGH) (Kniegelenksinfektion – Versteifung)

255   Die Bewertung, ob sich ein Behandlungsfehler als grob darstellt, ist eine Rechtsfrage, über die nicht der Sachverständige, sondern der – sachverständig beratene – Richter zu entscheiden hat. Die Entscheidung muss aber in den tatsächlichen Feststellungen des Berufungsgerichts, die sich in der Regel aus der medizinischen Bewertung des Behandlungsgeschehens durch einen Sachverständigen ergeben, eine hinreichende Stütze finden. Dies deshalb, weil der Richter den berufsspezifischen Maßstab der objektiven Sorgfalt im Allgemeinen nur mit Hilfe eines medizinischen Sachverständigen ermitteln kann. Die Bewertung eines Behandlungsfehlers als grob muss daher in den Ausführungen eines Sachverständigen zur medizinischen Wertung des Behandlungsgeschehens ihre tatsächliche Grundlage finden. Das bedeutet nicht, dass der Richter die Bewertung dem Sachverständigen überlassen und nur die (seltenen) Fälle, in denen dieser das ärztliche Verhalten als nicht nachvollziehbar bezeichnet, als grob werten darf. Vielmehr ist darauf zu achten, ob der Sachverständige in seiner Würdigung einen Verstoß gegen elementare medizinische Erkenntnisse oder elementare Behandlungsstandards oder lediglich eine Fehlentscheidung in mehr oder weniger schwieriger Lage erkennt. Ein grober Behandlungsfehler scheidet aus, wenn der Sachverständige Zweifel an einem Fehlverhalten äußert. Die Feststellung der Verletzung eines grundlegenden Standards hat stets zu Beginn einer Wertung als Behandlungsfehler zu stehen.

– BGH, Urt. v. 16. 5. 2000 – VI ZR 321/98 – NJW 2000, 2741 = VersR 2000, 1146, z. V. b. in BGHZ
– BGH, Urt. v. 3. 11. 1998 – VI ZR 253/97 – NJW 1999, 862 = VersR 1999, 231
– BGH, Urt. v. 6. 10. 1998 – VI ZR 239/97 – NJW 1999, 860 = VersR 1999, 60
– BGH, Urt. v. 27. 1. 1998 – VI ZR 339/96 – NJW 1998, 1782 = VersR 1998, 585
– BGH, Urt. v. 2. 12. 1997 – VI ZR 386/96 – NJW 1997, 814 = VersR 1998, 242
– BGH, Urt. v. 19. 11. 1996 – VI ZR 350/95 – NJW 1997, 798 = VersR 1997, 315
– BGH, Urt. v. 11. 6. 1996 – VI ZR 172/95 – NJW 1996, 2428 = VersR 1996, 1148
– BGH, Urt. v. 13. 2. 1996 – VI ZR 402/94 – BGHZ 132, 47, 53 = NJW 1996, 1589 = VersR 1996, 633
– BGH, Urt. v. 29. 11. 1994 – VI ZR 189/93 – NJW 1995, 659 = VersR 1995, 659
– BGH, Urt. v. 10. 11. 1987 – VI ZR 39/87 – NJW 1988, 1513 = VersR 1988, 293
– BGH, Urt. v. 3. 12. 1985 – VI ZR 106/84 – NJW 1986, 1540 = VersR 1986, 366
– BGH, Urt. v. 27. 6. 1978 – VI ZR 183/76 – BGHZ 72, 132, 135 = NJW 1978, 2337 = VersR 1978, 1022
– OLG Zweibrücken MedR 1999, 272

256   Die Beurteilung obliegt anhand der konkreten Umstände (**Gesamtbetrachtung**) primär dem Tatrichter, dem darin eigener Ermessensspielraum eröffnet ist, der revisionsrechtlich nur eingeschränkt auf die Richtigkeit der rechtlichen Ansätze und des Verfahrens überprüfbar ist.

– BGH, Urt. v.21. 7. 1998 – VI ZR 15/98 – NJW 1998, 3417 = VersR 1998, 1153
– BGH, Urt. v. 28. 4. 1998 – VI ZR 403/96 – NJW 1998, 2735 = VersR 1998, 853
– BGH, Urt. v. 27. 1. 1998 – VI ZR 339/96 – NJW 1998, 1782 = VersR 1998, 585
– BGH, Urt. v. 13. 1. 1998 – VI ZR 242/96 – BGHZ 138, 1, 6 = NJW 1998, 1780 = VersR 1998, 457
– BGH, Urt. v. 19. 11. 1996 – VI ZR 350/95 – NJW 1997, 798 = VersR 1997, 315
– BGH, Urt. v. 24. 6. 1986 – VI ZR 21/85 – NJW 1987, 705 = VersR 1986, 1121
– BGH, Urt. v. 10. 5. 1983 – VI ZR 270/81 – NJW 1983, 2080 = VersR 1983, 729, 730

Selbstverständlich ist bei dieser Bewertung nur auf die medizinische Fehlerqualität abzustellen; eine etwaige Verletzung der ärztlichen Aufklärungspflicht (Selbstbestimmungsaufklärung) bleibt daher außer Betracht.

– BGH, Urt. v. 10. 3. 1987 – VI ZR 88/86 – NJW 1987, 2291 = VersR 1987, 770

Die Beweiserleichterungen wegen grober Behandlungsfehler kommen auch dann zur Anwendung, wenn es „nur" um die Haftung des Geschäftsherrn nach § 831 BGB geht.

– BGH, Urt. v. 21. 9. 1982 – VI ZR 130/81 – NJW 1983, 340 = VersR 1982, 1141

b) Reichweite der Beweiserleichterung

Hat der Patient den Beweis eines Sachverhalts geführt, der die Bewertung **257** eines Behandlungsfehlers als grob trägt, wird im Ergebnis – als Folge der Umkehr der Beweislast – zu Lasten der Behandlungsseite ein Kausalzusammenhang zwischen grobem Behandlungsfehler und Primärschädigung vermutet. Dabei ist nicht stets eine völlige Umkehr der Beweislast die Folge des groben Fehlers. Vielmehr können – je nach Lage des Falles – auch Beweiserleichterungen bis zur Umkehr der Beweislast in Frage stehen. Es hängt vom Einzelfall ab, ob und inwieweit der grobe Fehler Beweiserleichterungen für die Kausalität rechtfertigt. Dabei darf das Gewicht der Möglichkeit nicht unberücksichtigt bleiben, dass der Fehler zum Misserfolg beigetragen hat.

– BGH, Urt. v. 16. 5. 2000 – VI ZR 321/98 – z. V. b. in BGHZ
– BGH, Urt. v. 4. 10. 1994 – VI ZR 205/93 – NJW 1995, 778 = VersR 1995, 46

Zu beachten ist aber, dass die Beweislastumkehr aus grobem Behandlungsfehler grundsätzlich nur insoweit eingreift, als sich gerade dasjenige Risiko verwirklicht hat, dessen Nichtbeachtung den Behandlungsfehler als grob erscheinen lässt.

– BGH, Urt. v. 16. 6. 1981 – VI ZR 38/80 – NJW 1981, 2513 = VersR 1981, 954
– OLG Stuttgart VersR 1991, 821
– OLG Celle VersR 1984, 444

(1) **Generelle Eignung.** Erforderlich ist nicht, dass der grobe Behand- **258** lungsfehler die einzige Ursache („monokausal") für den Schaden war. Beim groben Behandlungsfehler reicht für die Annahme einer Beweislastumkehr aus, dass der Behandlungsfehler **generell** geeignet ist, den eingetretenen Primärschaden zu verursachen; wahrscheinlich braucht der Eintritt eines solchen Erfolgs nicht zu sein.

– BGH, Urt. v. 24. 9. 1996 – VI ZR 303/95 – NJW 1997, 794 = VersR 1996, 1535
– BGH, Urt. v. 28. 6. 1988 – VI ZR 217/87 – NJW 1988, 2949 = VersR 1989, 80
– BGH, Urt. v. 3. 12. 1985 – VI ZR 106/84 – NJW 1986, 1540 = VersR 1986, 366, 367
– BGH, Urt. v. 21. 9. 1982 – VI ZR 302/80 – BGHZ 85, 212, 216 = NJW 1982, 333 = VersR 1982, 1193

Es ist deshalb unerheblich, wenn die Möglichkeit besteht, dass es auch ohne das ärztliche Fehlverhalten zu der Schädigung hätte kommen können.

– OLG Karlsruhe VersR 2000, 229

259   (a) **Gänzlich unwahrscheinliche Kausalität.** Allerdings kann auch hier das Gewicht der Möglichkeit, dass der Fehler zum Misserfolg der Behandlung beigetragen hat, nicht schlechterdings unberücksichtigt bleiben. In Ausnahmefällen kann deshalb – als Folge der nur abgestuft gewährten Beweiserleichterung – trotz genereller Eignung des Behandlungsfehlers für den eingetretenen Primärschaden der Umkehr der Beweislast entgegenstehen, dass auf Grund konkreter Umstände der Eintritt des Primärschadens äußerst unwahrscheinlich ist. Die Ausnahme gänzlicher Unwahrscheinlichkeit hat indessen die Behandlungsseite in den sachverhaltlichen Voraussetzungen zu beweisen.

– BGH, Urt. v. 13. 1. 1998 – VI ZR 242/96 – BGHZ 138, 1, 8 = NJW 1998, 1780 = VersR 1998, 457
– BGH, Urt. v. 24. 9. 1996 – VI ZR 303/95 – NJW 1997, 794 = VersR 1996, 1535
– BGH, Urt. v. 4. 10. 1994 – VI ZR 205/93 – NJW 1995, 778 = VersR 1995, 46
– BGH, Urt. v. 26. 10. 1993 – VI ZR 155/92 – NJW 1994, 801 = VersR 1994, 52
– BGH, Urt. v. 28. 6. 1988 – VI ZR 217/87 – NJW 1988, 2949 = VersR 1989, 80
– OLG Stuttgart MedR 2000, 35
   (Enzephalopathie nach DPT-Impfung – genetische bedingte Schädigung)
– OLG Hamm VersR 1999, 622 – NA-BGH –
   (Schädigung des Sehnervs nach Heparin-Infusion – keine engmaschige Kontrolle –
   10–20% -Wahrscheinlichkeit nicht äußerst unwahrscheinlich)
– OLG Hamm VersR 1999, 488
   (Geburtsschaden – nicht auswertbares CTG)
– OLG Oldenburg NJWE-VHR 1997, 284 = VersR 1997,1405
   (Sehnervenschädigung nach Unfall – Opticus-Atrophie)
– OLG Oldenburg NJW-RR 1997, 1117
   (Hörschaden durch verkannte Meningitis)
– OLG Düsseldorf VersR 1997, 575 – NA-BGH –
   (Blutdruckkontrolle – Schlaganfall)
– OLG Bremen NJW-RR 1996, 1114 – NA-BGH –
   (Aciclovir – Encephalitis durch Herpes simplex – fundamentaler Diagnosefehler)
– OLG Hamm VersR 1996, 197
   (grober Fehler bei der Nachsorge einer geburtsassoziierten Asphyxie – pränataler Hirnschaden)
– OLG Düsseldorf VersR 1992, 240
   (Bronchialkarzinom – Röntgenaufnahme grob verkannt – Diagnoseverzögerung von zwei Monaten/Inoperabilität)

260   Nicht erforderlich ist, dass die Verursachung des Schadens durch den groben Behandlungsfehler allein äußerst unwahrscheinlich ist, solange dieser zusammen mit anderen Ursachen – etwa einer bereits vorhandenen Vorschädigung des Patienten – zu dem Schaden geführt haben kann. Erst wenn auch eine bloße Mitursächlichkeit des groben Fehlers für den eingetretenen Schaden äußerst unwahrscheinlich ist, erscheint eine Beweisbelastung der Behandlungsseite nicht mehr gerechtfertigt

– BGH, Urt. v. 1. 10. 1996 – VI ZR 10/96 – NJW 1997, 796 = VersR 1997, 362
   (intrauterine Vorschädigung – grober Behandlungsfehler)
– OLG Braunschweig VersR 1999, 191

Wirken die mehreren möglichen Ursachen nicht abgrenzbar im Sinne einer Gesamtkausalität

- BGH, Urt. v. 22. 10. 1963 – VI ZR 187/62 – VersR 1964, 49
- BGH, Urt. v. 10. 7. 1959 – VI ZR 87/58 – LM § 276 (Ca) Nr. 11
- BGH, Urt. v. 26. 5. 1952 – III ZR 73/51 – VersR 1952, 288 = LM § 823 (C) Nr. 4

zusammen, ist es geboten, die durch den Behandlungsfehler geschaffene Unklarheit im Kausalzusammenhang den für den Behandlungsfehler verantwortlichen Personen anzulasten.

Dieser Grund für die Beweislastumkehr entfällt, wenn – ausnahmsweise – ein Fall abgrenzbarer Ursachenzusammenhänge im Sinne einer bloßen Teilkausalität festzustellen ist

- OLG Hamm VersR 1996, 1371 – NA-BGH –

(b) **Vereitelung durch Patienten.** Als weitere Ausnahme hat die Recht- **261** sprechung eine Sonderform der Mitverursachung durch den Patienten herausgebildet, die die Aufklärung der Schädigungsursache in ähnlicher Weise wie ein grober Behandlungsfehler des Arztes beeinträchtigt. Kann die Behandlungsseite beweisen, dass der Patient durch sein Verhalten eine selbständige Komponente für den Heilungserfolg vereitelt hat, erscheint die Belastung der Behandlungsseite mit dem Nachweis der fehlenden Kausalität des eigenen Beitrags nicht mehr berechtigt. Die durch den groben Behandlungsfehler eingetretene „Verdunkelung" der Kausalität ist dann nicht mehr allein dem Arzt zuzurechnen; eine Umkehr der Beweislast zu Lasten der Behandlungsseite ist nicht mehr gerechtfertigt. Es hat deshalb bei der gesetzlich vorgesehenen Belastung des Geschädigten mit dem Beweis des Ursachenzusammenhangs zu verbleiben. Diese Ausnahme ist auch nicht abhängig davon, dass dem Patienten dieses Verhalten als ursächliche Mitverursachung i. S. des § 254 BGB zuzurechnen wäre.

- OLG Braunschweig, VersR 1998, 459 – NA-BGH –
(Geburtsschaden – EPH-Gestose – Mutter sucht trotz dringlichem Hinweis auf Lebensgefahr nicht sofort Krankenhaus auf – eklamptischer Anfall)
- Kammergericht VersR 1991, 928 – NA-BGH –
(Wundinfektion – Antibiotikatherapie grob fehlerhaft – anhaltende Mißachtung von Pflegeanweisungen durch den Patienten)

(2) **Sekundärschaden.** Die beim groben Behandlungsfehler in Betracht **262** stehende Umkehr der Beweislast erstreckt sich grundsätzlich nur auf den Beweis der Ursächlichkeit des Behandlungsfehlers für den haftungsbegründenden Primärschaden, der ohne die Beweislastumkehr dem Patienten nach § 286 ZPO obläge. Auf die haftungsausfüllende Kausalität, d. h. den Kausalzusammenhang zwischen körperlicher oder gesundheitlicher Primärschädigung und weiteren Gesundheitsschäden des Patienten wird die Beweislastumkehr grundsätzlich nicht ausgedehnt. Hinsichtlich des Kausalzusammenhangs zwischen Primärschaden und Vermögensschäden des Patienten greift die Umkehr der Beweislast nie Platz. Für die haftungsausfüllende Kausalität bleibt es bei der Beweislast des Patienten, freilich mit dem geringeren Beweismaß des § 287 ZPO.

- BGH, Beschl. v. 3. 5. 1994 – VI ZR 340/93 – VersR 1994, 1067 zu OLG Hamm
(Sudeck'sche Knochendystrophie – Krankengymnastik)
- BGH, Urt. v. 26. 10. 1993 – VI ZR 155/92 – NJW 1994, 801 = VersR 1994, 52
(Notfalldienst – HWS-Schulter-Arm-Syndrom – Vorderwandinfarkt (sekundär) nach Hinterwandinfarkt (primär))

– BGH, Urt. v. 11. 5. 1993 – VI ZR 207/92 – NJW 1993, 2383 = VersR 1993, 969
  (Verbrennung bei Operation – Profifußballer – Verdienstausfall (Sekundärscha-
  den))
– BGH, Urt. v. 28. 6. 1988 – VI ZR 288/87 – NJW 1988, 2948 = VersR 1989, 145
  (Hoden-TBC (Primärschaden) – Gehörschaden (sekundärer Gesundheitsscha-
  den))
– BGH, Urt. v. 29. 3. 1988 – VI ZR 185/87 – NJW 1988, 2303 = VersR 1988, 721
  (Nierenhochdruckpatient – keine Diagnostik – frühzeitige Anschließung an Dialyse
  (Primärschaden))
– BGH, Urt. v. 10. 2. 1987 – VI ZR 68/86 – NJW 1987, 1479 = VersR 1987, 686
  (Tibialis-anterior-Syndrom – Nekrosebildung (Primärschaden))
– BGH, Urt. v. 27. 1. 1981 – VI ZR 138/78 – VersR 1981, 462
  (Hüftendoprothese – zurückgelassener Tupfer – Fistelbildung (Primärschaden) –
  Verdienstausfall (Sekundärschaden))
– BGH, Urt. v. 9. 5. 1978 – VI ZR 81/77 – NJW 1978, 1683 = VersR 1978, 764
  (Verunreinigter Alkohol – Hautinfektion – Hautschädigung (Primärschaden) – Nie-
  ren-/Gehörschäden (Sekundärschaden))
– OLG Oldenburg NJWE-VHR 1998, 139 = VersR 1999, 317
  (EKG-Befunderhebung unterlassen – Infarkt nicht erkannt – Herzwandaneurysma
  (Primärschaden) – Folgeinfarkt (Sekundärschaden))
– OLG Oldenburg NJWE-VHR 1998, 63 = VersR 1999, 63
  (Radiusköpfchenluxation übersehen – Fehlstellung im Gelenk (Primärschaden) –
  Bewegungseinschränkung des Ellenbogengelenks (Sekundärschaden))
– OLG Hamm VersR 1991, 585 – NA-BGH –
  (Verordnung corticoider Augentropfen grob fehlerhaft – Sehschäden (Primärscha-
  den) – Verdienstausfall (Sekundärschaden))
– OLG Düsseldorf VersR 1987, 489
  (ITN – Herzstillstand in Ausleitungsphase – Hirnschädigung (Primärschaden))

263   Zu beachten ist, dass die grundsätzliche Beschränkung der Beweislastumkehr auf den Kausalzusammenhang zwischen Behandlungsfehler und Primärschaden ausnahmsweise – mit der Folge der Erstreckung der Beweislastumkehr auch auf sekundäre Gesundheitsschäden – dann durchbrochen
wird, wenn der sekundäre Gesundheitsschaden typisch mit dem Primärschaden verbunden ist und die als grob zu bewertende Mißachtung der ärztlichen
Verhaltensregel gerade auch solcherart Schädigungen vorbeugen soll.

– BGH, Urt. v. 9. 5. 1978 – VI ZR 81/77 – NJW 1978, 1683 = VersR 1978, 764
– BGH, Urt. v. 21. 10. 1969 – VI ZR 82/768 – NJW 1970, 1230 = VersR 1969,
  1148
– OLG Düsseldorf VersR 1988, 40, 41
  (Periartikuläre Injektion in Ellenbogengelenk Hygienemangel – Epicondylitis von
  Beweislastumkehr mitumfasst)

264   (3) **Fehlende Kausalität.** Hat der Patient einen groben Behandlungsfehler
bewiesen, steht – zur Beweislast der Behandlungsseite – aber zugleich fest,
dass der Primärschaden auch bei rechtzeitiger sachgerechter Behandlung in
gleicher Weise eingetreten wäre, ist der grobe Behandlungsfehler für den
Schaden rechtlich nicht ursächlich geworden, eine Haftung entfällt.

– BGH, Urt. v. 16. 5. 2000 – VI ZR 321/98 – NJW 2000, 2741 = VersR 2000, 1146,
  z. V. b. in BGHZ
– BGH, Urt. v. 16. 6. 1981 – VI ZR 38/80 – NJW 1981, 2513 = VersR 1981, 954

c) Fallgruppen

In der obergerichtlichen Rechtsprechung der letzten Jahre sind Behandlungsfehler als grob bewertet worden in nachstehenden Fallkonstellationen:

(1) **Grobe Diagnosefehler.** In Betracht stehen Diagnoseirrtümer, die aus **265** objektiver Sicht nicht mehr verständlich erscheinen und einem Arzt schlechterdings nicht unterlaufen dürfen. Solche sind beispielsweise gegeben, wenn die Kenntnis der richtigen Diagnose grundlegend ist und schon bei einem Examenskandidaten erwartet werden kann, weil sie zum medizinischen Basiswissen eines Arztes derselben Fachrichtung gehört, oder wenn die angenommene Ursache so unwahrscheinlich ist, dass ein massiver Verstoß gegen medizinische Erkenntnisse und Erfahrungen zu bejahen ist oder wenn ein von einem zugezogenen Arzt ausdrücklich mitgeteilter Befund verkannt wird. Wohl als Folge der häufig gegebenen Mehrdeutigkeit von Befunden ist die Rechtsprechung im Ergebnis jedoch im reinen Diagnosebereich (Verkennung der objektiven Befunde) mit der Bewertung „grob fehlerhaft" zu Recht zurückhaltender als im Therapiebereich.

Grundlegend:

– BGH, Urt. v. 10. 11. 1987 – VI ZR 39/87 – NJW 1988, 1513 = VersR 1988, 293
(Schnittentbindung – Coxitis – verneint)
– BGH, Urt. v. 14. 7. 1992 – VI ZR 214/91 – NJW 1982, 2962 = VersR 1992, 1263
(Gynäkologe/Kinderärztin – Gelbverfärbung verkannt – verneint)
– BGH, Urt. v. 14. 7. 1981 – VI ZR 35/79 – NJW 1981, 2360 = VersR 1981, 1033
(Intramuskuläre Injektion von Novalgin in Gesäßmuskel – Notfallarzt – Phlegmone/Herz- und Kreislaufversagen – verneint)
– OLG München VersR 1998, 588 – NA-BGH –
(Mammographie – Einlagerung – Makro- statt Mikrokalzifikationen – verneint)
– OLG Frankfurt VersR 1997, 1358 – NA-BGH –
(Schultereckgelenkverletzung Tossy I – inkomplette Ruptur der Supraspinatussehne – nicht erkannt – verneint)
– OLG Frankfurt NJW-RR 1994, 21
(Eileiterschwangerschaft verkannt – verneint)

bejahend:

– BGH, Urt. v. 28. 5. 1985 – VI ZR 264/83 – VersR 1985, 886
(Hochfieberpatient/Schulterschmerz – Arbeitsdiagnose Periarthritis/Streptokokken – A-Sepsis – nahe liegend – grob fehlerhaft)
– BGH, Urt. v. 19. 6. 1979 – VI ZR 91/78 – VersR 1979, 939
(Warzenabtragung durch Hausarzt – Arbeitsdiagnose Verruca senilis/Melanom – nahe liegend grob fehlerhaft)
– OLG Saarbrücken VersR 2000, 1241 – NA-BGH –
(Mononukleose – Ausschluss mitgeteilt – vom Allgemeinarzt verkannt)
– OLG Düsseldorf VersR 2000, 853
(Säugling – großer Kopfumfang – Augentiefstand (Sonnenuntergangsphänomen) – keine Einweisung in Klinik wg. Verdacht auf Hydrozephalus – grob fehlerhaft)
– OLG Bamberg, Urt. v. 27. 11. 1997 – 1 U 44/93 – mit NA-Beschl. v. 12. 1. 1999 – VI ZR 73/98 –
(Epiduralabszess – inkompletten und kompletten Querschnitt nicht erkannt)
– OLG Stuttgart NJW-RR 1997, 1114
(Meningitis verkannt bei Kleinkind)

– OLG Celle VersR 1998, 54
(Fehlstellung nach Luxationsfraktur des oberen Sprunggelenks auf Röntgenaufnahme übersehen – grob fehlerhaft)
– OLG Bremen NJW-RR 1996, 1114 – NA-BGH –
(Verkennung einer Encephalitis durch Herpes simplex – Aciclovir – grob fehlerhaft)
– OLG Köln VersR 1994, 1238
(Neurolues – Tabes dorsalis – 2 1/1 Jahre nicht erkannt – grob fehlerhaft)
– OLG Oldenburg NJW-RR 1997, 1117
(Kleinkind – hoch fieberhaft seit Tagen – kein Gleichgewicht – Ataxie – Meningitis verkannt – grob fehlerhaft)
– OLG Stuttgart VersR 1994, 313 – NA-BGH –
(eitrige Meningitis verkannt)
– OLG NJW-RR 1992, 728 = Köln VersR 1993, 190 – NA-BGH)
(Vorderfußprellung/Wadenschmerz – Venenthrombose verkannt (keine Phlebographie) – grob fehlerhaft)
– OLG Frankfurt VersR 1992, 578 – NA-BGH –
(Sprunggelenksdistorsion – Sudecksymptomatik verkannt – grob fehlerhaft (zweifelhaft))
– OLG Hamm VersR 1989, 292 – NA-BGH)
(Akuter Beinvenenverschluss – deutliche Symptomatik verkannt (im weiteren keine gezielte Diagnostik) – grob fehlerhaft)
– OLG Hamm VersR 1988, 601
(Appendizitis im Kindesalter/Arbeitsdiagnose Enteritis – klassische Appendizitissymptome verkannt)
– OLG Celle VersR 1987, 941
(Symphysenruptur nach Reitunfall – Verkennung eindeutiger, zweifelsfreier Röntgenaufnahmen)
– OLG Düsseldorf VersR 1986, 659
(Hodentorsion – Verkennung der Befundmöglichkeit)
– OLG Frankfurt VersR 2000, 853 – NA-BGH –
(Leistenschwellung – massenhaft Erythrozyten im Urin – eingeklemmten Leistenbruch verkannt – grob fehlerhaft)

verneinend:

– OLG Hamm VersR 2000, 325 – NA-BGH –
(Hüftgelenkendoprothese – Metallstück aus Zange verbleibt in der OP-Wunde – Wundheilungsstörung – Ursache verkannt – nicht fundamental)

266   (2) Grobe Behandlungsfehler durch Nichterheben von Diagnose- und Kontrollbefunden. Die Bewertung als grob fehlerhaft ist in diesem Fehlerbereich stets dann angezeigt, wenn es in erheblichem Ausmaß an der Erhebung einfacher, grundlegender Diagnose- und Kontrollbefunde fehlt.

267   *Allgemeinmediziner/Facharzt – ambulant/Erstuntersuchung*

– BGH, Urt. v. 28. 6. 1988 – VI ZR 288/87 – NJW 1988, 2948 = VersR 1989, 145
(TBC-Patient – von anderem Arzt empfohlene, angezeigte Röntgenaufnahme unterlassen)
– BGH, Urt. v. 29. 3. 1988 – VI ZR 185/87 – NJW 1988, 2303 = VersR 1988, 721
(Hypertonie-Patient – ständig erhöhte Kreatininwerte – keine weiterführende Differentialdiagnostik)
– BGH, Urt. v. 3. 2. 1987 – VI ZR 56/86 – BGHZ 99, 391, 394 = NJW 1987, 1482 = VersR 1987, 1089
(Hochfieberpatient/Rasselgeräusche in Lunge – Arbeitsdiagnose Lumbago/Antibiotika – keine weiterführende Diagnostik auf Lungen-TBC)

- OLG Oldenburg VersR 1999, 318 = MedR 1998, 268 (L)
  (Verdacht auf tiefe Beinvenenthrombose – keine diagnostische Abklärung – Leit-
  veneninsuffizienz – in der Regel grob fehlerhaft)
- OLG München VersR 1994, 1240
  (Bluthusten – Bronchuskarzinoid – keine Röntgenaufnahmen oder Überweisung
  zum Lungenfacharzt für Bronchoskopie – grob fehlerhaft)
- OLG Köln NJW-RR 1992, 728 = VersR 1993, 190 – NA-BGH –
  (Vorderfußprellung/Wadenschmerz – keine Phlebographie (Verkennung beginnen-
  der Venenthrombose) – grob fehlerhaft)
- OLG Köln VersR 1992, 1003
  (Intraarterielle Cortisoninjektion in Kniegelenk – serös/trübes Punktat – keine als-
  baldige Erregerbestimmung)
- OLG Hamm VersR 1992, 752 – NA-BGH –
  (Knochen-TBC-Patient – kein Tine-Test und keine Probeexcision)
- OLG Oldenburg VersR 1992, 184
  (Sehnenscheidenentzündung – ohne Ausschluss einer laufenden bakteriellen Infek-
  tion Infiltrationsbehandlung und Operation)
- OLG Hamm VersR 1990, 1120 – NA-BGH –
  (Thrombose der vena subclavia – akute Venensperre – keine Phlebographie (un-
  richtige Medikation))
- OLG Hamm VersR 1990, 660 – NA-BGH –
  (Sprunggelenksdistorsion/Gipsschiene – Schwellung/Schmerz in Wade bei Mus-
  kelriss – keine weiterführende Diagnostik (Phlebographie))
- OLG Düsseldorf VersR 1998, 1155
  (Meteorismus (Blähungen) – Anamnese unvollständig – Dickdarmtumor – grob
  fehlerhaft)
- OLG Düsseldorf VersR 1979, 723 – NA-BGH –
  (Hämorrhoidenbehandlung langfristig – Unterlassung rektaler Untersuchung des
  Patienten)
- OLG München VersR 1995, 417 – NA-BGH –
  (Routine-EKG – keine sofortige Auswertung – Herzinfarkt – jedenfalls nicht grob
  fehlerhaft)
- OLG Oldenburg NJW-RR 2000, 403 = VersR 1999, 1428
  (Kleinkind – U 6 – U 7 – zu großer Kopfumfang – keine weiterführende Diagnos-
  tik – grob fehlerhaft)
- OLG Oldenburg NJW-RR 1997, 1117
  (Kleinkind – hoch fieberhaft seit Tagen – kein Gleichgewicht – Ataxie – Meningi-
  tis verkannt – keine Krankenhauseinweisung zur Befunderhebung durch Lumbal-
  punktion – grob fehlerhaft)
- OLG Stuttgart NJW-RR 1997, 1114
  (Meningitis – keine zureichende Differentialdiagnostik zum Ausschluss – kein Test
  nach Kernig und Brudzinski – keine Einweisung – grob fehlerhaft)
- OLG Stuttgart VersR 1994, 313 – NA-BGH –
  (Arzt für Allgemeinmedizin – Notfallarzt – Meningitis – u. a. Kernig-Test und
  Brudzinski-Test unterlassen – grob fehlerhaft)

Augen/HNO   **268**

- BGH, Urt. v. 13. 1. 1998 – VI ZR 242/96 – BGHZ 138, 1, 6 = NJW 1998, 1780 =
  VersR 1998, 457
  (Oculo-digitales Phänomen – keine Visusbestimmung – Augenhintergrunduntersu-
  chung ohne Pupillenerweiterung – Netzhautablösung nicht erkannt)
- BGH, Urt. v. 25. 4. 1989 – VI ZR 175/88 – BGHZ 107, 222, 225 = NJW 1989,
  2318 = VersR 1989, 707

(Retikulumzellkarzinom – keine weiterführende Differentialdiagnostik – keine Therapieaufklärung)
– OLG Stuttgart VersR 1992, 1361 – NA-BGH –
(Augenverletzung bei Arbeit mit Meißel und Hammer – keine Röntgenaufnahme der Orbita zum Ausschluss einer Eisensplitterverletzung)
– OLG Hamm – VersR 1996, 756 – NA-BGH –
(nachgeborener Zwilling SSW 27 – RPM/RLF – keine rechtzeitige Augenhintergrunduntersuchung)
– OLG Stuttgart VersR 1992, 55 – NA-BGH –
(Retrolentale Fibroplasie/RLF – Brutkastenkind unter Sauerstoffbeatmung – keine rechtzeitige Augenhintergrunduntersuchung)
– OLG Oldenburg VersR 1991, 1243
(Zunahme von Sehstörungen bei starker Kurzsichtigkeit – keine Augenhintergrunduntersuchung)
– OLG Hamm VersR 1991, 585 – NA-BGH –
(Corticoid-Augentropfen bei chronischer Lidentzündung – mehrjährig unkontrolliert)
– OLG Hamm VersR 1979, 826 – NA-BGH –
(Glaukomentwicklung bei älterem Patienten – keine Augeninnendruckmessung)
– OLG Stuttgart VersR 1991, 821
(Karzinomverdächtiger Knoten in Halsregion – keine zureichende Differentialdiagnostik)

269   Chirurgie

– BGH, Urt. v. 18. 4. 1989 – VI ZR 221/88 – NJW 1989, 2332 = VersR 1989, 701
(Schultergelenkssprengung – keine gehaltene Röntgenaufnahme)
– BGH, Urt. v. 10. 11. 1987 – VI ZR 39/87 – NJW 1988, 1513 = VersR 1988, 293
(Coxitis nach Schnittentbindung – Verdachtsdiagnose Lumbago/Schmerzmittel – keine weiterführende Diagnostik (Labor/Klinik))
– BGH, Urt. v. 4. 11. 1986 – VI ZR 12/86 – VersR 1987, 408
(Sprunggelenksfraktur/Osteomyelitis – keine Wundinspektion trotz alarmierenden Temperaturanstiegs)
– BGH, Urt. v. 28. 5. 1985 – VI ZR 264/83 – VersR 1985, 886
(Hochfieberpatient/Schulterschmerz – Arbeitsdiagnose Periarthritis/Novalgin – keine weiterführende Diagnostik auf Streptokokkensepsis)
– BGH, Urt. v. 21. 9. 1982 – VI ZR 302/80 – BGHZ 85, 212, 218 = NJW 1983, 333 = VersR 1982, 1193
(Appendektomie – trotz Darmlähmungserscheinungen keine weiterführende Diagnostik)
– BGH, Urt. v. 27. 1. 1998 – VI ZR 339/96 – NJW 1998, 1782 = VersR 1998, 585
(Meningeom der Halswirbelsäule – Lähmung beider Beine – keine Prüfung durch Kernspintomographie)
– BGH, Urt. v. 7. 6. 1983 – VI ZR 284/81 – VersR 1983, 983
(Bandscheibenprolaps – Lähmungserscheinungen im Bein – keine Prüfung auf Gefäßverschluss)
– OLG Oldenburg NJWE-VHR 1997, 284 = VersR 1997, 1405
(Gesichtsverletzungen – Brillenhämatom – Verdacht auf komplizierte Gehirnerschütterung mit möglichem Schädelbasisbruch – keine Computertomographie, kein Augenarzt zugezogen – grob fehlerhaft)
– Kammergericht VersR 1991, 928 – NA-BGH –
(Fingerweichteilverletzung – tiefe Wundinfektion – verspätete Erregerbestimmung (Antibiotikumlücke))

- OLG Frankfurt VersR 1992, 578 – NA-BGH –
  (Sprunggelenksdistorsion/Gehgips – Schmerzen/Schwellung in Wade – Anzeichen
  für beginnendes Sudecksyndrom – keine Diagnostik und Therapie)
- OLG Oldenburg VersR 1988, 603 – NA-BGH –
  (Meniskuseingriff/Gips – postoperativ Schmerzen/Schwellung/Fieber – Sudeck-
  syndrom – Wundrevision/Labor verspätet)
- OLG Hamm VersR 2000, 323 – NA-BGH –
  (Infektion nach Punktion des Kniegelenks – Röntgen – Serologie – Bakteriologie
  des Punktats unterlassen – grob fehlerhaft)
- OLG Köln NJW-RR 1999, 968 = VersR 2000, 492
  (Tarsaltunnelsyndrom – Neurotomie kontraindiziert – grob)
- OLG Frankfurt VersR 90, 659 – NA-BGH –
  (Handgelenk – tiefe Schnittwunde beugeseits – fragliche Nervverletzung – keine
  weiterführende Diagnostik (kein Therapiehinweis))
- OLG Karlsruhe VersR 1989, 808 mit VersR 1988, 1134
  (Tibiaresektion bei Fehlverdacht auf Osteosarkom (1958) – präoperativ keine Pro-
  beexcision und Histologie)
- OLG Frankfurt VersR 1997, 1358 – NA-BGH –
  (Einrenken der HWS bei Fehlverdacht auf Verspannungen – Schultereckgelenkver-
  letzung Tossy II – Ruptur der Supraspinatussehne – keine weiteren Röntgenaufnah-
  men – nicht grob fehlerhaft)
- OLG Hamm VersR 1998, 104 – NA-BGH –
  (Gasbrandsymptome – Prüfung eines Gefäßabrisses durch Angiographie/keine
  chirurgische Entlastungsinzision des geschwollenen Oberschenkels – Amputation)
- OLG Stuttgart VersR 1989, 199 – NA-BGH –
  (Unterarmfraktur/offene Durchspießung/Gipsschiene – Gasbrandinfektion – keine
  rechtzeitige Diagnostik auf Kompartmentsyndrom/keine engmaschige Überwa-
  chung erkannter Wundinfektion)
- OLG Düsseldorf VersR 1989, 190
  (Oberarmfraktur/fragliche Arterienläsion – Hinweise für Durchblutungsstörungen –
  keine gezielte Diagnostik (Dopplerschall/Angiographie))
- OLG Stuttgart VersR 1988, 605
  (Kreuzbandschaden – blutiges Punktat – keine Arthroskopie)
- OLG Brandenburg NJW-RR 2000, 24 = VersR 2000, 489
  (Cholezystektomie bei Verwachsungen – keine Cholangiographie – Durchtrennung
  des Hauptgallengangs (ductus choledochus))
- OLG Koblenz VersR 1988, 41 – NA-BGH –
  (Magenoperation – trotz ausgeprägter Symptomatik für innere Blutung keine wei-
  terführende Diagnostik)
- OLG Karlsruhe NJW 1987, 718 = VersR 1987, 723 (LS)
  (Speiseröhrenstenose bei Ösophagitis – keine Kontrastmitteldarstellung der Speise-
  röhre)
- OLG Köln VersR 1996, 1021
  (Rektumabriss – keine digitale Darmuntersuchung)
- OLG Oldenburg NJWE-VHR 1998, 64 – NA-BGH –
  (Verdacht auf Hodentorsion oder Nebenhodenentzündung (Epididymitis) – keine
  Freilegung – fraglich grob)
- OLG Stuttgart VersR 1987, 421
  (Hysterektomie – keine Diagnoseuntersuchung vorgefundener Gewebsverhärtung)
- OLG Düsseldorf VersR 1986, 64
  (Verdachtsdiagnose Mammakarzinom/Mastopathie – Probeexcision wegen Grup-
  penkalk – Entnahme an falscher Stelle – keine Sicherung der Identität von ent-
  nommenem und untersuchtem Gewebe)

– OLG Celle VersR 1985, 1047
(Arthroskopie – trübe Gelenksflüssigkeit – keine Erregerbestimmung)
– OLG Oldenburg NJW-RR 1994, 1053 = VersR 1994, 1241
(Thromboseverdacht – Phlebographie unterlassen)
– OLG Koblenz NJW 1996, 1600 = VersR 1996, 1507
(Gebärmutterkrebs – Bioelektrische Funktionsdiagnostik)

270   *Geburt, vor- und nachgeburtliche Betreuung, Gynäkologie*

– BGH, Urt. v. 23. 4. 1991 – VI ZR 161/90 – NJW 1991, 2350 = VersR 1991, 815
(Beckenendlage – Zwillinge erst in Geburt entdeckt – vaginal – Hirnschäden – kein Ultraschall bei Aufnahme – grob fehlerhaft)
– OLG Stuttgart VersR 2000, 362 – NA-BGH –
(Verdacht auf vorzeitigen Blasensprung – kein Ausschluss – keine Einweisung in Klinik – grob fehlerhaft)
– OLG Köln VersR 1998, 244
(Beckenendlage – Querlage – Zwillingsgeburt – unzureichende Überwachung des Geburtsfortschritts – keine Gewichts-, Blutdruck- und transkutanen Sauerstoffmessungen trotz wiederholter Zyanosen und Bradykardieen – Diplegie – und geistige Behinderung beider Kinder – grob fehlerhaft)
– OLG Oldenburg VersR 1997, 1236 – NA-BGH –
(pathologisches CTG – abgebrochen und keine weitere ärztliche Überwachung der fetalen Herzfrequenz und des Geburtsfortschritts – grob fehlerhaft)
– OLG Karlsruhe VersR 1996, 463 – NA-BGH –
(Steißlage – Abführmittel statt gynäkologischer Untersuchung und Klinikeinweisung wegen Frühgeburt – grob fehlerhaft)
– OLG Hamm VersR 1989, 255 – NA-BGH –
(Beckenendlage – Mißverhältnis zwischen Kopf und Rumpf – vaginal – Hirnschäden – kein Ultraschall zum Ausschluss eines Mißverhältnisses)
– OLG Oldenburg VersR 1991, 1177 – NA-BGH –
(Normalsitus – Fruchtwasserabgang – längere Liegezeit – Gebärmutterinfektion – kein CTG, kein detailliertes Labor)
– OLG Frankfurt VersR 1991, 929 – NA-BGH –
(Normalsitus – vorzeitiger Blasensprung – Vakuumextraktion – Hirnschäden – kein CTG bei starker Wehenmedikation – Arzt verspätet)
– OLG Oldenburg VersR 1988, 64
(Normalsitus – protrahierter Geburtsverlauf – verspätete Schnittentbindung – Hirnschäden – kein zureichendes CTG)
– OLG Hamburg VersR 1992, 1405 – NA-BGH –
(Entbindung – Symphysenzerrung/-ruptur – keine weiterführende Diagnostik)
– OLG Düsseldorf NJW-RR 1992, 279
(Blutdruckabfall nach Vakuumextraktion bei Schulterdystokie – Uterusruptur – Assistenzarzt zieht Oberarzt nicht zu – grob fehlerhaft)
– OLG München VersR 1992, 964 (LS)
(Fokale Krämpfe bei Neugeborenem – keine Differentialdiagnostik auf Meningitis)
– OLG Köln VersR 1993, 1529
(Verdacht auf EPH-Gestose nicht abgeklärt – grob fehlerhaft)
– OLG Hamm VersR 1999, 489
(nicht auswertbares externes CTG – kein CTG über Kopfschwartenelektrode – keine Mikroblutuntersuchung – grob fehlerhaft)
– OLG Stuttgart VersR 1994, 106
(Gynäkologe versäumt HNO-Konsil zur Abklärung von Ohrenschmerzen und Hörsturz – grob fehlerhaft)

– OLG Stuttgart VersR 1994, 1306
(Mammographie – Unterlassung grob fehlerhaft, wenn besondere Veranlassung)

Radiologie **271**
– OLG Frankfurt VersR 1994, 1474 – NA-BGH –
(Zervixkarzinom – Überstrahlung der Darmwand – Dosismeßgerät – Strahlendosis
– Messung unterlassen – grob fehlerhaft)
– OLG Brandenburg NJW-RR 1999, 967
(Mammographie – gruppierte Mikrokalzifikationen – keine Biopsie – nicht grob)

Innere Medizin **272**
– OLG Hamm VersR 1996, 892 – NA-BGH –
(Verschattung der Restlunge nach Pneumothorax – keine Bronchoskopie – grob
fehlerhaft)
– OLG Köln VersR 1994, 1238
(Differentialdiagnostik – Neurolues – Tabes dorsalis – Wassermann-Test –
2 1/2 Jahre nicht überprüft – grob fehlerhaft)
– OLG Bamberg VersR 1993, 1019 – NA-BGH –
(Malaria tropica – Laboruntersuchung (dicker Tropfen) unterlassen – grob fehlerhaft)
– OLG Celle VersR 1993, 483 – NA-BGH –
(Abklärung einer seltenen differential-diagnostischen Möglichkeit – disseziieren-
des Aortenaneurysma – nicht grob fehlerhaft)
– OLG Köln VersR 1991, 186
(Herpesencephalitisinfektion – Ausschluss von Fieberkrämpfen/Meningitis – keine
zureichende Differentialdiagnostik zur Klärung der Herpesinfektion)
– OLG Hamm VersR 1999, 622 – NA-BGH –
(Thrombosebehandlung – Heparininfusion – keine engmaschige Kontrolle der Ge-
rinungsparameter – Kopfschmerzen und Sehstörungen nicht unverzüglich abgeklärt
– grob fehlerhaft)
– OLG Köln VersR 1999, 491
(Harnabflussstörung – Nierenstein im Harnleiter – keine weiterführende Diagnostik
– grob fehlerhaft)
– OLG Köln VersR 1999, 96 – NA-BGH –
(Prostata-Biopsie negativ – keine Sonographie – Wiederbestellung 3 Monate – Tod
durch rasch metastasierendes Karzinom – nicht grob fehlerhaft)

Psychiatrie/Neonatologie
– OLG Karlsruhe VersR 2000, 229 – NA-BGH –
(Retinopathie des Frühgeborenen – Messung des Sauerstoffpartialdrucks nicht eng-
maschig – Regelung der Sauerstoffzufuhr nicht enggradig – grob fehlerhaft)
– OLG Jena OLG-Rp 1997, 64
(Abklärung organischer Ursache vor psychiatrischer Diagnose auch bei Logorrhoe
erforderlich – Beinfraktur übersehen – fraglich grob)

(3) Grobe konkrete Therapiefehler. Im Therapiebereich stehen in Be- **273**
tracht Behandlungsmaßnahmen oder Unterlassungen bis zur Untätigkeit, die
eindeutig gegen anerkannte und gesicherte medizinische Sollstandards verstoßen, insbesondere grundlos eine Standard-Methode zur Risikobeherrschung vernachlässigen:

Allgemeinmediziner/Facharzt – ambulant/Erstversorgung **274**
– OLG Stuttgart VersR 1992, 1134
(Dialysepatient – verspätete Meldung für Spenderniere – DSA-Untersuchungs-
befund nicht ausgewertet)

- OLG Oldenburg VersR 1990, 1399
  (Fingerverletzung – pfenniggroßer Hautdefekt – keine spannungsfreie, primäre plastische Deckung)
- OLG Hamm VersR 1990, 1120 – NA-BGH –
  (Thrombose der vena subclavia – akute Venensperre – falsche Medikation (keine Phlebographie))

275   *Anästhesie*

- OLG Oldenburg VersR 1991, 1139
  (Ausleitungsphase nach ITN – Herzstillstand/Reanimation – keine Prüfung der Tubuslage – falsche Medikamentdosierung)
- OLG Köln VersR 1989, 372
  (Intubationsversuch zweifach erfolglos – Assistenzarzt kurz vor Facharztprüfung – in Krise weiteren Assistenzarzt statt Oberarzt zugezogen)
- OLG Düsseldorf VersR 1987, 489
  (Ausleitungsphase nach ITN – sistierende Atemdepression – Anästhesist verlässt Patienten zur Einleitung einer anderen Anästhesie)

276   *Augen/HNO*

- BGH, Urt. v. 26. 2. 1991 – VI ZR 344/89 – NJW 1991, 1539 = VersR 1991, 694
  (HNO-Operation (Bellocq-Tamponade) – Morbus Addison-Patient – keine Cortisongabe zur Substitution fehlender NNR-Hormone durch Anästhesist (nicht Operateur))
- OLG Hamm VersR 1991, 585 – NA-BGH –
  (Lidentzündung chronisch – Corticoidtropfen mehrjährig unkontrolliert)

277   *Chirurgie*

- BGH, Urt. v. 3. 12. 1985 – VI ZR 106/84 – NJW 1986, 1540 = VersR 1986, 366
  (Humerustrümmerfraktur – Versorgung des Schultergelenks mit Kirschnerdrähten – Bewegungsübungen trotz überstehender Drähte)
- BGH, Urt. v. 21. 9. 1982 – VI ZR 130/81 – NJW 1983, 2307 = VersR 1982, 1141
  (Hernienrezidivoperation – postoperativ keine Kontrolle des Hodens)
- OLG München NJW-RR 1997, 600 = VersR 1997, 677
  (Leistenbruchoperation bei Säugling – Hodenhochstand – Behebung unterlassen – grob fehlerhaft)
- OLG Köln VersR 1997, 59
  (Laparoskopie statt Laparotomie – grob fehlerhaft)
- OLG Hamm VersR 1996, 892 – NA-BGH –
  (Lungenteilentfernung – Bronchusstumpf zu lang belassen – Fistelung – grob fehlerhaft)
- OLG Oldenburg VersR 1995, 218
  (Kompartmentsyndrom – Faszienspaltung verspätet nach 1–2 Stunden – grob fehlerhaft)
- OLG Düsseldorf VersR 1995, 785 (L)
  (Thromboseprophylaxe nach Extremitätenoperation unterlassen – grob fehlerhaft)
- OLG Oldenburg NJWE-VHR 1997, 111
  (intraoperative Teildurchtrennung eines Nervs – Primärnaht unterlassen – grob fehlerhaft)
- OLG Köln NJWE-VHR 1996, 14 = VersR 1997, 366
  (Fingerluxation – erhöhte Infektionsgefahr – Wundkontrolle mit Verbandswechsel durch Schwester – keine Wundrevision vor Entlassung – grob)
- OLG Oldenburg VersR 1995, 1237
  (Bruch des Mittelhandknochens – Ruhigstellung der Finger in Streckstellung – keine Korrektur – grob fehlerhaft)

– Kammergericht VersR 1991, 928 – NA-BGH –
(Fingerweichteilverletzung – tiefe Wundinfektion – Gabe von Antibiotika und spezifische Erregerbestimmung verspätet)
– OLG Stuttgart VersR 1989, 199 – NA-BGH –
(Unterarmfraktur – offene Durchspießung – Versorgung mit Gipsschiene/tiefe Wundinfektion/Gasbrand – keine klinische Inspektion und rechtzeitige Wundrevision)
– OLG Düsseldorf VersR 2000, 1019
(Empyem-Kniegelenk – chirurgische Sanierung – Verzögerung um 2 Tage – grob)
– OLG Hamm VersR 1989, 293 – NA-BGH –
(Meniskusoperation nach Arthrographie am gleichen Tag (grob fehlerhaft) – fortbestehende Schmerzen ohne postoperative Diagnostik)
– OLG Oldenburg VersR 1988, 603 – NA-BGH –
(Meniskusoperation – lokale Wundinfektion – unzulängliche Nachsorge (Wundinspektion/Labor verspätet) – Sudecksyndrom)
– OLG Frankfurt VersR 1992, 578 – NA-BGH –
(Sprunggelenksdistorsion – deutliche Sudecksymptomatik unbehandelt)
– OLG Düsseldorf VersR 1988, 970
(Sprunggelenksfraktur – erhebliche Schwellung schneidende Eröffnung/Hineinoperieren in Schwellung – Infektion)
– OLG Düsseldorf VersR 1987, 569
(Hüftgelenksendoprothese – technische Ausführungsmängel – intraoperativ Granulationsgewebe/trübes Exsudat – keine Antibiotika/keine Saugdrainage)
– OLG Celle VersR 1994, 1237
(Psychiatrie – Durchblutungsstörungen der Beine – Fußpulse nicht tastbar – Gefäßverschluss nicht abgeklärt)
– OLG München VersR 1992, 1266
(Lysetherapie bei Fehlverdacht auf Beinvenenthrombose – entgegenstehende Befunde aus Sonographie und Phlebographie)
– OLG Schleswig NJW 1997, 3098
(Anus-praeter-Patient – Stuhlverhaltung – Darmverschluss – Entlassung durch AiP ohne ausführliche Abschlussuntersuchung)

Geburt, vor- und nachgeburtliche Betreuung **278**

– BGH, Urt. v. 19. 11. 1996 – VI ZR 350/95 – NJW 1997, 798 = VersR 1997, 315
(verfrühte Schnittentbindung in SSW 29 – kein ausreichend pathologisches CTG – fraglich grob)
– BGH, Urt. v. 1. 10. 1996 – VI ZR 10/96 – NJW 1997, 796 = VersR 1997, 362
(Zangenentbindung vom Beckenboden trotz hochpathologischem CTG statt Schnittentbindung – wahrscheinliche intrauterine Vorschädigung)
– OLG Düsseldorf VersR 1999, 191 – NA-BGH –
(monoamniotische Zwillingsschwangerschaft – ein Zwilling tot, den anderen nicht sofort in Kinderklinik verlegt – 1990 nicht grob)
– OLG Oldenburg VersR 1997, 1236 – NA-BGH –
(pathologisches CTG – abgebrochen – keine weitere ärztliche Überwachung der fetalen Herzfrequenz und des Geburtsfortschritts)
– OLG Zweibrücken NJWE-VHR 1996, 63
(Risikositus – Verdacht auf Amnioninfektionssyndrom – keine Überwachung der fetalen Herztöne und der Wehentätigkeit – keine vaginale Untersuchung zum Geburtsfortschritt – Frühgeburt SSW 29 – keine lückenlose Sauerstoffversorgung – Hirnschädigung)

– OLG Frankfurt VersR 1996, 584 – NA-BGH –
(Risikositus – verspätete Schnittentbindung – Hirnschäden – CTG pathologisch silent)
– OLG München VersR 1996, 63
(Risikositus – suspektes CTG – Anordnung der Bereitschaft zur Schnittentbindung unterlassen – Vakuumextraktion – Nabelschnurumschlingung)
– OLG Oldenburg VersR 1994, 178 – NA-BGH –
(sehr hohe Blutgaswerte bei Neugeborenem – keine Maßnahmen – fraglich grob fehlerhaft)
– OLG Schleswig VersR 1994, 311 – NA-BGH –
(CTG pathologisch – verspätete Schnittentbindung)
– OLG Hamm VersR 1994, 730
(Cava-Kompressionssyndrom – Dezelerationen im CTG – keine fortlaufende Überwachung – grob fehlerhaft)
– OLG Oldenburg NJW-RR 1993, 155 = VersR 1993, 1235
(schwere Entwicklung – übergroßer Schultergürtel – Erb'sche Lähmung – Episiotomie unterlassen – grob)
– OLG Oldenburg VersR 1993, 753 – NA-BGH –
(Vorderhauptlage – CTG 1 Stunde lang pathologisch – verspätete Vakuumextraktion – Mikrocephalus – grob fehlerhaft)
– OLG Oldenburg VersR 1992, 453 – NA-BGH –
(Vorderhauptlage – verspätete Schnittentbindung – Hirnschäden – CTG lange pathologisch und hohe Wehenfrequenz – nur Hebamme/Arzt verspätet)
– OLG München VersR 1991, 586 – NA-BGH –
(Normalsitus – verspätete Schnittentbindung – Hirnschäden – CTG mit Herztonabfall – keine rechtzeitige Zuziehung des Arztes zur Gewährleistung lückenloser Überwachung)
– OLG Hamm VersR 1996, 1371 – NA-BGH –
(Plazentainsuffizienz – Vorschaden – verzögerte Entbindung)

279   *Pädiatrie*

– BGH, Urt. v. 8. 2. 2000 – VI ZR 325/98 – NJW 2000, 2741 = VersR 2000, 1107
(Untätigkeit des bei Geburt eingeteilten Neonatologen ohne Grund)
– OLG Oldenburg VersR 1994, 178 – NA-BGH –
(hochpathologische Blutgasanalyse – Hyperkapnie – keine rechtzeitige Reaktion – Hirnschädigung – grob fehlerhaft)

280   *Injektionen/Transfusionen/Strahlentherapie*

– OLG Düsseldorf VersR 2000, 1019
(Punktion des Kniegelenks – Spritzenwechsel – Hygiene – Leitlinie – grob)
– OLG Karlsruhe VersR 1989, 195
(Periartikuläre Injektion in Hüftgelenk – mangelnde Desinfektion)
– OLG Düsseldorf VersR 1992, 1096
(Intraartikuläre Cortisoninjektion in Schultergelenk – entgegenstehende Verdachtsbefunde auf vorbestehendes entzündliches Geschehen)
– OLG Köln VersR 1992, 1003
(Intraartikuläre Cortisoninjektion in Kniegelenk – serös/trübes Punktat in weiterer Therapie unberücksichtigt)
– OLG Düsseldorf VersR 1991, 1136
(Intraartikuläre Injektion in Reizknie – Nichtberücksichtigung offener Wunde im Ellenbogenbereich)
– OLG Schleswig VersR 1990, 1121
(Intraartikuläre Injektion in Kniegelenk – mangelnde Desinfektion)

– OLG Stuttgart VersR 1990, 385
(Intramuskuläre Injektion in Gesäßmuskulatur bei immungeschwächtem Patient –
mangelnde Desinfektion)
– OLG Köln VersR 1995, 582
(Hämophilie – Faktor VIII-Präparat nicht virusinaktiviert – HIV-Infektion – 1983
nicht grob)
– OLG Düsseldorf VersR 1996, 377 – NA-BGH –
(Bluttransfusion bei unbekanntem Spender – ohne HIV-Testung – HIV-Infektion –
1984 nicht (grob))
– OLG München VersR 1992, 1266
(Beinvenenthrombose nach Dopplersonographie und Phlebographie ausgeschlos-
sen – Lysetherapie mit Streptokinase und Urokinase kontraindiziert – grob)

Urologie   **281**

– OLG Frankfurt VersR 1995, 785
(progressive Glomerulonephritis verkannt – rascher Anstieg des Kreatininwerts –
ohne therapeutische Reaktion – grob)
– OLG Oldenburg VersR 1995, 96
(Hodentorsion – unverzügliche Freilegung zwingend geboten)

Nervschäden   **282**

– OLG Frankfurt VersR 1990, 659 – NA-BGH –
(Tiefe Unfall-Schnittverletzung im Handgelenk – nervi ulnaris und medianus-
Läsion – keine zureichende Diagnostik/kein Therapiehinweis)

Zahnarzt   **282a**

– OLG Stuttgart VersR 1999, 1017
(Krone – Randabschluss deckt beschliffene Zahnsubstanz nicht vollständig – end-
gültige Eingliederung – grob fehlerhaft)
– OLG Köln NJW-RR 1999, 388 = VersR 1998, 1511
(Implantat ohne genügenden Halt – Eingliederung der Prothese – grob fehlerhaft)

Hygiene/Desinfektion   **283**

– OLG Düsseldorf VersR l991, 1136
(Intraartikuläre Injektion in Reizknie – offene Ellbogenwunde – Einsprühen mit
„Kodanspray" und Handreinigung mit „Satinasept" unzureichend)
– OLG Schleswig VersR 1990, 1121
(Intraartikuläre Injektion in Kniegelenk – chirurgische (nicht nur hygienische)
Handdesinfektion erforderlich, wenn keine sterilen Handschuhe)
– OLG Karlsruhe VersR 1989, 195
(Periartikuläre Injektion in Hüftgelenk – Straßenkleidung/kurze Einwirkzeit des
Desinfektionsmittels auf Einstichstelle)
– OLG Stuttgart VersR 1990, 385
(Intramuskuläre Injektion in Gesäßmuskulatur bei immungeschwächtem Patienten
– Straßenkleidung/zu knappe Einwirkzeit des Desinfektionsmittels auf der Ein-
stichstelle)
– OLG Düsseldorf NJW 1988, 2307 = VersR 1988 40
(Intramuskuläre Injektion im Ellenbogenbereich/keine Desinfektion der Hände)

Pflegepersonal   **284**

– BGH, Urt. v. 16. 5. 2000 – VI ZR 321/98 – NJW 2000, 2741 = VersR 2000, 1146,
z. V. b. in BGHZ
(angestellte Hebamme verkennt eindeutig pathologisches CTG – grob)

- BGH, Urt. v. 14. 2. 1995 – VI ZR 272/93 – BGHZ 129, 6, 12 = NJW 1995, 1611 = VersR 1995, 706 –
  (Eklampsie – Beleghebamme unterlässt Blutdruckmessung – grob)
- BGH, Urt. v. 10. 11. 1970 – VI ZR 83/69 – NJW 1971, 241 = VersR 1971, 227
  (Infektion auf Neugeborenenabteilung – grobe Hygienefehler der Krankenschwester)
- OLG München OLGR 2000, 34 – NA-BGH –
  (Verschlechterung des Allgemeinzustands – Pflegepersonal verständigt Arzt nicht – grob)
- OLG München VersR 1997, 977 – NA-BGH –
  (Notfallverlegung eines asphyktischen Säuglings durch Schwester ohne Einschaltung eines Arztes und ohne Intubation – grob)
- OLG Oldenburg VersR 1997, 749
  (Nachblutung nach Mandeloperation – Pflegepersonal verständigt den Arzt nicht – grob)
- OLG Celle VersR 1999, 486 – NA-BGH –
  (Hebamme verkennt hochpathologisches CTG – grob)
- OLG Köln VersR 2000, 767
  (Pflegepersonal – Schwerstkranker – Decubitus 4. Grades – grob)
- OLG Oldenburg NJW-RR 2000, 762
  (Pflegeheimpersonal übersieht Decubitus 3. Grades – keine Prophylaxe – kein Arzt – grob)
- OLG Frankfurt AHRS 6551/8
  (Badefrau in Kurhotel – Sturz nach Massage)

285   (4) Grobe Behandlungsfehler durch Unterlassen der erforderlichen therapeutischen Sicherungsaufklärung. Im Bereich nicht rechtzeitiger oder unvollständiger Therapieaufklärung liegt die Bewertung als grob fehlerhaft dann nahe, wenn dem Patienten aus der Unterlassung eindeutig erforderlicher therapeutischer Beratung erhebliche gesundheitliche Nachteile drohen.

286   *Allgemeinmediziner/Facharzt – ambulant/Erstversorgung*

- BGH, Urt. v. 29. 3. 1988 – VI ZR 185/87 – NJW 1988, 2303 = VersR 1988, 721
  (Hypertoniepatient – langdauernd erhöhte Kreatininwerte – keine therapeutische Beratung/Facharztüberweisung)

287   *Augen/HNO*

- BGH, Urt. v. 25. 4. 1989 – VI ZR 175/88 – BGHZ 107, 222, 225 = NJW 1989, 2318 = VersR 1989, 702
  (Retikulumzellkarzinom – keine Hinweise auf Notwendigkeit weiterführender Diagnostik und Therapie gegenüber dem Patienten selbst – unzureichend gegenüber Angehörigen)

288   *Chirurgie I*

- BGH, Urt. v. 24. 6. 1986 – VI ZR 21/85 – NJW 1987, 705 = VersR 1986, 1121
  (Unterschenkelfraktur – konservative Therapie/Fehlstellung – kein Hinweis auf Dringlichkeit und Fristgebundenheit operativer Revision)
- OLG Frankfurt VersR 1990, 659 – NA-BGH –
  (Handgelenktiefe Schnittwunde beugeseits – fragliche Nervverletzung – kein Hinweis auf Notwendigkeit neurologischer Klärung)

Orthopädie **289**

- OLG Oldenburg NJW-RR 1994, 1054 = VersR 1994, 1478
 (Muskelfaserriss in der Wade – Hinweis auf Notwendigkeit von Kontrolluntersuchungen und Verhaltensmaßregeln (Nachsorge) erforderlich – Unterlassung grob fehlerhaft)

Geburt, vor- und nachgeburtliche Betreuung **290**

- BGH, Urt. v. 8. 11. 1988 – VI ZR 320/87 – NJW 1989, 1536 = VersR 1989, 186
 (Verspätete Amniozentese – mongoloides Kind – Erstuntersuchung mit offenem Befund – kein Hinweis auf Notwendigkeit zeitgerechter Wiederholung)
- OLG Köln VersR 1996, 856
 (Frühgeborene Zwillinge – augenärztliche Kontrolle – RLF – schriftlicher Hinweis bei Entlassung an Eltern – Nachsorge – keine Anordnung)
- OLG Braunschweig VersR 1998, 459 – NA-BGH –
 (EPH-Gestose – retardiertes Wachstum des Feten – kein Hinweis auf Notwendigkeit stationärer Behandlung)

Dagegen ist die Verletzung der Pflicht zur Risikoaufklärung, anders als die Pflicht zur therapeutischen Aufklärung kein Behandlungsfehler und daher auch nicht der Figur des groben Behandlungsfehlers zugänglich. Jede Verletzung der Pflicht zur Risikoaufklärung macht die Einwilligung des Patienten in den Eingriff unwirksam und der Eingriff bleibt mangels Rechtfertigung rechtswidrig; das gilt in gleicher Weise für einen groben wie für einen einfachen Verstoß gegen die Verpflichtung zur Risikoaufklärung.

(5) Grobe Organisationsfehler **291**

- BGH, Urt. v. 16. 4. 1996 – VI ZR 190/95 – NJW 1996, 2429 = VersR 1996, 976
 (Rufbereitschaft des Geburtshelfers – Überwachung des CTG durch hierfür nicht ausgebildeten und nicht unterwiesenen Pflegedienst – Überwachungspflicht des Belegkrankenhauses – grober Organisationsfehler)
- OLG Stuttgart VersR 2000, 1108 – NA-BGH –
 (Schlüssel zum OP-Saal – Aufbewahrungsort unbekannt – Belegklinik – grober Organisationsfehler)
- OLG Braunschweig VersR 1999, 191
 (Beteiligung an Notversorgung – Rufbereitschaft statt einsatzfähiges Operationsteam – grober Organisationsfehler)
- OLG Köln VersR 1997, 1404 – NA-BGH –
 (Belegkrankenhaus – Einstellung von ungeeignetem Pflegepersonal)
- OLG Hamm VersR 1997, 1403 – NA-BGH –
 (Riesenkind 5270 gr – Schulterdystokie – Geburtsleitung durch unerfahrenen Assistenzarzt ohne ausreichenden Hintergrunddienst)
- OLG Köln VersR 856
 (Frühgeborene Zwillinge – augenärztliche Kontrolle – RLF – schriftlicher Hinweis bei Entlassung an Eltern – Nachsorge – keine Sicherstellung der Anordnung)
- OLG Hamm NJW 1993, 2387 = VersR 1994, 729 – NA-BGH –
 (Selbstmordversuch – Psychiatrie – offene Station – unzureichende personelle Besetzung infolge Urlaubs – grober Fehler)
- OLG Hamburg VersR 1992, 1405 – NA-BGH –
 (Entbindung – vaginal – Symphysenzerrung/-ruptur – keine therapeutischen Hinweise (bei mangelhafter Therapie und unzureichender Diagnostik))

4. Nicht grobe Behandlungsfehler durch mangelnde Erhebung oder Sicherung von Kontrollbefunden

295   Steht im Rechtsstreit fest, weil unstreitig, vom Kläger bewiesen oder mangels Dokumentation zu seinen Gunsten zu vermuten, dass der Arzt die Erhebung und/oder Sicherung von Diagnose- und Kontrollbefunden schuldhaft unterlassen hat, kann dem Patienten hieraus eine Beweiserleichterung hinsichtlich der haftungsbegründenden Kausalität erwachsen, wenn das Unterlassen der Befunderhebung als grober Behandlungsfehler zu werten ist.

– BGH, Urt. v. 13. 1. 1998 – VI ZR 242/96 – BGHZ 138, 1, 4 = NJW 1998, 1780 = VersR 1998, 457

296   Darüber hinaus kann dem Patienten bereits unterhalb der Schwelle zum groben Behandlungsfehler für das Kausalitätsband zum Primärschaden eine Beweiserleichterung zugutekommen. Eine solche Beweiserleichterung greift aber nur dann Platz, wenn
– die Unterlassung die Erhebung und/oder die Sicherung medizinisch gebotener Befunde betrifft,
– der Befund mit hinreichender Wahrscheinlichkeit ein (medizinisch) positives und deshalb aus medizinischer Sicht reaktionspflichtiges Ergebnis gehabt hätte.
Ist auf dieser Grundlage ausnahmsweise bereits die Kausalität zu bejahen, wird von einer Haftung auszugehen sein. Kann sich das Gericht jedoch nicht von der Kausalität überzeugen, ist zusätzlich erforderlich, dass
– das Unterlassen der Reaktion bei einem solchen Befund nicht anders als durch einen groben Fehler, sei es einen fundamentalen Diagnose- oder einen groben Behandlungsfehler zu erklären wäre.

– BGH, Urt. v. 6. 7. 1999 – VI ZR 290/98 – NJW 1999, 3408 = VersR 1999, 1282
(Wundabstrich unterlassen – Osteitis nicht erkannt)
– BGH, Urt. v. 29. 6. 1999 – VI ZR 24/98 – BGHZ 142, 126 = NJW 1999, 2731 = VersR 1999, 1241
(Untersuchung des Morgenurins unterlassen – Schwangerschaft nicht erkannt – Amniozentese unterlassen – mongoloides Kind geboren – Unterhaltsschaden)
– BGH, Urt. v. 3. 11. 1998 – VI ZR 253/97 – NJW 1999, 862 = VersR 1999, 231
(Abklärung durch CT unterlassen – Subarachnoidalblutung nicht erkannt)
– BGH, Urt. v. 6. 10. 1998 – VI ZR 239/97 – NJW 1999, 860 = VersR 1999, 60
(Kreatininwert nicht überprüft – Goodpasture-Syndrom – Niereninsuffizienz – Befunderhebung)
– BGH, Urt. v. 27. 1. 1998 – VI ZR 339/96 – NJW 1998, 1782 = VersR 1998, 585
(Lähmung beider Beine – keine Computertomographie der HWS – Meningeom nicht erkannt)
– BGH, Urt. v. 13. 1. 1998 – VI ZR 242/96 – BGHZ 138, 1, 4 = NJW 1998, 1780 = VersR 1998, 457
(Augenhintergrunduntersuchung ohne Pupillenerweiterung – Netzhautablösung nicht erkannt)
– BGH, Urt. v. 13. 2. 1996 – VI ZR 402/94 – BGHZ 132, 47, 52 = NJW 1996, 1589 = VersR 1996, 633
(verschwundene EKG-Aufzeichnung mit hinreichend wahrscheinlichem Infarktbild – alsbald Herzinfarkt – vorhandene Auswertung nicht brauchbar – Befundsicherung)

– BGH, Urt. v 21. 11. 1995 – VI ZR 341/94 – NJW 1996, 779 = VersR 1996, 330
(verschwundene Röntgenaufnahmen – Reststein bei Entfernung von Steinen aus Gallengang fraglich übersehen – Befundsicherung)
– OLG Stuttgart VersR 2000, 362 – NA-BGH –
(Verdacht auf vorzeitigen Blasensprung – kein Lackmustest – keine Spekulumuntersuchung – bejahend)
– OLG Stuttgart VersR 1998, 1550 – NA-BGH –
(Arthroskopie – Infektion – bejahend)
– OLG Oldenburg NJWE-VHR 1997, 285
(Prellung am Kinn durch Ballwurf – Zahnlockerung – Osteomyelitis – Alveolarfortsatz-Fraktur wahrscheinlich – Reposition erforderlich – bejahend)
– OLG Köln VersR 2000, 102
(Verdacht auf Guillain-Barré-Syndrom – Messung der Nervenleitgeschwindigkeit unterlassen – bejahend)
– OLG Köln VersR 1999, 96 – NA-BGH
(Prostata-Biopsie negativ – kein Ultraschall – Wiederbestelung 3 Monate – Tod nach 3 Jahren wegen rasch metastasierendem Karzinom – keine hinreichende Wahrscheinlichkeit)

Diese Beweiserleichterungen sind nicht auf die Fälle beschränkt, in denen keinerlei Befunde erhoben worden sind. Sie sind vielmehr stets dann gegeben, wenn einzelne, aus medizinischer Sicht gebotene Befundhebungen unterblieben sind und damit auch in den Fällen der unvollständigen und der fehlerhaften Befunderhebung anzuwenden; dann ist gleichfalls die aus medizinischer Sicht gebotene (ordnungsgemäße) Befunderhebung unterlassen worden.

Das darf nicht dahin mißverstanden werden, es werde nun ein fiktiver **297** grober Behandlungsfehler zum Anlass für eine prozessuale Sanktion genommen. Der Patient ist nicht behandelt worden. Diese Tatsache ist Anlaß der richterlichen Würdigung. Die Behandlung ist unterblieben, weil der Arzt die aus medizinischer Sicht gebotene Befunderhebung unterlassen oder ihr Ergebnis nicht – wie geboten – gesichert hat. Der Patient soll aber durch die aus der Dokumentationspflicht folgende Beweiserleichterung nicht besser stehen, als er bei Befunderhebung bzw. Sicherung des erhobenen Befundes stehen würde. Beweiserleichterungen zur Kausalität sind daher nur dann gerechtfertigt, wenn er beweist, dass der Befund mit hinreichender Wahrscheinlichkeit ein reaktionspflichtiges Ergebnis gehabt hätte und das Unterbleiben der Behandlung sich nach allgemeinen Regeln als fundamentaler Diagnosefehler oder als grober Behandlungsfehler darstellen würde. Nur das Risiko grober Fehler darf dem Patienten nicht aufgebürdet werden; dagegen muss er mit dem stets möglichen Risiko „einfacher" Versehen der Behandlungsseite leben. Er muss dann die Kausalität des „einfachen" Behandlungsfehlers beweisen, will er einen Ausgleich erhalten. Letztere Möglichkeit bleibt ihm in den Fällen unterlassener Befunderhebung ebenso erhalten wie in den Fällen unterlassener Befundsicherung. Dem Patienten bleibt zudem die Möglichkeit, eine grobe Fehlerhaftigkeit der unterlassenen Befunderhebung zu beweisen mit der Folge, dass dann die Behandlungsseite für die fehlende Kausalität der Unterlassung beweisbelastet ist.

– BGH, Urt. v. 13. 1. 1998 – VI ZR 242/96 – BGHZ 138, 1, 5 = NJW 1998, 1780 =
VersR 1998, 457

Auch für die hier in Betracht stehende Beweiserleichterung gilt, dass die
Behandlungsseite sie ausräumen kann durch den Beweis, wonach es sicher
oder äußerst unwahrscheinlich ist, dass der Fehler auf die Behandlung des
Patienten und den Eintritt des Primärschadens von Einfluss gewesen wäre.

– BGH, Urt. v. 27. 1. 1998 – VI ZR 339/96 – NJW 1998, 1782 = VersR 1998, 585
– BGH, Urt. v. 13. 1. 1998 – VI ZR 242/96 – BGHZ 138, 1, 8 = NJW 1998, 1780 =
VersR 1998, 457

C. Haftung aus Aufklärungsfehler

I. Grundlagen

Die höchstrichterliche Rechtsprechung hält in der Sache zu Recht daran **1**
fest, dass jeder Eingriff in die körperliche oder gesundheitliche Befindlichkeit des Patienten – sei er behandlungsfehlerhaft oder frei von einem Behandlungsfehler – als Verletzung des Behandlungsvertrags und als rechtswidrige Körperverletzung zu werten ist, wenn er sich nicht im konkreten Fall durch eine wirksame Zustimmung des Patienten als gerechtfertigt erweist. Sie legitimiert diesen Standpunkt nicht mehr in erster Linie aus dem herkömmlichen konstruktiven Rechtswidrigkeitskonzept, sondern maßgeblich aus dem Gesichtspunkt des Selbstbestimmungsrechts des Patienten – im Sinne der zivilrechtlichen Konkretisierung der Verfassungsgarantie auf freie Entfaltung der Persönlichkeit und auf Achtung der personalen Würde –, das dem Patienten Rechtsgewähr dafür geben muss, dass er in der medizinischen Betreuung nicht Objekt, sondern eigenverantwortliches Subjekt der Behandlung bleibt. Die Aufklärungspflicht soll den Patienten davor schützen, dass sich der Arzt ein ihm nicht zustehendes Bevormundungsrecht anmaßt. Solchem Verständnis entspricht, auch die Heilzwecken dienende ärztliche Behandlung haftungsrechtlich – aus Behandlungsvertrag wie aus unerlaubter Handlung – zu sanktionieren, wenn es an einer wirksamen Zustimmung des Patienten fehlt.

Anknüpfungspunkt der Haftung für Aufklärungsfehler ist der Grundsatz, **2**
dass die Zustimmung des Patienten ihrerseits als Wirksamkeitsbedingung eine hinreichende ärztliche Selbstbestimmungaufklärung (– informed consent –) voraussetzt. Damit wird die schuldhafte Verletzung der ärztlichen Aufklärungspflicht rechtstechnisch zu einem gleichsam selbständigen vertraglichen wie deliktischen Haftungtatbestand, wobei dem aus Vertrags- und/oder Deliktsrecht Aufklärungsverantwortlichen jeweils identische Aufklärungspflichten obliegen.

– BGH, Urt. v. 8. 5. 1990 – VI ZR 22/789 – NJW 1990, 2929 = VersR 1990, 1010
– BGH, Urt. v. 6. 12. 1988 – VI ZR 132/88 – BGHZ 106, 153 = NJW 1989, 1538 = VersR 1989, 253
– BGH, Urt. v. 22. 4. 1980 – VI ZR 37/79 – NJW 1980, 1905 = VersR 1981, 457
– BGH, Urt. v. 22. 1. 1980 – VI ZR 263/78 – NJW 1980, 1383 = VersR 1980, 428

Gefahren einer Ausuferung der Haftung für Aufklärungsfehler, Miss- **3**
brauch der Fehlerbehauptung als Haftungsinstrument und die gelegentliche Neigung der Rechtspraxis, Behandlungsfehlerklärung mit dem Haftungstatbestand „Aufklärungsfehler" zu substituieren, sucht die neuere höchstrichterliche Rechtsprechung tendenziell entgegenzuwirken. Dies betrifft die Ebene der aufklärungsbedürftigen Umstände, in stärkerem Maß diejenige der Art und Weise der Aufklärung, vor allem aber die Ebene der ursächlichen Schadenszurechnung.

Ist die Aufklärungsrüge erfolgreich, wird dadurch nicht stets die Frage, ob ein Eingriff fehlerfrei erfolgt ist, überflüssig. Fehler bei der Vornahme einer Operation können sich auf die Höhe des Schmerzensgeldes auswirken.

– OLG Oldenburg NJWE-VHR 1997, 237 = VersR 1998, 854

Eine medizinisch nicht indizierte Behandlung kann auch dann zu beanstanden sein, wenn sie auf ausdrücklichen Wunsch des Patienten erfolgt ist.

– BGH, Urt. v. 22. 2. 1978 – 2 StR 372/77 – NJW 1978, 1206
– OLG Oldenburg NJW-RR 1999, 1329 = VersR 1999, 1499
  (je zur Entfernung von Zähnen ohne Indikation – Einwilligung des Patienten unwirksam)
– OLG Stuttgart VersR 1999, 1017
  (Krone – endgültige Eingliederung ohne ordnungsgemäßen Randabschluss – fehlerhaft – Wunsch des Patienten ohne Aufklärung entschuldigt nicht)
– OLG Karlsruhe VersR 1987, 1147 – NA-BGH –
  (Extraktion sämtlicher Zähne)

II. Aufklärungspflichten

1. Grundsatz

4   Sinn und Zweck der Selbstbestimmungsaufklärung liegt darin, dem Patienten eine allgemeine Vorstellung zu vermitteln von der Art und dem Schweregrad der in Betracht stehenden Behandlung sowie von den Belastungen und Risiken, denen er sich aussetzt.

5   Die Aufklärung und Einwilligung sind grundsätzlich vor allen diagnostischen oder therapeutischen Behandlungsmaßnahmen (– Narkose, Operation, Injektion, Medikation, Bestrahlung usw. –) geboten, um dem Patienten die sinnvolle Ausübung seines Selbstbestimmungsrechts zu ermöglichen. Die nach Aufklärung erfolgte Einwilligung in einen Teil der Behandlung kann die Aufklärung über den anderen Teil und die Einwilligung in diesen Teil der Behandlung nicht ersetzen; so beschränkt sich die Einwilligung nach Anästhesieaufklärung auf das Einverständnis mit einer bestimmten Narkose, ohne zugleich das Einverständnis mit der Durchführung der – in der Regel auch in dem Formblatt für die Anästhesieaufklärung stichwortartig bezeichneten – Operation zu umfassen.

– BGH, Urt. v. 17. 2. 1998 – VI ZR 42/97 – NJW 1998, 1784 = VersR 1998, 716

6   Die Einwilligung in die Behandlung muss für die Einzelnen an der Behandlung beteiligten Ärzte getrennt erfolgen, soweit sie selbständige Behandlungsschritte vornehmen (Chirurg – Anästhesist; Neonatologe – Ophthalmologe) oder konsiliarisch tätig werden. Entsprechend wird auch die Aufklärung jeweils getrennt zu erfolgen haben (Chirurg – Anästhesist, Chirurg – Radiologe bei Kontrastmitteluntersuchung in Vorbereitung einer Operation). Die Einwilligung in die Operation umfaßt nicht ohne weitere Aufklärung auch die Einwilligung in die tatsächlich durchgeführte Narkose. Sind andererseits Aufklärung und Einwilligung in die Operation unwirksam, haftet der Anästhesist nicht für seine Mitwirkung bei dem rechtswidrigen Eingriff allein wegen fehlender Operationseinwilligung, wenn der Patient nach ausreichender Aufklärung seine Einwilligung in die durchgeführte Narkose erteilt hat. Eine Anwendung des § 139 BGB ist angesichts der weitgehend getrennten Aufgabenbereiche der beteiligten Ärzte nicht geboten.

Umfang und Intensität der Aufklärung lassen sich nicht abstrakt festlegen, **7** sie sind an der jeweils konkreten Sachlage auszurichten, und zwar sowohl an der konkreten medizinischen Behandlung wie am konkreten Patienten, unter Berücksichtigung seiner speziellen beruflichen und privaten Lebensführung (– patientenbezogene Aufklärung –).

Als **grober genereller Maßstab** gilt nach der Rechtsprechung: **8** Der Umfang und der Genauigkeitsgrad der Aufklärung sind umgekehrt proportional zur Dringlichkeit und zu den Heilungsaussichten des Eingriffs. Die Aufklärungslast nimmt also in dem Maß zu, in dem Dringlichkeitsgrad des medizinischen Eingriffs und seine Heilungsaussicht abnehmen und umgekehrt.

Dies besagt:
Je weniger dringlich der Eingriff sich – nach medizinischer Indikation und Heilungsaussicht – in zeitlicher und sachlicher Hinsicht für den Patienten darstellt, desto weitergehend ist das Maß und der Genauigkeitsgrad der Aufklärungspflicht.

So unterliegen nicht zwingend indizierte Eingriffe mit zweifelhaften **9** Heilungsaussichten, nicht unmittelbar Heilzwecken dienende diagnostische Eingriffe, therapeutische oder wissenschaftliche Versuche oder etwa Schönheitsoperationen in steigender Linie erheblich genaueren Aufklärungsanforderungen als medizinisch zwingende Eingriffe zur Abwehr einer erheblichen Gesundheitsgefährdung,

– BGH, Urt. v. 6. 11. 1990 – VI ZR 8/90 – NJW 1991, 2349 = VersR 1991, 227
  (Kosmetischer Eingriff (Turkey))
– OLG Düsseldorf NJWE-VHR 1998, 209 = VersR 1999, 61
  (Fettabsaugung)
– OLG Stuttgart NJW-RR 2000, 904
  (Mammareduktionsplastik – Strömbeck – eingehende Aufklärung erforderlich)
– OLG Oldenburg VersR 1998, 1421
  (Augmentation und Beseitigung einer Ptose – besonders eingehende Aufklärung
  erforderlich)
– OLG Oldenburg NJWE-VHR 1997, 237 = VersR 1998, 854
– OLG Celle NJW 1987, 2304
  (je kosmetischer Eingriff – Bauchdeckenreduktionsplastik – Risiko einer Korrekturoperation aufklärungspflichtig)
– OLG München NJW-RR 1994, 1307
  (Kosmetischer Eingriff – Kollageninjektion zur Beseitigung von Gesichtsfalten –
  Misserfolgsrisiko aufklärungspflichtig)
– OLG München NJW-RR 1994, 20 = VersR 1993, 1529
  (Kosmetischer Eingriff – Beseitigung einer Trichterbrust mit Silikon – Vor- und
  Nachteile der Implantate aufklärungspflichtig)
– BGH, Urt. v. 17. 2. 1998 – VI ZR 42/97 – NJW 1998, 1784 = VersR 1998,
  716
  (radikale Mastektomie – Abwarten bei engmaschiger Kontrolle – relative Indikation)

- BGH, Urt. v. 14. 1. 1997 – VI ZR 38/96 – NJW 1997, 1637 = VersR 1997, 451
  (Uterusentfernung – Totaloperation – relative Indikation – Aufschub oder gänzliches Unterlassen der Operation aufklärungspflichtig)
- BGH, Urt. v. 7. 4. 1992 – VI ZR 216/91 – NJW 1992, 2354 = VersR 1992, 747
  (Mastektomie bei zweifelhaftem Malignitätsverdacht – relative Indikation)
- BGH, Urt. v. 24. 6. 1980 – VI ZR 7/79 – NJW 1980, 2751 = VersR 1980, 940
  (Hernienoperation – relative Indikation)
- BGH, Urt. v. 22. 4. 1980 – VI ZR 37/79 – NJW 1980, 1905 = VersR 1981, 457
  (Tympanoplastik – relative Indikation)
- OLG Stuttgart VersR 1997, 1537
  (Konchotomie – Septumkorrektur – relative Indikation)
- OLG Oldenburg NJW 1997, 1642 = VersR 1997, 1493
  (Arthrotomie – Hüftgelenk – fehlende Dringlichkeit – relative Indikation – aufklärungspflichtig)
- OLG Karlsruhe VersR 1989, 1053
  (Diagnostischer Eingriff (Transurethrale – Elektroresektion))

10   Entsprechendes gilt umgekehrt:
Je dringlicher sich der Eingriff – nach medizinischer Indikation und Heilungsaussicht – darstellt, desto eher kann sich hieraus das Maß der ärztlichen Aufklärungslast begrenzen.

- BGH, Urt. v. 11. 5. 1982 – VI ZR 171/80 – NJW 1982, 2121 = VersR 1982, 771
- OLG Saarbrücken VersR 1988, 95 – NA-BGH –
  (je Notfallpatient)

11   Freilich entbindet auch die vitale oder absolute Indikation keineswegs schlechthin von den Aufklärungspflichten, sondern verringert nur den Genauigkeitsgrad und die Intensität der Aufklärung.

- BGH, Urt. v. 7. 2. 1984 – VI ZR 174/82 – BGHZ 90, 103, 105 f. = NJW 1984, 1397 = VersR 1984, 465
  (Strahlentherapie bei Krebserkrankung)
- BGH, Urt. v. 22. 1. 1980 – VI ZR 263/78 – NJW 1980, 1333 = VersR 1980, 428
  (Strumektomie bei Malignitätsverdacht)

12   Grundsätzlich keiner Aufklärung bedarf, dass dem Arzt ein etwaiger Behandlungsfehler unterlaufen kann. Der Sinn der Selbstbestimmungsaufklärung besteht darin, den Patienten über die Art und die Risiken regelgerechter Behandlung aufzuklären. Eine Pflicht, den Patienten über solche Risiken aufzuklären, die nur durch eine fehlerhafte Behandlung entstehen können, besteht nicht.

- BGH, Urt. v. 3. 12. 1991 – VI ZR 48/91 – NJW 1992, 1558 = VersR 1992, 358
- BGH, Urt. v. 19. 3. 1985 – VI ZR 227/93 – NJW 1985, 2193 = VersR 1985, 736

13   Umgekehrt erstreckt sich die Einwilligung des Patienten nur auf behandlungsfehlerfreie Maßnahmen, grundsätzlich nicht auf eine fehlerhafte Therapie. Dementsprechend befreit die Einwilligung des Patienten den Arzt keineswegs von der Beachtung der medizinischen Regelgebote und der Haftung für ihre Verletzung.

- BGH, Urt. v. 30. 6. 1987 – VI ZR 257/68 – BGHZ 101, 215, 224 = NJW 1987, 2925 = VersR 1987, 1040
  (Freiwillige Nierenspende der Mutter)

– OLG Nürnberg VersR 1988, 299
(Penisprothese)
– OLG Karlsruhe VersR 1987, 1147 – NA-BGH –
(Extraktion sämtlicher Zähne)

Nicht aufklärungsbedürftig ist die Beteiligung eines Arztanfängers; gegen **14** mangelnde Qualifikation schützt die Haftung für Behandlungsfehler; sie muss nicht zum Gegenstand der Aufklärung gemacht werden, ebenso wenig der berufliche Werdegang des Operateurs.

– BGH, Urt. v. 27. 9. 1983 – VI ZR 230/81 – BGHZ 88, 248, 251 f. = NJW 1984, 655 = VersR 1984, 60
– OLG Braunschweig NJW-RR 2000, 238 – NA-BGH –
– OLG Hamm r+s 1995, 338
– OLG Stuttgart VersR 1995, 1353
– OLG Düsseldorf VersR 1987, 161, 163

Ist ein Eingriff durch einen bestimmten Arzt (Chefarzt) vereinbart, die **15** Einwilligung des Patienten entsprechend beschränkt, muss der Patient aufgeklärt werden, soll ein anderer Arzt an seine Stelle treten; fehlt es an einer verbindlichen Zusage, umfasst die Einwilligung die Vertretung durch andere Ärzte.

– OLG Köln NJWE-VHR 1996, 41 = VersR 1997, 115
(keine Delegation auf Grund Formularhinweises)
– OLG Karlsruhe NJW 1987, 1489 = VersR 1988, 137
– OLG München NJW 1984, 1412 = VersR 1984, 1054 (LS)
– OLG Celle NJW 1982, 2129 = VersR 1983, 61 (LS)
(je selbstliquidierender Arzt – verbindliche Zusage)
– OLG Düsseldorf VersR 1985, 1049
– OLG Celle NJW 1982, 706 = VersR 1982, 46
(je einheitlicher Krankenhausaufnahmevertrag)
– OLG Hamburg VersR 1999, 316
(Einwilligung nicht in Vertretung bei ambulanter Operation)

Keiner Aufklärung bedarf es bei unmißverständlicher **Verzichtserklä- 16 rung** des Patienten, deren Feststellung freilich strengen Anforderungen unterliegt. Der Verzicht bezieht sich nur auf den für den Patienten absehbaren Rahmen der Behandlung.

– BGH, Urt. v. 9. 12. 1958 – VI ZR 203/57 – BGHZ 29, 46, 54 = NJW 1959, 811
– BGH, Urt. v. 28. 11. 1972 – VI ZR 133/71 – NJW 1973, 556 = VersR 1973, 244

Auch bei vorangegangener Aufklärung durch einen anderen Arzt kann eine weitere Aufklärung entfallen.

Die Einwilligung ist ein Realakt; für ihre Auslegung gelten die Grund- **17** sätze der Auslegung von Willenserklärungen entsprechend.

– BGH, Urt. v. 3. 12. 1991 – VI ZR 48/91 – NJW 1992, 1558 = VersR 1992, 358
– BGH, Urt. v. 18. 3. 1980 – VI ZR 155/78 – NJW 1980, 1903 = VersR 1980, 676
– OLG Oldenburg VersR 1994, 1425

2. Umfang der Aufklärung

a) Behandlungsaufklärung

18   Kern der Aufklärung ist zunächst die Behandlungsaufklärung. Dies besagt, dass in erster Linie über den Eingriff überhaupt aufzuklären ist. Zur Behandlung gehört deshalb immer die Erläuterung der Art der konkreten Behandlung, sei es Medikation, Injektion, Operation oder Bestrahlung. Letztere muss z. B. auch die Mitteilung der Bestrahlungsart umfassen, also ob mit aggressiver Strahlung behandelt wird.

19   Die Behandlungsaufklärung verlangt im Besonderen auch die Erläuterung der Tragweite des Eingriffs. Dies betrifft vor allem den als sicher oder regelmäßig eintretend vorhersehbaren postoperativen Zustand (– z. B. Verlust oder Beeinträchtigung eines Gliedes, sichtbare Narben, Funktionsbeeinträchtigung eines wichtigen Organs, Dauerschmerzen, Belastungen für die künftige Lebensführung, notwendige weitere Operationen usw. –). Ausgenommen sind solche nachteiligen Folgen, die unerheblich sind in dem Sinne, dass sie aus der Sicht des konkreten Patienten für seinen Entschluss nicht ernsthaft ins Gewicht fallen können. Bei einer optimalen Aufklärung wird der Patient im Aufklärungsgespäch auch an der für die Wahl der Diagnostik bzw. Therapie erforderlichen Güterabwägung zwischen Risiken und Nutzen des Eingriffs beteiligt. Dabei genügt nicht die bloße Besprechung; der Arzt muss vielmehr mit dem Patienten eine Entscheidung herbeiführen.

– BGH, Urt. v. 24. 10. 1995 – VI ZR 13/95 – NJW 1996, 788, ins. nicht in VersR 1996, 211
– BGH, Urt. v. 4. 4. 1995 – VI ZR 95/94 – NJW 1995, 2410 = VersR 1995, 1055
– BGH, Urt. v. 15. 5. 1979 – VI ZR 70/77 – NJW 1979, 1933 = VersR 1979, 720

Ein Hinweis hat auch dann zu erfolgen, wenn der vorgesehene Eingriff von der herrschenden Ansicht als kontraindiziert angesehen wird.

– OLG Köln NJW-RR 1999, 968 = VersR 2000, 492
(Tarsaltunnelsyndrom – Neurotomie kontraindiziert)

20   Zur Behandlungsaufklärung gehört ferner der Hinweis auf vorhersehbare **Operationserweiterungen**. Die Abwägung zwischen den von ihm zu tragenden Nachteilen ist dem Patienten zu überlassen. Sein personaler Anspruch, nicht Objekt der Behandlung, sondern deren Subjekt zu sein, gebietet, dass er nach gebotener ärztlicher Unterrichtung selbst die Entscheidung trifft, welche Risiken er eingehen will.

– OLG Hamm NJWE-VHR 1997, 186
(Verdacht auf Adenom – Petrosektomie/Abwarten der Histologie – Ertaubung und Teilparese der Gesichtsmuskulatur – aufklärungspflichtig)

Auch der Hinweis auf typischerweise erforderliche Nachoperationen mit erheblichem Risiko ist Inhalt der Behandlungsaufklärung.

– BGH, Urt. v. 9. 7. 1996 – VI ZR 101/95 – NJW 1996, 3073 = VersR 1996, 1239
(Nierenbeckenplastik – Anastomoseninsuffizienz – Reoperation mit erhöhtem Risiko eines Nierenverlusts – aufklärungspflichtig schon bei Erstoperation)

– BGH, Urt. v 21. 11. 1995 –VI ZR 341/94 – NJW 1996, 779 = VersR 1996, 330
(Gallenblasenentfernung – möglicherweise nachfolgende Choledochusrevision mit
der Gefahr einer Bauchspeicheldrüsenentzündung – aufklärungspflichtig)

Zur Behandlungsaufklärung gehört auch, dass der Arzt dem Patienten **21**
Kenntnis von **Behandlungsalternativen** verschaffen muss, sofern er eine
nicht dem Standard entsprechende Behandlung auswählt oder wenn gleichermaßen indizierte und übliche Behandlungsmethoden mit wesentlich
unterschiedlichen Risiken und Erfolgschancen eine echte Wahlmöglichkeit
für den Patienten begründen. In Frage stehen hier beispielsweise die Möglichkeit einer Bestrahlung statt einer Operation, der konservativen Behandlung und des Zuwartens statt einer Operation, aber auch der verschiedenen
Operationsmöglichkeiten.

– BGH, Urt. v. 10. 3. 1987 – VI ZR 88/86 – NJW 1987, 2291 = VersR 1987, 770
(Bypass statt Amputation des Beines bei Gefäßverschluss im Kniebereich)

Die Wahl der Behandlungsmethode ist jedoch primär Sache des Arztes. **22**
Er muss dem Patienten daher im Allgemeinen nicht ungefragt erläutern,
welche Behandlungsmethoden theoretisch in Betracht kommen und was für
und gegen die eine oder andere dieser Methoden spricht, solange er eine
Therapie anwendet, die dem medizinischen Standard genügt. Wählt der Arzt
eine medizinisch indizierte, standardgemäße Behandlungsmethode, bedarf
es der Aufklärung über eine anderweitige, gleichfalls medizinisch indizierte,
übliche Methode dann nicht, wenn die gewählte standardgemäße Therapie
hinsichtlich ihrer Heilungsaussichten einerseits und ihrer Belastungen und
Risiken für den Patienten andererseits der Behandlungsalternative gleichwertig oder vorzuziehen ist.

Eine **Aufklärung** kann **nur dann** erforderlich werden, **wenn die Be- 23**
handlungsalternativen zu jeweils wesentlich unterschiedlichen Belastun-
gen des Patienten führen oder wesentlich unterschiedliche Risiken und
Erfolgschancen bieten. Es muss sich um einen Unterschied von Gewicht
handeln, nicht nur um eine geringfügig niedrigere Komplikationsrate.

Über neue diagnostische und therapeutische Verfahren, die sich erst in der
Erprobung befinden und damit (noch) nicht zum medizinischen Standard
rechnen, muss ungefragt nicht aufgeklärt werden, selbst wenn sie an sich als
Behandlungsalternative in Frage kämen, vom Arzt aber nicht gewählt werden.

Unterliegt der Arzt einem vertretbaren Diagnosefehler und klärt er des- **24**
halb den Patienten objektiv falsch und unvollständig über die Risiken der
gewählten Therapie und der dazu gegebenen alternativen Behandlungsmethoden auf, stellt sich das als (in sich richtige) Folge eines haftungsrechtlich
irrelevanten Irrtums dar. In einem solchen Fall ist die (objektiv) fehlerhafte
Behandlungs- und Risikoaufklärung kein Anknüpfungspunkt für eine Haftung, wohl aber der Diagnosefehler oder ein Fehler in der Befunderhebung.

– OLG Köln VersR 1998, 243 – NA-BGH –
(postoperative Nachsorge – Thromboserisiko – Verzicht auf Ruhigstellung des
operierten Beines nicht aufklärungspflichtig)
– OLG Köln NJW 1998, 3422 = VersR 1999, 98 – NA-BGH –
(fehlerhaft ein CTG als pathologisch gedeutet – Schnittentbindung – keine Aufklärung – nicht schuldhaft)

Über einzelne Behandlungsschritte und Behandlungstechniken soll eine Aufklärung nicht erforderlich sein.

- OLG Köln VersR 1998, 243 – NA-BGH –
  (postoperative Nachsorge – Thromboserisiko wegen Adipositas und Nikotinabusus – Verzicht auf Ruhigstellung des operierten Beines – nicht aufklärungspflichtig)
- OLG Oldenburg NJW-RR 1999, 610
  (Verdacht auf Brustkrebs – Biopsie – keine röntgenologische Markierung – nicht aufklärungspflichtig)
- OLG Oldenburg VersR 1997, 978
  (bilaterale Laminektomie – Zugang thorakal oder dorsal – nicht aufklärungspflichtig)
- OLG Oldenburg NJWE-VHR 1997, 19 – NA-BGH –
  (thorakaler oder dorsaler Zugang für Bandscheibenoperation – nicht aufklärungspflichtig)
- OLG Oldenburg VersR 1997, 579 (L)
  (Verzicht auf Bildwandler bei Hüftgelenkendoprothese – nicht aufklärungspflichtig)

Das steht zwar im Einklang damit, dass der Arzt kein medizinisches Detailwissen vermitteln, sondern dem Patienten nur ein allgemeines Bild von dem Eingriff und seinen Risiken verschaffen soll. Andererseits kann die Abweichung von einer hergebrachten Operationsmethode sowohl zu einer erheblichen Risikoerhöhung wie zu einer wesentlichen Veränderung der Heilungsaussichten führen. Stets sollte deshalb allein die wesentliche Änderung der Risiken und Chancen für den Patienten darüber entscheiden, ob auf die Behandlungsalternative hinzuweisen ist oder nicht, nicht dagegen die Einordnung des Vorgehens als Operationstechnik oder als Operationsschritt. Ob ein Risiko wesentlich vom anderen unterschieden ist, sollte – wie auch sonst bei der Risikoaufklärung – danach beurteilt werden, welche Auswirkungen es auf die Lebensführung des Patienten hat, wenn es sich verwirklicht. Es ist hier – wie sonst – nur im Großen und Ganzen aufzuklären, so dass dem Patienten das Gewicht des Austauschrisikos (hier nicht so sehr seiner Krankheit, sondern) der Therapie, auf die er sich einlassen will, klar wird. Es wäre nicht angebracht, eine kleinliche Abzählung einzelner Gefahren bei den in Betracht kommenden Behandlungsalternativen vorzunehmen. Entscheidend ist das in tatrichterlicher Wertung zu bestimmende Gewicht der Gefahren der einzelnen Behandlung insgesamt für den Patienten.

Bei dieser Gesamtabwägung zu berücksichtigen sind zunächst die nach dem medizinischen Erfahrungsstand im Zeitpunkt der Behandlung bekannten und anerkannten Risiken.

- BGH, Urt. v. 12. 12. 1989 – VI ZR 83/89 – NJW 1990, 1528 = VersR 1990, 552 (Telekobalt-Bestrahlung)

Einzubeziehen in diese Gesamtabwägung sind aber nicht nur die allgemein anerkannten, sondern auch diejenigen Risiken der standardgemäßen Behandlungsalternativen, die noch nicht allgemein anerkannt sind, auf die aber von ernsthaften Stimmen in der Wissenschaft hingewiesen wird, ohne dass die wissenschaftliche Diskussion bereits abgeschlossen sein und zu einem allgemein akzeptierten Ergebnis geführt haben müsste.

– BGH, Urt. v. 21. 11. 1995 – VI ZR 329/94 – NJW 1996, 776 = VersR 1996, 233
(Thromboseprophylaxe)
– OLG Frankfurt VersR 1998, 1378 – NA-BGH – (Helicobacter)

Wenn also verschiedene Behandlungsalternativen (wie beispielsweise die Verordnung von Gehstützen oder von orthopädischen Schuhen) **als Standard und im Einzelfall konkret** zur Verfügung stehen, ist nicht erforderlich, dass die wissenschaftliche Diskussion über ein Risiko einer Behandlungsalternative bereits abgeschlossen ist und zu allgemein akzeptierten Ergebnissen geführt hat. Es genügt vielmehr, dass ernsthafte Stimmen in der medizinischen Wissenschaft, die nicht lediglich als unbeachtliche Außenseitermeinungen abgetan werden können, sondern als gewichtige Warnungen angesehen werden müssen, auf bestimmte, **mit einer der nach medizinischem Standard möglichen Behandlungsalternativen** verbundene Gefahren hinweisen.

– BGH, Urt. v. 21. 11. 1995 – VI ZR 329/94 – NJW 1996, 776 = VersR 1996, 233
(Gehgips – Thromboseprophylaxe 1991)
– BGH, Urt. v. 27. 9. 1977 – VI ZR 162/76 – NJW 1978, 587 = VersR 1978, 41
(pelvirektale Fistel – Fadenmethode)
– OLG München, Urt. v. 28. 10. 1999 – 1 U 4568/97 –
(Gipstutor – Thromboseprophylaxe 1993)
– OLG Koblenz NJW 1999, 3419 = VersR 1999, 759
(amyotrophe Lateralsklerose – Amalgam-Zahnfüllung)

(1) Nicht echte Behandlungsalternative. In solchen Fallgestaltungen 25
hält die Rechtsprechung generell oder konkret keine echte Behandlungsalternative, über die aufzuklären wäre, für gegeben.

Chirurgie I 26

– BGH, Urt. v. 22. 12. 1987 – VI ZR 32/87 – NJW 1988, 1514 = VersR 1988,
493
(Senk-Spreizfuß-Versteifungsoperation – Eingriffsalternativen einer talonavicularen Arthrodese nach Lowman/Triple ungefragt nicht aufklärungsbedürftig)
– BGH, Urt. v. 19. 11. 1985 – VI ZR 134/84 – NJW 1986, 780 = VersR 1986, 342
(Knöchelgelenkstrümmerfraktur – operative Therapie – konservative Therapiealternative nicht aufklärungsbedürftig)
– BGH, Urt. v. 11. 5. 1982 – VI ZR 171/80 – NJW 1982, 2121 = VersR 1982, 771
(Oberschenkeltrümmerfraktur – Marknagel nach Küntscher – operative Therapiealternative nicht aufklärungsbedürftig)
– OLG Frankfurt VersR 1999, 758 – NA-BGH –
(Oberschenkelbruch – Sicherung mit Drahtmanschette vor Endoprothese einer Girdlestone-Hüfte nicht aufklärungsbedürftig)
– OLG Oldenburg NJWE-VHR 1998, 184
(– Mehretagenbruch des Unterschenkels – ungebohrter Tibianagel (UTN) – andere Methoden (Platte, Fixateur externe) nicht aufklärungspflichtig)
– OLG Oldenburg VersR 1993, 362 – NA-BGH –
(Geburt – Normalsitus – primäre Schnittentbindung nicht aufklärungsbedürftig)
– OLG Oldenburg NJWE-VHR 1998, 90 = VersR 1998, 1285
(Hallux valgus – McBride/de Vries statt Keller/Brandes – nicht aufklärungsbedürftig)
– OLG Koblenz VersR 2000, 230 – NA-BGH –
(Humerus-Fraktur – Operation – nicht aufklärungsbedürftig)

- Kammergericht VersR 1993, 189 – NA-BGH –
  (Hallux valgus – Mayo statt Keller/Brandes – nicht aufklärungsbedürftig)
- OLG Hamm VersR 1992, 834 – NA-BGH –
  (Radiusfraktur – dorsale Schienung – alternative Therapie mit Rundgips nicht aufklärungsbedürftig)
- OLG Hamburg VersR 1990, 660 – NA-BGH –
  (Perthes-Hüfte bei Kind – Therapie ohne Thomasschiene – Therapiemöglichkeiten nicht aufklärungsbedürftig; BGH zweifelnd)
- OLG Hamm VersR 1990, 855 – NA-BGH –
  (Chondropathia patellae – Arthrotomie nach Roux-Bandi – Therapiealternativen nicht aufklärungsbedürftig)
- Kammergericht VersR 1989, 915 – NA-BGH –
  (Hüftgelenksendoprothese – alternative Hüftgelenksversteifung nicht aufklärungsbedürftig)
- OLG Stuttgart VersR 1988, 605
  (Kreuzbandnaht – konservative Behandlungsalternative nicht aufklärungsbedürftig)

27   Chirurgie II

- BGH, Urt. v. 23. 2. 1988 – VI ZR 56/87 – NJW 1988, 1516 = VersR 1988, 495
  (Magenresektion nach Billroth – Vagotomie – 1974 nicht aufklärungsbedürftig)
- BGH, Urt. v. 10. 3. 1987 – VI ZR 88/86 – NJW 1987, 2291 = VersR 1987, 770
  (Beingefäßverschluss – Thrombektomie – offengelassen ob intraoperative Bypass-Alternative aufklärungsbedürftig)
- OLG Oldenburg VersR 2000, 61
  (Krampfaderoperation beider Beine – gleichzeitig – zweizeitig – nicht aufklärungsbedürftig)
- OLG Frankfurt VersR 1998, 1378 – NA-BGH –
  (Helicobacter pylori – Vagotomie – Pyloroplastik statt Medikation/Eradikation – 1991 nicht aufklärungsbedürftig)
- OLG Düsseldorf NJWE-VHR 1997, 89 = VersR 1998, 103
  (Ovarialzyste – Resektion – Fremdblut- statt Eigenbluttransfusion – nicht aufklärungsbedürftig)
- OLG München VersR 1997, 1281 – NA-BGH –
  (Bypassoperation – Gefahr nicht fehlerhafter Verwechslung von Hauptast und großem Diagonalast der Herzkranzarterie – beide Varianten gleichwertig – nicht aufklärungsbedürftig)
- OLG Zweibrücken NJW-RR 1995, 1305
  (endoskopische retrograde Cholangio- und Pankreatographie (ERCP) – statt Infusions-Cholezystocholangiographie oder endoskopische Ultraschalluntersuchung – nicht aufklärungsbedürftig)
- OLG Köln VersR 1990, 856 – NA-BGH –
  (Große Leberzyste – Resektion statt Zystektomie – nicht aufklärungsbedürftig)
- OLG Saarbrücken VersR 1990, 666 – NA-BGH –
  (Spongiosaentnahme zweimalig am gleichseitigen Beckenkamm – alternative Entnahmestelle nicht aufklärungsbedürftig)
- BGH, Urt. v. 22. 9. 1987 – VI ZR 238/86 – BGHZ 102, 17, 22 = NJW 1988, 763 = VersR 1988, 179
  (Tubenkoagulation – monopolar)
- OLG Düsseldorf VersR 1992, 751
  (Bikoagulationszange – übliche Methode – nicht aufklärungsbedürftig)
- OLG Frankfurt VersR 1989, 291 – NA-BGH –
  (Tubenkoagulation – alternative Laparotomie nicht aufklärungsbedürftig)

- OLG Hamburg VersR 1989, 147 – NA-BGH –
  (Pomeroy-Resektion – alternative Tubenkoagulation nicht aufklärungsbedürftig)
- OLG Hamm VersR 1987, 1146 – NA-BGH –
  (Sterilisation nach Labhardt – alternative Fimbriektomie nicht aufklärungsbedürftig)
- OLG Schleswig VersR 1987, 419 – NA-BGH –
  (Sterilisation mit Clips)
- OLG Düsseldorf VersR 1987, 412 – NA-BGH –
  (Sterilisation nach Madlener)
- OLG Frankfurt VersR 1983, 879 – NA-BGH –
  (Tubenligatur – alternative Adnexektomie nicht aufklärungsbedürftig)

Geburt, vor- und nachgeburtliche Betreuung　　　　　　　　　　**28**

- OLG München VersR 1997, 452 – NA-BGH –
  (Zangengeburt oder Vakuumextraktion mit Saugglocke – nicht aufklärungsbedürftig)

Impfung

- BGH, Urt. v. 15. 2. 2000 – VI ZR 48/99 – NJW 2000, 1784 = VersR 2000, 725,
  z. V. in BGHZ bestimmt
  (Impfung mit inaktiviertem Impfstoff 1994 nicht Standard – nicht aufklärungsbedürftig bei Polio-Impfung)

(2) Echte Behandlungsalternative. Stehen für den konkreten Behand- **29**
lungsfall mehrere medizinisch gleichermaßen indizierte und übliche (Standard) Behandlungsmethoden zur Verfügung, die gleichwertig sind, aber unterschiedliche Risiken und Erfolgschancen haben, besteht mithin für den Patienten eine echte Wahlmöglichkeit, dann muss ihm durch eine entsprechend vollständige Aufklärung die Entscheidung darüber überlassen bleiben, auf welchem Weg die Behandlung erfolgen soll und auf welches Risiko er sich einlassen will. Aufzuklären über die Behandlungsalternative ist dementsprechend dann, wenn die alternative Methode bei gleichwertiger Heilungs- bzw. Erfolgsaussicht eine geringere Risikobelastung aufweist oder bei nach Art und Richtung gleichwertigen Belastungen und Risiken eine höhere Heilungs- bzw. Erfolgsaussicht verspricht. Erforderlich ist nicht, dass die wissenschaftliche Diskussion über bestimmte Risiken der Behandlungsalternative bereits abgeschlossen ist und zu allgemein akzeptierten Ergebnissen geführt hat. Ausreichend ist schon, dass ernsthafte Stimmen in der medizinischen Wissenschaft auf bestimmte Gefahren hinweisen und sie als gewichtige Warnungen berücksichtigt werden müssen.

- BGH, Urt. v. 15. 2. 2000 – VI ZR 48/99 – NJW 2000, 1784 = VersR 2000, 725,
  z. V. in BGHZ bestimmt
  (Polioimpfung – Lebendimpfstoff (OPV) – inaktivierter Impfstoff (IPV) – hinweispflichtig nicht vor 1994)
- BGH, Urt. v. 21. 11. 1995 – VI ZR 329/94 – NJW 1996, 776 = VersR 1996, 233
  (Heparin – Thromboseprophylaxe)
- BGH, Urt. v. 27. 9. 1977 – VI ZR 162/76 – NJW 1978, 587 = VersR 1978, 41
  (Analfistel – Fadenmethode)

Als in diesem Sinn echte Behandlungsalternativen, über die aufgeklärt **30**
werden muss, sind in der Rechtsprechung angenommen worden:

31 Anästhesie

- BGH, Urt. v. 12. 2. 1974 – VI ZR 141/72 – NJW 1974, 1422 = VersR 1974, 752
  (Periduralanästhesie – ITN – aufklärungsbedürftig)

32 HNO

- BGH, Urt. v. 7. 4. 1992 – VI ZR 192/91 – NJW 1992, 2351 = VersR 1992, 960
  (Strumektomie beidseits – Kocherscher Kragenschnitt – Eingriffsalternative nach
  Fuchsig aus konkreten Gründen nicht aufklärungsbedürftig)
- OLG Köln NJWE-VHR 1998, 116 = VersR 1998, 1510
  (Strumaresektion – subtotale Lobektomie – heiße Knoten – alternative Radio-Jod-
  Behandlung aufklärungsbedürftig)

33 Chirurgie I

- BGH, Urt. v. 22. 2. 2000 – VI ZR 100/99 – NJW 2000, 1788 = VersR 2000, 766
  (Bandscheibenvorfall L5/S1 – konservative Therapiealternative – aufklärungsbe-
  dürftig/hier fraglich, weil ungeklärt – relative Operationsindikation)
- BGH, Urt. v. 7. 4. 1992 – VI ZR 224/91 – NJW 1992, 2353 = VersR 1992, 831
  (Schultergelenkssprengung – operative Therapie – konservative Therapiealterna-
  tive aufklärungsbedürftig/in concreto fraglich, weil aus konkreten Umständen (an-
  dere Verletzungen) möglicherweise kontraindiziert)
- OLG München VersR 1992, 834
  (Schultergelenkssprengung – operative Versorgung mit AO-Zuggurtung – konser-
  vative Therapiealternative aufklärungsbedürftig)
- OLG Oldenburg NJWE-VHR 1996, 13
  (Oberarmkopfbruch – Operation als alternative Behandlung aufklärungsbedürftig)
- BGH, Urt. v. 24. 11. 1987 – VI ZR 65/87 – NJW 1988, 765 = VersR 1988, 190
  (Chondropathia patellae – operativer Wahleingriff – konservative Therapiealterna-
  tive und Misserfolgsrisiko aufklärungsbedürftig)
- BGH, Urt. v. 21. 11. 1995 – VI ZR 329/94 – NJW 1996, 776 = VersR 1996, 233
  (Unterschenkelbruch – Gehgips – Thromboserisiko – aufklärungsbedürftig unab-
  hängig von Heparin – Thromboseprophylaxe)
- OLG Düsseldorf NJW-RR 1994, 1503 = VersR 1994, 218
  (Chiropraktische Manipulation – Entblockung von Halswirbeln statt konservativer
  Behandlung (Schanz'sche Krawatte) aufklärungsbedürftig)
- OLG Celle VersR 1992, 749 – NA-BGH –
  (Schmerzchirurgischer Eingriff am Rückenmark nach Nashold (1982) statt Hin-
  terstrangstimulation aufklärungsbedürftig)
- OLG Hamm VersR 1992, 610 – NA-BGH –
  (Beginnende Arthrose – intraartikuläre Injektion – konservative Therapiealterna-
  tive aufklärungsbedürftig)
- OLG Düsseldorf VersR 1988, 1248
  (Resektion der Großzehengrundgelenke nach Keller/Brandes – konservative The-
  rapiealternative aufklärungsbedürftig)
- OLG Köln VersR 1988, 744
  (Cervikalsyndrom – Infiltrationsbehandlung – Pneumothorax – konservative The-
  rapiealternative aufklärungsbedürftig)

34 Chirurgie II

- BGH, Urt. v. 17. 2. 1998 – VI ZR 42/97 – NJW 1998, 1784 = VersR 1998, 716
  (Zyste nach Carcinoma lobulare in situ – proliferative Mastopathie II – alternativ
  Zuwarten mit engmaschiger Kontrolle/subkutane vor radikaler Mastektomie auf-
  klärungsbedürftig)

- BGH, Urt. v. 17. 12. 1991 – VI ZR 40/91 – BGHZ 116, 379, 383 = NJW 1992, 743
  = VersR 1992, 314
  (Fremdbluttransfusion bei Hysterektomie – fragliche Infektion mit HIV und Hepatitis – alternative Eigenbluttransfusion – aufklärungsbedürftig, wenn Bluttransfu-
  sion ernsthaft in Betracht)
- OLG Düsseldorf NJWE-VHR 1998, 236
  (Sphärozytose – Fremdbluttransfusion – Infektion mit HCV – Eigenbluttransfusion
  keine Alternative – nicht aufklärungsbedürftig)
- OLG Zweibrücken NJW-RR 1998, 383 = VersR 1998, 1553
  (endoskopische Entfernung einer Ovarialzyste – Hepatitis C – Fremdbluttransfusion – nicht vorhersehbar – alternative Eigenbluttransfusion nicht aufklärungsbe-
  dürftig)
- OLG Köln NJWE-VHR 1997, 258 = VersR 1997, 1534
  (Hepatitis B nach Fremdbluttransfusion – Eigenbluttransfusion keine Alternative
  bei Kontraindikation – nicht aufklärungsbedürftig)
- OLG Hamm VersR 1995, 709 – NA-BGH –
  (Verwachsungen des Dünndarms und Dickdarms – Hepatitis C nach Fremdblut-
  transfusion – soweit alternative Eigenbluttransfusion möglich – aufklärungsbe-
  dürftig)
- OLG Köln VersR 1992, 754
  (Gewichtsreduktion – Implantation eines Magenballons – konservative Therapie-
  alternative und hohes Misserfolgsrisiko aufklärungsbedürftig)
- OLG Düsseldorf VersR 1989, 191
  (Mastektomie bei Mastopathie – Silikonprotheseinsertion – konservative Therapie-
  alternative aufklärungsbedürftig)
- OLG München NJW-RR 1994, 20 = VersR 1993, 1529
  (Beseitigung einer Trichterbrust mit Silikon – Vor- und Nachteile der Implantate
  aufklärungspflichtig)
- OLG Düsseldorf VersR 2000, 456
  (laparoskopische Cholezystektomie – Hinweis auf eventuellen intraoperativen
  Wechsel zur Laparotomie erforderlich)
- OLG Bremen VersR 1998, 1240
  (Lysebehandlung – Aspirin, Heparin, Nitroglyzerin – aufklärungspflichtig)

Geburt, vor- und nachgeburtliche Betreuung　　　　　　　　　　　　　35

- BGH, Urt. v. 16. 2. 1993 – VI ZR 300/91 – NJW 1993, 2372 = VersR 1993, 703
  (Schnittentbindung oder vaginale Entbindung (Vakuumextraktion) als alternative
  Entbindungsmethode – bei deutlichen Anzeichen für künftige relative Indikation
  der Schnittentbindung aufklärungspflichtig – Schulterdystokie – Erb'sche Läh-
  mung – Hypoxie)
- BGH, Urt. v. 19. 1. 1993 – VI ZR 60/92 – NJW 1993, 1524 = VersR 1993, 835
  (4200 gr geschätztes Geburtsgewicht – Makrosomie – Schnittentbindung relativ
  indiziert – zwei große Kinder vorgeboren – Schulterdystokie – Erb'sche Lähmung
  – Entbindungsplan (Therapiewahl) aufklärungspflichtig)
- BGH, Urt. v. 12. 11. 1991 – VI ZR 369/90 – NJW 1992, 741 = VersR 1992, 237
  (Risikositus (übergroßes Kind, Übertragung, übergewichtige Mutter, Wehendauer)
  – Vakuumextraktion – Hirnschäden – Schnittentbindung (sekundär) wegen beson-
  derer Gefahren für das Kind – aufklärungsbedürftig)
- OLG Braunschweig NJW-RR 2000, 238 – NA-BGH –
  (Vakuumextraktion – Schnittentbindung nicht indiziert – nicht aufklärungsbedürf-
  tig)
- OLG Hamm VersR 1997, 1403 – NA-BGH –
  (Riesenkind 5270 gr – Schulterdystokie – Schnittentbindung aufklärungsbedürftig)

– OLG Köln VersR 1998, 1156 – NA-BGH –
(erwartet mehr als 4000 gr nach früherer Geburt von 4200 gr mit Erb'scher Lähmung und Schulterdystokie – Schnittentbindung aufklärungsbedürftig)
– OLG Zweibrücken – NJWE-VHR 1997, 235 = VersR 1997, 1103
(theoretische Möglichkeit für Schulterdystokie ohne Risikofaktoren – Schnittentbindung nicht aufklärungsbedürftig)
– OLG München VersR 1994, 1345 – NA-BGH –
(Erstgebärende – Überschreitung der Tragezeit um 9 Tage – Oxytocin – verzögerter Geburtsverlauf – Veränderung der kindlichen Herzfrequenz – Vakuumextraktion oder Schnittentbindung – aufklärungsbedürftig)
– OLG Oldenburg VersR 1993, 362 – NA-BGH –
(Aufklärung über Schnittentbindung erst, wenn Vaginalentbindung ernstzunehmende Gefahren für das Kind bringt)
– OLG Hamm VersR 1990, 52 – NA-BGH –
(Großes Kind – zwei große Kinder vorgeboren – Vakuumextraktion – Erb'sche Lähmung – Schnittentbindung nicht aufklärungsbedürftig)
– OLG Stuttgart VersR 1989, 519 – NA-BGH –
(Großes Kind – großes Kind vorgeboren – Vakuumextraktion – Erb'sche Lähmung – Schnittentbindung nicht aufklärungsbedürftig)
– OLG Köln VersR 1988, 1185
(Relatives Mißverhältnis zwischen Kindsgröße und Geburtsweg – Forceps – Erb'sche Lähmung – Schnittentbindung aufklärungsbedürftig)
– BGH, Urt. v. 6. 12. 1988 – VI ZR 132/88 – BGHZ 106, 153, 156ff. = NJW 1989, 1538 = VersR 1989, 253
(Risikositus (Beckenendlage – Vorlaparotomie – Mutter 38-jährig) – vaginal – Erb'sche Lähmung – Schnittentbindung wegen besonderer Gefahren der Vaginalentbindung für das Kind aufklärungsbedürftig, zumal bei Abweichung von geplanter Schnittentbindung)
– OLG Düsseldorf VersR 1998, 364 – NA-BGH –
(Beckenendlage (Steiß-Fuß-Lage) – vaginal – Hirnschäden – Plexuslähmung – Vaginalentbindung mit besonderen Gefahren für Kind – Schnittentbindung alternativ – aufklärungsbedürftig)
– OLG Oldenburg MDR 1996, 1133
(Beckenendlage – vaginal – Hirnschäden – spastische Tetraplegie mit Athetose – Schnittentbindung als Alternative – Aufklärung erforderlich)
– OLG Köln VersR 1996, 586
(Beckenendlage (Fußlage) – Vaginalentbindung gefährlich für Kind – alternative Schnittentbindung – aufklärungsbedürftig)
– OLG Düsseldorf VersR 1995, 1317
(Risikositus (I. Steiß-Fuß-Lage, ein großes Kind vorgeboren) – Erb'sche Lähmung beidseits – Schlüsselbeinbruch beidseits – Oberarmbruch – Schnittentbindung ernsthafte Alternative – aufklärungsbedürftig)
– OLG Celle VersR 1995, 462
(Risikositus – Beckenendlage – ohne weitere Risikofaktoren – Gehirnblutung – Schnittentbindung aufklärungsbedürftig)
– OLG Stuttgart VersR 1991, 1141
(Beckenendlage – vaginal – Hirnschäden – Schnittentbindung vereinbart – Abweichung vom Geburtskonzept – aufklärungsbedürftig)
– OLG Braunschweig VersR 1988, 1032 – NA-BGH –
(Beckenendlage – vaginal – Schnittentbindung aufklärungsbedürftig)
– OLG Braunschweig VersR 1988, 382 – NA-BGH –
(Beckenendlage – vaginal – Erb'sche Lähmung – Schnittentbindung aufklärungsbedürftig)

- OLG Hamm VersR 1983, 565 – NA-BGH –
(Beckenendlage – vaginal – Erb'sche Lähmung – primäre Schnittentbindung nicht
aufklärungsbedürftig)
- OLG Schleswig VersR 1997, 831 – NA-BGH –
(Normalsitus – Vakuumextraktion – Oberarmbruch – Armplexuslähmung – Hor-
nersyndrom – Zangenentbindung und Schnittentbindung nicht aufklärungsbedürf-
tig)
- OLG Braunschweig VersR 1986, 1214 – NA-BGH –
(Normalsitus – vaginal – Krampfanfallneigung der Mutter – Hirnschäden –
Schnittentbindung nicht aufklärungsbedürftig)

Zahnarzt   **36**

- BGH, Urt. v. 9. 11. 1993 – VI ZR 248/92 – NJW 1994, 799 = VersR 1994, 682
(Weisheitszahnextraktion in akuter Schmerzsituation statt kurzfristiger Schmerz-
bekämpfung mit starker Medikation und Eingriff nach Zuwarten – aufklärungsbe-
dürftig)
- OLG Oldenburg NJW-RR 1999, 1328
(Abschleifen der Frontzähne statt Bißhebung – aufklärungsbedürftig)
- OLG Stuttgart NJWE-VHR 1997, 134
(Gestaltung der Oberkieferprothese mit Gaumenplatte oder Transversalbügel)

(3) Alternative apparative Methoden. In der Frage der Aufklärung über **37**
alternativ in Betracht stehende apparative Methoden wie in der Frage der
Aufklärung über den personellen und sachlichen Ausstattungsstandard der
konkreten Behandlung im Vergleich zu anderen Krankenhäusern bevorzugt
der Bundesgerichtshof neuerdings eine eher restriktive Linie, die zwar Modernisierungsdruck und wirtschaftliche Konkurrenzaufklärung zurückhält,
indessen in Nachrang setzt das Interesse des Patienten, gerichtet nicht nur
auf Aufklärung hinsichtlich der Belastungen und Risiken der konkreten Behandlung, sondern darüber hinausgehend gerichtet auch auf Information
hinsichtlich der alternativ besseren Behandlungsmöglichkeit. Dazu aus der
neueren Rechtsprechung:

- BGH, Urt. v. 26. 11. 1991 – VI ZR 389/90 – NJW 1992, 754 = VersR 1992, 238
(Strahlentherapie bei Morbus Hodgkin – Mehr- oder Einzelfeldtechnik – alternative Großfeldtechnik nicht aufgeklärt, fraglich aufklärungsbedürftig)
- BGH, Urt. v. 30. 5. 1989 – VI ZR 200/88 – NJW 1989, 2321 = VersR 1989, 851
(Radiumeinlage bei Gebärmutterhalskarzinom in Städtischem Klinikum (1977) –
technisch-apparative Ausstattung in der unteren Bandbreite der von Wissenschaft –
und Praxis akzeptierten Norm – Hinweis auf deutlich bessere Heilungschancen in
besser ausgestattetem Krankenhaus erforderlich)
- BGH, Urt. v. 31. 5. 1988 – VI ZR 261/87 – NJW 1988, 2302 = VersR 1988, 914
(Oberschenkelfraktur – Gefäßzerreißungen beim Verkehrsunfall – Erstversorgung
im Städtischen Krankenhaus – kein Hinweis auf personell und sachlich besser aus-
gestattete Klinik anderwärts erforderlich, wenn Ausstattungsstandard zureichend)
- BGH, Urt. v. 22. 9. 1987 – VI ZR 238/86 – BGHZ 102, 17, 22 ff. = NJW 1988, 763
= VersR 1988, 179
(Tubenkoagulation (1980) mit monopolarem Thermokauter – Aufklärung über an-
dernorts mögliche, risikoärmere Alternative der Verwendung eines bipolaren Ther-
mokauters für Übergangszeit ungefragt nicht erforderlich)
- BGH, Urt. v. 27. 9. 1983 – VI ZR 230/81 – BGHZ 88, 248, 251 = NJW 1984, 655
= VersR 1984, 60
(allgemein zu gefahrerhöhenden Umständen bei Minderausstattung)

– BGH, Urt. v. 27. 6. 1978 – VI ZR 183/76 – NJW 1978, 2337 = VersR 1978, 1022,
ins. nicht in BGHZ 72, 132
(Appendektomie – tödliche Sepsis – Belegkrankenhaus – kein verfügbares Kran-
kenhauslabor)
– OLG Köln NJWE-VHR 1998, 266 = VersR 1999, 847
(1989 keine Aufklärungspflicht über fehlende Rechnerunterstützung bei Bestrahlung)
– OLG Oldenburg VersR 1996, 1023
(keine Aufklärungspflicht über bessere Ausstattung und modernere Behandlung in
Großkrankenhäusern)
– OLG Saarbrücken VersR 1992, 52 – NA-BGH –
(Baulich/hygienische Verhältnisse den Richtlinien des BGA nicht entsprechend –
wenn Infektionsstatistiken in der Norm und erhöhtes Infektionsrisiko durch besondere innerbetriebliche Prophylaxemaßnahmen ausgeglichen nicht aufklärungsbedürftig)

38   Zur Ebene des wirtschaftlichen Wettbewerbs zwischen verschiedenen
Klinikträgern:

– BGH, Urt. v. 29. 3. 1990 – I ZR 76/88 – NJW 1990, 2317 = MedR 1990, 266
(Werbung für Belegkrankenhaus)

39   In Fällen der **Abweichung von üblichen Verfahren** der Schulmedizin
muss dem Patienten Aufklärung gegeben werden. Dies gilt auch
– für die Anwendung einer hergebrachten Operationsmethode, wenn gewichtige Stimmen in der medizinischen Literatur auf erhebliche Bedenken gegen diese Methode hinweisen, erst recht wenn sie kontraindiziert
ist

– BGH, Urt. v. 21. 11. 1995 – VI ZR 329/94 – NJW 1996, 776 = VersR 1996,
233
(Heparin-Thromboseprophylaxe)
– BGH, Urt. v. 27. 9. 1977 – VI ZR 162/76 – NJW 1978, 587 = VersR 1978, 41
(Analfistel – Schließmuskeldurchtrennung)
– OLG Köln NJW-RR 1999, 968 = VersR 2000, 492
(Tarsaltunnelsyndrom – Neurotomie)

– für die Anwendung einer neuen, noch nicht allgemein eingeführten Methode, einer Außenseitermethode oder die Anwendung eines erst in der
Erprobung stehenden Heilversuchs.

– BGH, Urt. v. 22. 9. 1987 – VI ZR 238/86 – BGHZ 102, 17, 25 = NJW 1988,
763 = VersR 1988, 179
(Tubenkoagulation – monopolar)
– OLG Frankfurt VersR 1998, 1378
(Helicobacter)
– OLG Oldenburg NJW-RR 1997, 533 = VersR 1997, 491
(endoskopische Blinddarmoperation – Neulandmedizin – besonders umfassende
Aufklärung erforderlich)
– OLG Köln VersR 2000, 493
(endoskopische Leistenhernien-Rezidivoperation – Juli 1996 keine Neulandme-
dizin – keine besonders umfassende Aufklärung)
– OLG Oldenburg NJWE-VHR 1996, 17 = VersR 1997, 192
(Außenknöchelbruch mit Syndesmosensprengung – Bündelnagel – Kirschner-
Draht – Zuggurtung – Außenseitermethode – aufklärungspflichtig)

- OLG Celle VersR 1992, 749 – NA-BGH –
  (Schmerzchirurgischer Eingriff (1982) Nashold-Operation/Hinterstrangstimula-
  tion)

Über neue diagnostische oder therapeutische Verfahren, die erst in weni- **40**
gen Spezialkliniken erprobt werden, muss im Grundsatz nicht aufgeklärt
werden. Anderes gilt nur dann, wenn der Arzt wissen muss, dass der Patient
mit seinem speziellen Leiden zweckmäßiger und besser in einer solchen
Spezialklinik behandelt wird.

- BGH, Urt. v. 28. 2. 1984 – VI ZR 106/82 – NJW 1984, 1810 = VersR 1984, 470
  (Pneumencephalographie (1975) – CTG)

b) Risikoaufklärung

Gegenstand und Mittelpunkt der Risikoaufklärung ist die Frage, inwie- **41**
weit der Patient über die mit fehlerfreier medizinischer Behandlung möglicherweise verbundenen Schädigungsrisiken aufzuklären ist, seien es mögliche Eingriffskomplikationen in der Operation, seien es sonstige schädliche
Nebenfolgen aus dem Eingriff.

(1) **Genereller Maßstab.** Als grober, genereller Maßstab für die den **42**
Aufklärungsumfang bestimmende Risikoabwägung sind im konkreten Einzelfall gegenüberzustellen:
einerseits auf der Behandlungs- bzw. Eingriffseite
das Gewicht der medizinischen Indikation,
also   die zeitliche Dringlichkeit
und   die medizinische Notwendigkeit des Eingriffs
sowie   die Sicherheit des Heilungserfolgs
andererseits auf der Risikoseite
in erster Linie und maßgeblich
     die Schwere der Schadensfolge für die Lebensführung des Patien-
     ten im Fall der Risikoverwirklichung
sowie
     das, das Risiko dem Eingriff spezifisch anhaftet
erst in zweiter Linie
     die Häufigkeit der erfahrungsgemäß auftretenden Schadensfolgen
     (Komplikationsdichte).

Die früher einseitige Betonung der rein statistischen Risiko-/Komplika- **43**
tionsdichte ist von der Rechtsprechung weitgehend aufgegeben, weil in der
Erhebung unzuverlässig, für die in Betracht stehende konkrete Behandlung,
auf die allein es ankommt, wenig aussagekräftig und für die Rechtspraxis
insgesamt zu schematisch.

- BGH, Urt. v 15. 2. 2000 – VI ZR 48/99 – NJW 2000, 1784 = VersR 2000, 725,
  z. V. in BGHZ bestimmt
- BGH, Urt. v 21. 11. 1995 –VI ZR 341/94 – NJW 1996, 779 = VersR 1996, 330
- BGH, Urt. v. 2. 11. 1993 – VI ZR 245/92 – NJW 1994, 793 = VersR 1994, 102

Eingriffsspezifisch ist ein Risiko, das dem Eingriff typischerweise anhaf- **44**
tet und mit diesem unmittelbar zusammenhängt.

- BGH, Urt. v. 15. 2. 2000 – VI ZR 48/99 – NJW 2000, 1784 = VersR 2000, 725, z. V. in BGHZ bestimmt
  (Impfung gegen Kinderlähmung mit Lebendviren – Infektion mit Kinderlähmung – aufklärungsbedürftig)
- BGH, Urt. v. 14. 6. 1994 – VI ZR 260/93 – NJW 1994, 2414 = VersR 1994, 1302
- OLG Oldenburg VersR 1995, 786 – NA-BGH –
  (je Infektionsrisiko bei Gelenkspunktion – Risiko der Gelenksversteifung – aufklärungsbedürftig)
- BGH, Urt. v. 22. 4. 1980 – VI ZR 37/79 – NJW 1980, 1905 = VersR 1981, 457
  (Schädigung des Facialisnervs bei Tympanoplastik)
- OLG Düsseldorf VersR 1997, 240
- OLG Düsseldorf VersR 1990, 432
  (je Harnleiterläsion bei Gebärmutterentfernung)
- OLG München VersR 1995, 464
  (Nervus lingualis – Schädigung bei Entfernung des Weisheitszahns)
- OLG Koblenz NJW 1999, 3419 = VersR 1999, 759
  (Amalgamfüllung – amyotrophe Lateralsklerose (ALS))
- OLG Oldenburg VersR 1994, 54 = MedR 1993, 429
  (Darmperforation bei Darmspiegelung)
- OLG Schleswig VersR 1993, 1022
  (Pneumothorax bei paravertebraler Infiltration)
- OLG Bremen VersR 1991, 425 – NA-BGH –
  (Intimaschädigung bei Chiropraktik)
- OLG Düsseldorf VersR 1989, 703
  (Schädigung des Recurrensnervs bei Strumaresektion)
- OLG Karlsruhe VersR 1989, 1053
  (Ejakulationsstörung nach transurethraler Resektion der Prostata)

oder ihm nur mittelbar anhaftet.

- BGH, Urt. v. 9. 7. 1996 – VI ZR 101/95 – NJW 1996, 3073 = VersR 1996, 1239
  (Nierenverlust bei nahe liegender Nachoperation)
- BGH, Urt. v 21. 11. 1995 – VI ZR 341/94 – NJW 1996, 779 = VersR 1996, 330
  (Bauchspeicheldrüsenentzündung nach nahe liegender Revision des Gallengangs nach Entfernung der Gallenblase)
- OLG Saarbrücken VersR 1990, 666 – NA-BGH –
  (Narbenschädigung des Nervus ilioinguinalis nach Spongiosaentnahme aus Beckenkamm)

45 Dagegen sind nicht aufklärungspflichtig eingriffsspezifische Risiken, die so außergewöhnlich und nicht vorhersehbar sind, dass sie für den Entschluss des Patienten, ob er in die Operation einwilligt, keine Bedeutung haben.

- OLG Zweibrücken VersR 2000, 892
- OLG Stuttgart NJW-RR 1999, 751 = VersR 1999, 1500
  (je Leitungsanästhesie – Nervus lingualis – bleibende Schädigung – vernachlässigbares Risiko)
- OLG Hamm VersR 1993, 1399 – NA-BGH –
  (Augenmuskel-(Nervus abducens-)parese nach lumbaler Myelographie – vernachlässigbares Risiko)
- OLG Düsseldorf VersR 1992, 1230 – NA-BGH –
  (Bandscheibenoperation (L 4/L 5) – Häschenstellung – intraoperativ perforierter Massenprolaps im Bereich der Halswirbelsäule – als extrem selten nicht aufklärungsbedürftig)

– OLG Hamm VersR 1999, 365 – NA-BGH –
(Blasenhalssuspension nach Marshall-Marchetti-Krantz – Infektionsrisiko – vernachlässigbares Risiko einer Ausweitung zur Osteomyelitis)
– OLG Köln – AHRS 4475/19 – NA-BGH –
(Einwanderung eines Fadens in die Blasenwand nach Blasenhalssuspension – vernachlässigbares Risiko)
– OLG Frankfurt VersR 1991, 185 – NA-BGH –
(Darmperforation bei Polypentfernung aus Darmwand – fraglich vernachlässigbar)

Aufzuklären ist selbstverständlich nur über bekannte Risiken. War ein Ri- **46**
siko im Zeitpunkt der Behandlung noch nicht bekannt, besteht keine Aufklärungspflicht. War es dem behandelnden Arzt nicht bekannt und musste es ihm auch nicht bekannt sein, etwa weil es nur in anderen Spezialgebieten der medizinischen Wissenschaft diskutiert wurde, entfällt eine Haftung des Arztes mangels Verschulden.

– OLG Düsseldorf VersR 1996, 377 – NA-BGH –
(Bluttransfusion – Risiko einer HIV-Infektion)

Muss der Patient innerhalb kurzer Zeit wiederholt operiert werden, kann eine **Wiederholung** der Eingriffsaufklärung entfallen, wenn sich gegenüber der ersten Operation keine wesentlichen neuen Risiken ergeben.

– BGH, Urt. v. 15. 2. 2000 – VI ZR 48/99 – NJW 2000, 1784 = VersR 2000, 725, z. V. in BGHZ bestimmt
(Wiederholungsimpfung verfrüht)
– BGH, Urt. v. 14. 6. 1994 – VI ZR 178/93 – NJW 1994, 3009 = VersR 1994, 1235
(ambulante Revisionsoperation nach zwei Wochen – Carpaltunnel – Syndrom)

(2) Allgemeine Operationsrisiken, wie sie mit jedem operativen Eingriff **47**
oder mit einem Eingriff der konkret in Betracht stehenden Schwere regelmäßig verbunden sind, wie Wundinfektion, Verletzungen von Nerven und Gefäßen, Narbenbruch, Nachblutungsgefahr, Thrombose und Embolie, dürfen im Regelfall als bekannt vorausgesetzt werden, es sei denn, der Patient hält den Eingriff ersichtlich für ganz ungefährlich; letzterenfalls sind auch die allgemeinen Operationsrisiken näher aufzuklären.

– BGH, Urt. v. 27. 6. 2000 – VI ZR 201/99 – VersR 2000, 1282
(Arthroseprogredienz – Hinweis auf fortdauernde Schmerzen nicht erforderlich)
– BGH, Urt. v. 24. 10. 1995 – VI ZR 13/95 – NJW 1996, 788, ins. nicht in VersR 1996, 211
(Hammerzehe – Hallux valgus – allgemeines Infektionsrisiko nicht aufklärungsbedürftig)
– BGH, Urt. v. 14. 6. 1994 – VI ZR 178/93 – NJW 1994, 3009 = VersR 1994, 1235
(Carpaltunnel-Syndrom – Hinweis auf mögliche Verstärkung der Schmerzen durch die Operation umfaßt Hinweis auf das Risiko einer Erkrankung an Morbus Sudeck)
– BGH, Urt. v. 17. 12. 1991 – VI ZR 40/91 – BGHZ 116, 379, 382 = NJW 1992, 743 = VersR 1992, 314
(Fremdbluttransfusion)
– BGH, Urt. v. 14. 2. 1989 – VI ZR 65/88 – NJW 1989, 1533 = VersR 1989, 514, ins. nicht in BGHZ 106, 391
(Intraartikuläre Corticoidinjektion in Schultergelenk)

- BGH, Urt. v. 19. 11. 1985 – VI ZR 134/84 – NJW 1986, 780 = VersR 1986, 342
  (Operation eines Gelenktrümmerbruchs – Fettembolierisiko nicht aufklärungsbedürftig)
- BGH, Urt. v. 23. 10. 1979 – VI ZR 197/78 – NJW 1980, 633 = VersR 1980, 68
  (Appendektomie – Sterblichkeitsrate und allgemeine Schadensmöglichkeit nicht aufklärungsbedürftig)
- OLG Braunschweig NJW-RR 2000, 238 – NA-BGH
  (Vaginalentbindung – Episiotomie – Risiken nicht aufklärungsbedürftig)
- OLG Hamm VersR 1998, 1548
  (intramuskuläre Injektion – Abszessrisiko nur bei oraler Medikationsalternative aufklärungsbedürftig)
- OLG Oldenburg NJWE-VHR 1997, 234 = VersR 1998, 769
  (Adnexektomie – Ovarialzyste – Risiko eines Narbenbruchs nicht aufklärungsbedürftig als Wundheilungsstörung)
- OLG Köln VersR 1995, 543 – NA-BGH –
  (Kniegelenksoperation – Infektion – Nerv- und Gefäßverletzung – Thrombose – Embolie)
- OLG Köln VersR 1990, 662 – NA-BGH –
  (Hüftgelenksendoprothese – Thrombose-/Embolierisiko)
- OLG Düsseldorf VersR 1988, 1132
  (Operation zur Entfernung eines Meningeoms bei vitaler Indikation – Wundinfektionsrisiko nicht aufklärungsbedürftig)
- OLG Düsseldorf VersR 1987, 487 – NA-BGH –
  (Plexusblockade (axillär) bei Handverletzung – Gefäßläsion – konkret nicht aufklärungsbedürftig)
- OLG Karlsruhe VersR 1994, 860 – NA-BGH –
  (Infiltration von Cortison – Infektionsrisiko aufklärungsbedürftig)

48   Die Risikoaufklärung ist stets an der konkreten Behandlung zu orientieren. Für die Risikoabwägung bei der Aufklärung kommt es deshalb maßgeblich auf die spezifische Behandlungssituation des konkreten Arztes des konkreten Krankenhauses an,

- BGH, Urt. v. 22. 4. 1980 – VI ZR 37/79 – NJW 1980, 1905 = VersR 1981, 457

soweit diese überhaupt aussagekräftig ist.

- OLG München NJWE-VHR 1996, 89
  (15 Operationen)

49   Gegenstand der Risikoaufklärung sind generell alle behandlungstypischen Risiken – des Zwischenfalls oder der sonstigen Schadensfolge –, deren Kenntnis beim medizinischen Laien nicht vorausgesetzt werden kann, die aber für die Entscheidung des Patienten über die Behandlungszustimmung ernsthaft ins Gewicht fallen können. Dabei geht die Beurteilungslage des konkreten Patienten derjenigen des sog. „verständigen Patienten" stets vor. Im Vordergrund der Risikoaufklärung stehen nicht in erster Linie Komplikations- und Schadenshäufigkeit, sondern maßgeblich die Schwere des Risikos im Verwirklichungsfall, und zwar für das Leben bzw. die weitere Lebensführung des Patienten.

50   (3) **Fallgruppen.** Aus der neueren Rechtsprechung zu aufklärungsbedürftigen Risiken sind von Interesse:

Allgemeinmediziner/Facharzt – ambulant/Erstuntersuchung

– BGH, Urt. v. 14. 2. 1989 – VI ZR 65/88 – BGHZ 106, 391, 394 = NJW 1989, 1533
= VersR 1989, 514
(Schultersteife – intraartikuläre Corticoidinjektion – Infektion – Risiko der Infektion mit Gelenkempyem und Schulterversteifung aufklärungsbedürftig/entfernte
Möglichkeit tödlicher Sepsis nicht aufklärungsbedürftig)
– OLG Hamm VersR 1992, 610 – NA-BGH –
(Kniegelenk – intraartikuläre Injektion – Infektion/Empyem – Infektionsrisiko aufklärungsbedürftig)
– BGH, Urt. v. 27. 10. 1981 – VI ZR 69/80 – NJW 1982, 697 = VersR 1982, 147
– dazu: OLG Oldenburg VersR 1986, 69
(Tuberkulostatische Therapie – Dreifachmedikation Rifampicin – Myambutol –
Neoteben – Sehnervschädigung – Risiko der Myambutolgabe aufklärungsbedürftig)
– OLG Düsseldorf VersR 1986, 1193 – NA-BGH –
(Präkanzerose Hautveränderung – Bestrahlung – Röntgenoderm/Bestrahlungsnarben im Gesicht – Risiko aufklärungsbedürftig)

HNO/Augen/Anästhesie **51**

– BGH, Urt. v. 2. 11. 1993 – VI ZR 245/92 – NJW 1994, 793 = VersR 1994, 102
(endonasale Siebbeinoperation mit Kieferhöhlenfensterung – Bruch der knöchernen Augenhöhle – extrem seltenes Erblindungsrisiko aufklärungsbedürftig)
– OLG Düsseldorf VersR 1987, 161
(Kieferhöhlenoperation – Fraktur des Siebbeindachs/Duraverletzung – Risiko aufklärungsbedürftig)
– OLG Nürnberg VersR 1992, 754 – NA-BGH –
(Eingriff an Nasenscheidewand – Patient auf einem Auge vorerblindet – Injektion
von Xylocain und POR 8 in Septumschleimhaut – entfernt seltenes Erblindungsrisiko aufklärungsbedürftig)
– BGH, Urt. v. 1. 10. 1985 – VI ZR 19/84 – NJW 1986, 1541 = VersR 1986, 183
(Kieferhöhlenreoperation beidseits nach Caldwell-Luc – Nervus trigeminus –
Schädigung – Risiko aufklärungsbedürftig)
– BGH, Urt. v. 22. 4. 1980 – VI ZR 37/79 – NJW 1980, 1905 = VersR 1981, 457
– BGH, Urt. v. 2. 11. 1976 – VI ZR 134/75 – NJW 1977, 337 = VersR 1977, 255
(je Tympanoplastik – Nervus trigeminus – Schädigung – Risiko aufklärungsbedürftig)
– BGH, Urt. v. 22. 4. 1980 – VI ZR 121/78 – NJW 1980, 1901 = VersR 1980, 768,
ins. nicht in BGHZ 77, 74
(Unterkieferreoperation/Entfernung eines Lymphangioms – Nervus facialis – Schädigung – Risiko aufklärungsbedürftig)
– BGH, Urt. v. 7. 4. 1992 – VI ZR 192/91 – NJW 1992, 2351 = VersR 1992, 960
(Rezidivstrumektomie beidseits – Nervus recurrens-Schädigung – Hinweis auf gelegentliche Heiserkeit, Sprach- und Atemstörungen, die sich meist zurückbilden –
nicht ausreichend)
– BGH, Urt. v. 22. 1. 1980 – VI ZR 263/78 – NJW 1980, 1333 = VersR 1980, 428
(Strumektomie beidseits – Nervus recurrens-Schädigung – Lähmungsrisiko beidseits aufklärungsbedürftig)
– OLG Köln NJWE-VHR 1998, 116 = VersR 1998, 1510
– OLG Stuttgart VersR 1995, 561
– OLG Düsseldorf VersR 1989, 291
– OLG Düsseldorf VersR 1989, 191
(je Strumektomie einseitig – Nervus recurrens-Schädigung – Risiko aufklärungsbedürftig)

- OLG Oldenburg VersR 1988, 408 – NA-BGH –
(Strumektomie einseitig – Nervus recurrens-Schädigung – Risiko aufklärungsbe-
dürftig/nicht hinsichtlich Atemnot/Luftröhrenschnitt)
- OLG Köln VersR 1987, 514
(Strumektomie einseitig – Plexusparese – Risiko möglicher Recurrenslähmung
aufklärungspflichtig, offengelassen, ob Plexusparese zusätzlich aufklärungsbedürf-
tig)
- OLG Oldenburg NJWE-VHR 1998, 117
(Strumaresektion beidseitig – Durchblutungsstörung der Nebenschilddrüsen – Hy-
poparathyreoidismus – Risiko aufklärungspflichtig)
- OLG Oldenburg NJW-RR 1999, 822 = VersR 2000, 362
(grauer Star – Katarakt – Erblindung – Risiko aufklärungspflichtig)
- OLG Oldenburg VersR 1993, 580 – NA-BGH –
(Spinalanästhesie – Caudalähmung – Risiko dauerhafter Lähmung aufklärungsbe-
dürftig – Nervenschäden (Lähmung) ausreichend)
- OLG Düsseldorf VersR 1987, 487 – NA-BGH –
(Plexusblockade – Gefäßläsion – Risiko nicht aufklärungsbedürftig)
- OLG Oldenburg VersR 1984, 274 – NA-BGH –
(Stellatumblockade bei Schultersteife – Hirnschäden – Risiko aufklärungsbedürf-
tig)

52   Chirurgie I

- BGH, Urt. v. 13. 5. 1986 – VI ZR 142/85 – NJW 1986, 2885 = VersR 1986, 970
- BGH, Urt. v. 14. 4. 1981 – VI ZR 39/80 – VersR 1981, 677
(je Lymphknotenexstirpation (neck – dissection) – Nervus accessorius – Schädi-
gung – Risiko aufklärungsbedürftig)
- OLG Köln NJW 1987, 2302 = VersR 1987, 572
(Gefäßoperation im offenen Schädel – Sprachstörung – Risiko trotz Aufklärung
über Risiken der Halbseitenlähmung zusätzlich aufklärungsbedürftig)
- OLG Oldenburg VersR 1997, 978
(Brustwirbeloperation – Querschnittslähmung – Risiko aufklärungsbedürftig)
- OLG Oldenburg VersR 1988, 695 – NA-BGH –
(Halswirbeloperation – Patient voroperiert – Myelitis/Querschnitt – Risiko aufklä-
rungsbedürftig)
- OLG Zweibrücken VersR 1987, 108 – NA-BGH –
(Lymphknotenoperation (axillär) – Nachbestrahlung (1975) – Gesamtdosis 42 Gy –
Risiko aufklärungsbedürftig)
- BGH, Urt. v. 21. 11. 1995 – VI ZR 329/94 – NJW 1996, 776 = VersR 1996, 233
(Gehgips – Thromboserisiko – Heparin – Thromboseprophylaxe – aufklärungsbe-
dürftig)
- BGH, Urt. v. 12. 3. 1991 – VI ZR 232/90 – NJW 1991, 2346 = VersR 1991,
777
(Bandscheibenoperation – psychogenes Caudasyndrom – aufklärungsbedürftig Ri-
siko somatischer Lähmung/nicht psychogener Lähmung – hier: Mangel der Grund-
aufklärung/fehlerhaft)
- BGH, Urt. v. 3. 4. 1984 – VI ZR 195/82 – NJW 1984, 2629 = VersR 1984, 582
(Bandscheibenoperation – Querschnitt – Risiko aufklärungsbedürftig)
- OLG Hamm r+s 1995, 338
(Bandscheibenoperation – Impotenz – Hinweis auf Risiko von Gefühlsstörungen
und Nervenschädigungen mit Lähmung ausreichend)
- OLG Hamm VersR 1993, 102 – NA-BGH –
(Bandscheibenoperation – Querschnitt/Mastdarmlähmung – Risiko bleibender
Lähmung aufklärungsbedürftig)

- OLG Hamm VersR 1992, 1473 – NA-BGH –
(Bandscheibenoperation – Querschnitt – Risiko bleibender Lähmung aufklärungs-
bedürftig)
- OLG Oldenburg VersR 1990, 742 – NA-BGH –
(Bandscheibenoperation – postoperativ aseptische Spondylodiszitis – bei Aufklä-
rung über Risiko von Lähmungen oder Bewegungsstörungen spezielles Risiko der
Diszitis nicht aufklärungsbedürftig)
- BGH, Urt. v. 26. 2. 1985 – VI ZR 124/83 – NJW 1985, 2192 = VersR 1985, 639
(Bandscheibenoperation – Lagerung in Häschenstellung – Nervus ulnaris-
Schädigung – Risiko aufklärungsbedürftig)
- BGH, Urt. v. 24. 1. 1984 – VI ZR 203/82 – NJW 1984, 1403 = VersR 1984, 386
(Bandscheibenoperation – Lagerung in Häschenstellung – Plexusparese – Risiko
aufklärungsbedürftig)
- OLG Düsseldorf VersR 1992, 1230 – NA-BGH –
(Bandscheibenoperation (L 4/L 5) – Häschenstellung – intraoperativ perforierter
Massenprolaps im Bereich der Halswirbelsäule – als extrem selten nicht aufklä-
rungsbedürftig)
- BGH, Urt. v. 25. 11. 1975 – VI ZR 122/73 – NJW 1976, 365 = VersR 1976, 369
(Brustwirbeloperation bei tuberkulösem Abszess – Querschnitt – Risiko aufklä-
rungsbedürftig)
- OLG Celle VersR 1992, 749 – NA-BGH –
(Schmerzchirurgischer Eingriff am Rückenmark (Nashold) – Konussyndrom – Ri-
siko aufklärungsbedürftig)
- OLG Stuttgart VersR 1998, 637
(Chirotherapie nach Bandscheibenvorfall – Verschlechterung – spinale Wurzel-
kompression – Risiko aufklärungsbedürftig)
- OLG Bremen VersR 1991, 425 – NA-BGH –
(Chiropraktische Therapie an Halswirbelsäule – Risiko einer Intimaverletzung mit
Basiliaristhrombose und Ponssyndrom aufklärungsbedürftig)
- OLG Schleswig VersR 1989, 1301 – NA-BGH –
(Chiropraktische Therapie an oberen Halswirbeln bei Cerebralsyndrom – Arteria
vertebralis – Verletzung – Schädigungsrisiko nicht aufklärungsbedürftig)
- OLG Köln VersR 1988, 744
(Cervikalsyndrom – Procain-Infiltration – Pneumothorax – Risiko aufklärungsbe-
dürftig)
- OLG Oldenburg VersR 1988, 695 – NA-BGH –
(Lumbalpunktion – Querschnitt – Risiko nicht aufklärungsbedürftig)
- OLG Köln VersR 1992, 1233
(Dupuytrensche Kontraktur – Sudecksyndrom – Risiko aufklärungsbedürftig)
- BGH, Urt. v. 9. 7. 1985 – VI ZR 81/84 – NJW 1985, 2650 = VersR 1985, 969
(Hüftgelenks-Adduktionsosteotomie – Schenkelhalsbruch/Hüftkopfnekrose – Risi-
ko aufklärungsbedürftig)
- OLG Oldenburg VersR 1997, 1535
(Hüftgelenksendoprothese – Operationsplanung – Hinweis auf unterschiedliche
Implantatmaterialien – präoperative Aufklärung über Prothesenmaterial)
- OLG Koblenz VersR 1992, 953
(Hüftgelenksoperation – Nervus femoralis-Schädigung – Risiko möglicher Femo-
ralisläsion (fälschlich) offengelassen)
- OLG Köln VersR 1990, 662 – NA-BGH –
(Hüftgelenksendoprothese – Thrombose/Embolierisiko aufklärungsbedürftig)
- OLG Koblenz VersR 1989, 629
(Umstellungsosteotomie – Nervus peronäus – Schädigung – Aufklärungsbedürftig-
keit des Risikos offengelassen (zu bejahen))

- OLG Saarbrücken VersR 1990, 666 – NA-BGH –
  (Beckenkamm – Spongiosaentnahme zweimalig gleichseitig – Nervus ilioinguinalis – Schädigung – bei Hinweis auf generelles Nervverletzungsrisiko (mit bleibenden Folgen) kein zusätzlicher Hinweis auf spezielles Risiko erforderlich)
- OLG Oldenburg NJW 1997, 1642 = VersR 1997, 1493
  (Arthrotomie – Hüftgelenk – Misserfolgsrisiko – fehlende Dringlichkeit – relative Indikation – Nervverletzung – Beinlähmung – aufklärungspflichtig)
- OLG Köln VersR 1995, 543 – NA-BGH –
  (Kniegelenk – hochgradig stenosierender Gefäßprozess – große Operation erfordert Aufklärung über spezielle Risiken)
- OLG Schleswig VersR 1989, 810
  (Kniegelenk/starker Erguss – intraartikuläre Punktion – tiefe Wundinfektion – Infektionsrisiko aufklärungsbedürftig, nicht hinsichtlich möglicher Versteifung (unzutreffend))
- BGH, Urt. v. 21. 11. 1995 – VI ZR 329/94 – NJW 1996, 776 = VersR 1996, 233
  (Unterschenkelgehgips – Risiko tiefer Beinvenenthrombose – Heparin – Thromboseprophylaxe – aufklärungsbedürftig)
- BGH, Urt. v. 22. 12. 1987 – VI ZR 32/87 – NJW 1988, 1514 = VersR 1988, 493
  (Talonaviculare Arthrodese nach Lowman/Triple-Arthrodese – Sudecksyndrom – Risiko aufklärungsbedürftig)
- OLG Hamm VersR 1990, 855
- OLG Oldenburg NJW 1988, 1531 = VersR 1988, 603 -NA-BGH
  (je Meniskusoperation – Sudecksyndrom – Risiko aufklärungsbedürftig)
- OLG Hamm VersR 1995, 47 – NA-BGH –
  (Osteosynthese im Unterschenkelbereich während Schwellung – Osteomyelitis – erhöhtes Risiko aufklärungspflichtig)
- OLG Oldenburg NJWE-VHR 1998, 90 = VersR 1998, 1285
  (Hallux valgus – McBride/de Vries statt Keller/Brandes – nicht aufklärungsbedürftig – Risiko von (Teil-) Versteifungen aufklärungsbedürftig)
- OLG Oldenburg NJWE-VHR 1997, 134
  (Hallux valgus Operation – Risiko der (Teil-) Versteifung – aufklärungspflichtig)

53   Chirurgie II

- BGH, Urt. v. 12. 12. 1989 – VI ZR 83/89 – NJW 1990, 1528 = VersR 1990, 522
  (Mastektomie – Nachbestrahlung (1975) – Gesamtdosis 42 Gy – Risiko möglicher Plexusläsion nicht aufklärungsbedürftig unter 45 Gy Gesamtdosis)
- BGH, Beschl. v. 21. 9. 1982 – VI ZR 192/81 – VersR 1982, 1142 zu OLG Celle VersR 1981, 1184
  (Mastektomie – Nachbestrahlung (1975) – höhere Gesamtdosis als 45 Gy – Risiko aufklärungsbedürftig)
- OLG Koblenz VersR 1990, 489 – NA-BGH –
  (Mastektomie/Mammakarzinom T 1 – Plexus-Schädigung – Risiko aufklärungsbedürftig)
- BGH, Urt. v. 26. 11. 1991 – VI ZR 389/90 – NJW 1992, 754 = VersR 1992, 240
  (Strahlentherapie – Pericarditis – entzündliche Reaktionen aufklärungsbedürftig)
- BGH, Urt. v. 8. 5. 1990 – VI ZR 22/789 – NJW 1990, 2929 = VersR 1990, 1010
  (Pericardektomie bei Diabetespatient – Wundheilungsstörungen und chron. Hepatitis-B – bei Schwere des Eingriffs erhöhtes Wundheilungsrisiko aus Diabetes aufklärungsbedürftig, trotz bekannter Mortalitätsrate)
- BGH, Urt. v. 16. 4. 1991 – VI ZR 176/90 – NJW 1991, 2344 = VersR 1991, 812
- OLG Stuttgart VersR 1987, 515 – NA-BGH –
- OLG Hamm VersR 1987, 509 – NA-BGH –
  (je Aortenisthmusstenose – Querschnitt – Risiko aufklärungsbedürftig)

– BGH, Urt. v. 13. 1. 12. 1988 – VI ZR 22/88 – NJW 1989, 1541 = VersR 1989, 289
(Herzoperation – Querschnitt – Blalock-Taussig geplant (Risiko des Wiederverschlusses aufklärungsbedürftig) – intraoperativ Wechsel zu Potts-Anastomose – deren besondere Risiken, falls Änderung voraussehbar, aufklärungsbedürftig)
– BGH, Urt. v. 28. 6. 1988 – VI ZR 288/87 – BGHZ 105, 45, 50f. = NJW 1988, 2946 = VersR 1989, 145
(Herzoperation bei Kind – Blalock-Taussig geplant – durchgeführt totaler AV-Kanal – Aufklärung nur der Mutter nicht ausreichend)
– OLG Saarbrücken VersR 1992, 756 – NA-BGH –
(Herzoperation bei Lungenvenenfehlmündung – Querschnitt – zur Aufklärungsbedürftigkeit (fälschlich) zweifelnd)
– OLG Köln VersR 1991, 100
(Gefäßoperation herznah – Recurrens-Schädigung – Risiko aufklärungsbedürftig)
– OLG Stuttgart VersR 1987, 391 – NA-BGH –
(Absetzen einer Dialyse – Pericarderguss – Risiko aufklärungsbedürftig)
– BGH, Urt. v. 17. 12. 1991 – VI ZR 40/91 – BGHZ 116, 379, 384 = NJW 1992, 743 = VersR 1992, 314
(Hysterektomie – Fremdbluttransfusion – fragliche Infektion mit HIV und Hepatitis Non A-Non B – Aufklärung über Risiken der Fremdbluttransfusion erforderlich wenn Transfusion ernsthaft in Betracht steht (alternative Eigenbluttransfusion und deren Vorzüge aufklärungsbedürftig))
– BGH, Urt. v. 3. 12. 1991 – VI ZR 48/91 – NJW 1992, 1558 = VersR 1992, 358
(Hysterektomie unter Belassung der Adnexe – postoperative Depression – Risiko psychischer Beschwerden bei Mitentfernung der Adnexe (Hormondefizit) aufklärungsbedürftig, nicht bei Belassung)
– BGH, Urt. v. 5. 2. 1991 – VI ZR 108/90 – NJW 1991, 2342 = VersR 1991, 547
– BGH, Urt. v. 8. 1. 1985 – VI ZR 15/83 – NJW 1985, 1399 = VersR 1985, 361
– BGH, Urt. v. 28. 2. 1984 – VI ZR 70/82 – NJW 1984, 1807 = VersR 1984, 538
(je Hysterektomie – Harnleiterläsion – Risiko aufklärungsbedürftig)
– OLG Nürnberg VersR 1996, 1372 – NA-BGH –
(vaginale Hysterektomie – Risiken der Verletzung von Blase und Darm aufklärungsbedürftig – Fistelbildung als Verletzungsfolge nicht aufklärungsbedürftig)
– OLG Köln VersR 1990, 489
(Hysterektomie nach Mehrfachlaparotomie – Rectumscheidenfistel – Risiko einer Verletzungsfistel aufklärungsbedürftig, offen hinsichtlich Nekrosefistel)
– OLG Köln VersR 1983, 277
(Hysterektomie – postoperativ Darmnekrosefistel – offengelassen, ob Nekrosefistel aufklärungsbedürftig)
– OLG Köln VersR 1990, 311
(Narbenstrikturen in Harnröhre – Beseitigung mit Verletzung des Schließmuskels der Harnröhre – Risiko bleibender Harninkontinenz aufklärungsbedürftig)
– OLG Hamm VersR 1991, 667 – NA-BGH –
(Hysterektomie – Blasen-/Scheidenfistel – Risiko aufklärungspflichtig, jedenfalls Hinweis auf mögliche Verletzung von Nachbarorganen)
– OLG Köln VersR 1988, 384 – NA-BGH –
(Hysterektomie – Nachbestrahlung – anus praeter – Risiko aufklärungsbedürftig)
– OLG Düsseldorf VersR 1986, 472
(Prostatakarzinom – intravenöse Injektion (Estracyt) – Gewebsschädigung – Risiko aufklärungsbedürftig)
– OLG Karlsruhe VersR 1989, 1053
(Transurethrale Elektroresektion bei Verdacht auf Prostatakarzinom – Schließmuskeldefekt/Potenzverlust – Risiko aufklärungsbedürftig)

– OLG Celle VersR 1987, 567 – NA-BGH –
(Colporrhaphia – Scheidenfistel – Risiko aufklärungsbedürftig)
– BGH, Urt. v. 7. 7. 1992 – VI ZR 211/91 – NJW-RR 1992, 1241 = VersR 1993, 228
(Hysterektomie – Scheidenraffung – Nervus femoralis – Läsion – Risiko aufklärungsbedürftig)
– OLG Hamm VersR 1986, 477
(Tubenkoagulation – elektrothermische Schädigung des Dünndarms – Risiko aufklärungsbedürftig)
– OLG Zweibrücken NJW-RR 1998, 383 = VersR 1998, 1553
(diagnostische Laparoskopie – Verdacht auf Ovarialzyste – Blutung wegen unerwarteten Leiomyoms – Bluttransfusion – Hepatitis C – Risiko nicht aufklärungsbedürftig)
– BGH, Urt. v. 24. 6. 1980 – VI ZR 7/79 – NJW 1980, 2751 = VersR 1980, 940
– OLG Stuttgart NJWE-VHR 1997, 256 = VersR 1998, 1111
– OLG München VersR 1995, 95
(je Hernienoperation – Hodenatrophie – Risiko aufklärungsbedürftig)
– BGH, Urt. v. 5. 2. 1991 – VI ZR 108/90 – NJW 1991, 2342 = VersR 1991, 547
(Analfisteloperation – Schließmuskeldefekt – statt Fadendurchzugdrainage im Eingriff Fistelexcision – Inkontinenzrisiko stärkeren Ausmaßes aufklärungsbedürftig/Hinweis auf mögliche Schließmuskeldurchtrennung und Rezidiv nicht ausreichend)
– BGH, Urt. v. 17. 9. 1987 – VI ZR 12/84 – VersR 1985, 1187
(Urethraldivertikeloperation – Inkontinenzrisiko – aufklärungsbedürftig)
– BGH, Urt. v. 7. 2. 1984 – VI ZR 188/82 – BGHZ 90, 96, 98 f. = NJW 1984, 1395 = VersR 1984, 468
(Rectoskopie – Darmperforation – Perforationsrisiko (unzutreffend) nicht aufklärungsbedürftig/aufklärungsbedürftig indessen Schmerzhaftigkeit)
– OLG Stuttgart VersR 1986, 581 – NA-BGH –
(Rectoskopie – Darmperforation – Risiko aufklärungsbedürftig)
– OLG Köln VersR 1990, 663 – NA-BGH –
(Rectumkarzinomoperation – Potenzverlust – Risiko aufklärungsbedürftig)
– OLG Frankfurt VersR 1991, 185 – NA-BGH –
(Enddarmpolyp – Abtragung mit Schlingengerät Darmperforation – Risiko aufklärungspflichtig)
– KG VersR 1995, 300 – NA-BGH –
(Risiko erschwerter Wundheilung nach Bestrahlung)
– OLG Hamm VersR 2000, 101 – NA-BGH –
(Appendektomie – Peritonitis – Mortalitätsrisiko – aufklärungspflichtig)
– OLG Stuttgart NJW-RR 2000, 904
(orthopädisch indizierte Brustverkleinerung – kosmetisch unbefriedigendes Ergebnis – Wundrandnekrosen – Korrekturoperation – aufklärungspflichtig)
– OLG Köln NJWE-VHR 1996, 41 = VersR 1997, 115
(Augmentation der Brüste mit Silikon – Risiken von Silikon 1985 nicht aufklärungspflichtig)
– OLG München NJW-RR 1994, 20 = VersR 1993, 1529
(Beseitigung einer Trichterbrust mit Silikon – Vor- und Nachteile der Implantate aufklärungspflichtig)
– OLG Oldenburg VersR 1994, 1348 – NA-BGH –
– OLG Hamm VersR 1993, 484 – NA-BGH –
– OLG Düsseldorf VersR 1992, 317 – NA-BGH –
(je Vasoresektion – Spätrekanalisation – Risiko aufklärungsbedürftig)

Kieferchirurgie **54**

– OLG Köln NJW-RR 1998, 1324 = VersR 1999, 1284
(Extraktion eines Weisheitszahns – Verletzung des N. lingualis – aufklärungspflichtig)
– OLG Düsseldorf NJW-RR 1996, 1173 = VersR 1997, 620
– OLG München VersR 1996, 102
(je tief verlagerter Weisheitszahn – Extraktion – Kieferbruch – Risiko aufklärungspflichtig)

Geburt, vor- und nachgeburtliche Betreuung **55**

– OLG Düsseldorf VersR 1992, 751
(Sterilisation – Bikoagulationszange – Eileiterschwangerschaft – Risiko aufklärungsbedürftig)
– OLG München VersR 1990, 1398
(Intrauterinpessar – Uterusperforation – Risiko aufklärungsbedürftig)
– OLG Frankfurt VersR 1988, 1032 – NA-BGH –
– OLG Hamm VersR 1985, 598, 599 – NA-BGH –
(je Geburt – vaginal – Paracervikalblockade – Sauerstoffmangel des Kindes – Risiko aufklärungsbedürftig)
– OLG Celle VersR 1988, 829 – NA-BGH –
(Angiographie bei Kleinkind (1978) – Hirnembolie – Embolierisiko fraglich aufklärungsbedürftig/vitale Indikation)
– OLG Hamburg VersR 1986, 896 – NA-BGH –
(Geburt – vaginal – Wehentropf – Geburtsrisiken für Kind nicht gesondert aufklärungsbedürftig)

Urologie **56**

– OLG Düsseldorf NJWE-VHR 1996, 65
(transurethrale Resektion der Prostata (TURP) – Infertilität und Impotenz aufklärungsbedürftig)

Innere Medizin/Kardiologie **57**

– OLG Hamburg VersR 2000, 190 – NA-BGH –
(Bypass-Operation – Absetzen einer Antikoagulantien-Therapie mit Tiklyd – aufklärungsbedürftig)
– OLG Karlsruhe VersR 1997, 241 – NA-BGH –
(Ballonvalvuloplastie – Mitralklappensprengung – palliative Behandlung)
– OLG Zweibrücken NJW-RR 1995, 1305
(endoskopische retrograde Cholangio- und Pankreatographie (ERCP) – Letalitätsrisiko 1991 ca. 0,01% – nicht aufklärungsbedürftig)
– OLG München NJW-RR 1994, 1308
(Gallengangsspiegelung (ERCP) – Pankreatitis – aufklärungspflichtig)
– OLG Hamm VersR 1995, 173 – NA-BGH –
(Hämorrhoidenverödung – tiefe Nekrosen – nicht aufklärungspflichtig)

Injektionen/Transfusionen/Medikamente/Impfung **58**

– BGH, Urt. v. 14. 6. 1994 – VI ZR 260/93 – NJW 1994, 2414 = VersR 1994, 1302
(intraartikuläre Punktion des Kniegelenks – Infektionsrisiko aufklärungsbedürftig)
– BGH, Urt. v. 14. 2. 1989 – VI ZR 65/88 – BGHZ 106, 391, 394 = NJW 1989, 1533 = VersR 1989, 514
(Intraartikuläre Corticoidinjektion in Schultergelenk – Risiko der Infektion mit Gelenkempyem und Schulterversteifung aufklärungsbedürftig/extrem entfernte Möglichkeit tödlicher Sepsis nicht aufklärungsbedürftig)

- OLG Oldenburg NJW-RR 2000, 23 = VersR 2000, 232
  (intraartikuläre Injektion – Coxitis – Infektionsrisiko aufklärungsbedürftig)
- OLG Hamm VersR 1992, 610 – NA-BGH –
  (Intraartikuläre Injektion in Kniegelenk – Infektion/Empyem – Infektionsrisiko aufklärungsbedürftig)
- OLG Hamm VersR 2000, 323
  (Punktion des Kniegelenks – Infektionsrisiko aufklärungsbedürftig)
- OLG Schleswig VersR 1989, 810
  (Punktion des Kniegelenks bei starkem Erguss – Infektionsrisiko aufklärungsbedürftig/nicht hinsichtlich möglicher Versteifung (unzutreffend))
- OLG Zweibrücken NJW-RR 1998, 383 = VersR 1998, 1553
  (Fremdbluttransfusion – unerwartet wegen eines unvermuteten intraoperativen Befundes Hepatitis C – nicht aufklärungsbedürftig)
- OLG Köln VersR 1988, 1136
  (Periartikuläre Corticoidinjektion – Abszess – Risiko aufklärungsbedürftig)
- OLG Köln VersR 1988, 744
  (Procaininfiltration bei Cervikalsyndrom – Pneumothorax – Risiko aufklärungsbedürftig)
- OLG Düsseldorf VersR 1986, 472
  (Intravenöse Injektion (Estracyt) bei Prostatakarzinom – Gewebsschädigung – Risiko aufklärungsbedürftig)
- OLG Nürnberg VersR 1992, 754 – NA-BGH –
  (Injektion von Xylocain und POR 8 in Septumschleimhaut – Patient auf einem Auge vorerblindet – Erblindungsrisiko aufklärungsbedürftig)
- OLG Hamm VersR 1996, 197 – NA-BGH –
  (Injektion – vorübergehende Taubheit verharmlosend – aufklärungsbedürftig: Nervenverletzung, Kreislauf- und Unverträglichkeitsreaktion, Entzündungsgefahr)
- OLG Schleswig VersR 1993, 1022 – NA-BGH –
  (paravertebrale Infiltration – Räuspern oder Husten des Patienten – Risiko des Einstichs in die Lunge – Pneumothorax – aufklärungsbedürftig)
- OLG Frankfurt VersR 1988, 1032 – NA-BGH –
- OLG Hamm VersR 1985, 598, 599 – NA-BGH –
  (je Paracervikalblockade in vaginaler Geburt – Sauerstoffrisiko für Kind aufklärungsbedürftig)
- OLG Düsseldorf VersR 1987, 487 – NA-BGH –
  (Plexusblockade – Gefäßläsion – Risiko nicht aufklärungsbedürftig)
- OLG Oldenburg VersR 1988, 695 – NA-BGH –
  (Lumbalpunktion – Querschnitt – Risiko nicht aufklärungsbedüftig)
- OLG Oldenburg VersR 1985, 274 – NA-BGH –
  (Stellatum-Blockade bei Schultersteife – anaphylaktischer Schock/Hirnschäden – Risiko aufklärungsbedürftig)
- BGH, Urt. v. 15. 2. 2000 – VI ZR 48/99 – NJW 2000, 1784 = VersR 2000, 725, z. V. in BGHZ bestimmt
  (Polio-Impfung mit Lebendviren – Infektion mit Kinderlähmung – Risiko aufklärungsbedürftig)
- OLG Stuttgart MedR 2000, 35
  (DPT-Impfung – Enzephalopathie – Risiko aufklärungsbedürftig)
- OLG Stuttgart VersR 1986, 1198 – NA-BGH –
  (DPT – Impfung – Hirnschäden – Impfrisiko aufklärungsbedürftig)
- OLG Hamm VersR 1992, 833 – NA-BGH –
- OLG Hamm VersR 1989, 807 – NA-BGH –
- OLG Stuttgart VersR 1988, 832 – NA-BGH –

- OLG München VersR 1983, 930 – NA-BGH –
- OLG Hamm VersR 1981, 686 – NA-BGH –
  (je Angiographie – Halbseitenlähmung – Risiko aufklärungsbedürftig)
- OLG Stuttgart VersR 1983, 278 – NA-BGH –
  (Angiographie – Querschnitt – Risiko aufklärungsbedürftig)
- OLG Oldenburg VersR 1991, 1242
  (Angiographie – Verschluss der Arteria brachialis/axillaris – volle Aufklärung über Schlaganfallrisiko – Risiko peripheren Gefäßverschlusses nicht gesondert aufklärungsbedürftig)
- OLG Celle VersR 1988, 829 – NA-BGH –
  (Angiographie bei Kleinkind – Hirnembolie – Embolierisiko fraglich aufklärungsbedürftig/vitale Indikation)
- OLG Brandenburg NJW-RR 2000, 398 = VersR 2000, 1283
  (Myelographie – Risiko vorübergehender Blasenlähmung aufklärungspflichtig)
- OLG Hamm VersR 1988, 1133 – NA-BGH –
  (Hohe Myelographie – inkompletter Querschnitt – Risiko aufklärungsbedürftig)
- BGH, Urt. v. 17. 12. 1991 – VI ZR 40/91 – BGHZ 116, 379, 384 = NJW 1992, 743 = VersR 1992, 314
  (Fremdbluttransfusion – Infektionsrisiko HIV/Hepatitis mit Hinweis auf mögliche Eigenbluttransfusion aufklärungsbedürftig, wenn Fremdbluttransfusion ernsthaft in Betracht steht)
- OLG Zweibrücken NJW-RR 1998, 383 = VersR 1998, 1553
  (Fremdbluttransfusion – Spender unbekannt – Risiko nicht aufklärungsbedürftig, weil Bedarf unerwartet wegen eines unvermuteten intraoperativen Befundes)
- OLG München VersR 1991, 679
  (Fremdbluttransfusion – Spender Kell-positiv/Empfänger Kell-negativ – Risiko nicht aufklärungsbedürftig)
- BGH, Urt. v. 11. 12. 1990 – VI ZR 151/90 – NJW 1991, 1543 = VersR 1991, 315
  (PPSB normal – Medikation bei Marcumarpatient zur Normalisierung der Blutgerinnung – hohes Risiko möglicher Hepatitisinfektion aufklärungsbedürftig)
- BGH, Urt. v. 27. 10. 1981 – VI ZR 69/80 – NJW 1982, 697 = VersR 1982, 147
- dazu: OLG Oldenburg VersR 1986, 69
  (Dreifachmedikation Rifampicin – Myambutol – Neoteben – tuberkulostatische Therapie – Sehnervschädigung – Risiko der Myambutolgabe aufklärungsbedürftig)

Strahlenschäden **59**

- BGH, Urt. v. 26. 11. 1991 – VI ZR 389/90 – NJW 1992, 754 = VersR 1992, 238
  (Strahlentherapie bei Morbus Hodgkin – Rezidive und Pericarditis – Hinweis auf entzündliche Reaktionen im Bestrahlungsgebiet ausreichend – Pericarditisrisiko speziell nicht aufklärungsbedürftig)
- BGH, Urt. v. 7. 2. 1984 – VI ZR 174/82 – BGHZ 90, 103, 106 = NJW 1984, 1397 = VersR 1984, 465
- dazu: OLG Frankfurt VersR 1988 57 – NA-BGH –
  (Strahlentherapie bei Morbus Hodgkin – Myelopathie/inkompletter Querschnitt mit Plexusschädigung – Risiko aufklärungsbedürftig auch wenn Therapie vital indiziert)
- OLG Frankfurt VersR 1989, 254 – NA-BGH –
  (Strahlentherapie bei Morbus Hodgkin – inkompletter Querschnitt – Risiko aufklärungsbedürftig)
- BGH, Urt. v. 12. 12. 1989 – VI ZR 83/89 – NJW 1990, 1528 = VersR 1990, 522
  (Strahlentherapie nach Mastektomie (1975) – Plexuslähmung – Gesamtdosis 42 Gy – Risiko möglicher Plexusläsion nicht aufklärungsbedürftig unter Gesamtdosierung 45 Gy)

- OLG Koblenz VersR 1990, 489 – NA-BGH –
  (Mastektomie – Nachbestrahlung (1979) – Plexuslähmung – Risiko aufklärungsbedürftig)
- OLG Zweibrücken VersR 1987, 108 – NA-BGH –
  (Strahlentherapie nach Lymphknotenexstirpation axillär (1975) – Gesamtdosis 42 Gy – Plexuslähmung – Risiko aufklärungsbedürftig)
- BGH, Beschl. v. 21. 9. 1982 – VI ZR 192/81 – VersR 1982, 1142 zu OLG Celle VersR 1981, 1184
  (Strahlentherapie nach Mastektomie (1975) – Plexuslähmung – höhere Gesamtdosis – Risiko aufklärungsbedürftig)
- OLG Köln VersR 1988, 384 – NA-BGH –
  (Strahlentherapie nach Hysterektomie – Strahlenproktokolitis/anus praeter – Risiko aufklärungsbedürftig)
- OLG Düsseldorf VersR 1986, 1193 – NA-BGH –
  (Strahlentherapie bei präkanzeroser Hautveränderung – Röntgenoderm/Bestrahlungsnarben im Gesicht – Risiko aufklärungsbedürftig)

60   *Nervschäden*

(1) Nervus accessorius

- BGH, Urt. v. 13. 5. 1986 – VI ZR 142/85 – NJW 1986, 2885 = VersR 1986, 970
- BGH, Urt. v. 14. 4. 1981 – VI ZR 39/80 – VersR 1981, 677
  (je Lymphknotenexstirpation (neck-dissection) – Risiko aufklärungsbedürftig)

(2) Nervus abducens

- OLG Hamm VersR 1993, 1399 – NA-BGH –
  (lumbale Myelographie – Abducensparese – nicht aufklärungsbedürftig)

(3) Nervus facialis

- BGH, Urt. v. 22. 4. 1980 – VI ZR 134/78 – NJW 1980, 1901 = VersR 1980, 770, ins. nicht in BGHZ 77, 74
  (Unterkieferreoperation – Lymphangiomexstirpation Risiko aufklärungsbedürftig)

(4) Nervus trigeminus

- BGH, Urt. v. 1. 10. 1985 – VI ZR 19/84 – NJW 1986, 1541 = VersR 1986, 183
  (Kieferhöhlenreoperation beidseits nach Caldwell-Luc-Risiko aufklärungsbedürftig)
- BGH, Urt. v. 22. 4. 1980 – VI ZR 37/79 – NJW 1980, 1905 = VersR 1981, 457
- BGH, Urt. v. 2. 11. 1976 – VI ZR 134/75 – NJW 1977, 337 = VersR 1977, 255
  (je Tympanoplastik – Risiko aufklärungsbedürftig)

(5) Nervus recurrens

- BGH, Urt. v. 7. 4. 1992 – VI ZR 192/91 – NJW 1992, 2351 = VersR 1992, 960
  (Rezidivstrumektomie beidseits – dauerhafte einseitige Lähmung – Risiko dauerhafter Lähmung aufklärungsbedürftig – Hinweis auf gelegentliche Heiserkeit, Sprach- und Atemstörungen, die sich meist zurückbilden, nicht ausreichend)
- BGH, Urt. v. 22. 1. 1980 – VI ZR 263/78 – NJW 1980, 1333 = VersR 1980, 428
  (Strumektomie beidseits – Lähmungsrisiko beidseits aufklärungsbedürftig)
- OLG Köln NJWE-VHR 1998, 116 = VersR 1998, 1510
- OLG Stuttgart VersR 1995, 561
- OLG Düsseldorf VersR 1989, 291
- OLG Düsseldorf VersR 1989, 191
  (je Strumektomie einseitig – Risiko dauerhafter Lähmung aufklärungsbedürftig)

- OLG Oldenburg VersR 1988, 408 – NA-BGH –
  (Strumektomie einseitig – Lähmungsrisiko aufklärungsbedürftig nicht Atemblo-
  ckade/Luftröhrenschnitt (zweifelhaft))
- OLG Köln VersR 1991, 100
  (Herznahe Gefäßoperation – dauerhafte Lähmung – Risiko aufklärungsbedürftig)

(6) Querschnitt/Caudasyndrom   **61**

- BGH, Urt. v. 4. 4. 1995 – VI ZR 95/94 – NJW 1995, 2410 = VersR 1995, 1055
  (Hohe Myelographie – Risiko dauerhafter Lähmungen der Gliedmaßen – aufklä-
  rungsbedürftig)
- BGH, Urt. v. 12. 3. 1991 – VI ZR 232/90 – NJW 1991, 2346 = VersR 1991, 777
  (Bandscheibenoperation – psychogenes Caudasyndrom – aufklärungsbedürftig Ri-
  siko somatischer Lähmung/nicht psychogener Lähmung – hier: Mangel der Grund-
  aufklärung)
- BGH, Urt. v. 3. 4. 1984 – VI ZR 195/82 – NJW 1984, 2629 = VersR 1984, 582
  (Bandscheibenoperation – dauerhafte Lähmung – Risiko aufklärungsbedürftig)
- OLG Hamm VersR 1992, 1473 – NA-BGH –
  (Bandscheibenoperation – Querschnitt – Risiko bleibender Lähmung aufklärungs-
  bedürftig)
- BGH, Urt. v. 25. 11. 1975 – VI ZR 122/73 – NJW 1976, 365 = VersR 1976,
  369
  (Brustwirbeloperation bei tuberkulosem Abszess – Querschnitt – Risiko aufklä-
  rungsbedürftig)
- OLG Oldenburg VersR 1988, 695 – NA-BGH –
  (Halswirbeloperation/mehrfach voroperiert – Risiko möglicher Myelitis mit Quer-
  schnitt aufklärungsbedürftig)
- BGH, Urt. v. 16. 4. 1991 – VI ZR 176/90 – NJW 1991, 2344 = VersR 1991, 812
- OLG Schleswig NJW-RR 1996, 348 = VersR 1996, 634 – NA-BGH –
- OLG Stuttgart VersR 1987, 515 – NA-BGH –
- OLG Hamm VersR 1987, 509 – NA-BGH –
  (je Aortenisthmusstenoseeingriffe – Querschnitt – Risiko dauerhafter Lähmung
  aufklärungsbedürftig)
- BGH, Urt. v. 13. 12. 1988 – VI ZR 22/88 – NJW 1989, 1541 = VersR 1989, 289
  (Herzoperation – Querschnitt – Blalock-Taussig geplant/intraoperativ Wechsel
  zu Potts-Anastomose – Risiken, wenn Änderung voraussehbar, aufklärungsbedürf-
  tig)
- OLG Saarbrücken VersR 1992, 756 – NA-BGH –
  (Herzoperation bei Lungenvenenfehlmündung – Querschnitt – zur Aufklärungsbe-
  dürftigkeit des Risikos (fälschlich) zweifelnd)
- OLG Celle VersR 1992, 749 – NA-BGH –
  (Schmerzchirurgischer Eingriff am Rückenmark (Nashold) – Konussyndrom – Ri-
  siko aufklärungsbedürftig)
- OLG Hamm VersR 1988, 1133 – NA-BGH –
  (Hohe Myelographie – Risiko dauerhafter Lähmung aufklärungsbedürftig/trotz
  Hinweises auf mögliche tödliche Komplikationen bei Jod-Unverträglichkeit)
- OLG Oldenburg VersR 1988, 695 – NA-BGH –
  (Lumbalpunktion – Querschnitt – Risiko nicht aufklärungsbedürftig)
- OLG Stuttgart VersR 1983, 278 – NA-BGH –
  (Carotisangiographie – Querschnitt – Risiko aufklärungsbedürftig)
- BGH, Urt. v. 7. 2. 1984 – VI ZR 174/82 – BGHZ 90, 103, 106 = NJW 1984, 1397
  = VersR 1984, 465
  (Strahlentherapie bei Morbus Hodgkin – Myelopathie/inkompletter Querschnitt mit
  Plexusläsion – Risiko trotz vitaler Indikation aufklärungsbedürftig)

– OLG Frankfurt VersR 1989, 254 – NA-BGH –
(Strahlentherapie bei Morbus Hodgkin – inkompletter Querschnitt – Risiko aufklärungsbedürftig)

62   (7) Halbseitenlähmung

– OLG Hamm VersR 1992, 833 – NA-BGH –
(Carotisangiographie nach vorausgegangener venöser Angiographie mit Aufklärung – Risiken gesondert aufklärungsbedürftig)
– OLG Hamm VersR 1989, 807 – NA-BGH –
(Carotisangiographie – Schlaganfallrisiko mit bleibender Lähmung aufklärungsbedürftig trotz allgemeinem Hinweis auf schwerwiegende Risiken)
– OLG Stuttgart 1988, 832 – NA-BGH –
(Angiographie (Arteria axillaris) – Schlaganfallrisiko verharmlost)
– OLG Köln NJW 1987, 2302 = VersR 1987, 572
(Gefäßoperation im offenen Schädel – trotz Aufklärung über Risiken der Halbseitenlähmung Sprachstörung zusätzlich aufklärungsbedürftig)
– OLG München VersR 1983, 930 – NA-BGH –
(Angiographie – bleibende Lähmung/Sprachstörung Risiko aufklärungsbedürftig)
– OLG Hamm VersR 1981, 686 – NA-BGH –
(Angiographie – bleibende Lähmung/Sprachstörung Risiko aufklärungsbedürftig)

63   (8) Plexuslähmung

– BGH, Urt. v. 12. 12. 1989 – VI ZR 83/89 – NJW 1990, 1528 = VersR 1990, 522
(Bestrahlungstherapie nach Mastektomie (1975) – Gesamtdosis 42 Gy – Risiko möglicher Plexusläsion nicht aufklärungsbedürftig unter Gesamtdosis 45 Gy)
– OLG Zweibrücken VersR 1987, 108 – NA-BGH –
(Bestrahlungstherapie nach Lymphknotenexstirpation (axillär; 1975) – Gesamtdosis 42 Gy – Plexusschädigung – Risiko aufklärungsbedürftig)
– BGH, Beschl. v. 21. 9. 1982 – VI ZR 192/81 – VersR 1982, 1142 zu OLG Celle VersR 1981, 1184
(Bestrahlungstherapie nach Mastektomie (1975) – höhere Gesamtdosis – Plexusschädigung – Risiko aufklärungsbedürftig)
– OLG Frankfurt VersR 1988, 57 – NA-BGH –
(Strahlentherapie bei Morbus Hodgkin – Plexuslähmung (mit Myelopathie/Querschnitt) – Risiko trotz vitaler Indikation aufklärungsbedürftig)
– OLG Koblenz VersR 1990, 489 – NA-BGH –
(Bestrahlungstherapie nach Mastektomie (Mammakarzinom T 1) – Risiko aufklärungsbedürftig]
– OLG Köln VersR 1987, 514
(Strumektomie – Aufklärung über Risiko möglicher Recurrenslähmung – offengelassen, ob Risiko einer Plexusparese zusätzlich aufklärungsbedürftig)

64   (9) Sehnerv, Gehörnerv

– BGH, Urt. v. 27. 10. 1981 – VI ZR 69/80 – NJW 1982, 697 = VersR 1982, 147
– OLG Oldenburg VersR 1986, 69 – NA-BGH –
(Dreifachmedikation Rifampicin – Myambutol – Neoteben – in tuberkulostatischer Therapie – Sehnervrisiko aus Myambutolgabe aufklärungsbedürftig)
– OLG Nürnberg VersR 1992, 754 – NA-BGH –
(Injektion von Xylocain und POR 8 in Septumschleimhaut bei Eingriff in Nasenscheidewand – Patient auf einem Auge vorerblindet – seltenes Erblindungsrisiko aufklärungsbedürftig)

- OLG München NJWE-VHR 1996, 89
  (Hemispasmus facialis Operation – Schädigung des Nervus statoacusticus – Taubheit und Gleichgewichtsstörungen – aufklärungsbedürftig)

(10) Lagerung (ulnaris, Plexus) 65

- BGH, Urt. v. 26. 2. 1985 – VI ZR 124/83 – NJW 1985, 2192 = VersR 1985, 639
  (Lagerung in Häschenstellung – Bandscheibenoperation – Nervus ulnaris-Läsion – Risiko aufklärungsbedürftig)
- BGH, Urt. v. 10. 11. 1981 – VI ZR 92/80 – VersR 1982, 168
  (Fingerweichteiloperation – Nervus ulnaris-Läsion – Risiko aufklärungsbedürftig)
- BGH, Urt. v. 24. 1. 1984 – VI ZR 203/82 – NJW 1984, 1403 = VersR 1984, 386
  (Lagerung in Häschenstellung – Bandscheibenoperation – Plexusparese – Risiko aufklärungsbedürftig)

(11) Nervus ilioinguinalis 66

- OLG Saarbrücken VersR 1990, 666 – NA-BGH –
  (Spongiosaentnahme aus Beckenkamm zweimalig gleichseitig – bei Hinweis auf allgemeines Nervverletzungsrisiko mit bleibenden Folgen kein spezieller Risikohinweis erforderlich)

(12) Nervus femoralis 67

- BGH, Urt. v. 7. 7. 1992 – VI ZR 211/91 – NJW-RR 1992, 1241 = VersR 1993, 228
  (Hysterektomie/Scheidenraffung – Risiko aufklärungsbedürftig)
- OLG Koblenz VersR 1992, 963
  (Hüftgelenksoperation – Risiko möglicher Femoralisläsion offengelassen (unzutreffend))
- OLG Hamm VersR 1986, 897 – NA-BGH –
  (Verkürzungsosteotomie – Risiko aufklärungsbedürftig)

(13) Nervus peronäus 68

- OLG Koblenz VersR 1989, 629
  (Hüftgelenks-Umstellungsosteotomie – Risiko aufklärungsbedürftig)

(14) Zahnnerven 69

- BGH, Urt. v. 9. 11. 1993 – VI ZR 248/92 – NJW 1994, 799 = VersR 1994, 682
  (Weisheitszahnextraktion – Aufklärung über Risiken für in der Nähe verlaufenden Nervus mandibularis und Nervus alveolaris)
- OLG Hamm VersR 1994, 1304
  (Nervus alveolaris – Zahnextraktion – fraglich nicht aufklärungsbedürftig)
- OLG Hamburg VersR 1999, 316
- OLG Köln NJW-RR 1998, 1324 = VersR 1999, 1284
  (je Weisheitszahnextraktion – Nervus lingualis – Risiko der Schädigung aufklärungsbedürftig)
- OLG München NJW-RR 1994, 1308 = VersR 1995, 464
  (Weisheitszahnextraktion – Nervus lingualis – Risiko der Durchtrennung aufklärungsbedürftig)
- OLG Stuttgart NJW-RR 1999, 751 = VersR 1999, 1500
  (Leitungsanästhesie – Nervus lingualis – Risiko vorübergehender Schädigung allgemein bekannt – Risiko bleibender Schädigung vernachlässigbar gering – nicht aufklärungsbedürftig
- OLG Köln VersR 1989, 632 m. w. N.
  (Weisheitszahnextraktion – offengelassen, ob Risiko aufklärungsbedürftig)

- OLG Düsseldorf VersR 1989, 290
(Weisheitszahnextraktion – Risiko aufklärungsbedürftig)

70   (15) Sudeck-Syndrom

- BGH, Urt. v. 14. 6. 1994 – VI ZR 178/93 – NJW 1994, 3010 = VersR 1994, 1235
(Carpaltunnel-Syndrom – Operation – Risiko aufklärungsbedürftig, aber ausreichend der Hinweis, dass sich die Schmerzen verstärken können)
- BGH, Urt. v. 22. 12. 1987 – VI ZR 32/87 – NJW 1988, 1514 = VersR 1988, 493
(Talonaviculare Arthrodese nach Lowman/Triple-Arthrodese – Risiko aufklärungsbedürftig)
- OLG Köln VersR 1992, 1233
(Dupuytrensche Kontraktur – Risiko aufklärungsbedürftig)
- OLG Hamm VersR 1990, 855 – NA-BGH –
- OLG Oldenburg NJW 1988, 1531 = VersR 1988, 603
(je Meniskusoperation – Risiko aufklärungsbedürftig)

71   (16) Nervus sympathicus

- OLG Oldenburg NJW-RR 1999, 390 = VersR 1999, 1422
(Verdacht auf Morbus Raynaud – Sympathicusblockade – Dauerschädigung des benachbarten Nervengeflechts – Risiko aufklärungsbedürftig)

72–80   *unbesetzt*

81   Die Anerkennung eines „therapeutischen Privilegs" findet sich in der Rechtsprechung weiterhin nicht.

- BGH, Urt. v. 7. 2. 1984 – VI ZR 174/82 – BGHZ 90, 103, 109 = NJW 1984, 1397 = VersR 1984, 465

82   **c)** In der Frage der sog. **Diagnoseaufklärung** bleibt die Rechtsprechung zurückhaltend. Den Befund als solchen, soweit er nicht für die Behandlungs- und Risikoaufklärung von Bedeutung ist, hat der Arzt dem Patienten – als vertragliche Nebenpflicht – isoliert nur mitzuteilen, wenn der Patient ausdrücklich danach fragt (– hier bei schwerer Erkrankung mit therapeutischer Schonung –) oder wenn erkennbar die Entscheidung für den Patienten von der Kenntnis seines Zustands und der voraussichtlichen Entwicklung abhängt (Eheschließung, Mutterschaft, Berufswahl).

- BGH, Beschl. v. 29. 11. 1988 – VI ZR 140/88 – VersR 1989, 478 zu OLG Stuttgart VersR 1988, 695
(Diagnose auf ungesicherter Befundgrundlage – nicht aufklärungsbedürftig)
- BGH, Urt. v. 23. 11. 1982 – VI ZR 222/79 – BGHZ 85, 327, 330 = NJW 1983, 328, ins. nicht in VersR 1983, 264
(allgemein zu Befundmitteilung/Einsichtnahmerecht in Krankenunterlagen)
- OLG Oldenburg VersR 1998, 57
(Verdacht auf inkarzerierte Leistenhernie – Klinik als ausreichende Befundgrundlage – Aufklärung über Möglichkeit intraoperativer Änderung der Diagnose nicht erforderlich – Einwilligung in Operation wirksam
- OLG Frankfurt NJW-RR 1995, 1048 = VersR 1996, 101
(Diagnose auf ungesicherter Befundgrundlage – missed abortion – Verdacht als gesicherte Diagnose dargestellt – Einwilligung unwirksam)
- OLG Köln NJW 1987, 2936
(Malignitätsverdachtsdiagnose auf ungesicherter Befundgrundlage mitgeteilt – fehlerhaft (behandlungsfehlerhaft))

Die Diagnose „Verdacht auf sexuellen Missbrauch" eines Kindes darf **83** (und muss) der Arzt den Eltern in einem vertraulichen, der ärztlichen Verschwiegenheitspflicht unterliegenden Gespräch mitteilen.

– OLG München NJW 1993, 2998

d) Unter dem Begriff der sog. **Verlaufsaufklärung** bejaht die Rechtspre- **84** chung in den Fällen, in denen eine Untersuchungs- und Behandlungsmaßnahme für den Patienten mit erheblichem Körperschmerz verbunden ist, eine Aufklärungspflicht hinsichtlich der Schmerzhaftigkeit. Ist eine erforderliche Schmerzaufklärung nicht gehörig erteilt, ist die Selbstbestimmungsaufklärung – unabhängig von der Beachtung der parallel laufenden Behandlungs- und Risikoaufklärung – unvollständig, daher die Zustimmung des Patienten, die zu Recht als unteilbar angesehen wird hinsichtlich der Behandlung durch den konkreten Arzt, insgesamt unwirksam.

– BGH, Urt. v. 22. 12. 1987 – VI ZR 32/87 – NJW 1984, 1395 = VersR 1988, 493
– BGH, Urt. v. 7. 2. 1984 – VI ZR 188/82 – BGHZ 90, 96, 98 = NJW 1984, 1395 = VersR 1984, 468

Die in den Entscheidungen ersichtliche Neigung zur Zersplitterung der Aufklärungsrisiken begegnet Bedenken.

e) Zur **wirtschaftlichen Aufklärung** vgl. Rdnr. A 7, A 96

3. Art und Weise der Aufklärung

Das „Wie" der Aufklärung wird bestimmt und begrenzt von der Notwen- **85** digkeit, dem Patienten in einer seinem Verständnis als medizinischen Laien zugänglichen Weise eine allgemeine Vorstellung zu vermitteln, von dem Schweregrad der in Betracht stehenden ärztlichen Behandlung, von den Belastungen und von den Risiken – nach Richtung und Gewicht –, denen er sich in der Behandlung ausgesetzt sieht. Aufklärung soll nicht medizinisches Detailwissen vermitteln, sondern dem Patienten eine ergebnisbezogene zutreffende Entscheidungsgrundlage seiner Kompetenz zur Selbstbestimmung geben. Die Risiken müssen deshalb nicht medizinisch exakt und in allen denkbaren Erscheinungsformen mitgeteilt werden; Es genügt, wenn die Stoßrichtung der Risiken zutreffend dargestellt wird.

– BGH, Beschl. v. 29. 9. 1992 – VI ZR 40/92 – VersR 1993, 102 zu OLG Hamm

Die Aufklärung ist also inhaltlich nicht etwa gehalten, auch die entfern- **86** teste Möglichkeit eines ungünstigen Behandlungsverlaufs im medizinischen Detail darzustellen oder ein Behandlungsrisiko ungefragt bis in die letzte Komplikationsrate aufzuschlüsseln, sondern muss nur leisten, dass der Patient ein zutreffendes allgemeines Bild von Schweregrad und Tragweite des Eingriffs und von Richtung und Gewicht der Eingriffsrisiken gewinnt. Die Aufklärung soll kein medizinisches Entscheidungswissen vermitteln, sondern dem Patienten verdeutlichen, was der Eingriff für seine persönliche Situation bedeuten kann. Dazu ist der Patient über Art, Schwere und die wesentlichen Risiken zu unterrichten; es ist nicht erforderlich, ihm die Risiken in allen denkbaren Erscheinungsformen darzustellen. In diesem Sinn verwendet die höchstrichterliche Rechtsprechung die Formel, dass der Patient „im Großen und Ganzen" aufzuklären ist.

- BGH, Urt. v. 15. 2. 2000 – VI ZR 48/99 – NJW 2000, 1784, z.V. in BGHZ bestimmt
- BGH, Urt. v. 7. 4. 1992 – VI ZR 192/91 – NJW 1992, 2351 = VersR 1992, 960
- BGH, Urt. v. 26. 11. 1991 – VI ZR 389/90 – NJW 1992, 754 = VersR 1992, 238
- BGH, Urt. v. 12. 3. 1991 – VI ZR 232/90 – NJW 1991, 2346 = VersR 1991, 777
- BGH, Urt. v. 8. 5. 1990 – VI ZR 22/789 – NJW 1990, 2929 = VersR 1990, 1010
- BGH, Urt. v. 7. 2. 1984 – VI ZR 174/82 – BGHZ 90, 103, 106 = NJW 1984, 1397 = VersR 1984, 465
- BGH, Urt. v. 3. 4. 1984 – VI ZR 195/82 – NJW 1984, 2629 = VersR 1984, 582
- BGH, Urt. v. 15. 5. 1979 – VI ZR 70/77 – NJW 1979, 1933 = VersR 1979, 720
- OLG Nürnberg VersR 1996, 1372 – NA-BGH –

87   Aufklärung und Einwilligung bedürfen nicht der Schriftform. Der Bundesgerichtshof tritt nachhaltig für die Aufklärung im persönlichen Arzt-Patienten-**Gespräch** ein, dessen verantwortungsvolle Führung er dem Arzt – ohne Gängelung durch Rechtsvorschriften – an die Hand gibt. Der isolierten formularmäßigen Aufklärung begegnet er dementsprechend mit erheblicher Skepsis. Die Richtigkeit dieses Ansatzes bestätigt alle Beobachtung der Praxis. Die bloße Übermittlung eines Merkblatts und die Gelegenheit, Fragen zu stellen, genügt entgegen gelegentlichen anderslautenden Entscheidungen

- OLG München NJW-RR 1994, 1307

nur bei Routineeingriffen wie der Impfung gegen Kinderlähmung und auch dann nur, wenn dem Patienten nach schriftlicher Aufklärung Gelegenheit zu weiteren Informationen durch ein Gespräch mit dem Arzt gegeben wird.

- BGH, Urt. v. 15. 2. 2000 – VI ZR 48/99 – NJW 2000, 1784 = VersR 2000, 725, z.V. in BGHZ bestimmt

Merkblätter ersetzen nicht das Aufklärungsgespräch, sondern – bei Routinebehandlung – allenfalls die mündliche Erläuterung der Risiken, sofern der Patient nicht auf eine zusätzliche gesprächsweise Risikodarstellung Wert legt.

- OLG Oldenburg NJW-RR 2000, 23 = VersR 2000, 232

Der Arzt kann den Nachweis der Aufklärung stets auch anderweitig führen. Allerdings dürfen an den Nachweis keine übertriebenen Anforderungen gestellt werden. Der Nachweis des üblichen Inhalts eines Aufklärungsgesprächs genügt für sich allein jedoch nicht. Der Arzt bleibt zum Nachweis verpflichtet, dass ein Aufklärungsgespräch stattgefunden hat. Erst wenn die Tatsache eines solchen Gesprächs zwischen den Parteien außer Streit steht, kommt es nicht mehr in jedem Falle darauf an, ob der Arzt sich noch an den konkreten Inhalt des Gesprächs erinnert, sondern es kann der Nachweis des üblichen Inhalts eines solchen Gesprächs bei diesem Arzt genügen.

- OLG Brandenburg NJW-RR 2000, 398 = VersR 2000, 1283

88   Eine vom Patienten unterzeichnete Einwilligungserklärung hat indizielle Bedeutung dafür, dass ein mündliches Aufklärungsgespräch stattgefunden

hat. Sie ist in der Regel keine Wiedergabe einer Erklärung und damit keine
Privaturkunde (vgl. Randnr. C 134; a. A. OLG Saarbrücken OLGR 1997,
286; OLG Frankfurt VersR 1994, 986 – NA-BGH –), doch wird sie im allgemeinen „einigen Beweis" für ein Aufklärungsgespräch erbringen, der eine
Parteivernehmung gemäß § 448 ZPO gestattet.

– BGH, Urt. v. 29. 9. 1998 – VI ZR 268/97 – NJW 1999, 863 = VersR 1999, 190
– BGH, Urt. v. 8. 1. 1985 – VI ZR 15/83 – NJW 1985, 1399 = VersR 1985, 361
– OLG Oldenburg VersR 1994, 1348 – NA-BGH –

Sie kann auch Hinweis für den Inhalt des Aufklärungsgesprächs sein,

– BGH, Urt. v. 2. 11. 1993 – VI ZR 245/92 – NJW 1994, 793 = VersR 1994, 102

doch darf das nicht schematisch bejaht werden. Die Aufklärungsformulare
sind gerade zum Inhalt des Formulartextes nicht auf den konkreten Einzelfall zugeschnitten. Bei Widersprüchen zu den in der Regel vorhandenen
handschriftlichen Einfügungen werden daher letztere den Vorrang verdie-
nen, ohne dass die Einwilligung wegen Widersprüchen in der Aufklärung
unwirksam wäre. Ein vom Formular abweichender Inhalt des Aufklärungsgesprächs ist jedenfalls dann vorzuziehen, wenn er einen unrichtigen Eindruck, den das Formular erweckt haben könnte, mit der erforderlichen Klarheit berichtigt.

– BGH, Urt. v. 7. 4. 1992 – VI ZR 192/91 – NJW 1992, 2351 = VersR 1992, 960

Die Natur der Sache bedingt, dass auch der Grad der Aufklärungsintensi- **89**
tät sich nicht generell bestimmen läßt. Als grober Orientierungsmaßstab gilt
hier Gleiches wie für den Umfang der Behandlungs- und Risikoaufklärung.

– BGH, Urt. v. 6. 11. 1990 – VI ZR 8/90 – NJW 1991, 2349 = VersR 1991, 227
 (Kosmetischer Eingriff)
– BGH, Urt. v. 8. 5. 1990 – VI ZR 22/789 – NJW 1990, 2929 = VersR 1990, 1010
 (Pericardektomie)
– BGH, Urt. v. 7. 2. 1984 – VI ZR 174/82 – BGHZ 90, 103, 106 = NJW 1984, 1397
 = VersR 1984, 465
 (Krebspatient – Bestrahlungsrisiko einer entfernt seltenen Querschnittslähmung)
– BGH, Urt. v. 15. 5. 1979 – VI ZR 70/77 – NJW 1979, 1933 = VersR 1979, 720
 (Nierenbiopsie – Hinweis auf Möglichkeit einer Blutung, nicht auf Organverlust)

Aufklärung „im Großen und Ganzen" setzt selbstverständlich voraus, dass **90**
das Rangverhältnis zwischen den Folgen der Nichtbehandlung und dem
Gewicht der Belastungen und Risiken, auf die sich der Patient im Eingriff
einlässt, zutreffend dargestellt wird. Daran kann es, mit der Folge unzureichender Aufklärung, in zweifacher Richtung fehlen; einmal dann, wenn das
tatsächlich übernommene Risiko der Behandlung gegenüber dem Patienten
verharmlost wird (1); zum anderen aber auch dann, wenn dem Patienten
bei zutreffender Erläuterung des zu übernehmenden Risikos die fehlende
Dringlichkeit des Eingriffs nicht klargestellt wird oder wenn die Dringlichkeit gegenüber dem Patienten in der Aufklärung überzeichnet und dramati-
siert, insbesondere die Indikation unzutreffend als dringlich dargestellt
wird (2).

91 (1) – BGH, Urt. v. 2. 11. 1993 – VI ZR 245/92 – NJW 1994, 793 = VersR 1994, 102
(endonasale Siebbeinoperation mit Kieferhöhlenfensterung – Bruch der knöchernen Augenhöhle – extrem seltenes Erblindungsrisiko in Formularaufklärung verharmlost)
– BGH, Urt. v. 7. 4. 1992 – VI ZR 192/91 – NJW 1992, 2351 = VersR 1992, 960
(Rezidivstrumektomie beidseits – Nervschädigungsrisiko in Formularaufklärung ohne Korrektur im Aufklärungsgespräch verharmlost)
– OLG Hamm VersR 1988, 1133 – NA-BGH –
(Hohe Myelographie – Querschnitt – Risiko verharmlost (vorübergehende Verschlechterung des Grundleidens))
– OLG Stuttgart VersR 1988, 832
(Angiographie – Halbseitenlähmung – Risiko verharmlost (beherrschbares „Schlägle"))
– BGH, Urt. v. 7. 2. 1984 – VI ZR 174/82 – NJW 1984, 1397 = VersR 1984, 465
(Bestrahlungstherapie – Querschnitt – geringe Risikoverwirklichungschance ohne Tendenz der Beschönigung oder Verschlimmerung zutreffend aufklärungsbedürftig)
– BGH, Urt. v. 3. 4. 1984 – VI ZR 195/82 – NJW 1984, 2629 = VersR 1984, 582
(Bandscheibenoperation – Querschnitt – geringe Risikoverwirklichungschance zutreffend beruhigend dargestellt)
– OLG Stuttgart VersR 1987, 200 – NA-BGH –
(Kehlkopf – Strahlentherapie – geringe Risikoverwirklichungschance zutreffenderweise „heruntergespielt")

92 (2) – BGH, Urt. v. 7. 4. 1992 – VI ZR 216/91 – NJW 1992, 2354 = VersR 1992, 747
(Mastektomie bei zweifelhaftem Malignitätsverdacht – fehlende Dringlichkeit des Eingriffs aufklärungsbedürftig)
– BGH, Urt. v. 26. 6. 1990 – VI ZR 289/89 – NJW 1990, 2928 = VersR 1990, 1238
(Gallengangzystektomie – persistierende Schmerzen – Eingriffsdringlichkeit überzeichnet/Austauschrisiko nicht hinreichend klargestellt)
– BGH, Beschl. v. 29. 11. 1988 – VI ZR 140/88 – VersR 1989, 478 zu OLG Stuttgart VersR 1988, 695
(Laminektomie unter Verdachtsdiagnose Luxation mit Knochensplitterdruck auf Rückenmark – Eingriffsindikation überzeichnet/keine „Diagnoseaufklärung" erforderlich)
OLG Köln NJW-RR 1999, 674 = VersR 2000, 361
(Entfernung eines Knotens aus der Schilddrüse ohne Malignitätsverdacht – Thyreoiditis)
– OLG Hamm VersR 1985, 577
(Bandscheibenoperation – Eingriffsdringlichkeit überzeichnet)
– OLG Düsseldorf VersR 1984, 643 – NA-BGH –
(Carotisangiographie – Eingriffsdringlichkeit überzeichnet/kein Hinweis auf beschränkten Diagnosewert)

93   In entsprechender Weise wird dem Patienten das Gewicht des Austauschrisikos, auf das er sich in der Therapie einlässt, dann unvollständig und unzutreffend dargestellt, wenn ihm, wo geboten, die Gefahr des Misserfolgs des Eingriffs oder der darüber hinausgehenden Verschlechterung des präoperativen Zustands nicht hinreichend deutlich gemacht wird. In der Rechtsprechung wird, wenngleich nicht generell, eine Pflicht **zur Aufklärung über die Erfolgsaussichten** eines Eingriffs angenommen vor allem in Fällen nicht dringlicher Indikation und beschränkter Erfolgsaussicht des Ein-

griffs, insbesondere bei Eingriffen zur Beseitigung vorbestehender Schmerz-zustände:
- BGH, Urt. v. 3. 12. 1991 – VI ZR 48/91 – NJW 1992, 1558 = VersR 1992, 358
  (Hysterektomie – postoperativ psychogene Beschwerden – Erfolgsaussichten des Eingriffs nicht aufklärungsbedürftig)
- BGH, Urt. v. 6. 11. 1990 – VI ZR 8/90 – NJW 1991, 2349 = VersR 1991, 227
  (Kosmetische Operation (Turkey) – postoperativ persistierende Schmerzen und Narben – Misserfolgsrisiko aufklärungsbedürftig)
- BGH, Urt. v. 8. 5. 1990 – VI ZR 22/789 – NJW 1990, 2929 = VersR 1990, 1010
  (Pericardektomie bei Diabetespatient – Wundheilungsstörungen/Hepatitis – Misserfolgsaussichten des Eingriffs der Größenordnung nach aufklärungsbedürftig/nicht zu medizinischen Gründen und Details)
- BGH, Urt. v. 29. 11. 1988 – VI ZR 231/87 – VersR 1989, 189
  (Hallux valgus-Operation – Misserfolgsaussichten aufklärungsbedürftig)
- BGH, Urt. v. 26. 6. 1990 – VI ZR 289/89 – NJW 1990, 2928 = VersR 1990, 1238
  (Gallengangzystenoperation – postoperativ persistierende Schmerzen – Austauschrisiko nicht hinreichend dargestellt)
- BGH, Urt. v. 13. 12. 1988 – VI ZR 22/88 – NJW 1989, 1541 = VersR 1989, 289
  (Herzoperation – Blalock-Taussig – Anastomose geplant – Misserfolgsaussicht wegen hoher Reverschlussrate aufklärungsbedürftig)
- BGH, Urt. v. 22. 12. 1987 – VI ZR 32/87 – NJW 1988, 1514 = VersR 1988, 493
  (Senk-Spreizfuß – Versteifungsoperation – u.a. Schmerzindikation – Misserfolgsaussicht aufklärungsbedürftig)
- BGH, Urt. v. 13. 1. 1987 – VI ZR 82/86 – NJW 1987, 1481 = VersR 1987, 667
  (Hüftgelenksosteotomie – u.a. Schmerzindikation – Gefahr des Misslingens, der Verschlechterung aufklärungsbedürftig)
- BGH, Urt. v. 23. 10. 1984 – VI ZR 24/83 – NJW 1985, 676 = VersR 1985, 60
  (Kniebandplastik bei alter Bänderverletzung – Gefahr des Misserfolgs, der Verschlechterung aufklärungsbedürftig)
- BGH, Urt. v. 24. 2. 1981 – VI ZR 168/79 – NJW 1981, 1319 = VersR 1981, 532
  (Oberschenkelverkürzungsosteotomie – Gefahr des Misserfolgs, der Verschlechterung aufklärungsbedürftig)
- OLG Oldenburg NJW-RR 2000, 240 = VersR 2000, 59
  (Vasektomie – Spätrekanalisation – keine 100%ige Sicherheit – ausreichend)
- OLG Köln NJW-RR 1992, 984 = VersR 1992, 1518
  (Stressinkontinenz – Operation – postoperativ Dranginkontinenz – Gefahr des Mißlingens, der Verschlechterung aufklärungsbedürftig)
- OLG Köln VersR 1988, 1049
  (Kosmetischer Eingriff (Korrekturplastik der Nase) – Gefahr des Misserfolgs aufklärungsbedürftig)
- OLG München VersR 1988, 746 – NA-BGH –
  (Periproktischer Abszess – Revisionseingriff nach Sphinkterenteildefekt – Inkontinenz – Gefahr des Misslingens der Reoperation aufklärungsbedürftig)
- OLG München VersR 1988, 525
  (Stressinkontinenz – Operation – Gefahr des Misserfolgs und der Verschlechterung aufklärungsbedürftig)

In Grenzen kann die Aufklärung über ein schweres Behandlungsrisiko die **94** Aufklärung über ein gleichgerichtetes geringeres Risiko entbehrlich machen.

- OLG Oldenburg VersR 1991, 1242
  (Hirnangiographie – Hinweis auf Schlaganfallrisiko – kein spezieller Hinweis auf periphere Gefäßthrombose erforderlich)

– OLG Oldenburg VersR 1990, 742 – NA-BGH –
(Bandscheibenoperation – postoperativ Spondylodiszitis – Hinweis auf Lähmungs-
risiko – kein spezieller Hinweis auf Diszitis erforderlich)
– OLG Düsseldorf VersR 1987, 1138, 1139
(Kniegelenksoperation – Hinweis auf Amputationsmöglichkeit – kein zusätzlicher
Hinweis auf Nervschädigung)

Das wird insbesondere der Fall sein, wenn das Risiko, auf das hingewiesen worden ist, für einen Patienten nach dessen Verständnismöglichkeiten
erkennbar auch das verwirklichte Risiko umfasst; angesprochen ist damit
der Inhalt der erteilten Risikoaufklärung, die nur im Großen und Ganzen zu
erfolgen hat (s. o. Randnr. C 85, 86).

Der Hinweis auf „Lähmungen" kann sowohl Kinderlähmung, Querschnittslähmung, Guillain-Barré-Syndrom wie nur vorübergehende Lähmungen erfassen.

– BGH, Urt. v. 15. 2. 2000 – VI ZR 48/99 – NJW 2000, 1784 = VersR 2000, 725,
z. V. in BGHZ bestimmt
– BGH, Urt. v. 26. 11. 1991 – VI ZR 389/90 – NJW 1992, 754 = VersR 1992, 238
– BGH, Urt. v. 29. 9. 1998 – VI ZR 268/97 – NJW 1999, 863 = VersR 1999, 190
– BGH, Urt. v. 4. 4. 1995 – VI ZR 95/94 – NJW 1995, 2410 = VersR 1995, 1055

Hierzu entwickelt sich eine Kasuistik, die auch im Interesse der Behandlungsseite dringend genauerer Konturen bedarf:

– BGH, Urt. v. 27. 6. 2000 – VI ZR 201/99 – VersR 2000, 1282
(Arthroseprogredienz umfasst Schmerzen)
– BGH, Urt. v. 26. 11. 1991 – VI ZR 389/90 – NJW 1992, 754 = VersR 1992, 238
(entzündliche Reaktionen im Bestrahlungsgebiet umfassen Pericarditis)
– BGH, Urt. v. 14. 6. 1994 – VI ZR 178/93 – NJW 1994, 3010 = VersR 1994,
1235
(Schmerzverstärkung durch Operation umfasst Sudeck-Syndrom)
– OLG Hamm VersR 1999, 452 – NA-BGH –
(Harnröhrenschlitzung – Hinweis auf Gefahr von Blutungen und innerlichen Ver-
letzungen umfasst Risiko der Verletzung der Arteria iliaca interna)

Hier droht die Gefahr, dass das Selbstbestimmungsrecht des Patienten
durch eine zu allgemein gehaltene („im Großen und Ganzen") Risikoaufklärung unterlaufen wird.

In entsprechender Weise kann in Betracht stehen, die erklärte Einwilligung des Patienten auch auf einen gleichartigen Eingriff mit gleichwertigem
Risiko zu erstrecken.

– BGH, Urt. v. 18. 3. 1980 – VI ZR 155/78 – NJW 1980, 1903 = VersR 1980, 676
(Intravenöse Injektion an anderer Stelle als vorgesehen)
– OLG Stuttgart VersR 1983, 278 – NA-BGH –
(Brachialis-Angiographie – Aortenbogen – Angiographie)

95   Mit Zurückhaltung kann angenommen werden, dass der Patient schon aus
der Art des Eingriffs auf seine Schwere oder aus dem Schweregrad des Eingriffs auf einen damit verbundenen Risikobereich schließen kann.

– BGH, Urt. v. 21. 9. 1982 – VI ZR 302/80 – NJW 1983, 333 = VersR 1982, 1193,
ins. nicht in BGHZ 85, 212
(Appendektomie)

- BGH, Urt. v. 28. 2. 1984 – VI ZR 70/82 – NJW 1984, 1807 = VersR 1984, 538,
  539
  (Hysterektomie)
- BGH, Urt. v. 27. 6. 1978. VI ZR 183/77 – NJW 1978, 2337 = VersR 1978, 1022,
  ins. nicht in BGHZ 72, 132
  (Appendektomie)

Einem erkennbaren Aufklärungswunsch des Patienten ist freilich stets **96** Rechnung zu tragen. Auf seine ausdrücklichen Fragen ist vollständig und zutreffend Auskunft zu geben. Ist „im Großen und Ganzen" Aufklärung erteilt, kann Näheres entsprechender Fragestellung des Patienten überlassen bleiben (st. Rspr.).

4. Zeitpunkt der Aufklärung und der Einwilligungserklärung

Die Bedeutung des Selbstbestimmungsrechts des Patienten verlangt **97** Rechtzeitigkeit der Einwilligungserklärung und damit auch einer Aufklärung, die Überlegungsfreiheit ohne vermeidbaren Zeitdruck gewährleistet. Von Notfällen und Sonderlagen abgesehen, ist daher grundsätzlich spätestens am Vortag des Eingriffs aufzuklären. Dies gilt auch für die erforderliche Narkoseaufklärung.

Bei zeitlich und sachlich nicht dringlichen Wahleingriffen, die mit erheblichen Belastungen und Risiken verbunden sind, hat die Aufklärung zeitlich so frühzeitig zu erfolgen, dass das Selbstbestimmungsrecht des Patienten gewährleistet ist, am besten schon bei der Vereinbarung eines Termins für die stationäre Aufnahme zur Operation, um die Entscheidungs- und Dispositionsfreiheit des Patienten zu gewährleisten. Das gilt auch für diagnostische Eingriffe.

Eine Aufklärung erst am Vorabend der Operation wird – je nach den **98** Vorkenntnissen des Patienten – in der Regel zu spät sein. Bei einfachen Eingriffen und bei Eingriffen mit weniger einschneidenden Risiken, wie bei manchen diagnostischen oder ambulanten Operationen wird dagegen grundsätzlich eine Aufklärung am selben Tage für ausreichend erachtet. Auch dann jedoch muss stets gesichert sein, dass die eigenständige Entscheidung des Patienten für oder gegen die Operation in Ruhe und ohne psychischen Druck möglich bleibt. Das ist dann nicht mehr gewährleistet, wenn er während der Aufklärung mit einer sich nahtlos anschließenden Durchführung des Eingriffs rechnen muss und deshalb unter dem Eindruck steht, sich nicht mehr aus dem Geschehen lösen zu können.

- BGH, Urt. v. 15. 2. 2000 – VI ZR 48/99 – NJW 2000, 1784 = VersR 2000, 725,
  z. V. in BGHZ bestimmt
  (Poliomyelitis-Schluckimpfung bei Kleinkind)
- BGH, Urt. v. 17. 3. 1998 – VI ZR 74/97 – NJW 1998, 2734 = VersR 1998, 766
  (Tumor der Hirnanhangdrüse – Erblindungsgefahr – Schädeleröffnung)
- BGH, Urt. v. 14. 11. 1995 – VI ZR 359/94 – NJW 1996, 777 = VersR 1996, 195
  (diagnostischer Eingriff – Myelographie – Unterzeichnung der Einwilligung erst
  unmittelbar vor Durchführung der Myelographie)
- BGH, Urt. v. 4. 4. 1995 – VI ZR 95/94 – NJW 1995, 2410 = VersR 1995, 1055
  (diagnostischer Eingriff – Myelographie)

- BGH, Urt. v. 14. 6. 1994 – VI ZR 178/93 – NJW 1994, 3009 = VersR 1994, 1235
  (Carpaltunnel – Syndrom – ambulant)
- BGH, Urt. v. 7. 4. 1992 – VI ZR 192/91 – NJW 1992, 2351 = VersR 1992, 960
  (ambulanter Eingriff – Rezidivstrumektomie beidseits – feste Einbestellung zur
  Operation durch Operateur – Vollaufklärung zu diesem Zeitpunkt erforderlich –
  nachträgliche Aufklärung wirksam nur, wenn zeitliche Entscheidungsfreiheit fest-
  gestellt werden kann – fehlt es daran, Aufklärungshaftung des Operateurs)
- BGH, Urt. v. 7. 4. 1992 – VI ZR 216/91 – NJW 1992, 2354 = VersR 1992, 747
  (Mastektomie bei zweifelhaftem Malignitätsverdacht – Einwilligung nach Beruhigungsspritze auf Drängen des Arztes – unzureichend)
- BGH, Urt. v. 6. 12. 1988 – VI ZR 132/88 – BGHZ 106, 153, 161 = NJW 1989,
  1538 = VersR 1989, 253
  (Beckenendlage – Wechsel des Entbindungskonzepts von Schnitt auf vaginal –
  intrapartal widerspruchslose Duldung nicht zureichend)
- BGH, Urt. v. 10. 3. 1987 – VI ZR 88/86 – NJW 1987, 2291 = VersR 1987, 770
  (Beingefäßverschluss – Thrombektomie – Abbruch des Eingriffs ohne Fortsetzung
  in Bypassinsertion – intraoperative Einwilligung des Patienten/mutmaßliche Ein-
  willigung)
- BGH, Urt. v. 8. 1. 1985 – VI ZR 15/83 – NJW 1985, 1399 = VersR 1985, 361, 363
  (stationär – Hysterektomie – Risikoaufklärung spätestens am Vortag des Ein-
  griffs)
- OLG Bremen NJWE-VHR 1998, 268 = VersR 1999, 1370
  (Schwangerschaftsabbruch und Sterilisation – Aufklärung am Tag des Eingriffs –
  zureichend)
- OLG Oldenburg NJWE-VHR 1997, 234 = VersR 1998, 769
  (Ovarialzyste – Adnexektomie – ambulant in Laparoskopie – Routineeingriff –
  Aufklärung unmittelbar vor der Operation ausreichend)
- OLG Köln NJWE-VHR 1997, 238
  (Linksherzkatheteruntersuchung – Aufklärung am Vorabend ausreichend, weil Ri-
  siken schon vorbekannt)
- OLG Hamm VersR 1995, 1440
  (Rezidivstrumaresektion – Aufklärung über erhöhtes Risiko am Abend vor dem
  Eingriff – ausreichend, wenn umfassende Aufklärung schon früher)
- OLG Düsseldorf NJW-RR 1996, 347
  (Leistenbruch – Risikoaufklärung am Abend vor dem Eingriff – ausreichend, wenn
  auf ausdrücklichen Wunsch des Patienten am Folgetag operiert werden soll)
- OLG Hamm NJW 1993, 1538
  (Kontrastmitteluntersuchung – Risikoaufklärung im Untersuchungsraum – ausrei-
  chend)
- OLG Bamberg VersR 1998, 1025 – NA-BGH –
  (Melanom – Leistenrevision mit Lymphknotendissection iliakal bis zum Knie –
  Aufklärung am Operationstag nicht ausreichend –
- OLG Hamm VersR 1992, 833 – NA-BGH –
  (Carotisangiographie – Aufklärung unmittelbar vor dem Eingriff in Angiographie-
  raum verspätet)
- OLG Stuttgart NJW 1979, 2355 = VersR 1979, 1016 -NA-BGH
  (Carotisangiographie – Aufklärung erst unmittelbar vor dem Eingriff verspätet)
- OLG Saarbrücken VersR 1988, 95 – NA-BGH –
  (Notfallpatient – Billroth I bei Magendurchbruch – Aufklärung unmittelbar vor
  dem Eingriff ausreichend)
- OLG Köln VersR 1997, 1362
  (Zahnarzt – Implantatbehandlung – Aufklärung am Tag des Eingriffs genügt, wenn
  Zäsur zum Eingriff räumlich und zeitlich)

- OLG Celle NJW 1987, 2304
  (Kosmetischer Eingriff (Bauchdeckenstraffung) Aufklärung unmittelbar vor dem
  Eingriff in Slip und Bademantel verspätet)
- NA-Beschluss BGH VersR 1983, 957 zu OLG Hamm
  (Eingriffsaufklärung nach Schmerzmittel erst auf der Trage verspätet)
- OLG Celle NJW 1979, 1251 = VersR 1979, 744
  (Hernienrezidiveingriff – Aufklärung in der Regel bereits vor der stationären Auf-
  nahme)

Bei der **Entbindung** ist die Aufklärung über mögliche Alternativen (vagi- **99**
nal – Schnittentbindung, operativ vaginal – Schnittentbindung) nicht mehr
sinnvoll, sondern verspätet, wenn Preßwehen eingesetzt haben oder starke
Schmerzmittel die freie Entscheidung der Gebärenden nicht mehr gestatten.
Andererseits hat der Arzt nicht mit theoretischen Erwägungen die Patientin
zu verunsichern. Aufzuklären ist daher über die verschiedenen alternativ in
Frage kommenden Entbindungsmöglichkeiten dann, wenn deutliche Anzeichen für eine echte Entbindung alternativ vorhanden sind.

- BGH, Urt. v. 16. 2. 1993 – VI ZR 300/91 – NJW 1993, 2372 = VersR 1993, 703
  (Aufklärung über Entbindungsmethoden erst während des Geburtsvorgangs)

Auch die (formlos mögliche) Einwilligungserklärung muss rechtzeitig im **100**
Zustand freier Selbstbestimmung, nicht etwa erst „auf der Bahre" unter dem
Einfluss einer Beruhigungsspritze erfolgen, soll sie wirksam sein; das gilt
auch für den Zeitpunkt der Unterzeichnung einer Einwilligungserklärung
durch den Patienten, mit der dieser erstmals seine (bis dahin verweigerte)
Einwilligung zum Ausdruck bringt.

- BGH, Urt. v. 17. 2. 1998 – VI ZR 42/97 – NJW 1998, 1784 = VersR 1998, 716
  (beidseitige radikale Mastektomie wegen Krebsangst der Patientin bei zweifelhafter Indikation – Unterschrift unter Einwilligungserklärung erst nach Beruhigungsspritze – verspätet)
- OLG München VersR 1994, 1345 – NA-BGH –
  (Erstgebärende – Überschreitung der Tragezeit um 9 Tage – Oxytocin – verzögerter Geburtsverlauf – Veränderung der kindlichen Herzfrequenz – Vakuumextraktion oder Schnittentbindung – aufklärungsbedürftig)

Der verspätet aufgeklärte Patient muss substantiiert darlegen, dass ihn die **101**
späte Aufklärung in seiner Entscheidungsfreiheit beeinträchtigt hat. Entsprechenden Vortrag des Patienten hat der Arzt, dem die Beweislast für eine
vollständige und ordnungsgemäße Aufklärung verbleibt, zu widerlegen.
Dem Patienten kommt aber zugute, dass – je nach den Umständen der Aufklärung – schon die Lebenserfahrung eine Beeinträchtigung der Entscheidungsfreiheit nahelegen kann.

- BGH, Urt. v. 14. 6. 1994 – VI ZR 178/93 – NJW 1994, 3009 = VersR 1994, 1235
- BGH, Urt. v. 7. 4. 1992 – VI ZR 192/91 – NJW 1992, 2351 = VersR 1992, 960

5. Mutmaßliche Einwilligung

In Zwangslagen, in denen der Patient und sein gesetzlicher Vertreter der **102**
Aufklärung und Zustimmung aus objektiven Gegebenheiten nicht erreichbar
sind (– bewusstloser Patient/Notfall-Patient, nicht vorhersehbare intraopera-

tive Notwendigkeit der Änderung oder Erweiterung des Eingriffs –), darf der Arzt unter den Voraussetzungen „mutmaßlicher Zustimmung" des Patienten behandeln. Dies steht in Betracht, wenn angenommen werden kann, dass ein verständiger Patient – bezogen auf die Lage des konkreten Patienten – dem Eingriff oder dem Abbruch der Behandlung

- BGH, Urt. v. 13. 9. 1994 – 1 StR 357/94 – BGHSt 40, 257 = NJW 1995, 204
- OLG Frankfurt NJW 1998, 2747
  (je Sterbehilfe)

zustimmen würde.

- BGH, Urt. v. 4. 10. 1999 – 5 StR 712/98 – NJW 2000, 885 = VersR 2000, 603
- BGH, Urt. v. 16. 2. 1993 – VI ZR 300/91 – NJW 1993, 2372 = VersR 1993, 703
- BGH,Urt. v. 25. 3. 1988 – 2 StR 93/88 – BGHSt 35, 246, 249 = NJW 1988, 2310

Freilich ist zu beachten, dass das Orientierungsmodell des „verständigen Patienten" den personalen Bezug des konkreten Patienten nicht überdecken darf.

- vgl. dazu Steffen MedR 1983, 88, 91, 92

103   Es liegt auf der Hand, dass für die Heranziehung der Grundsätze mutmaßlicher Einwilligung maßgeblich Sachverhalte in Rede stehen, die auf Grund dringender medizinischer Indikation ohne Aufschub Therapie verlangen. Unbedenklich erscheint daher die Bejahung bei vitaler Indikation oder bei zeitlich dringender, absoluter Indikation, wenn die Nichtbehandlung oder der Abbruch des Eingriffs medizinisch unvertretbar wäre.

- OLG Zweibrücken NJW-RR 2000, 27 = VersR 1999, 1546 – NA-BGH
  (Ovarektomie – Blutung wegen Endometriose – zusätzlich: Hysterektomie)
- OLG Celle VersR 1984, 444, 445 – NA-BGH –
  (Kürettage nach intrauterinem Kindstod – massive Cervixrisse – zusätzlich: Hysterektomie)
- OLG Frankfurt NJW 1981, 1322
  (Magenresektion geplant/intraoperativ Pankreastumor – zusätzlich: Pankreas-Splenektomie)

Bei nicht vitaler oder aus sonst konkreten Umständen zeitlich und sachlich absoluter Indikation kann eine Eingriffserweiterung aus mutmaßlicher Einwilligung dann gerechtfertigt sein, wenn das Schadensrisiko der Eingriffserweiterung geringfügig ist und hinter dem Risiko der Eingriffsbegrenzung zurückbleibt.

- OLG München VersR 1980, 172 – NA-BGH –
  (Exstirpation eines Ganglions in Kniekehle – zusätzlich: Mitnahme eines Krampfadernknäuels)

Die Absprache, es solle ein maßgeschneidertes Implantat verwendet werden, steht unter dem Vorbehalt, dass dies möglich und nicht schädlich ist; zeigt sich intraoperativ, dass das Gegenteil der Fall ist, ist ein Abbruch der Operation, um den Patienten hiervon zu unterrichten, nicht erforderlich.

- OLG Celle VersR 2000, 58 – NA-BGH –
- (Oberschenkelschaftbruch – Normnagel statt Maßanfertigung – keine Rücksprache)

Nicht in Betracht stehen die Grundsätze mutmaßlicher Einwilligung bei **104** Operationserweiterungen, die bei gehöriger Diagnostik und Planung vorhersehbar waren

– BGH, Urt. v. 16. 2. 1993 – VI ZR 300/91 – NJW 1993, 2372 = VersR 1993, 703
(Entbindung vaginal – Anzeichen dafür, dass nicht durchführbar)
– BGH, Urt. v. 13. 12. 1988 – VI ZR 22/88 – NJW 1989, 1541 = VersR 1989, 289
(Herzoperation – Blalock-Taussig geplant/intraoperativ Wechsel zu Potts-Anastomose – deren Risiken aufzuklären, falls Änderung vorhersehbar)
– BGH, Urt. v. 17. 9. 1987 – VI ZR 12/84 – VersR 1985, 1187
(Urethraldivertikeleingriff/postoperativ Inkontinenz – Eingriffs(fehl)diagnose „Urethralabszess" – falls Divertikel voraussehbar Inkontinenzrisiko aufklärungsbedürftig)

sowie in den Fällen, in denen der Patient seinen Willen in gegenteiligem Sinn geäußert hatte.

– BGH, Urt. v. 4. 10. 1999 – 5 StR 712/98 – NJW 2000, 885 = VersR 2000, 603
(Kaiserschnitt – Erweiterung auf Sterilisation)

Das wird insbesondere für diagnostische Eingriffe zu gelten haben, an die **105** sich – etwa bei Krebsdiagnostik – im Wege der Eingriffserweiterung (z. B. Tumorentfernung) die Therapie anschließt. In solchen Fällen ist mit dem Patienten bereits vor dem Eingriff das beabsichtigte weitere Vorgehen in Abhängigkeit von den zu erwartenden Ergebnismöglichkeiten und auch die Möglichkeit eines mehrzeitigen Vorgehens zu besprechen.

– BGH, Urt. v. 7. 4. 1992 – VI ZR 216/91 – NJW 1992, 2354 = VersR 1992, 747

Entsprechendes gilt für nicht vital indizierte Operationserweiterungen, bei denen der Verzicht auf die Erweiterung des Eingriffs für den Patienten eine echte Alternative darstellt, weil Gewicht und/oder Richtung der Erweiterungsrisiken die Nachteile aus der Begrenzung des Eingriffs übersteigen oder jedenfalls gleichwertig balancieren.

6. Aufklärungspflichtiger

Die Wahrnehmung der Aufklärungspflichten ist grundsätzlich dem Arzt **106** vorbehalten, nicht delegationsfähig auf nichtärztliches Personal.

– BGH, Urt. v. 27. 11. 1972 – VI ZR 167/72 – NJW 1974, 604 = VersR 1974, 486
(medizinisch-technische Assistentin)
– OLG Celle VersR 1981, 1184 – NA-BGH –
(Röntgenassistentin)

Aufklärungspflichtig ist jeder Arzt für diejenigen Eingriffe und Behandlungsmaßnahmen, die er selbst durchführt und nur soweit sein Fachgebiet betroffen ist.
Aufklärungspflichtig ist auch der nicht nur assistierende, sondern selbst operierende Oberarzt bei einer „Anfänger-Operation".

– OLG Karlsruhe NJW-RR 1998, 459 – NA-BGH –

107   Dagegen haftet der Anästhesist nach ordnungsgemäßer Anästhesieaufklärung nicht für die „Teilnahme" an der wegen fehlender oder nicht ordnungsgemäßer Eingriffsaufklärung rechtswidrigen Operation, solange er nicht positive Kenntnis von der Rechtswidrigkeit des Eingriffs hat. Die Rechtmäßigkeit ist zwar einheitlich, aber nur auf die Person des jeweils handelnden Arztes bezogen. Eine Anwendung des § 139 BGB ist nicht angebracht und würde die medizinische Arbeitsteilung außer Acht lassen.

108   Die Pflicht zur Selbstbestimmungsaufklärung kann aus Gründen etwa der klinischen Organisation (z.B. Stationsarzt) oder aus anderweitigen Gründen der Behandlungsbeteiligung auch einem anderen Arzt obliegen, der dann auf Grund Garantenstellung aus der übernommenen Behandlungsaufgabe für Aufklärungsversäumnisse – auch außerhalb eigener vertraglicher Behandlungspflichten – aus unerlaubter Handlung haftet (§§ 823, 839 BGB).

– BGH, Urt. v. 7. 4. 1992 – VI ZR 192/91 – NJW 1992, 2351 = VersR 1992, 960
(Rezidivstrumektomie beidseits – Eingriff und festen Termin vereinbarender Aufnahmearzt ist aufklärungspflichtig – bei Mängeln verantwortlich, falls nicht vollständige und rechtzeitige stationäre Nachaufklärung erfolgt)
– BGH, Urt. v. 22. 4. 1980 – VI ZR 37/79 – NJW 1980, 1905 = VersR 1981, 457
(Tympanoplastik – Chefarzt (nicht Operateur) führt Aufklärungsgespräch bei stationärer Aufnahme – Übernahme begründet deliktische Aufklärungspflicht)
– OLG Oldenburg NJW-RR 1999, 390 = VersR 1999, 1422
(Therapieempfehlung – Unterrichtung über Art und Umfang des Eingriffs und die Risiken begründet deliktische Aufklärungspflicht auch ohne personelle Verbindung mit der Operationsabteilung)
– OLG Schleswig NJW-RR 1994, 1052
(Oberbauchreduktion – Delegation begründet deliktische Aufklärungspflicht)
– OLG Nürnberg VersR 1992, 754 – NA-BGH –
(Injektion von Xylocain und POR 8 in Nasenschleimhaut – Patient auf einem Auge vorerblindet – Chefarzt (nicht Operateur) aus Beteiligung an Behandlungsaufgabe aufklärungspflichtig für Erblindungsrisiko)

109   Der die Aufklärungslast übernehmende Arzt ist für den verschuldeten Aufklärungsfehler selbstverständlich zugleich auch Haftungsvermittler zu Lasten des Behandlungsträgers (Krankenhausträger, selbstliquidierender Chefarzt) nach den §§ 278, 31, 89, 831 BGB).

Fehlt es an klaren und eingehenden Organisationsanweisungen für die Wahrnehmung der Aufklärungspflichten oder an deren betrieblicher Kontrolle (– Stichproben –), liegt darin ein eigenes Organisationsverschulden des Behandlungsträgers; desgleichen entfällt die Entlastungsmöglichkeit für die deliktische Verrichtungsgehilfenhaftung (§ 831 Abs. 1 Satz 2 BGB).

– OLG München NJWE-VHR 1996, 89

110   In entsprechender Weise kann in der **horizontalen Aufgabenteilung** aufgrund vertraglicher Gestaltung der Zusammenarbeit die Wahrnehmung der Pflicht zur Selbstbestimmungsaufklärung ganz oder teilweise einem anderen als dem operierenden Arzt obliegen. Er haftet dann vertraglich und aus deliktischer Garantenstellung seinerseits für Aufklärungssäumnisse; im Verhältnis der Ärzte der horizontalen Arbeitsteilung gilt auch hier der Vertrauensgrundsatz.

– BGH, Urt. v. 8. 5. 1990 – VI ZR 22/789 – NJW 1990, 2929 = VersR 1990, 1010
(Pericardektomie – Spezialklinik (Diagnostik, Vorbefundung und Operationsvorbereitung) in Zusammenarbeit mit Operationsklinik – Ärzte der Spezialklinik sind grundaufklärungspflichtig – Ärzte der Operationsklinik für Anästhesie und gegebenenfalls für spezielle operationstechnische Risiken)

Der hinzugezogene Facharzt muss daher in der Regel nicht mehr über die allgemein oder dem hinzuziehenden Arzt eröffneten Behandlungsmöglichkeiten des anderen Fachgebiets aufklären und darf seinerseits auf ordnungsgemäßes Verhalten auch zur Aufklärung vertrauen (vgl. o. Randnr. B 128).

– OLG Nürnberg, Urt. v. 3. 5. 1999 – 5 U 3933/98 – NA-BGH – v. 11. 1. 2000 – VI ZR 205/99
(Bestrahlung – keine Aufklärung durch Radiologen)
– OLG Stuttgart VersR 1991, 1060
(Phlebographie – Vertrauen des Radiologen auf Indikationsstellung des Internisten – keine Aufklärung dazu durch Radiologen)
– OLG Düsseldorf NJW 1984, 2636 = VersR 1984, 643 – NA-BGH –
(Vertebralis-Angiographie – Radiologe – Vertrauen auf Aufklärung über Indikation durch anforderndem Neurologen)

Der behandelnde Spezialist, nicht der überweisende Arzt, der den Spezia- **111** listen zur Behandlung hinzuzieht, hat aber über die Risiken aufzuklären, die aus der Behandlung in seinem Fachgebiet erwachsen. Fraglich erscheint diese Trennung, wenn der Patient an einen Spezialisten im Ausland „überwiesen" wird und sich bereits in erheblichem Maße durch die Reise – etwa nach Übersee – festlegt; denkbar wäre, dass der „überweisende" Arzt über die ihm bekannten Risiken den Patienten in einem solchen Fall „vorinformieren", ihn im Übrigen aber darauf hinweisen muss, dass die entscheidende Eingriffsaufklärung erst durch den Spezialisten im Ausland erfolgen kann. Die Rechtsprechung unterscheidet hier jedoch bislang nicht und stellt auch in den Fällen der Behandlung im Ausland allein auf die Aufklärung durch den Spezialisten ab.

– OLG Hamm VersR 1994, 815 – NA-BGH –
(Abgrenzung Chirurg und Strahlentherapeut)

Die Selbstbestimmungsaufklärung kann insoweit entfallen, als der Patient **112** deshalb nicht mehr aufklärungsbedürftig ist, weil er aus eigenem medizinischen Vorwissen (eigene medizinische Fachqualifikation, Kenntnisse aus Vorbehandlung, allgemeine Vorkenntnis) ein hinreichendes allgemeines Bild bereits hat oder weil ihm durch einen vorbehandelnden Arzt Aufklärung im erforderlichen Umfang bereits erteilt ist.

– BGH, Urt. v. 26. 9. 1961 – VI ZR 124/60 – NJW 1961, 2302 = VersR 1961, 1036
(ausgebildete Krankenschwester)
– OLG Hamm VersR 1998, 322 – NA-BGH –
(Facharzt für Chirurgie – Arzt für Allgemeinmedizin)
– OLG Hamm AHRS 5350/18 – NA-BGH –
(Anästhesiepfleger)

- BGH, Urt. v. 28. 2. 1984 – VI ZR 70/82 – NJW 1984, 1807 = VersR 1984, 538
  (Hysterektomie – Operationsempfehlung des Frauenarztes – Operateur aufklä-
  rungspflichtig, soweit nicht verlässlich festgestellt, dass Patientin voraufgeklärt)
- BGH, Urt. v. 22. 1. 1980 – VI ZR 263/78 – NJW 1980, 1333 = VersR 1980, 423
  (Schilddrüsenresektion – Stimmbandlähmung – Krankenhausfürsorgerin)
- BGH, Urt. v. 23. 10. 1979 – VI ZR 197/78 – NJW 1980, 633 = VersR 1980, 68
  (Überweisung mit bejahender Indikation zur Appendektomie – Vertrauen auf zu-
  treffende Indikationsaufklärung des überweisenden Arztes nicht notwendig schuld-
  haft)
- OLG Hamm VersR 1991, 667 – NA-BGH –
  (Hysterektomie – Operateur empfiehlt Klärung zweifelhafter Indikation mit über-
  weisendem Arzt – Operateur aufklärungspflichtig für Risiken, wenn nicht verläss-
  lich festgestellt, dass Patient insoweit voraufgeklärt)
- OLG Düsseldorf VersR 1984, 643 – NA-BGH –
  (Überweisung durch Neurologen an Radiologen zur Vertebralisangiographie –
  Aufklärung des Neurologen zur Dringlichkeit der Indikation fehlsam – Radiologe
  kann auf deren Richtigkeit vertrauen)
- BGH, Beschl. v. 21. 6. 1983 – VI ZR 108/82 – VersR 1983, 957 zu OLG Hamm
  (Angiographie – Voraufklärung durch anderen Arzt voll beweisbedürftig)

Das gilt auch, soweit der Patient in einem nicht allzu entfernten, früheren
Zeitpunkt für die Operation aufgeklärt war, und für eine wiederholte Operation ohne geänderte Risiken.

- OLG Köln VersR 1995, 1237 – NA-BGH –

7. Aufklärungsadressat

113   Träger der Zustimmungsbefugnis und Adressat der ärztlichen Aufklärung
ist grundsätzlich der Patient selbst. Bei einem ausländischen Patienten muss
der Arzt zum Aufklärungsgespräch eine sprachkundige Person hinzuziehen,
wenn er nicht ohne weiteres sicher sein kann, dass der Patient die deutsche
Sprache so gut beherrscht, dass er die Erläuterungen des Arztes verstehen
kann. Die Beweislast dafür liegt beim Arzt, der die ordnungsmäßige Aufklärung darzulegen und zu beweisen hat.

- OLG Brandenburg MedR 1998, 470
  (Beherrschung der Alltagssprache – Vertrauen auf Verstehen der Aufklärung)
- OLG Karlsruhe VersR 1997, 241 – NA-BGH –
  (Putzhilfe als Dolmetscher)
- OLG Nürnberg VersR 1996, 1372 – NA-BGH –
  (mit Ausländer verheiratete Ärztin – Zeichensprache kann genügen)
- OLG München VersR 1995, 95
  (im Großen und Ganzen verstanden)
- OLG Frankfurt VersR 1994, 986 – NA-BGH –
  (bewiesen, dass verstanden)
- OLG München VersR 1993, 1488
  (Krankenschwester als Dolmetscher)
- OLG Düsseldorf VersR 1990, 852
  (Laparotomie – Beweislast für Zuziehung einer sprachkundigen Person als Dol-
  metscher und Verständigung mit ausländischer Patientin)
- KG MedR 1999, 226
  (Dolmetscher nicht zur Anamneseerhebung – fraglich)

Gleiches gilt, wenn der Patient behauptet, er habe die Erklärungen des Arztes nicht verstehen können („Fachchinesisch"). Ausreichend ist der Nachweis, dass der Patient in einer ihm verständlichen Weise aufgeklärt wurde und Fragen gestellt hat.

– OLG Saarbrücken VersR 1994, 1427 – NA-BGH –

Beim psychisch kranken, **willensunfähigen Patienten** tritt an seine Stelle **114** der gesetzliche Vertreter (– Pfleger –). Beruht ein Operationswunsch – etwa bei einer kosmetischen Operation – auf rein psychologischen Gründen, ist möglicherweise die Zuziehung psychologischer oder psychiatrischer Hilfen geboten.

– OLG Köln VersR 1999, 1371

Beim **minderjährigen Patienten** sind Zustimmungsträger und Aufklärungsadressat grundsätzlich beide Eltern, die sich gegenseitig freilich – ausdrücklich oder durch familiäre Funktionsteilung – ermächtigen können, für den anderen Elternteil mitzuentscheiden, so dass es in solchen Fällen nur der Aufklärung und Zustimmung des ermächtigten Elternteils bedarf. Die Annahme solcherart Ermächtigung liegt für den Arzt in der Regel dann nahe, wenn ein Elternteil mit dem Minderjährigen beim Arzt oder im Krankenhaus erscheint oder ihn dort anmeldet. Zur Reichweite der Ermächtigung eines Elternteils und der Berechtigung des Arztes, darauf zu vertrauen, hat der Bundesgerichtshof in ersten Orientierungsgrundsätzen drei Fallgruppen anstrukturiert. In Fällen alltäglicher, leichterer Erkrankungen oder Verletzungen der ärztlichen Behandlungsroutine kann der Arzt auf die Ermächtigung des erschienenen Elternteils im Allgemeinen auch ohne Rückfrage vertrauen. Bei erheblicheren Erkrankungen oder Verletzungen mit nicht unbedeutenden Behandlungsrisiken bedarf es der Rückfrage beim erschienenen Elternteil, auf dessen Auskunft der Arzt sodann in der Regel vertrauen darf. Bei schweren Erkrankungen, deren Therapie eingreifend und schwierig ist und im Risikoverwirklichungsfall für die Lebensführung des Minderjährigen mit schweren Beeinträchtigungen einhergehen kann, ist hingegen prinzipiell die Aufklärung und Zustimmung auch des anderen Elternteils erforderlich.

– BGH, Urt. v. 15. 2. 2000 – VI ZR 48/99 – NJW 2000, 1784 = VersR 2000, 725, z. V. in BGHZ bestimmt
(DPT- und Polioimpfung mit Mutter erörtert und durchgeführt – Kinderlähmung)
– BGH, Urt. v. 28. 6. 1988 – VI ZR 288/87 – BGHZ 105, 45, 47 = NJW 1988, 2946 = VersR 1989, 145
(Herzoperation bei 7½-jahrigem Kind – Blalock-Taussig geplant und mit Eltern erörtert/totaler AV-Kanal (nur) mit Mutter erörtert und durchgeführt)
– OLG München NJW-RR 1997, 600 = VersR 1997, 677
(Leistenbruchoperation bei Säugling – Aufklärung nur eines Elternteils – fraglich ausreichend)

Für das werdende Kind in der Geburt ist Aufklärungsadressatin und Zu- **115** stimmungsträgerin allein die Mutter.

– BGH, Urt. v. 6. 12. 1988 – VI ZR 132/88 – BGHZ 106, 153, 157 = NJW 1989, 1538 = VersR 1989, 253 (LS)

Die Rechtspraxis im Zweifel lässt die höchstrichterliche Rechtsprechung in der Frage, inwieweit es beim heranwachsenden Minderjährigen kurz vor seiner Volljährigkeit neben oder anstelle der Zustimmung der Eltern auch derjenigen des Minderjährigen bedarf. Da es bei der Behandlungszustimmung um die Disposition über ein höchstpersönliches Rechtsgut geht, wird die Einwilligungsbefugnis nicht an die zivilrechtliche Geschäftsfähigkeit gebunden, sondern an die natürliche Einsichts- und Urteilsfähigkeit des Patienten. Liegt sie beim Heranwachsenden vor, wird der Minderjährige – jedenfalls auch – Träger der Zustimmungsbefugnis.

– BGH, Urt. v. 16. 4. 1991 – VI ZR 176/90 – NJW 1991, 2344 = VersR 1991, 812
(Aortenisthmusstenoseoperation – 17½-jähriger Patient neben den Eltern Zustimmungsträger)
– BGH, Urt. v. 5. 12. 1958 – VI ZR 266/57 – BGHZ 29, 33, 35 ff. = NJW 1959, 811
= VersR 1959, 852
(Schilddrüsenoperation – 16-jähriger Patient – Eltern nicht erreichbar – Zustimmungsträger ist Patient)
– BGH, Urt. v. 16. 11. 1971 – VI ZR 76/70 – NJW 1972, 335 = VersR 1972, 153
(Warzenentfernung durch Bestrahlung – 16-jährige Patientin – Zustimmung (auch) der Eltern erforderlich)
– BGH, Urt. v. 22. 6. 1971 – VI ZR 230/69 – NJW 1971, 1887 = VersR 1971, 929
(Kleinhirnarteriographie – 17-jährige Patientin – keine Aufklärung der Eltern – Zustimmung der Patientin offengelassen)
– BGH, Urt. v. 13. 1. 1970 – VI ZR 121/68 – NJW 1970, 511 = VersR 1970, 324
(Warzenbehandlung mit aggressivem Medikament – 15-jährige Patientin – Zustimmung der Eltern erforderlich)

In dieser Fallgruppe wird man regelmäßig – bei erheblicheren medizinischen Eingriffen stets – die Aufklärung und Zustimmung der Eltern zu fordern haben. Für einen Schwangerschaftsabbruch ist stets die Zustimmung des gesetzlichen Vertreters erforderlich, die bei Vorliegen der Voraussetzungen des § 1666 Abs. 3 BGB ersetzt werden kann.

– OLG Hamm NJW 1998, 3424

Der urteilsfähige, minderjährige Patient selbst kann der Zustimmung freilich widersprechen, jedenfalls dann, wenn ein nicht absolut indizierter Eingriff in Betracht steht, der zu erheblichen Risiken für seine weitere Lebensführung führen kann.

116 Für die mutmaßliche Einwilligung beim Notfall-Patienten und bei der nicht vorhersehbaren Eingriffserweiterung kann erforderlich sein, die nächsten Angehörigen, soweit erreichbar, zur Klärung des mutmaßlichen Willens des Patienten zu befragen. Sie sind indessen nicht etwa Zustimmungsträger, sondern allein Auskunftspersonen zur Erhellung des mutmaßlichen Willens des Patienten.

– BGH, Urt. v. 10. 3. 1987 – VI ZR 88/86 – NJW 1987, 2291 = VersR 1987, 770
– OLG Schleswig VersR 1989, 810
(Kniegelenkspunktion – 17-jähriger Patient)

III. Kausalität – Haftungszurechnung

unbesetzt **117–119**

Die Aufklärungspflichtverletzung muss – gleich dem Behandlungsfeh- **120**
ler – in einem haftungsrelevanten ursächlichen Zusammenhang zu dem geltend gemachten Schaden des Patienten stehen.

Hinsichtlich der Haftungszurechnung und der Kausalität wird in der Aufklärungshaftung zweckmäßigerweise unterschieden die Ebene zwischen
Aufklärungsmangel, Zustimmungsmangel und ärztlicher Behandlung einerseits und die Ebene zwischen ärztlicher Behandlung und dem Primär- oder
Sekundärschaden andererseits.

1. Aufklärungsfehler – Einwilligung – Behandlungsmaßnahme

Die Aufklärungspflichtverletzung ist ihrer Natur nach Unterlassung gehö- **121**
riger Pflichterfüllung, die sich im Rechtsmangel der Zustimmung des Patienten und im Behandlungseingriff niederschlägt. Steht fest, dass der Patient,
wäre er vollständig und richtig aufgeklärt worden, auch solchenfalls seine
Zustimmung zum Eingriff erteilt hätte, steht materiell eine Haftung aus
Aufklärungsfehler nicht in Rede. Dies begründet sich dem Schrifttum teilweise aus der Annahme, falls richtige Aufklärung (gleichfalls) zur Zustimmung des Patienten geführt hätte, fehle es an der Ursächlichkeit der pflichtwidrigen Aufklärungsunterlassung für den Zustimmungsmangel und den
Behandlungseingriff. Überwiegend und zutreffend indessen wird angenommen, gegenüber der real gegebenen Kausalität zwischen Aufklärungsunterlassung, Zustimmungsmangel und Eingriff sei der Einwand dahin eröffnet,
dass der Patient, vollständig und richtig aufgeklärt, die Behandlungszustimmung erteilt hätte. Im Ergebnis ist festzuhalten, dass die Haftung für
Aufklärungsfehler materiell voraussetzt nicht nur die Feststellung des Aufklärungsfehlers, sondern die weitere Feststellung, dass der Patient bei richtiger Aufklärung die Behandlungszustimmung nicht erteilt hätte.

– BGH, Urt. v. 17. 3. 1998 – VI ZR 74/97 – NJW 1998, 2734 = VersR 1998, 766
– BGH, Urt. v. 14. 6. 1994 – VI ZR 260/93 – NJW 1994, 2414 = VersR 1994, 1302

2. Behandlungsmaßnahme – Schaden

In der weiteren Ebene zwischen dem ärztlichen Eingriff und den in Be- **122**
tracht stehenden Schäden des Patienten setzt die Aufklärungsfehlerhaftung
materiell voraus, gleich derjenigen für Behandlungsfehler, dass der Schaden
durch den Eingriff verursacht worden ist.

– BGH, Urt. v. 26. 11. 1991 – VI ZR 389/90 – NJW 1992, 754 = VersR 1992, 238
– BGH, Urt. v. 1. 10. 1985 – VI ZR 19/84 – NJW 1986, 1541 = VersR 1986, 183
– BGH, Urt. v. 10. 11. 1981 – VI ZR 92/80 – VersR 1982, 168

3. Hypothetischer Kausalverlauf – Reserveursache

Steht fest, dass der Schaden aus der Entwicklung des Grundleidens be- **123**
handlungsunabhängig auch ohne den inkriminierten Behandlungseingriff in

Ausprägung und Zeitpunkt gleichermaßen eingetreten wäre, findet sich die Konstellation der sog. Reserveursache; eine Haftung aus dem Aufklärungsfehler entfällt.

- BGH, Urt. v. 23. 10. 1984 – VI ZR 24/83 – NJW 1985, 676 = VersR 1985, 60 (Knieoperation – Bewegungseinschränkung – Arthrose)
- BGH, Urt. v. 10. 7. 1959 – VI ZR 87/58 – NJW 1959, 2299 = VersR 1959, 811 (Glaskörperabsaugung – Erblindung durch Grunderkrankung)
- OLG Hamm VersR 1985, 1072 – NA-BGH – (Bandscheibenoperation – Lähmung – Arbeitsunfähigkeit – auch durch Grunderkrankung)

IV. Beweislasten

1. Aufklärungspflichten

a) Aufklärungsmangel

124–130　　*nicht besetzt*

131　　Nach ständiger Rechtsprechung ist die Zustimmung des Patienten als Einwendung mit ihren Voraussetzungen, insbesondere richtig und vollständig erteilter Selbstbestimmungsaufklärung, von der Behandlungsseite zu beweisen. Der Behandlungsseite obliegt der Beweis sämtlicher Tatsachen, aus denen sich eine wirksame Einwilligung ergibt; sie hat dementsprechend alle sachverhaltlichen Voraussetzungen einer der konkreten Behandlung entsprechenden vollständigen und zutreffenden Aufklärung zu beweisen.

- BGH, Urt. v. 7. 4. 1992 – VI ZR 192/91 – NJW 1992, 2351 = VersR 1992, 960 (Strumektomie – Beweislast für eine die Entscheidungsfreiheit des Patienten wahrende, rechtzeitige Aufklärung, entgegenstehenden substantiierten Vortrag des Patienten widerlegend)
- BGH, Urt. v. 7. 4. 1992 – VI ZR 216/91 – NJW 1992, 2354 = VersR 1992, 747 (Mastektomie – Beweislast für Rechtzeitigkeit der Aufklärung – Unterschrift vor Operation/Entscheidungsfreiheit ohne äußere Willensbeeinträchtigung)
- BGH, Urt. v. 12. 11. 1991 – VI ZR 369/90 – NJW 1992, 741 = VersR 1992, 237 (Geburt/übergroßes Kind – Beweislast für vollständige Risikoaufklärung auch im Fall behaupteter, aber streitiger Weigerung der Mutter gegenüber Schnittentbindungsempfehlung)
- BGH, Urt. v. 26. 6. 1990 – VI ZR 289/89 – NJW 1990, 2928 = VersR 1990, 1238 (Gallengangoperation – Beweislast für Richtigkeit der Erläuterung der Eingriffsdringlichkeit gegenüber entgegenstehender Behauptung des Patienten („Es besteht akute Lebensgefahr"))
- OLG Düsseldorf VersR 1990, 852 (Laparotomie – Beweislast für Zuziehung einer sprachkundigen Person als Dolmetscher und Verständigung mit ausländischer Patientin)

132　　Besteht zwischen den Parteien Streit darüber, was alles zum Umfang der ordnungsgemäßen Aufklärung gehört, ist die Behandlungsseite nicht gehalten, von vornherein jedes erdenkliche Risiko als nicht aufklärungspflichtig auszuscheiden. Es ist in solchen Fällen vielmehr Sache des Patienten vorzutragen, über welches Risiko er aus seiner Sicht noch hätte aufgeklärt werden müssen. Die Beweisbelastung der Behandlungsseite führt dann dazu, dass diese die Behauptung des Patienten zum weitergehenden Umfang der erforderlichen Aufklärung widerlegen oder die Erfüllung der Aufklärungspflicht auch insoweit beweisen muss. Gleiches gilt, wenn der Patient eine ordnungsgemäße Aufklärung entgegen dem Inhalt einer schriftlichen Einwilligungserklärung substantiiert und nachvollziehbar bestreitet. Die Gegenansicht, die das Bestehen der Aufklärungspflicht zur Beweislast des Patienten stellen will, läßt außer Betracht, dass die Aufklärung Bestandteil der den ärztlichen Eingriff rechtfertigenden Einwilligung des Patienten und eine Hauptpflicht des Arztes ist.

– BGH, Urt. v. 29. 9. 1998 – VI ZR 268/97 – NJW 1999, 863 = VersR 1999, 190
– offengelassen in BGH, Urt. v. 8. 6. 1999 – VI ZR 220/98 – NJW 1999, 2823

Während der Patient nämlich den Negativbeweis einer nicht ordnungsgemäßen Aufklärung regelmäßig nicht wird führen können, kann der Arzt eher die Grundlage für eine Beweisführung schaffen, etwa durch einen Vermerk über den Inhalt des konkreten Aufklärungsgesprächs, den der Patient bestätigt. Dann ist das für ihn auch zumutbar, sich die Beweismöglichkeiten zu sichern.

Zur Beweislast der Behandlungsseite steht auch die Behauptung, der Patient sei durch einen anderen Arzt aufgeklärt worden, sei infolge sonstiger Vorkenntnisse oder sei auf Grund eigenen medizinischen Fachwissens nicht aufklärungsbedürftig. **133**

– BGH, Urt. v. 28. 2. 1984 – VI ZR 70/82 – NJW 1984, 1807 = VersR 1984, 538
– BGH, Urt. v. 23. 10. 1979 – VI ZR 197/78 – NJW 1980, 633 = VersR 1980, 68, ins. nicht in BGHZ 72, 132

Hinsichtlich der Beweislast für die Voraussetzungen wirksamer Einwilligung bestehen keine Unterschiede zwischen den identischen Aufklärungspflichten aus Vertrag und aus Delikt.

– BGH, Urt. v. 6. 12. 1988 – VI ZR 132/88 – BGHZ 106, 153, 160 f. = NJW 1989, 1538 = VersR 1989, 253 (LS)
– BGH, Urt. v. 28. 2. 1984 – VI ZR 70/82 – NJW 1984, 1807 = VersR 1984, 538
– BGH, Urt. v. 22. 4. 1980 – VI ZR 37/79 – NJW 1980, 1905 = VersR 1981, 457

Allerdings besteht Anlass, darauf hinzuweisen, dass an den Beweis der **134** Behandlungsseite gehöriger Erfüllung ihrer Aufklärungspflichten, im Rechtsgang keine überzogenen Anforderungen gestellt werden dürfen. Vielmehr kann es zur Überzeugungsbildung im Einzelfall ausreichen, wenn – etwa durch Zeugen oder im Wege der Parteivernehmung gemäß § 448 ZPO – die ständige Praxis einer ordnungsgemäßen Aufklärung nachgewiesen wird. Die Aufklärung im persönlichen Arzt-Patienten-Gespräch setzt dem Nachweis ihres Inhalts natürliche Grenzen. Sorgfältige Beweiserhebung und Beweiswürdigung, insbesondere zum Wert des jeweiligen Zeugenbeweises oder des als Partei vernommenen Aufklärungsarztes, muss dem entsprechen. Zwar kann in der stationären Behandlung Dokumentation der Tatsache eines Aufklärungsgesprächs und des wesentlichen Inhalts erwartet werden. An das Fehlen solcher Dokumentation darf freilich keine allzu weitgehende Beweisskepsis geknüpft werden. Umgekehrt ist es nicht erforderlich, in der Dokumentation des Aufklärungsgesprächs etwa wegen der Unterschrift des Patienten unter ein Aufklärungsformular mehr als die Bestätigung zu sehen, der Unterzeichner habe das Formular in den Händen gehalten.

Verfehlt erscheint es, darin die Unterzeichnung einer Privaturkunde mit der Folge einer Vermutung der Vollständigkeit und Richtigkeit des Formularinhalts

– OLG Frankfurt VersR 1999, 758 – NA-BGH –
– OLG Saarbrücken OLGR 1997, 286
– OLG Düsseldorf VersR 1995, 1316
– OLG Frankfurt VersR 1994, 986 – NA-BGH –

zu sehen. Im allgemeinen wird es sich eher um eine Gedächtnisstütze handeln und damit bereits an einer rechtsgeschäftlichen Erklärung fehlen, die in der Urkunde verkörpert wäre. Jedenfalls aber fehlt es an dem für eine Vermutung der Vollständigkeit und Richtigkeit der Urkunde erforderlichen Erfahrungssatz, dass unterzeichnete Aufklärungsformulare stets vollständig und richtig sind. Der Inhalt einer Einverständniserklärung des Patienten oder eines Aufklärungsformulars ist der freien Beweiswürdigung des Gerichts (§ 286 ZPO) zugänglich und ein Indiz dafür, dass ein Aufklärungsgespräch mit dem wiedergegebenen Inhalt stattgefunden hat (vgl. Randnr. C 88).

Der Feststellung einer ständigen Aufklärungsübung des Arztes kommt aber, gerade in Verbindung mit einer auch nur teilweisen Dokumentation (z.B. einer Skizze) je nach dem Inhalt mehr oder weniger starke Indizwirkung für das in Betracht stehende konkrete Aufklärungsgespräch zu.

– BGH, Urt. v. 29. 9. 1998 – VI ZR 268/97 – NJW 1999, 862 = VersR 1999, 210
– BGH, Urt. v. 14. 6. 1994 – VI ZR 178/93 – NJW 1994, 3009, ins. nicht in VersR 1994, 1235
– BGH, Urt. v. 12. 11. 1991 – VI ZR 369/90 – NJW 1992, 741 = VersR 1992, 237
– BGH, Urt. v. 8. 5. 1990 – VI ZR 22/789 – NJW 1990, 2929 = VersR 1990, 1010
– BGH, Urt. v. 13. 5. 1986 – VI ZR 142/85 – NJW 1986, 2855 = VersR 1986, 970
– BGH, Urt. v. 8. 1. 1985 – VI ZR 15/83 – NJW 1985, 1399 = VersR 1985, 361, 362
– BGH, Urt. v. 21. 9. 1982 – VI ZR 302/80 – NJW 1983, 333 = VersR 1982, 1193, ins. nicht in BGHZ 85, 212
  (je zur Zeugenvernehmung ständiger Aufklärungsübung)
– BGH, Urt. v. 28. 2. 1984 – VI ZR 70/82 – NJW 1984, 1807 = VersR 1984, 538, 539
  (allgemein)
– OLG Karlsruhe NJW 1998, 1800
  (allgemeine Übung)
– OLG Oldenburg NJWE-VHR 1998, 117
  (Strumaresektion beidseitig – Durchblutungsstörung der Nebenschilddrüsen – Hypoparathyreoidismus – Zweifel an Aufklärung hierüber durch Vernehmung des Arztes als Partei zu beheben)
– OLG Köln VersR 1997, 59
  (Stimmbandlähmung nach Strumaresektion – handschriftliche Eintragung in unterschriebenem Aufklärungsformular)
– OLG Schleswig VersR 1996, 634
  (Risiko der Querschnittslähmung bei Operation einer Aortenisthmusstenose – kein Hinweis im Einwilligungsformular)

- OLG Düsseldorf VersR 1994, 1423
  (Morbus Ménière – Schädigung des Gesichtsnerven durch Hitzeentwicklung beim Aufbohren – Aushändigung einer Broschüre mit Hinweis)
- OLG Oldenburg VersR 1994, 1425
  (Hysterektomie – Nachweis mündlicher Aufklärung auf Grund Aufklärungsbogen)
- OLG Hamm VersR 1992, 1473 – NA-BGH –
  (Lähmungsrisiko bei Nukleolyse – im Aufklärungsformular nicht erwähnt)
- OLG Hamm VersR 1995, 661 – NA-BGH –
  (Beweis ständiger Übung ohne Erinnerung an Einzelfall ausreichend)
- OLG Oldenburg NJWE-VHR 1997, 237 = VersR 1998, 854
  (bei Zweifeln an ordnungsgemäßer Aufklärung entgegen Dokumentation ist der Arzt zu hören, der aufgeklärt hat)
- OLG München VersR 1991, 189 – NA-BGH –
  (Fehlende Dokumentation über Aufklärung – kein Indiz für deren Unterlassung)
- OLG Köln NJW 1994, 3016 (L) = VersR 1995, 967
  (Anwendung des Beweismaßes auf therapeutische Aufklärung – Sterilisation)

Ein nur geringer Beweiswert ist demgegenüber den formularmäßigen **135** Einwilligungsbestätigungen eigen, deren abstrakt generalisierende Fassung in der Regel weder einen Hinweis gibt für die konkret erfolgte Behandlungsaufklärung noch erweislich stellt, dass der Patient das Formular gelesen und verstanden hat. Im praktischen Ergebnis beschränkt sich der Beweiswert formularmäßiger Aufklärung regelmäßig auf ein Indiz dafür, dass ein Gespräch überhaupt geführt worden ist.

- BGH, Urt. v. 8. 1. 1985 – VI ZR 15/83 – NJW 1985, 1399 = VersR 1985, 361
- BGH, Urt. v. 7. 2. 1984 – VI ZR 174/82 – BGHZ 90, 103, 110 = NJW 1984, 1397 = VersR 1984, 465
- BGH, Beschl. v. 12. 11. 1991 – VI ZR 196/91 zu OLG Frankfurt VersR 1992, 578
- BGH, Urt. v. 27. 6. 1978 – VI ZR 183/76 – BGHZ 72, 132, 139 = NJW 1978, 2337 = VersR 1978, 1022

Den Widerruf einer erteilten Zustimmung zu beweisen, obliegt selbstre- **136** dend dem Patienten.

- BGH, Urt. v. 18. 3. 1980 – VI ZR 155/78 – NJW 1980, 1903 = VersR 1980, 676

b) Rechtmäßiges Alternativverhalten – Hypothetische Einwilligung

Die Rechtsprechung hat – um missbräuchlichem Vorbringen fehlender **137** Aufklärung zu begegnen – den Einwand der sog. hypothetischen Einwilligung zugelassen: Kann der Arzt den ihm obliegenden Nachweis der vollständigen und zutreffenden ärztlichen Aufklärung nicht führen, fehlt eine wirksame Einwilligung. Er kann dann behaupten, dass der Patient sich auch bei ordnungsgemäßer Aufklärung zu der Operation entschlossen hätte und den ebenfalls ihm obliegenden Beweis für seine Behauptung erbringen.

Das setzt voraus, dass der Arzt die Behauptung aufstellen kann, der Patient hätte den Eingriff nicht nur in entsprechender Art und Weise bei einem anderen Arzt seines Vertrauens, sondern gerade bei dem tätig gewordenen Arzt durchführen lassen.

- BGH, Urt. v. 9. 7. 1996 – VI ZR 101/95 – NJW 1996, 3074 = VersR 1996, 1239
- BGH, Urt. v. 14. 6. 1994 – VI ZR 260/93 – NJW 1994, 2414 = VersR 1994, 1302

An den Beweis werden strenge Anforderungen gestellt, damit nicht auf diese Weise das Selbstbestimmungsrecht des Patienten unterlaufen wird.

- BGH, Urt. v. 14. 6. 1994 – VI ZR 260/93 – NJW 1994, 2414 = VersR 1994, 1302
- BGH, Urt. v. 9. 11. 1993 – VI ZR 248/92 – NJW 1994, 799 = VersR 1994, 682
- BGH, Urt. v. 7. 4. 1992 – VI ZR 192/91 – NJW 1992, 2351 = VersR 1992, 960
- BGH, Urt. v. 5. 2. 1991 – VI ZR 108/90 – NJW 1991, 2342 = VersR 1991, 547
- BGH, Urt. v. 26. 6. 1990 – VI ZR 289/89 – NJW 1990, 2928 = VersR 1990, 1238
- BGH, Urt. v. 28. 2. 1984 – VI ZR 70/82 – NJW 1984, 1807 = VersR 1984, 538
- BGH, Urt. v. 7. 2. 1984 – VI ZR 174/82 – BGHZ 90, 103, 111 = NJW 1984, 1391 = VersR 1984, 465

Die Anforderungen an den **Beweis** des Arztes sind besonders hoch, wenn der Patient dem Eingriff zunächst ablehnend gegenüber stand und erst nach ärztlicher Einwirkung zugestimmt hat.

- BGH, Urt. v. 14. 6. 1994 – VI ZR 260/93 – NJW 1994, 2414 = VersR 1994, 1302 (Punktion des Kniegelenks)
- BGH, Urt. v. 26. 6. 1990 – VI ZR 289/89 – NJW 1990, 2928 = VersR 1990, 1238 (Choledochojejunostomie)

138   Dem Einwand hypothetischer Einwilligung kann der Patient entgegensetzen, er hätte sich bei ordnungsgemäßer Aufklärung in einem **Entscheidungskonflikt** darüber befunden, ob er die Operation – wie tatsächlich durchgeführt – vornehmen lassen solle.

- BGH, Urt. v. 7. 2. 1984 – VI ZR 174/82 – BGHZ 90, 103, 111 = NJW 1984, 1397 = VersR 1984, 465

Die Darlegung des Entscheidungskonflikts muss plausibel, also nachvollziehbar sein; darauf, wie sich der Patient entschieden haben würde, kommt es nicht an. Für die Bewertung eines Entscheidungskonflikts (als plausibel oder nicht) ist nicht entscheidend, wie sich ein „vernünftiger" Patient verhalten haben würde; maßgebend ist allein die Situation des konkreten Patienten. Diesem bleibt persönlicher Entscheidungsspielraum.

- BGH, Urt. v. 9. 11. 1993 – VI ZR 248/92 – NJW 1994, 799 = VersR 1994, 682
- BGH, Urt. v. 2. 3. 1993 – VI ZR 104/92 – NJW 1993, 2378 = VersR 1994, 749
- BGH, Urt. v. 16. 4. 1991 – VI ZR 176/90 – VersR 1991, 812
- BGH, Urt. v. 11. 12. 1990 – VI ZR 151/90 – NJW 1991, 1543 = VersR 1991, 315
- BGH, Urt. v. 26. 6. 1990 – VI ZR 289/89 – NJW 1990, 2928 = VersR 1990, 1238
- OLG Brandenburg NJW-RR 2000, 398
- OLG Frankfurt VersR 1996, 1505
- OLG Frankfurt VersR 1988, 1032 – NA-BGH –
- OLG Köln NJW 1998, 3422 = VersR 1999, 98 – NA-BGH –
(Schnittentbindung – Plausibilität nur am Kindeswohl zu messen – fraglich)

139   Ohne den Einwand der hypothetischen Einwilligung ist es dem Gericht versagt, auf die Plausibilität eines Entscheidungskonflikts einzugehen.

- BGH, Urt. v. 9. 7. 1996 – VI ZR 101/95 – NJW 1996, 3074 = VersR 1996, 1239
- BGH, Urt. v. 14. 6. 1994 – VI ZR 260/93 – NJW 1994, 2414 = VersR 1994, 1302
- BGH, Urt. v. 9. 11. 1993 – VI ZR 248/92 – NJW 1994, 799 = VersR 1994, 682

140   Der Patient muss seine Situation nachvollziehbar machen. An die Substantiierungspflicht zur Darlegung seines persönlichen Entscheidungskonflikts dürfen keine zu hohen Anforderungen gestellt werden. Das Vorbringen des Patienten muss aber ergeben, in welcher persönlichen Entscheidungssituation er bei vollständiger ordnungsgemäßer Aufklärung gestanden hätte und ob ihn diese Aufklärung ernsthaft vor die Frage gestellt hätte, seine Einwilligung zu erteilen oder nicht. Dabei kann u. U. sein Verhalten in der Folgezeit zu berücksichtigen sein.

- OLG Stuttgart NJW-RR 2000, 904
- OLG Oldenburg NJW-RR 2000, 23 = VersR 2000, 232
- OLG Koblenz MDR 1999, 871

Eine nähere Substantiierungslast trifft den Patienten dann, wenn die Zustimmungsverweigerung medizinisch ganz offenkundig unvernünftig gewesen wäre, die Annahme der Zustimmung sich daher – bezogen auf die personale Sicht des Patienten – geradezu aufdrängt; gleiches wird zu gelten haben, wenn der Patient vor der Operation sehr auf diese gedrängt hat.

Als Entscheidungskonflikt anerkannt hat die Rechtsprechung, dass der Patient bei ordnungsgemäßter Aufklärung statt der Operation die konservative Behandlung überlegt oder gewählt hätte,

- BGH, Urt. v. 14. 6. 1994 – VI ZR 260/93 – NJW 1994, 2414 = VersR 1994, 1302
- BGH, Urt. v. 9. 11. 1993 – VI ZR 248/92 – NJW 1994, 799 = VersR 1994, 682
- BGH, Urt. v. 2. 3. 1993 – VI ZR 104/92 – NJW 1993, 2378 = VersR 1993, 749
- BGH, Urt. v. 16. 4. 1991 – VI ZR 176/90 – NJW 1991, 2344 = VersR 1991, 812

die Behandlung wegen der Risiken abgebrochen

- BGH, Urt. v. 5. 2. 1991 – VI ZR 108/90 – NJW 1991, 2342 = VersR 1991, 547

oder auch eine Operation statt konservativer Behandlung

- BGH, Urt. v. 26. 6. 1990 – VI ZR 289/89 – NJW 1990, 2928 = VersR 1990, 1238

gewählt hätte; nicht ausreichend war und ist aber die bloße Behauptung des Ergebnisses.

- BGH, Urt. v. 1. 10. 1985 – VI ZR 19/84 – NJW 1986, 1541 = VersR 1986, 183
- BGH, Urt. v. 7. 2. 1984 – VI ZR 174/82 – BGHZ 90, 103, 112 = NJW 1984, 1391 = VersR 1984, 465
- OLG Köln NJW-RR 1998, 1324 = VersR 1999, 1284 (Abstandnahme wegen großer Angst)

War die Aufklärung verspätet erfolgt, so entspricht es der Lebenserfahrung, dass die Entscheidungsfreiheit des Patienten eingeschränkt ist; in diesem Fall bedarf es keiner näheren Darlegung des Patienten dazu, dass er in einen Entscheidungskonflikt geraten ist. **141**

- BGH, Urt. v. 4. 4. 1995 – VI ZR 95/94 – NJW 1995, 2410 = VersR 1995, 1055 (hohe Myelographie)
- BGH, Urt. v. 14. 6. 1994 – VI ZR 178/93 – NJW 1994, 3009 = VersR 1994, 1235 (Carpaltunnel-Syndrom – ambulant)
- BGH, Urt. v. 7. 4. 1992 – VI ZR 192/91 – NJW 1992, 2351 = VersR 1992, 960 (Rezidivstrumektomie beidseits – allgemein zum Erfordernis des Einwands und zum personalen Bezug)

– BGH, Urt. v. 16. 4. 1991 – VI ZR 176/90 – NJW 1991, 2344 = VersR 1991, 812, 814
(Aortenisthmusstenose – offengebliebenes Entscheidungsverhalten (des Vaters) steht Entscheidungskonflikt nicht entgegen)
– BGH, Urt. v. 11. 12. 1990 – VI ZR 151/90 – NJW 1991, 1543 = VersR 1991, 315
(PPSB-normal-Medikation – Eingriff „unter Umständen nicht zugestimmt" kann genügen)
– BGH, Urt. v. 5. 2. 1991 – VI ZR 108/90 – NJW 1991, 2342 = VersR 1991, 547
(Analfisteloperation – zum personalen Bezug – nachträgliche Hinnahme der Komplikation und Verbleiben in Weiterbehandlung trägt Rückschluss auf früheres Entscheidungsverhalten nicht)
– BGH, Urt. v. 26. 6. 1990 – VI ZR 289/89 – NJW 1990, 2928 = VersR 1990, 1238
(Gallengangoperation – zum personalen Bezug)
– BGH, Urt. v. 7. 2. 1984 – VI ZR 174/82 – BGHZ 90, 103, 107 = NJW 1984, 1397 = VersR 1984, 465
(Strahlentherapie bei Morbus Hodgkin – zum personalen Bezug und zur Zeitebene)

142   Eine Beurteilung der Plausibilität ist dem Gericht im Regelfall nur nach persönlicher Anhörung des Patienten möglich. Schriftsätzliche (schlüssige) Darlegungen darf das Gericht nur nach **persönlicher Anhörung des Patienten** als plausibel werten, weil nur nach einem persönlichen Eindruck unter Möglichkeit der Nachfrage, die besondere persönliche Situation des Patienten und seine Einstellung zur Operation hinreichend zu erfassen ist.

– BGH, Urt. v. 4. 4. 1995 – VI ZR 95/94 – NJW 1995, 2410 = VersR 1995, 1055
– BGH, Urt. v. 14. 6. 1994 – VI ZR 260/93 – NJW 1994, 2414 = VersR 1994, 1302
– BGH, Urt. v. 14. 6. 1994 – VI ZR 178/93 – NJW 1994, 3009 = VersR 1994, 1235
– BGH, Urt. v. 26. 6. 1990 – VI ZR 289/89 – NJW 1990, 2928 = VersR 1990, 1238

Von der persönlichen Anhörung kann allenfalls dann abgesehen werden, wenn die unstreitigen äußeren Umstände eine sichere Beurteilung der hypothetischen Entscheidungssituation erlauben.

– BGH, Urt. v. 2. 3. 1993 – VI ZR 104/92 – NJW 1993, 2378 = VersR 1993, 749
– BGH, Urt. v. 26. 6. 1990 – VI ZR 289/89 – NJW 1990, 2928 = VersR 1990, 1238

Ist eine persönliche Anhörung der Partei nicht mehr möglich – etwa weil sie zwischenzeitlich verstorben ist – hat das Gericht sich an Hand des Verhaltens der Partei vor ihrem Ableben und durch Vernehmung angebotener Zeugen davon zu überzeugen, ob ein Entscheidungskonflikt plausibel dargetan ist, muss das aber nicht stets tun, sondern kann sich auch sonst von der Plausibilität überzeugen.

– OLG Bamberg VersR 1998, 1025 – NA-BGH –

143   Insgesamt geht es nicht um eine Frage der Darlegungslast, sondern um eine Würdigung des gesamten Inhalts der Verhandlung gem. § 286 ZPO.

– BGH, Urt. v. 14. 6. 1994 – VI ZR 260/93 – NJW 1994, 2414 = VersR 1994, 1302
– BGH, Urt. v. 7. 4. 1992 – VI ZR 192/91 – NJW 1992, 2351 = VersR 1992, 960
– BGH, Urt. v. 28. 3. 1989 – VI ZR 157/88 – NJW 1989, 2320 = VersR 1989, 700

Die Beweislast verbleibt zwar beim Arzt, der Patient muss aber den Teil darlegen, den der Arzt nicht kennen kann. Dabei hat der Patient nur plausibel vorzutragen, nicht aber zu beweisen und muss deshalb auch keinen Beweis antreten.

Vermag es der Patient nicht, einen ernsthaften Entscheidungskonflikt ein- **144** sichtig zu substantiieren und nachvollziehbar plausibel zu machen, greift der Einwand rechtmäßigen Alternativverhaltens, so im Rechtsgang geltend gemacht, durch; eine Haftung für den Aufklärungsfehler steht dann nicht in Betracht.

Im Ergebnis ist festzuhalten, dass die Haftung für Aufklärungsfehler materiell voraussetzt nicht nur die Feststellung des Aufklärungsfehlers, sondern die weitere Feststellung, dass der Patient bei richtiger Aufklärung in einen ernsthaften Entscheidungskonflikt geraten wäre. Die Zulassung des Einwands rechtmäßigen Alternativverhaltens ist im Blick auf die Eindämmung missbräuchlicher Inanspruchnahme von Aufklärungsfehlern als Haftungsinstrument im Ansatz richtig und inzwischen fest etabliert. Die im Einzelfall erforderliche Plausibilitätsabwägung des Richters bedeutet freilich einen nicht geringen Preis an Kalkulierbarkeit der Aussichten der Rechtsverfolgung und an Rechtssicherheitsgewähr im Rechtsgang. In Rechtswirklichkeit und Ergebnis wird die Aufklärungsfehlerhaftung in dieser Prüfungsebene aus der Breite des Aufklärungsumfangs vor das Nadelöhr des ernsthaften Entscheidungskonflikts geführt und der Richter vor eine durchaus ungesicherte „Plausibilitätskontrolle", in der Gefahr, dass die Rechtsprechung wippt und schwippt, im Ergebnis beim Entscheidungskonflikt nimmt, was sie im Aufklärungsumfang gibt. Es bleibt deshalb festzuhalten, dass das Selbstbestimmungsrecht des Patienten und seine Entscheidungsfreiräume materiell maßgeblich durch die grundsätzliche Beweisbelastung der Behandlungsseite geschützt werden.

Dem entspricht die neuere Tendenz des Bundesgerichtshofs, die Darlegungslast des Patienten strikt auf den Tatbestand ernsthaften Entscheidungskonflikts zu beschränken und hierfür nur maßvolle Anforderungen zu stellen. Das Interesse rechtsgleicher Anwendung der Formel vom ernsthaften Entscheidungskonflikt verlangt darüber hinausgehend freilich die Strukturierung objektiver, am Gewicht der verwirklichten Risiken orientierter Grundsätze.

Zur Berücksichtigung der Geltendmachung eines ernsthaften Entschei- **145** dungskonflikts des Patienten aus der Rechtsprechung:

bejahend:

– BGH, Urt. v. 14. 6. 1994 – VI ZR 260/93 – NJW 1994, 2414 = VersR 1994, 1302
  (Punktion des Kniegelenks – Infektion – Versteifung)
– BGH, Urt. v. 9. 11. 1993 – VI ZR 248/92 – NJW 1994, 799 = VersR 1994, 682
  (Zahnarzt – Extraktion eines Weisheitszahns – Nervschädigung)
– BGH, Urt. v. 2. 3. 1993 – VI ZR 104/92 – NJW 1993, 2378 = VersR 1993, 749
  (Totalendoprothese – Schädigung des Plexus lumbalis)
– BGH, Urt. v. 16. 4. 1991 – VI ZR 176/90 – NJW 1991, 2344 = VersR 1991, 812
– OLG Schleswig NJW-RR 1996, 348 = VersR 1996, 634 -NA-BGH
  (je Aortenisthmusstenose – Querschnitt)
– BGH, Urt. v. 5. 2. 1991 – VI ZR 108/90 – NJW 1991, 2342 = VersR 1991, 547
  (Analfisteloperation – Stuhlinkontinenz)

– BGH, Urt. v. 11. 12. 1990 – VI ZR 151/90 – NJW 1991, 1543 = VersR 1991, 315
  (PPSB-normal-Medikation – Hepatitisinfektion)
– BGH, Urt. v. 26. 6. 1990 – VI ZR 289/89 – NJW 1990, 2928 = VersR 1990, 1238
  (Gallengangoperation – postoperativ persistierende Schmerzen)
– OLG Köln NJWE-VHR 1998, 116 = VersR 1998, 1510
  (Strumaresektion beidseitig – subtotale Lobektomie – Stimmbandlähmung)
– OLG Frankfurt VersR 1996, 1505
  (gynäkologische Untersuchung – Erweiterung auf Abrasio)
– OLG Köln VersR 1992, 1473 – NA-BGH –
  (Bandscheibenoperation – inkompletter Querschnitt)
– OLG Oldenburg NJW-RR 1999, 390 = VersR 1999, 1422
  (Sympathicusblockade – Dauerschädigung des Nervengeflechts – Sorge vor Komplikationen wegen früherem Hirninfarkt – plausibel)
– OLG Celle VersR 1992, 749 – NA-BGH –
  (Schmerzchirurgischer Eingriff am Rückenmark nach Nashold – Konussyndrom)
– OLG Köln VersR 1990, 489
  (Hysterektomie – Nekrosefistel)
– OLG Hamm VersR 1989, 807 – NA-BGH –
  (Carotisangiographie – Halbseitenlähmung)
– OLG Frankfurt VersR 1989, 254 – NA-BGH –
  (Strahlentherapie bei vitaler Indikation – inkompletter Querschnitt)
– OLG Hamm VersR 1988, 1133 – NA-BGH –
  (Hohe Myelographie – Querschnitt)
– OLG Köln VersR 1988, 384 – NA-BGH –
  (Strahlentherapie bei Gebärmutterkarzinom – Strahlenproktocolitis/Anus praeter)
– OLG München VersR 1996, 102
  (Extraktion eines tief verlagerten Weisheitszahns – Zuwarten plausibel, wenn keine Beschwerden)

146 verneinend:

– OLG Karlsruhe VersR 1994, 860 – NA-BGH –
  (Fersensporn – Insertionstendinose – Infiltration mit Cortison/Ruhigstellung)
– OLG München VersR 1993, 1488
  (vital indizierte Hysterektomie – Risiko der Harnleiterverletzung)
– OLG Braunschweig VersR 1988, 382 – NA-BGH –
  (Geburt – vaginal – Plexuslähmung)
– OLG Frankfurt VersR 1988, 57
  (Strahlentherapie bei Morbus Hodgkin – Querschnitt)
– OLG Stuttgart VersR 1987, 515 – NA-BGH –
  (Aortenstenose – Querschnitt)
– OLG Oldenburg VersR 1986, 69
  (Myambutol – Medikation – Sehnervschädigung)
– BGH, Urt. v. 1. 10. 1985 – VI ZR 19/84 – NJW 1986, 1541 = VersR 1986, 183
  (Kieferhöhlenoperation – Sensibilitätsstörungen im Mundbereich)
– BGH, Urt. v. 7. 2. 1984 – VI ZR 174/82 – BGHZ 90, 103, 112 = NJW 1984, 1391
  = VersR 1984, 465
  (Strahlentherapie bei Morbus Hodgkin/vitale Indikation – Querschnitt)
– OLG München VersR 1992, 834
  (Schultergelenkssprengung – operative Therapie – persistierende Schmerzen)
– OLG Saarbrücken VersR 1992, 756 – NA-BGH –
  (Herzoperation per zeitlich dringlicher, vitaler Indikation – Querschnitt)
– OLG Zweibrücken VersR 1992, 496 – NA-BGH –
  (Gebärmutterausräumung bei intrauterinem Kindstod – Gebärmutterperforation)

- OLG München VersR 1991, 1241 – NA-BGH –
  (Nephropexie – postoperativ persistierende Schmerzen)
- OLG Frankfurt VersR 1991, 185 – NA-BGH –
  (Schlingenabtragung eines Darmpolyps – Darmperforation)
- OLG Köln VersR 1991, 100
  (Gefäßoperation herznah – Recurrenslähmung)
- OLG Köln VersR 1990, 663 – NA-BGH –
  (Rektumkarzinom in fortgeschrittenem Stadium – Operation mit Anus praeter/
  Potenzverlust)
- OLG Koblenz VersR 1990, 489 – NA-BGH –
  (Strahlentherapie bei Brustkarzinom (T 1) – Plexuslähmung)
- OLG Schleswig VersR 1989, 810
  (Punktion in Kniegelenk – Gelenkempyem)
- OLG Stuttgart VersR 1988, 832
  (Angiographie vor dringender Aneurysmaoperation – Halbseitenlähmung)
- OLG Celle VersR 1988, 829 – NA-BGH –
  (Herzkatheteruntersuchung – Hirnembolie mit Halbseitenlähmung)
- OLG Oldenburg NJW 1988, 1531 = VersR 1988, 603 – BGH –
  (Meniskuseingriff – Sudeck-Syndrom)
- OLG Oldenburg VersR 1988, 408 – NA-BGH –
  (Strumektomie bei krebsverdächtigem Befund – Luftröhrendauerkanüle)
- OLG Köln VersR 1987, 514, 515
  (Strumektomie – Plexuslähmung)
- OLG Köln VersR 1996, 1413
  (subtotale Schilddrüsenresektion – Hypoparathyreoidismus – in Kenntnis des höhe-
  ren Risikos der Recurrensparese eingewilligt – Entscheidungskonflikt nicht plausi-
  bel)
- OLG Stuttgart VersR 1987, 391 – NA-BGH –
  (Dialyseabsetzung – Pericarderguss)
- OLG Zweibrücken VersR 1987, 108 – NA-BGH –
  (Bestrahlungstherapie – Plexuslähmung)
- OLG Braunschweig VersR 1986, 1214 – NA-BGH –
  (Geburt – vaginal – Hirnschäden)
- OLG Hamburg VersR 1986, 1195 – NA-BGH –
  (Geburt – vaginal – Hirnschäden)
- OLG Stuttgart VersR 1986, 581
  (Coloskopie – Darmperforation)
- OLG Düsseldorf VersR 1986, 472, 477
  (Intravenöse Injektion von Estracyt – Gewebsschädigung)
- OLG Stuttgart NJWE-VHR 1997, 256 = VersR 1998, 1111
  (Leistenbruchoperation – bloßes Aufschieben ist nicht plausibel)
- OLG Hamburg VersR 1989, 1297 – NA-BGH –
  (Zahnextraktion – Nervus alveolaris – Läsion)
- OLG Karlsruhe VersR 1989, 808
  (Zahnextraktion – Nervus mandibularis – Läsion)

2. Kausalität für den Schaden

Steht der Aufklärungsfehler und die daraus begründete Unwirksamkeit **147**
der Behandlungszustimmung fest, obliegt dem Patienten die Beweislast dafür, dass der vertrags- und rechtswidrige Behandlungseingriff ursächlich
geworden ist für die von ihm in Anspruch genommene Schädigung. Liegt
die Primärschädigung, weil der Eingriff mangels aufgeklärter Einwilligung

per se rechtswidrig ist, schon im Eingriff als solchem, ist konsequent, die Verschlechterungsfolgen des Eingriffs, insbesondere soweit Verschlechterungen vorbestehender Befunde oder Schmerzzustände in Betracht stehen, dem Beweismaß für Sekundärschäden nach § 287 ZPO zu unterstellen.

– BGH, Urt. v. 13. 1. 1987 – VI ZR 82/86 – NJW 1987, 1481 = VersR 1987, 667
(Hüftgelenks-Adduktionsosteotomie – Verschlechterung vorbestehender Schmerzzustände – Beweislast: Patient nach § 287 ZPO (Aufklärungsmangel))
– OLG Stuttgart MedR 2000, 35
(DPT-Impfung – Enzephalopathie ohne akute Symptomatik – Beweislast: Patient nach § 287 ZPO (Aufklärungsmangel))
– BGH, Urt. v. 1. 10. 1985 – VI ZR 19/84 – NJW 1986, 1541 = VersR 1986, 983
(Kieferhöhlenoperation nach Caldwell-Luc – Verschlechterung vorbestehender Schmerzzustände – Beweislast: Patient für Eingriffsfolge)

148 Versagt ist der Behandlungsseite der Einwand, ein ohne Behandlungsfehler misslungener Eingriff wäre auch einem anderen Arzt in gleicher Weise misslungen; infolge der Individualität der Beteiligten kann auch die ordnungsgemäße Operation auf Grund unterschiedlicher Übung und Fähigkeiten der Ärzte, unterschiedlicher sachlicher Mittel und unterschiedlicher Disposition des Patienten im Ergebnis unterschiedlich ausfallen.

– BGH, Urt. v. 9. 7. 1996 – VI ZR 101/95 – NJW 1996, 3074 = VersR 1996, 1239
(Nierenbeckenplastik)

149 Zur Beweislast des Patienten für den Ursachenzusammenhang zwischen Behandlung und Schadensfolgen aus der neueren Rechtsprechung:

– BGH, Urt. v. 26. 11. 1991 – VI ZR 389/90 – NJW 1992, 754 = VersR 1992, 238
(Strahlentherapie bei Morbus Hodgkin – Rezidiv im Axillärbereich – Beweislast: Patient für eingriffsbedingte Behandlungsfolge)
– BGH, Urt. v. 14. 2. 1989 – VI ZR 65/88 – BGHZ 106, 391, 395 = NJW 1989, 1533 = VersR 1989, 514
(Corticoidinjektion in Schultergelenk – Empyem/tödliche Sepsis – Beweislast: Patient für Eingriffsfolge (Anscheinsbeweis))
– BGH, Urt. v. 1. 10. 1985 – VI ZR 19/84 – NJW 1986, 1541 = VersR 1986, 183
(Kieferhöhlenoperation nach Caldwell-Luc – Verschlechterung vorbestehender Schmerzzustände – Beweislast: Patient für Eingriffsfolge)
– BGH, Urt. v. 23. 10. 1984 – VI ZR 24/83 – NJW 1985, 676 = VersR 1985, 60
(Operation am vorgeschädigten Knie – Verschlechterung des Vorbefundzustands – Beweislast: Patient für ein griffsbedingte Befundverschlechterung)
– OLG Oldenburg NJWE-VHR 1996, 17 = VersR 1997, 192
(Außenknöchelbruch mit Syndesmosensprengung – Bündelnagel – Kirschner-Draht – Zuggurtung – Außenseitermethode – Beweislast des Patienten für Verursachung des Schadens durch die Behandlung)
– OLG Hamm VersR 1995, 709 – NA-BGH –
(Hepatitis C nach Fremdbluttransfusionen – Beweislast: Patient dafür, dass bei vermeidbaren Fremdbluttransfusionen infiziert, nicht bei unvermeidbaren)
– OLG Celle VersR 1990, 658 – NA-BGH –
(Lymphknotenexstirpation – Nervus accessorius-Läsion – Beweislast: Patient für eingriffsbedingte Schädigungsfolge bei vorbestehendem entzündlichem Prozess)
– OLG Hamm VersR 1989, 195 – NA-BGH –
(Cortisonmedikation – vegetative Störungen – Beweislast: Patient für Ursächlichkeit der Therapie)

– OLG Düsseldorf VersR 1988, 967, 968
(Laparoskopie – postoperativ epigastrische Hernie – Beweislast: Patient für eingriffsbedingte Schadensfolge)
– OLG Köln VersR 1987, 572 (LS)
(Gefäßeingriff am offenen Schädel – Sprachstörung – Beweislast: Patient für Eingriffsfolge (Anscheinsbeweis))
– OLG Stuttgart VersR 1987, 391 – NA-BGH –
(Absetzen einer Dialysebehandlung – Pericarderguss – Beweislast: Patient für Folge des Abbruchs der Dialysebehandlung)
– OLG Hamm VersR 1985, 1072 – NA-BGH –
(Kontrastmittel-Myelographie – Neuropathie – Beweislast: Patient für eingriffsbedingte Schädigungsfolge)
– OLG Stuttgart VersR 1979, 849 – NA-BGH –
(Bandscheibenoperation – Lähmungserscheinungen – Beweislast: Patient für eingriffsbedingte Schädigungsfolge)
– OLG Hamm VersR 1985, 1072 – NA-BGH –
(Myelographie – toxische Wirkung des Kontrastmittels – Lähmungserscheinungen – Beweislast: Patient für eingriffsbedingte Arbeitsunfähigkeit)

Weitergehende Beweiserleichterungen im Falle eines groben Aufklärungsfehlers erscheinen wenig sinnvoll und werden von der Rechtsprechung abgelehnt. Dagegen ist die Verletzung der Pflicht zur Risikoaufklärung, anders als die Pflicht zur therapeutischen Aufklärung kein Behandlungsfehler und daher auch nicht der Figur des groben Behandlungsfehlers zugänglich. Jede Verletzung der Pflicht zur Risikoaufklärung macht die Einwilligung des Patienten in den Eingriff unwirksam und der Eingriff bleibt mangels Rechtfertigung rechtswidrig; das gilt in gleicher Weise für einen groben wie für einen einfachen Verstoß gegen die Verpflichtung zur Risikoaufklärung. Eine Beweiserleichterung hinsichtlich der Kausalität für den Schaden erwächst daher dem Patienten auch nicht bei einer groben Verletzung der Risikoaufklärungspflicht.

– BGH, Urt. v. 1. 10. 1985 – VI ZR 19/84 – NJW 1986, 1541 = VersR 1986, 183
– OLG Hamburg VersR 2000, 190 – NA-BGH –

Abzulehnen ist die Ansicht, der Arzt hafte für den ohne Einwilligung **150** durchgeführten Eingriff, selbst wenn die Verletzung der Aufklärungspflicht – wegen nachgewiesener hypothetischer Einwilligung – nicht kausal für die Operation geworden ist, allein wegen der in dem Eingriff ohne Einwilligung liegenden Verletzung des Persönlichkeitsrechts (Selbstbestimmungsrechts) des Patienten auf Schmerzensgeld.

– OLG Jena VersR 1998, 586

Die Risikoaufklärung ist kein Selbstzweck. Sie soll den Patienten vor einem Eingriff in seine körperliche Integrität schützen. Deshalb ist eine Haftung des Arztes berechtigt, wenn dieser den Eingriff zwar fehlerfrei aber ohne Einwilligung ausführt.

– OLG Bamberg NJWE-VHR 1997, 206, 207

Soweit dagegen eine Einwilligung, wenn auch nur hypothetisch, zu bejahen ist, ist mangels Rechtswidrigkeit kein Raum für eine Haftung des Arztes; die Voraussetzungen des § 847 BGB liegen ebenfalls nicht vor.

3. Hypothetischer Kausalverlauf – Reserveursache

151 (1) Ist die Schadensverursachung aus der konkret durchgeführten Behandlung unstreitig oder festgestellt, wendet indessen die Behandlungsseite ein, die Schadensfolge wäre auch dann in gleicher Ausprägung eingetreten, wenn eine gegenüber der tatsächlich durchgeführten Behandlung alternativ in Betracht stehende Behandlung durchgeführt worden wäre oder wenn sich der Patient dem Eingriff in einem anderen Krankenhaus und/oder bei einem anderen Arzt unterzogen hätte, nimmt die Behandlungsseite damit einen anderen hypothetischen Ursachenzusammenhang für sich in Anspruch, der zu ihrer vollen Beweislast (§ 286 ZPO) steht.

– BGH, Urt. v. 13. 12. 1988 – VI ZR 22/88 – NJW 1989, 1541 = VersR 1989, 289
(Herzoperation – geplant Blalock-Taussig/durchgeführt Potts-Anastomose – Beweislast: Behandlungsseite für Einwand, Eingriff in einem anderen Spezialkrankenhaus hätte gleichen Verlauf genommen)
– BGH, Urt. v. 6. 12. 1988 – VI ZR 132/88 – BGHZ 106, 153, 156 = NJW 1989, 1538 = VersR 1989, 253
(Geburt – Beckenendlage – geplant Schnitt/durchgeführt vaginal – Beweislast: Behandlungsseite für die Behauptung, die Schnittalternative hätte zu gleichem Schadensverlauf geführt)
– BGH, Urt. v. 14. 4. 1981 – VI ZR 39/80 – VersR 1981, 677
(Lymphdrüsenexstirpation bei Fehlverdacht auf Morbus Hodgkin – Nervus accessorius-Läsion – Beweislast: Behandlungsseite für Behauptung gleichen Schadensverlaufs bei anderweitigem Eingriff)
– OLG Celle VersR 1987, 567
(Colporrhaphia – Blasen – Scheiden – Fistel – Beweislast: Behandlungsseite für Behauptung gleichen Schadensverlaufs bei Eingriff in anderem Krankenhaus)

152 (2) In entsprechender Weise ist unter Heranziehung der Grundsätze der sog. Reserveursache die Behandlungsseite beweisbelastet (§ 286 ZPO) für die Behauptung, die Schädigung des Patienten wäre unabhängig von dem konkret durchgeführten Eingriff aus der Entwicklung des Grundleidens in Ausprägung und Zeitpunkt in gleicher Weise eingetreten (s. o. Randnr. C 123).

– BGH, Urt. v. 13. 1. 1987 – VI ZR 82/86 – NJW 1987, 1481 = VersR 1987, 667
(Hüftgelenks – Adduktionsosteotomie – Schmerzverschlechterung – Beweislast: Behandlungsseite für die Behauptung, die Schmerzbelastung sei Folge der Grunderkrankung)
– BGH, Urt. v. 23. 10. 1984 – VI ZR 24/83 – NJW 1985, 676 = VersR 1985, 60
(Operation am vorgeschädigten Knie – Befundverschlechterung – Beweislast: Behandlungsseite für die Behauptung, die Befundverschlechterung sei Folge der Grunderkrankung)
– BGH, Urt. v. 10. 7. 1959 – VI ZR 87/58 – NJW 1959, 2299 = VersR 1959, 811
(Glaskörperabsaugung – Beweislast: Behandlungsseite für Erblindung durch Grunderkrankung)
– OLG Hamm VersR 1985, 1072 – NA-BGH –
(Kontrastmittel – Myelographie – Neuropathie – Beweislast: Behandlungsseite für Schadensfolge aus Grunderkrankung)
– OLG Stuttgart VersR 1979, 849 – NA-BGH –
(Bandscheibenoperation – Lähmungserscheinungen – Beweislast: Behandlungsseite für Schadensfolge aus Grunderkrankung)

V. Haftungsbegrenzung/Schutzzweck/Zurechnungszusammenhang

unbesetzt   153, 154

Unter dem Gesichtspunkt der Haftungsbegrenzung hat sich der im   155
Schrifttum verschiedentlich vertretene und auch in der Rechtsprechung der
Oberlandesgerichte vereinzelt aufgegriffene Ansatz, die Haftung aus unterlassener Risikoaufklärung grundsätzlich zu beschränken auf die Verwirklichung des Risikos, über das nicht aufgeklärt worden ist,

– OLG Karlsruhe NJW 1983, 2643 = VersR 1983, 1084 (LS)

bisher zu Recht nicht durchgesetzt.

Das für die solcherart erwogene Haftungsbegrenzung herangezogene
Schutzzweckargument im Sinne einer Verengung der Selbstbestimmungs-
aufklärung nur auf das verwirklichte Risiko trägt nicht. Es vernachläs-
sigt den Gesichtspunkt, dass die Aufklärungspflicht nicht dem je einzelnen
Eingriffsrisiko gilt und widerspricht im Übrigen dem Grundsatz, dass die
Einwilligung des Patienten eine insgesamt vollständige und zutreffende
Aufklärung voraussetzt und nur insgesamt wirksam oder unwirksam sein
kann.

Die Rechtsprechung des Bundesgerichtshofs hält nach anfänglichem Zö-   156
gern und einer zunächst im Entscheidungsergebnis wenig überzeugenden
Lösung

– BGH, Urt. v. 1. 10. 1985 – VI ZR 19/84 – NJW 1986, 1541 = VersR 1986, 183

daran fest, dass ein Aufklärungsmangel – von begrenzten Ausnahmefällen
abgesehen – die Haftung für alle damit ursächlich verbundenen Schadensfolgen trägt. Dementsprechend ist die Haftung für ein im Eingriff verwirklichtes, entfernt seltenes untypisches und daher für sich nicht aufklärungs-
bedürftiges Risiko zum einen dann begründet, wenn dem Patienten nicht
einmal eine **Grundaufklärung** (Basisaufklärung) über Art und Schweregrad des Eingriffs unter Einschluss des jeweils schwersten Risikos erteilt
worden ist, und zwar nur dann, wenn das nicht aufklärungsbedürftige, verwirklichte Risiko den mit der Grundaufklärung zu vermittelnden Eindruck
von der Schwere des Eingriffs und der Art der Belastungen in Gewicht und
Schädigungsfolgen nicht deutlich überschreitet.

– BGH, Urt. v. 14. 11. 1995 – VI ZR 359/94 – NJW 1996, 777 = VersR 1996, 195
(Myelographie – Krampfanfall nicht aufklärungsbedürftig/verwirklicht – Quer-
schnittslähmung nicht verwirklicht, aber aufklärungsbedürftig/nicht aufgeklärt)
– BGH, Urt. v. 12. 3. 1991 – VI ZR 232/90 – NJW 1991, 2346 = VersR 1991, 777
(Bandscheibenoperation – somatische Caudalähmung aufklärungsbedürftig/nicht
aufgeklärt – psychogene Caudalähmung nicht aufklärungsbedürftig/verwirklicht –
Haftungszurechnung wegen fehlender Grundaufklärung)
– BGH, Urt. v. 14. 2. 1989 – VI ZR 65/88 – BGHZ 106, 391, 397 f. = NJW 1989,
1533 = VersR 1989, 514
(Intraartikuläre Corticoidinjektion in Schultergelenk – Gelenkempyem aufklä-
rungsbedürftig/nicht aufgeklärt tödliche Sepsis nicht aufklärungsbedürftig/verwirk-
licht – Haftungszurechnung wegen fehlender Grundaufklärung)

– BGH, Urt. v. 7. 2. 1984 – VI ZR 188/82 – BGHZ 90, 96, 101 = NJW 1984, 1395 =
VersR 1984, 468
(Rectoskopie – Schmerzhaftigkeit aufklärungsbedürftig/nicht aufgeklärt – Darmperforation evtl. nicht aufklärungsbedürftig/verwirklicht – kein Zurechnungszusammenhang wegen fehlender Grundaufklärung)

vgl. dazu auch

– OLG Brandenburg NJW-RR 2000, 398 = VersR 2000, 1283
– OLG Brandenburg NJW-RR 2000, 24 = VersR 2000, 489
– OLG Bamberg NJWE-VHR 1997, 206
– OLG Hamm VersR 1996, 197 – NA-BGH –
– OLG Zweibrücken NJW-RR 1998, 383 = VersR 1998, 1553
– OLG Köln VersR 1990, 489
– OLG Köln VersR 1988, 744
– OLG Oldenburg VersR 1988, 408 – NA-BGH –

Dabei versteht man unter „Grundaufklärung" keine vollständige und ordnungsgemäße Eingriffsaufklärung; vielmehr bleibt die Aufklärung unvollständig und damit fehlerhaft. Grundaufklärung grenzt die Aufklärung nicht
zur ordnungsgemäßen Aufklärung, sondern zu der Mitteilung ab, die nicht
mehr als Aufklärung gewertet werden kann, mithin zur fehlenden Aufklärung.
Zur Grundaufklärung wird man nur Hinweise auf diejenigen dem Eingriff
anhaftenden Risiken zu rechnen haben, die das Risikospektrum und die
Auswirkungen auf die Lebensführung des konkreten Patienten im Einzelfall
wenigstens soweit verdeutlichen, dass der Laie ohne medizinische Vorbil-
dung ein ungefähres, wenn auch unvollständiges Bild von der Stoßrichtung
möglicher Belastungen für seine Lebensführung erhält.

– BGH, Urt. v. 12. 3. 1991 – VI ZR 232/90 – NJW 1991, 2346 = VersR 1991, 777

Fehlt es an einer Grundaufklärung, so kann sich der Patient kein zutreffendes Bild von den mit dem Eingriff auf ihn möglicherweise zukommen-
den Belastungen machen; er hält vielmehr üblicherweise den Eingriff für
deutlich gefahrloser als er ist und hat deshalb keinen Anlass, sich über ir-
gendwelche Risiken Gedanken zu machen. Erhält er eine auch nur lückenhafte Aufklärung die ihm die möglichen Folgen des Eingriffs aber vor Augen führt, so hat er die Möglichkeit, Rückfragen zu stellen.

157   Eine Aufklärung, die nur den Anforderungen an eine Grundaufklärung,
nicht aber den Anforderungen im Einzelfall genügt und damit lückenhaft ist,
führt deshalb zur Haftung der Behandlungsseite stets, wenn sich ein aufklärungspflichtiges Risiko verwirklicht, über das jedoch nicht aufgeklärt worden ist, aber auch dann, wenn sich ein nicht aufklärungspflichtiges Risiko
verwirklicht, das nach Richtung und Schweregrad den bei der (lückenhaften) Grundaufklärung hinweispflichtigen Risiken entspricht oder hinter diesen zurückbleibt.
Für nicht aufklärungspflichtige, aber eingetretene Risiken, die eine völlig
andere Stoßrichtung aufweisen, wird bei einer trotz ordnungsgemäßer
Grundaufklärung lückenhaften Risikoaufklärung und deshalb rechtswidri-
gem Eingriff nicht gehaftet; für nicht aufklärungspflichtige, aber verwirklichte Risiken wird nach bisheriger Rechtsprechung nur gehaftet, wenn jegliche Grundaufklärung oder Aufklärung fehlt.

– BGH, Urt. v. 12. 3. 1991 – VI ZR 232/90 – NJW 1991, 2346 = VersR 1991, 777
– BGH, Urt. v. 14. 2. 1989 – VI ZR 65/88 – BGHZ 106, 391, 399 = NJW 1989, 1533
  = VersR 1989, 514
– OLG Köln VersR 1988, 744

Nach allem bleiben problematisch letztlich nur jene nicht aufklärungspflichtigen Risiken, die sich verwirklicht haben, nicht von der erteilten Grundaufklärung umfasst werden und damit als nicht aufgeklärt zu werten sind, die aber dieselbe Stoßrichtung aufweisen wie die Grundaufklärung.

Hier erscheint eine Haftung der Behandlungsseite deshalb berechtigt, weil der Eingriff mangels ausreichender Aufklärung rechtswidrig ist und die von der Aufklärung umfaßte Grundaufklärung gerade diese Stoßrichtung dem Patienten kenntlich machen sollte.

Hat sich dagegen das Risiko verwirklicht, über das aufgeklärt werden musste und über das auch tatsächlich aufgeklärt worden ist, so spielt es regelmäßig keine Rolle, ob auch über andere Risiken, die sich aber nicht verwirklicht haben, hätte aufgeklärt werden müssen. Der Patient hat das Risiko, über das er ordnungsgemäß aufgeklärt worden ist, in Kauf genommen. Ein haftungsrechtlicher Zurechnungszusammenhang zwischen der Verwirklichung dieses Risikos und dem nicht eingetretenen Risiko, über das pflichtwidrig nicht aufgeklärt worden ist, wird dann in aller Regel fehlen.

– BGH, Urt. v. 15. 2. 2000 – VI ZR 48/99 – NJW 2000, 1784 = VersR 2000, 725,
  z. V. in BGHZ bestimmt
– BGH, Urt. v. 12. 3. 1991 – VI ZR 232/90 – NJW 1991, 2346 = VersR 1991, 777

Hiernach sind auf der Grundlage der bisherigen Entscheidungen folgende **Fallgruppen** zu unterscheiden:
1. Verwirklichung eines aufklärungspflichtigen Risikos:
   a) Haftung wegen fehlerhafter Aufklärung, wenn sich ein aufklärungspflichtiges, aber nicht aufgeklärtes Risiko verwirklicht

– BGH, Urt. v. 1. 10. 1985 – VI ZR 19/84 – NJW 1986, 1541 = VersR 1986, 183

   b) Verwirklichung eines aufklärungspflichtigen Risikos, über das aufgeklärt worden ist:
   keine Haftung, weil Risiko vom Patienten akzeptiert worden ist

– BGH, Urt. v. 15. 2. 2000 – VI ZR 48/99 – NJW 2000, 1784 = VersR 2000, 725,
  z. V. in BGHZ bestimmt

2. Verwirklichung eines nicht aufklärungspflichtigen Risikos
   a) bei ordnungsgemäßer Aufklärung:
   keine Haftung, weil die doch noch eingetretene Komplikation nach im übrigen ordnungsgemäßer Aufklärung haftungsrechtlich nicht zuzurechnen ist

– BGH, Urt. v. 7. 2. 1994 – VI ZR 188/82 – BGHZ 90, 92, 101 = NJW 1984, 1395 =
  VersR 1984, 468

   b) bei fehlerhafter Aufklärung:
   aa) bei fehlerhafter oder fehlender Grundaufklärung:
   Haftung, weil deshalb der haftungsrechtliche Zurechnungszusammenhang zu bejahen ist

- BGH, Urt. v. 14. 11. 1995 – VI ZR 359/94 – NJW 1996, 777 = VersR 1996, 195
- BGH, Urt. v. 12. 3. 1991 – VI ZR 232/90 – NJW 1991, 2346 = VersR 1991, 777
- BGH, Urt. v. 14. 2. 1989 – VI ZR 65/88 – BGHZ 106, 391, 399 = NJW 1989, 1533 = VersR 1989, 514

  bb) bei ordnungsgemäßer Grundaufklärung:
  Haftung für fehlerhafte Risikoaufklärung nur, wenn das verwirklichte, nicht aufklärungspflichtige Risiko den Rahmen der Grundaufklärung nicht überschreitet; dann ist der haftungsrechtliche Zurechnungszusammenhang mit der im Übrigen fehlerhaften Risikoaufklärung zu bejahen. Der Zurechnungszusammenhang zwischen dem Körper- und Gesundheitsschaden des Patienten und dem Aufklärungsmangel kann bei wertender Betrachtung der Umstände des Einzelfalls nur dann entfallen, wenn das nicht aufklärungspflichtige Risiko nach Bedeutung und Auswirkung für den Patienten mit den mitzuteilenden Risiken nicht vergleichbar ist und wenn der Patient wenigstens über den allgemeinen Schweregrad des Eingriffs informiert war.

- BGH, Urt. v. 14. 2. 1989 – VI ZR 65/88 – BGHZ 106, 391, 397ff. = NJW 1989, 1533 = VersR 1989, 514

  Dieses komplizierte System der Haftungsbegrenzung ist nicht unanfechtbar und bisher – soweit ersichtlich – noch in keinem Fall ordnungsgemäßer Grundaufklärung entscheidungserheblich geworden. Die Entscheidung, eine Haftung für ein verwirklichtes und aufgeklärtes Risiko auch dann entfallen zu lassen, wenn die Aufklärung im übrigen fehlerhaft und der Eingriff daher rechtswidrig war,

- BGH, Urt. v. 15. 2. 2000 – VI ZR 48/99 – NJW 2000, 1784 = VersR 2000, 725, z. V. in BGHZ bestimmt

  stellt eine Ausnahme in diesem Haftungssystem dar. Es bleibt deshalb abzuwarten, ob die dargestellte bisherige Rechtsprechung für den zu 2.b)bb) wiedergegebenen Fall Bestand haben wird. Soweit die Aufklärung über ein verwirklichtes Risiko zur Ausgrenzung dieses Risikos aus der Haftung führen sollte, würde auch die Notwendigkeit zur Unterscheidung einer Grundaufklärung innerhalb der Aufklärung entfallen.

158 Dass ein Risiko bestand, das sich zwar nicht verwirklicht hat, über das der Patient aber hätte aufgeklärt werden, muss der Patient ebenso wie den geschuldeten Umfang der Grundaufklärung darlegen. Sache des Arztes ist es zu beweisen, dass entweder das Risiko nicht aufklärungspflichtig (z.B. weil nicht eingriffstypisch) war oder daß er auch hierüber aufgeklärt hat. Insoweit geht es nicht um den haftungsrechtlichen Zurechnungszusammenhang, der weiterhin zur Beweislast des Patienten steht, sondern um die ordnungsgemäße Aufklärung als Voraussetzung des Rechtfertigungsgrundes, die zur Beweislast der Behandlungsseite steht. Der Arzt muss daher nachweisen, dass er vollständig (und damit auch über dieses Risiko) aufgeklärt hat oder dass kein aufklärungspflichtiges Risiko vorlag, er also ebenfalls seiner Pflicht zur Aufklärung vollständig nachgekommen ist.

– OLG Hamm VersR 1996, 197 – NA-BGH –
(Injektion – Hinweis auf vorübergehende Taubheit nicht ausreichend – erforderlich: Nervenverletzung, Kreislauf- und Unverträglichkeitsreaktion, Entzündungsgefahr)

Für die mangelnde Schmerzaufklärung ist zu beachten, dass die auf unzureichender Schmerzaufklärung beruhende Zustimmung des Patienten zwar insgesamt unwirksam ist, die unterlassene Schmerzaufklärung als solche in ihrem haftungsrelevanten Rechtswidrigkeitszusammenhang indessen auf die erlittenen Schmerzen begrenzt ist und sich nicht auf anderweitige Eingriffsrisiken erstreckt. **159**

– BGH, Urt. v. 7. 2. 1984 – VI ZR 188/82 – BGHZ 90, 96, 102 = NJW 1984, 1395 = VersR 1984, 468
(Rectoskopie – mangelnde Schmerzaufklärung – Darmperforation)

Von den Fällen der (reinen) Risikoaufklärung zu unterscheiden sind die (Normal-)Fälle, in denen zugleich die Aufklärung über Behandlungsalternativen fehlerhaft nicht oder nicht vollständig erfolgt ist. Als Beispiel diene der Fall, dass vor einem operativen Eingriff über die Risiken dieses Eingriffs ganz oder teilweise vollständig aufgeklärt worden ist und sich ein solches aufgeklärtes Risiko verwirklicht, dem Patienten aber nicht mitgeteilt worden ist, dass die Behandlung seines Leidens konservativ ohne Eingriff (und möglicherweise ohne jedes Risiko) erfolgen konnte. Hätte der Patient in einem solchen Fall die konservative Behandlung gewählt, wäre er dem (eingetretenen und aufgeklärten) Risiko nicht ausgesetzt worden. Es liegt nahe, in einem solchen Fall auch den haftungsrechtlichen Zurechnungszusammenhang zu bejahen. Die Aufklärung über Behandlungsalternativen soll dem Patienten gerade ermöglichen, die mit dem Eingriff spezifisch verbundenen Risiken zu vermeiden. Hieran wird zugleich deutlich, dass die einzelnen Bestandteile der (an sich einheitlichen) Patientenaufklärung (vgl. Aufklärung über Behandlungsalternative, Verlaufsaufklärung, Risikoaufklärung) nicht von gleicher Qualität sind, sondern im Falle einer Verletzung der einzelnen Komponenten zu haftungsrechtlich unterschiedlichen Folgen führen können. **160**

D. Verjährung

Den Beginn der dreijährigen Verjährungsfrist für die Haftung aus uner- **1**
laubter Handlung setzt in Lauf der Zeitpunkt, in dem der Verletzte von dem
Schaden und der Person des Ersatzpflichtigen Kenntnis erlangt (§ 852
Abs. 1 BGB).
Für das Verständnis der Anwendung der Verjährungsregel im Arzthaftungsrecht ist im gedanklichen Ausgangspunkt wesentlich, dass Kenntnis
„von dem Schaden und der Person des Ersatzpflichtigen", hier hinsichtlich
der in Betracht stehenden Kenntnisbereiche, bedeutet die Kenntnis des
Haftungsschadens, die Kenntnis der materiellen Haftung und die Kenntnis
der Person des Ersatzpflichtigen.

Die Frage, unter welchen für die Rechtsanwendung objektivierbaren Vor- **2**
aussetzungen einem Patienten die rechtsfolgebezogene Kenntnis im Sinne
der Verjährungsregel zugerechnet werden kann, verlangt Prüfung in drei begrifflichen Ebenen, nämlich
(1) welches Maß an bekanntgewordenen tatsächlichen Umständen ist vor-
auszusetzen,
(2) welches Maß an wertenden subjektiven Schlussfolgerungen ist vorauszu-
setzen,
(3) welches Maß an Prozessaussichten verlangt zumutbar die Erhebung einer verjährungsunterbrechenden Klage?

I. Behandlungsfehler

1. Kenntnis

Die Rechtsprechung stellt für den Beginn der Verjährungsfrist im Grund- **3**
satz nur ab auf die Kenntnis der anspruchsbegründenden Tatsachen, nicht
auf deren zutreffende rechtliche und medizinische Wertung durch den Patienten.

(1) In dem vorauszusetzenden tatsächlichen Wissensbereich vermittelt die **4**
Kenntnis des Patienten vom Behandlungsmisserfolg regelmäßig nicht schon
die Kenntnis vom Vorliegen eines Behandlungsfehlers, die Kenntnis des
Patienten vom Behandlungsfehler nicht schon die Kenntnis einer ursächlichen Schadensfolgeverknüpfung.

Dem Patienten müssen diejenigen Behandlungstatsachen positiv bekannt
geworden sein, die – im Blick auf den Behandlungsfehler – ein ärztliches
Fehlverhalten und – im Blick auf die Schadenskausalität – eine ursächliche
Verknüpfung der Schadensfolge mit dem Behandlungsfehler objektiver Betrachtung nahelegen. Seine Kenntnis muss sich auf die Grundzüge erstrecken, nicht auf das medizinische Detail. Dies setzt ein Grundwissen des Patienten über den konkreten Behandlungsverlauf voraus, zu dem neben der
Kenntnis der gewählten Therapie- bzw. Narkosemethode gehört, dass der
Patient die wesentlichen tatsächlichen Umstände des konkreten Behandlungsverlaufs positiv kennt, z.B. Tatbestand und Art des Eintretens von

Komplikationen, die zu ihrer Beherrschung getroffenen ärztlichen Maßnahmen, etwaige anatomische Besonderheiten, soweit für eine Komplikation bedeutsam, sowie – neuerdings betont – die Kenntnis eines vom medizinischen Standard abweichenden ärztlichen Vorgehens ggfs. auch dahin, dass die Maßnahmen nicht getroffen worden sind, die nach dem ärztlichen Standard zur Vermeidung oder Beherrschung von behandlungsimmanenten Risiken oder Komplikationen erforderlich waren.

Kann dieses tatsächliche Behandlungswissen des Patienten festgestellt werden, hat er Kenntnis im Sinne der Verjährungsvorschrift des § 852 Abs. 1 BGB.

– BGH, Urt. v. 3. 2. 1998 – VI ZR 356/96 – NJW 1998, 2736 = VersR 1998, 634
– BGH, Urt. v. 29. 11. 1994 – VI ZR 189/93 – NJW 1995, 776 = VersR 1995, 659
– BGH, Urt. v. 23. 4. 1991 – VI ZR 161/90 – NJW 1991, 2350 = VersR 1991, 815
– BGH, Urt. v. 23. 2. 1988 – VI ZR 56/87 – NJW 1988, 1516
– BGH, Urt. v. 23. 4. 1985 – VI ZR 207/83 – NJW 1985, 2194 = VersR 1985, 740
– BGH, Urt. v. 20. 9. 1983 – VI ZR 35/83 – NJW 1984, 661 = VersR 1983, 1158
– OLG Zweibrücken NJWE-VHR 1998, 186 = VersR 1998, 1286
– OLG Frankfurt VersR 1998, 1282
– OLG München VersR 1996, 63

5   (2) Demgegenüber ist nicht erforderlich, dass der Patient seinerseits aus den ihm bekannten anspruchsbegründenden Tatsachen in seiner subjektiv-persönlichen Wertungsebene zutreffende medizinische und rechtliche Schlussfolgerungen zieht. Die Rechtsprechung, um objektivierbare Anknüpfungspunkte bemüht, verweist den Patienten, dem das notwendige tatsächliche Behandlungsgrundwissen eröffnet ist, darauf, sich in der rechtlichen und medizinischen Subsumtionsebene bei fehlender eigener Sachkunde zur Vermeidung von Verjährungsnachteilen gegebenenfalls rechtlich und medizinisch fachkundig zu machen.

Entsprechend diesem grundsätzlichen Ansatz ist für die Verjährung rechtlich unerheblich, ob der Patient über das tatsächliche Behandlungsgrundwissen hinaus subjektiv die Gewissheit oder auch nur den Verdacht eines Behandlungsfehlers oder einer ursächlichen Schadensverknüpfung gewinnt. Umgekehrt freilich ersetzt die subjektive Gewissheit des Patienten oder sein Verdacht, ein Behandlungsfehler sei unterlaufen oder sei ursächlich für eine Schadensfolge, nicht etwa das den Beginn der Verjährungsfrist begründende tatsächliche Behandlungsgrundwissen des Patienten.

6   Die Abgrenzung nach erheblichem tatsächlichen Behandlungswissen und unerheblicher subjektiver Wertung des Patienten hat neuerdings freilich an Klarheit verloren. Zum vorauszusetzenden tatsächlichen Behandlungswissen soll nicht nur die Kenntnis gehören, dass eine (notwendige) Untersuchungsmaßnahme unterlassen worden ist, sondern weitergehend auch die Kenntnis, dass der Arzt damit vom ärztlichen Standard abgewichen ist. Der Patient muss nicht nur die wesentlichen Umstände des Behandlungsverlaufs kennen, sondern auch Kenntnis von solchen Tatsachen erlangen, aus denen sich für ihn als medizinischen Laien ergibt, dass der behandelnde Arzt von dem üblichen ärztlichen Vorgehen abgewichen ist oder Maßnahmen nicht getroffen hat, die nach dem ärztlichen Standard zur Vermeidung oder Beherrschung von Komplikationen erforderlich waren.

– BGH, Urt. v. 29. 11. 1994 – VI ZR 189/93 – NJW 1995, 776 = VersR 1995, 659
– BGH, Urt. v. 23. 4. 1991 – VI ZR 161/90 – NJW 1991, 2350 = VersR 1991, 815

Damit werden jedoch nur die den Behandlungsfehler bestimmenden tatsächlichen Gegebenheiten, nicht auch die wertende Kenntnis der Standardabweichung dem erforderlichen Grundwissen des Patienten zugerechnet. Ausreichend bleibt die positive Kenntnis der Tatsachen, aus denen der Patient mit einer Parallelwertung in der **Sphäre des medizinischen Laien** erkennen kann, dass eine Abweichung vom ärztlichen Standard vorlag, die zum Schaden geführt hat. So soll eine Uterusperforation allein ausreichend deutlich auf einen Behandlungsfehler schließen lassen und die Erhebung einer (Feststellungs-) Klage ist schon mit Kenntnis der Perforation zumutbar sein.

– OLG Celle, Urt. v. 11. 1. 1999 – 1 U 10/98 – mit NA-Beschl. v. 12. 10. 1999 – VI ZR 79/99 –
(Uterusperforation bei Ausschabung)

Gleiche Grundsätze gelten auch in personeller Hinsicht. Kommen mehrere Personen als Schädiger ernsthaft in Betracht – was gerade in Arzthaftungsprozessen häufig der Fall sein wird –, beginnt der Lauf der Verjährungsfrist erst dann, wenn wenn begründete Zweifel über die Person des Ersatzpflichtigen nicht mehr bestehen.

– BGH, Urt. v. 24. 6. 1999 – IX ZR 363/97 – NJW 1999, 2734 = VersR 1999, 1149

(3) Das Maß des vorausgesetzten tatsächlichen Behandlungswissens muss 7 im Blick auf die Zumutbarkeit der Prozessführung nur so weit reichen, dass der Patient in der Lage ist, eine Feststellungsklage, wenn auch unter Inkaufnahme von Prozessrisiken, mit einiger Aussicht zu erheben.

– BGH, Urt. v. 23. 4. 1985 – VI ZR 207/83 – NJW 1985, 2194 = VersR 1985, 740
– BGH, Urt. v. 23. 9. 1975 – VI ZR 62/73 – VersR 1976, 166

Keinesfalls kann die Verjährung davon abhängen, ob der Patient eine erfolgreiche **Feststellungsklage** hätte einreichen können. Andererseits ist in aller Regel der Schluss vom Misserfolg der Behandlung auf eine Abweichung vom Standard nicht zulässig. Hier trifft sich die Problematik mit der Frage, wie substantiiert der Patient im Arzthaftungsrechtsstreit vortragen muss (dazu s. u. E Rdnr. 2). Zu dieser Frage ist ein allgemeiner Grundsatz bisher nicht ersichtlich, so dass auch hier die Rechtsprechung in Einzelfallentscheidungen abzuleiten droht und dem Patienten über die Verjährung des Anspruchs nimmt, was sie ihm mit geringeren Anforderungen an die Substantiierung seiner Klage gegeben hat. Man wird davon auszugehen haben, dass nicht schon die Kenntnis des Patienten vom Misserfolg der Behandlung genügt, sondern dass ihm Möglichkeiten zur Vermeidung des Misserfolgs bekannt sein müssen. Nur dann kann er (ggfs. „ins Blaue") behaupten, diese Maßnahmen seien (pflichtwidrig) unterlassen worden. Im obigen Beispielsfall einer Uterusperforation musste der Patientin bekannt sein, dass eine Perforation nur durch einen vorwerfbaren Fehler bei der Ausschabung entstehen kann. Dann war ihr der Schluss möglich, dass die Perforation vermeidbar gewesen wäre.

2. Schadenseinheit

8 Kenntnis „von dem Schaden" im Sinne des § 852 Abs. 1 BGB ist verjährungsrechtlich nicht gleichbedeutend mit Kenntnis vom Umfang des **Schadens**; die zur Erhebung einer Feststellungsklage erforderliche Kenntnis genügt. Der aus Behandlungsfehler oder aus Aufklärungsfehler begründete Verletzungsgesamtschaden ist im Grundsatz als **Einheit** zu verstehen. Für den Beginn der Verjährung reicht aus die Kenntnis vom Eintritt des primären Integritätsschadens, darüber hinaus muss eine weitergehende Kenntnis vom Umfang und den Einzelheiten der Schadensverwirklichung sowie von der Entwicklung des Weiteren Schadensverlaufs nicht vorliegen.

– BGH, Urt. v. 7. 6. 1983 – VI ZR 171/81 – LM § 537 ZPO Nr. 12 = VersR 1983, 735
– BGH, Urt. v. 7. 12. 1976 – VI ZR 7/75 – NJW 1977, 533 = VersR 1977, 282, ins. nicht in BGHZ 67, 372
– Zur Abgrenzung: BGH, Urt. v. 3. 11. 1987 – VI ZR 176/87 – NJW 1988, 965 = VersR 1988, 401

Die Hoffnung auf Heilung des Schadens steht der Kenntnis des Schadens nicht entgegen.

– OLG Köln VersR 1993, 580

Aus der Integritätsverletzung erwachsende, später fortdauernde oder sich wiederholende Schadensfolgen begründen, soweit vorhersehbar, keine neue Verjährung. Nur für solche Spätschäden, die sich – auch aus fachmedizinischer Sicht nicht vorhersehbar – wider Erwarten herausbilden, läuft eine eigene neue Verjährungsfrist.

– BGH, Urt. v. 16. 11. 1999 – VI ZR 37/99 – NJW 2000, 861 = VersR 2000, 331
– BGH, Urt. v. 3. 6. 1997 – VI ZR 71/96 – NJW 1997, 2448 = VersR 1997, 1111
– BGH, Urt. v. 27. 11. 1990 – VI ZR 2/90 – NJW 1991, 973 = VersR 1991, 115
– BGH, Urt. v. 20. 4. 1982 – VI ZR 197/80 – VersR 1982, 703
– BGH, Urt. v. 30. 1. 1973 – VI ZR 4/72 – NJW 1973, 702 = VersR 1973, 371
– BGH, Urt. v. 11. 7. 1967 – VI ZR 115/66 – VersR 1967, 1092
– OLG Celle VersR 1988, 829 – NA-BGH –

Die Verjährung für Spätfolgen, die außerhalb der „Schadenseinheit" liegen, weil sie auch für Fachkreise nicht voraussehbar waren, beginnt erst, wenn der Geschädigte selbst von der Möglichkeit des konkreten Schadenseintritts und des Ursachenzusammenhangs mit der Schädigung Kenntnis erhält. Das gilt auch für mögliche weitere Spätfolgen.

– BGH, Urt. v. 16. 11. 1999 – VI ZR 37/99 – NJW 2000, 861 = VersR 2000, 331
– OLG Zweibrücken NJWE-VHR 1998, 186 = VersR 1998, 1286

Eine **Feststellungsklage** über die Ersatzpflicht für Zukunftsschäden umfaßt die ab Klageeinreichung auftretenden Schäden,

– BGH, Urt. v. 6. 6. 2000 – VI ZR 172/99 – z. V. b.

dagegen werden nach Einreichung einer **Leistungsklage** entstehende Schäden von dieser nicht umfasst und verjähren, wenn keine Feststellungsklage erhoben wird.

– OLG Oldenburg NJW-RR 2000, 903 = VersR 2000, 976

3. Mißbräuchliche Unkenntnis

Kenntnis verlangt positives Wissen. Kennenmüssen reicht auch bei grober **9** Fahrlässigkeit nicht aus. Den Geschädigten trifft im Rahmen des § 852 BGB im Allgemeinen keine Informationspflicht. Nur im seltenen Ausnahmefall kann der erforderlichen positiven Kenntnis gleichgestellt werden, wenn der Geschädigte davon absieht, eine sich ihm ohne weiteres, frei von besonderen Kosten und Mühen anbietende, gleichsam auf der Hand liegende Erkenntnismöglichkeit wahrzunehmen, sich im Ergebnis so missbräuchlich der Kenntnis verschließt und das Berufen auf die Unkenntnis als Förmelei erscheint (– Rechtsgedanke der §§ 162, 242 BGB –). Die Unterlassung der Einsichtnahme in angebotene Krankenunterlagen oder der Einschaltung eines Rechtsanwalts reicht dafür in aller Regel nicht aus.

– BGH, Urt. v. 18. 1. 2000 – VI ZR 375/98 – NJW 2000, 953 = VersR 2000, 503
– BGH, Urt. v. 29. 11. 1994 – VI ZR 189/93 – NJW 1995, 776 = VersR 1995, 659
– BGH, Urt. v. 20. 4. 1990 – VI ZR 288/89 – NJW 1990, 2808 = VersR 1990, 795
– BGH, Urt. v. 16. 5. 1989 – VI ZR 251/88 – NJW 1989, 2323 = VersR 1989, 914
– BGH, Urt. v. 5. 2. 1985 – VI ZR 61/83 – NJW 1985, 2022 = VersR 1985, 367
(je verneinend zur Person des Operateurs)
– OLG Koblenz NJW 1996, 1603 = VersR 1996, 1277
(bejahend zur Person des Operateurs nach Vorstellung – Behebung möglicher Zweifel durch Nachfrage)

Dem Geschädigten obliegt im Allgemeinen keine Informationspflicht im Hinblick auf einen möglichst frühen Beginn der Verjährungsfrist; ermuss keine eigenen Initiativen zur Erlangung der Kenntnis über den Schädiger und den Schädigungshergang entfalten.

– BGH, Urt. v. 18. 1. 2000 – VI ZR 375/98 – NJW 2000, 953 = VersR 2000, 503
– BGH, Urt. v. 29. 11. 1994 – VI ZR 189/93 – NJW 1995, 776 = VersR 1995, 659

Geschäftsunfähige und beschränkt Geschäftsfähige erlangen Kenntnis **10** im Sinne des § 852 Abs. 1 BGB durch ihre gesetzlichen Vertreter; desgleichen wird dem Geschädigten die Kenntnis des beauftragten Rechtsanwalts als „Wissensvertreter" zugerechnet.

– BGH, Urt. v. 29. 11. 1994 – VI ZR 189/93 – NJW 1995, 776 = VersR 1995, 659
– BGH, Urt. v. 12. 10. 1993 – VI ZR 235/92 – NJW 1994, 803 = VersR 1993, 1550
– BGH, Urt. v. 23. 4. 1991 – VI ZR 161/90 – NJW 1991, 2350 = VersR 1991, 815
– BGH, Urt. v. 16. 5. 1989 – VI ZR 251/88 – NJW 1989, 2323 = VersR 1989, 914
– BGH, Urt. v. 23. 10. 1962 – VI ZR 245/61 – VersR 1963, 161

Zur Hemmung der Verjährung durch die Anmeldung der Ansprüche beim Schädiger und zum Begriff des Verhandelns im Sinne des § 852 Abs. 2 BGB, insbesondere durch Einschaltung der ärztlichen Gutachterstelle:

– BGH, Urt. v. 30. 6. 1998 – VI ZR 260/97 – NJW 1998, 2819 = VersR 1998, 1295
– BGH, Urt. v. 19. 11. 1997 – VI ZR 357/96 – NJW 1998, 1142 = VersR 1998, 277
– BGH, Urt. v. 26. 1. 1988 – VI ZR 120/87 – NJW-RR 1988, 730 = VersR 1988, 718
– BGH, Urt. v. 10. 5. 1983 – VI ZR 173/81 – NJW 1983, 2075 = VersR 1983, 690
– OLG Oldenburg VersR 1994, 179 – NA-BGH –
(Kenntnis mit Antrag zur Schlichtungsstelle – Beginn der Verjährungsfrist)
– OLG Oldenburg NJW 1993, 2997 = VersR 1993, 1357
(Hemmung der Verjährung während des Verfahrens der Schlichtungsstelle)

- OLG Stuttgart VersR 1991, 1060
  (Verhandeln i. S. d. § 852 Abs. 2 BGB)
  OLG Frankfurt VersR 2000, 853 – NA-BGH –
  (Hemmung beschränkt auf Haushaltsführungsschaden)

Zu beachten ist allerdings, dass Verhandlungen mit dem Haftpflichtversicherer stets ausdrücklich im Hinblick auf einen mitversicherten (in der Regel angestellten) Arzt geführt werden sollten, um Zweifeln hinsichtlich einer Hemmung der Verjährung vorzubeugen.

- BGH, Urt. v. 19. 12. 1989 – VI ZR 57/89 – NJW-RR 1990, 343 = VersR 1990, 497
- a. A. OLG Frankfurt VersR 1998, 1282
  OLG Düsseldorf VersR 2000, 457

4. Verzicht auf die Einrede der Verjährung

Vor Ablauf der Verjährung ist ein Verzicht auf die Einrede der Verjährung wirksam nicht möglich (§ 225 S. 1 BGB). Der Gläubiger kann aber einer trotz Verzichtsvereinbarung erhobenen Verjährungseinrede den Arglisteinwand entgegensetzen, weil der Schuldner mit der Berufung auf Verjährung gegen Treu und Glauben verstößt, solange er nicht erklärt, er halte sich nicht mehr an die „Verzichts"-Erklärung gebunden. Erklärt der Schuldner, sich nicht mehr an den Verzicht gebunden zu fühlen, muss der Gläubiger innerhalb einer kurzen Frist von 3 bis 6 Wochen seine Rechte mit einer Klage durchzusetzen versuchen.

- BGH, Urt. v. 4. 11. 1997 – VI ZR 375/96 – NJW 1998, 902 = VersR 1998, 124
- BGH, Urt. v. 8. 5. 1984 – VI ZR 143/82 – VersR 1984, 689

11 5. Aus der OLG-Rechtsprechung

- OLG Celle, Urt. v. 11. 1. 1999 – 1 U 10/98 – mit BGH, NA-Beschl. v. 12. 10. 1999
  – VI ZR 79/99
  (Uterusperforation bei Ausschabung, Kenntnis fehlender Indikation und fehlender „nötiger Vorsicht" ausreichend)
- OLG Karlsruhe VersR 2000, 229 – NA-BGH –
  (RPM – Sauerstoffbehandlung im Inkubator abweichend vom Standard als Ursache)
- OLG Stuttgart NJW-RR 1997, 1114
  (Kenntnis des gesetzlichen Vertreters)
- OLG München VersR 1996, 63
  (Kenntnis fehlerhafter Geburtsleitung – auf einen Teil des Anspruchs beschränkte Feststellungsklage unterbricht nicht die Verjährung für den restlichen Anspruch)
- OLG Frankfurt VersR 1993, 579 – NA-BGH –
  (Durchtrennung des ductus choledochus bei Gallenblasenentfernung – Kenntnis der versehentlichen Durchtrennung und des Schädigers)
- OLG München VersR 1992, 1407
  (Radiustrümmerfraktur – Sudeck – Kenntnis des Behandlungsfehlers mit Kenntnis der Nichtbehandlung)
- OLG Hamburg VersR 1992, 1405 – NA-BGH –
  (Entbindung – Symphysenzerrung – keine gezielte Therapie – Kenntnis des Symphyseschadens und der Nichtbehandlung ausreichend)

- OLG Oldenburg VersR 1992, 453 – NA-BGH –
  (Hirnschäden in Geburt – Verdacht, dass Schädigung auf Geburt zurückzuführen
  sei, nicht ausreichend)
- OLG Bremen VersR 1990, 1151
  (Intramuskuläre Injektion – Nervus ischiadicus-Lähmung – keine Kenntnis, so-
  lange Erwartung besteht, die Beschwerden seien reversibel)
- OLG Karlsruhe VersR 1987, 1147 – NA-BGH –
  (Entfernung gesunder Zähne entgegen ärztlichem Rat – keine Schmerzverbesse-
  rung – Verjährungsbeginn mit Kenntnis des Eingriffs)
- OLG Köln VersR 1987, 361
  (Leistungsklage unterbricht Verjährung auch für späteres Feststellungsbegeh-
  ren)
- OLG Köln VersR 1987, 188 – NA-BGH –
  (Gebärmutterausschabung – Harninkontinenz – Verjährungsbeginn mit Kenntnis
  der konkreten Fehlbehandlung)
- OLG Düsseldorf NJW 1986, 2377 = VersR 1986, 1193
  (Strahlentherapie – Hautschäden im Gesicht – Verjährungsbeginn mit Kenntnis der
  Komplikation und der Dauerfolgen)

D. Verjährung
II. Aufklärungsfehler

1. Ansprüche aus Behandlungsfehler und aus Aufklärungsfehler folgen **12**
nach Auffassung des Bundesgerichtshofs nicht notwendig gleichen Verjäh-
rungsfristen. Für die Kenntnis des Aufklärungsfehlers reicht nicht schon die
Kenntnis der Aufklärungsunterlassung als solcher. Hinzutreten muss die
Kenntnis des Patienten hinsichtlich derjenigen Tatsachen, aus denen sich der
Fehler der Aufklärung begründet, z. B. dass das verwirklichte Risiko als be-
handlungsfehlerunabhängige Komplikation der Behandlungsseite bekannt
gewesen ist oder bekannt sein musste und deshalb hätte aufgeklärt werden
müssen. Freilich greift hier zum Nachteil des Patienten regelmäßig die
Überbürdung der medizinischen Subsumtion in die Prüfungssphäre des Patienten. So wird eine Pflicht des Geschädigten bejaht, sein Wissen um die
Rechtsfolgen des tatsächlichen Geschehens ggf. durch einfache, zumutbare
Maßnahmen zu vervollständigen, die sich mit der Kenntnis vom Eintritt
eines durch den Eingriff verursachten Schadens nicht unwesentlich ver-
stärkt; unterlässt der Geschädigte diese zumutbaren Anstrengungen, muss er
sich so behandeln lassen, als hätte er die Kenntnis schon im Zeitpunkt des
Abschlusses der Schadensentwicklung gehabt.

- BGH, Urt. v. 4. 11. 1975 – VI ZR 226/73 – NJW 1976, 363 = VersR 1976, 293
- OLG Köln VersR 1999, 1371
- OLG Düsseldorf NJW 1986, 2377 = VersR 1986, 1193 – NA-BGH –

Ist keine Aufklärung erfolgt, ist das dem Patienten von Anfang an bekannt; steht dazu noch fest, dass ein Eingriff zu gesundheitlichen Beeinträchtigungen geführt hat, beginnt der Lauf der Verjährungsfrist unabhängig
davon, ob ein Behandlungsfehler vorliegt oder vermutet wird;

- OLG Düsseldorf NJW-RR 1999, 823 = VersR 1999, 823

erforderlich ist aber das Wissen davon, dass die eingetretene Komplikation ein Risiko des Eingriffs und nicht ein unglücklicher Zufall war.

– OLG Oldenburg NJW-RR 1998, 1245 = VersR 1999, 367

Im übrigen gelten die entsprechenden Verjährungsgrundsätze wie für den Behandlungsfehler (dazu vgl. oben Rdnr. D 3, 9).

13   **2.** Aus der OLG-Rechtsprechung:

– OLG Köln VersR 1988, 744
(Injektionstherapie – Pneumothorax – Kenntnis der Tatsachen erforderlich, die Aufklärungspflicht begründen)
– OLG Köln VersR 1987, 188 – NA-BGH –
(Myelographie – Lähmungserscheinungen – Verjährungsbeginn mit Kenntnis vom Tatbestand des Aufklärungsmangels und der Aufklärungspflicht)
– OLG Hamm VersR 1987, 106 – NA-BGH –
(Myelographie – meningeale Reaktion – Verjährung mit Kenntnis des Tatbestands des Aufklärungsmangels und der Aufklärungspflicht)
– OLG Düsseldorf NJW 1986, 2377 = VersR 1986, 1193 – NA-BGH –
(Röntgenbestrahlung – Hautschäden im Gesicht – Verjährungsbeginn mit Kenntnis des Tatbestands des Aufklärungsmangels und der Aufklärungspflicht)

E. Prozessuale Grundsätze

Die Verwirklichung des materiellen Rechts und die Qualität der Recht- **1** sprechung auf dem Gebiet des Arzthaftungsrechts stehen und fallen mit der Art und Weise der Handhabung des prozessualen Instruments. Angesichts der vorgegebenen Ungleichheit der Parteien im Zugang zum Prozessstoff verlangt eine gerechte Interessenabwägung die Ausgleichung durch eine der Spezialmaterie des Arzthaftungsrechts angepasste, dem Erfordernis der Rechtsanwendungsgleichheit verpflichtete Prozesshandhabung durch den Richter. Der Arzthaftungsprozess ist so, richtig geführt, richterlich instruierter Prozess, in dem der Richter die Hauptverantwortung für die umfassend sorgfältige Aufklärung des Entscheidungssachverhalts trägt. Dies hat im Arzthaftungsprozess zur Ausprägung besonderer Grundsätze und Modifizierungen für den Verfahrensgang geführt, die dem typischen Informationsgefälle zwischen den Parteien, der erheblichen Gefahrneigung ärztlicher Tätigkeit und der typischen Beweis- und Interessenlage durch eine differenziertausgleichende Anwendung der Prozessregeln, insbesondere des Beweis- und Beweisführungsrechts, Rechnung zu tragen hat.

An die Substantiierungspflicht des Klägers dürfen nur maßvoll und ver- **2** ständig geringe Anforderungen gestellt werden. Die Partei darf sich auf Vortrag beschränken, der die Vermutung eines fehlerhaften Verhaltens des Arztes auf Grund der Folgen für den Patienten gestattet. Dementsprechend ist der Vortrag, es sei bei einer Rektoskopie zu einer Darmperforation gekommen, auch dann ausreichend, wenn die Perforation auch bei Beachtung der erforderlichen Sorgfalt eintreten kann.

Die Klagebegründung muss aber ein Mindestmaß an nachvollziehbarem Vorbringen enthalten, das in sich schlüssig ist. Die Behauptung der Druckschädigung eines Nerven durch eine mit zu geringem Druck angelegte Blutmanschette ist für sich gesehen widersprüchlich, nicht nachvollziehbar und damit in sich nicht schlüssig; das könnte jedoch erst nach Einschaltung eines medizinischen Sachverständigen festgestellt werden.

– OLG Oldenburg NJW-RR 2000, 903 = VersR 2000, 976
(Bursitis – Nervschädigung durch zu geringen Druck einer Blutmanschette – stumme Neuropathie)

Eine Klage, deren Vortrag und Wertung zum Behandlungsfehler oder zum Ursachenzusammenhang im **medizinischen** Bereich **Lücken** aufweist, kann nicht aus Gründen fehlender Schlüssigkeit abgewiesen werden. Ausreichend schlüssig, wenn auch im Ergebnis wohl unbegründet, wäre daher der Vortrag, dass nach der Operation Nervschädigungen vorhanden gewesen seien, die zuvor nicht vorhanden waren, und dass diese durch ein Fehlverhalten bei der Operation verursacht seien. Das Verfahren des Arzthaftungsprozesses insgesamt steht unter dem Grundsatz, dass an die Substantiierungspflichten der Parteien aus medizinischer Sicht nur geringe Anforderungen gestellt werden dürfen. Die Schutzwirkung dieses Grundsatzes zielt in erster Linie auf den Kläger, von dem als Laien keine genaue Kenntnis der medizinischen Vorgänge erwartet und gefordert werden kann, erstreckt sich sekundär aber auch auf den Beklagten. Dementsprechend dürfen Lücken im Klagvortrag und in den Stellungnahmen des Klägers zur Beweiserhebung nicht ohne vorgängige Klärung nach den §§ 139, 278 ZPO als im Sinne der Behauptung des Prozessgegners unstreitig oder als zugestanden behandelt werden. In entsprechender Weise können an den Beweisantritt und an den Beweiseinwand der Parteien keine allzu großen Anforderungen gestellt werden.

- BGH, Urt. v. 23. 10. 1984 – VI ZR 24/83 – NJW 1985, 676 = VersR 1985, 60
- BGH, Urt. v. 10. 11. 1981 – VI ZR 92/80 – VersR 1982, 168
- BGH, Urt. v. 19. 5. 1981 – VI ZR 220/79 – VersR 1981, 752
- BGH, Urt. v. 2. 12. 1980 – VI ZR 175/78 – NJW 1981, 630 = VersR 1981, 278
- BGH, Urt. v. 19. 6. 1979 – VI ZR 91/78 – VersR 1979, 939
- OLG Oldenburg NJW-RR 2000, 241 = VersR 1999, 848
- OLG Celle, Urt. v. 11. 1. 1999 – 1 U 10/98 – mit NA-Beschl. v. 12. 10. 1999 – VI ZR 79/99 – nicht veröffentlicht
- OLG Stuttgart VersR 1991, 229
- OLG Köln VersR 1987, 164
- Kammergericht VersR 1986, 769

Ob anderes gilt, wenn der Patient etwa aus einer Nachbehandlung durch einen anderen Arzt weitere Erkenntnisse hat,

- OLG Oldenburg NJW-RR 1999, 1153

erscheint zweifelhaft; solche Informationen sind von unterschiedlicher Qualität und werden im Rechsstreit nur durch Zufall bekannt.

Es ist dem Patienten unbenommen, Vortrag des Arztes zu übernehmen und seine Klage (auch hilfsweise) darauf zu stützen. Das kann dazu führen, dass der Vortrag des beklagten Arztes als Geständnis zu werten ist.

- OLG Oldenburg NJWE-VHR 1998, 140 = VersR 1998, 1381

Trotz dieser Erleichterungen muss davor gewarnt werden, sich beim Prozessvortrag allein auf das Gericht zu verlassen. Zum einen ist es stets eine Frage der Auslegung, ob der Vortrag der Partei in ausreichendem Umfang tatsächliche Anhaltspunkte enthält. Zum anderen kann tatsächlicher Vortrag in der nächsten Instanz nur noch beschränkt (§§ 527 ff ZPO), in der Revision überhaupt nicht mehr (§ 561 I ZPO) nachgeholt werden. Damit werden insbesondere an den Anwalt der Tatsacheninstanzen erhebliche Anforderungen gestellt, die denen an den Richter in keiner Weise nachstehen. Er wird gut daran tun, sich in die medizinischen Besonderheiten des Falles einzuarbeiten, um die Sache so vortragen zu können, dass die medizinischen Fragen, die zur juristischen Bearbeitung des Falles entscheidend sind, für das Gericht und die Gegenpartei deutlich werden.

3   Der Kläger ist aber nicht verpflichtet, vorprozessual ein Sachverständigengutachten einzuholen oder eine Gutachter- oder Schiedsstelle anzurufen (auch nicht im Verfahren auf Bewilligung der Prozesskostenhilfe), um seine Klage medizinisch schlüssig zu begründen. Desgleichen kann ihm nicht aufgegeben werden, die Krankenunterlagen seinerseits beizuziehen und bei Einreichung der Klage dem Gericht zur Verfügung zu stellen.

- OLG Köln VersR 1987, 791
  (Sachverständigengutachten)
- OLG Köln VersR 1987, 164
- OLG Düsseldorf AHRS 6180/17 = MDR 1984, 1033
  (Partei muss die Krankenakten nicht zur Substantiierung zur Verfügung stellen)
- Kammergericht VersR 1986, 769
  (Substantiierung)

Die Beiziehung von Krankenunterlagen ist vielmehr Ausfluss der Prozess- **4**
förderungspflicht des Gerichts, das diese zweckmäßigerweise vor Einholung
des Gutachtens ausüben und dem Sachverständigen die Krankenakten zur
Verfügung stellen wird.

- OLG Oldenburg NJW-RR 1997, 535
- OLG Stuttgart AHRS 6180/36

Der Grundsatz der „Waffengleichheit" im Arztfehlerprozess erfordert zunächst, dass der Arzt dem klagenden Patienten Aufschluss über sein Vorgehen in dem Umfang gibt, in dem ihm dies ohne weiteres möglich ist, und insoweit auch zumutbare Beweise erbringt. Dieser Beweispflicht genügt der
Arzt weithin durch Vorlage einer ordnungsmäßigen Dokumentation im Operationsbericht, Krankenblatt oder der Patientenkarte, wie sie auch gutem
ärztlichem Brauch entspricht.

- BGH, Urt. v. 14. 3. 1978 – VI ZR 213/76 – NJW 1978, 1681 = VersR 1978, 542

Bei einem verständig geführten Rechtsstreit wird damit der Arzt auf die
medizinisch laienhaften Ausführungen des Patienten antworten, diese – aus
seiner Sicht – richtig stellen oder ergänzen und die erforderlichen Krankenunterlagen beifügen.

Dementsprechend ist der Antrag des Patienten auf Beiziehung der Krankenunterlagen durch das Gericht in der Regel kein unzulässiger Beweiser-
mittlungsantrag; zur Rüge eines Verfahrensfehlers muss die Revision jedoch
darlegen, welche Hinweise im Einzelnen den Krankenunterlagen zu entnehmen gewesen wären und dass das Urteil auf der Nichtberücksichtigung
dieser Hinweise beruht.

- BGH, Urt. v. 14. 2. 1989 – VI ZR 65/88 – NJW 1989, 1533, ins. nicht in BGHZ
  106, 391 und nicht in VersR 1989, 514

Den Inhalt der Krankenakten von an dem Rechtsstreit nicht beteiligten
Ärzten wird der Kläger dagegen zweckmäßigerweise prozessordnungsge-
mäß vortragen bzw. in Bezug nehmen; er kann sich nicht darauf verlassen,
dass das Gericht auch solche Akten von Amts wegen oder auf seine (nicht
der Zivilprozessordnung entsprechende) Anregung hin beiziehen wird.

- OLG Oldenburg VersR 1999, 101

Besonderheiten weist auch die Beweisführung auf. Sie muss häufig auf **5**
einen zwingenden Nachweis verzichten, weil sich dieser im Körper der Pa-
tienten-Partei befindet. Einer Kommerzialisierung, die die Öffnung des Kör-
pers während einer gesondert angesetzten Operation zum Nachweis eines
Behandlungsfehlers (z. B. Durchtrennung des Mutterbandes statt des Eilei-
ters bei Sterilisation der Patientin) anbietet oder gar fordert, tritt die Recht-

sprechung zu recht entgegen. Das Gericht kann eine solche Untersuchung weder anordnen noch der Partei aufgeben.

– OLG Stuttgart MedR 1995, 498
(Einwilligung in Magnetresonanztomographie wegen der damit für ein Kind verbundenen Gefahren verweigert – unzulässiger Beweisantrag des Beklagten)
– OLG Saarbrücken VersR 1985, 831
– OLG Düsseldorf NJW 1984, 2635 = VersR 1985, 457
(je Beweisangebot der klagenden Frau, die behauptet fehlerhafte Sterilisation durch einen operativen Eingriff klären zu lassen – unzulässig)

Ein bei einer Wiederholungsoperation gefertigter Videofilm kann aber als Beweismittel für die Fehlerhaftigkeit der Erstoperation verwertet werden

– OLG Hamm NJW 1999, 1787 = VersR 1999, 1111

Besondere Beachtung verdient, dass das Gericht die **Beweisanforderungen** nicht überspannt. In tatsächlich zweifelhaften Fällen muss sich der Richter mit einem für das praktische Leben brauchbaren Grad von Gewissheit begnügen. Während der naturwissenschaftlich ausgebildete Mediziner einen Beweis nur dann als gegeben ansehen wird, wenn jede andere, auch nur theoretische Möglichkeit ausgeschlossen ist, ist eine solche absolute Gewissheit juristisch zum Beweis nicht erforderlich. Zur Überzeugungsbildung nach § 286 ZPO muss der Richter vielmehr auf Grund der Beweisaufnahme entscheiden, ob er eine Behauptung für wahr oder nicht für wahr hält, er darf sich also nicht mit einer bloßen Wahrscheinlichkeit beruhigen. Im übrigen stellt § 286 ZPO nur darauf ab, ob der Richter selbst die Überzeugung von der Wahrheit einer Behauptung gewonnen hat. Diese persönliche Gewissheit ist für die Entscheidung notwendig, und allein der Tatrichter hat ohne Bindung an gesetzliche Beweisregeln und nur seinem Gewissen unterworfen die Entscheidung zu treffen, ob er die an sich möglichen Zweifel überwinden und sich von einem bestimmten Sachverhalt als wahr überzeugen kann. Eine von allen Zweifeln freie Überzeugung setzt das Gesetz dabei nicht voraus. Auf diese eigene Überzeugung des entscheidenden Richters kommt es an, auch wenn andere zweifeln oder eine andere Auffassung erlangt haben würden. Der Richter darf und muss sich aber in tatsächlich zweifelhaften Fällen mit einem für das praktische Leben brauchbaren Grad von Gewissheit begnügen, der den Zweifeln Schweigen gebietet, ohne sie völlig auszuschließen.

– BGH, Urt. v. 17. 2. 1970 – III ZR 139/67, BGHZ 53, 245, 255 (Anastasia) = NJW 1970, 946
– BGH, Urt. v. 27. 6. 1976 – VI ZR 183/76 – BGHZ 72, 132, 135 = NJW 1978, 2337 = VersR 1978, 1022
– BGH, Urt. v. 24. 6. 1980 – VI ZR 7/79 – NJW 1980, 2751 = VersR 1980, 940
– BGH, Urt. v. 9. 5. 1989 – VI ZR 268/88 – NJW 1989, 2948 = VersR 1989, 758
– BGH, Urt. v. 18. 1. 2000 – VI ZR 375/98 – NJW 2000, 953 = VersR 2000, 503
– OLG Hamm NJW 1999, 1787 = VersR 1999, 1111

Diese Grundsätze werden insbesondere dann missachtet, wenn das Gericht eine Überzeugungsbildung durch die bloß theoretische Möglichkeit eines anderen Kausalverlaufs, für die keine tatsächlichen Anhaltspunkte bestehen und die möglicherweise nach der Lebenserfahrung fern liegen mag, für nicht möglich hält. In einem solchen Fall verstößt die Überspannung der Beweisanforderungen regelmäßig gegen § 286 ZPO; sie kann auch eine – im Rechtsmittelverfahren von Amts wegen zu beachtende – Verkennung des Begriffs der Kausalität und damit einen materiell-rechtlichen Fehler darstellen.

Letzteres wird insbesondere dann anzunehmen sein, wenn der Richter nicht erkennt, dass der Sachverständige von dem naturwissenschaftlichen Kausalitätsbegriff ausgeht und deshalb die Kausalität verneint.

Der Gewährleistung prozessualer Waffengleichheit der Parteien im Arzt- **6** haftungsprozess entspricht eine verstärkte Pflicht des Richters zur Amtsermittlung. Er hat von Amts wegen auf eine umfassende und genaue Aufklärung des medizinischen Sachverhalts hinzuwirken sowie durch Prozessleitung und Rechtshinweise die beweiserheblichen medizinischen Fragestellungen, auch soweit von der Partei nicht dargelegt, klarzustellen.

- BGH, Urt. v. 10. 11. 1981 – VI ZR 92/80 – VersR 1982, 168
- BGH, Urt. v. 24. 6. 1980 – VI ZR 7/79 – VersR 1980, 940
- BGH, Urt. v. 4. 3. 1980 – VI ZR 6/79 – VersR 1980, 533
- BGH, Urt. v. 19. 6. 1979 – VI ZR 91/78 – VersR 1979, 939
- BGH, Urt. v. 14. 2. 1978 – VI ZR 213/76 – NJW 1978, 1681 = VersR 1978, 542
- OLG Stuttgart VersR 1991, 229

Der Richter soll sich durch Heranziehung medizinischer Fachliteratur ei- **7** gene Sachkunde verschaffen, vor allem im Interesse sachgerechter Fragestellung im Zeugen- und Sachverständigenbeweis; er soll sich mit der Inanspruchnahme eigener Sachkunde freilich nicht übernehmen. Soweit er medizinische Sachverhalte aus eigenem Wissen beurteilen oder vom Gutachten eines medizinischen Sachverständigen abweichen will, hat er zureichende medizinische Fachkenntnisse im Urteil darzulegen und ersichtlich zu machen. Der Hinweis auf medizinische Fachliteratur vermag die Sachkunde des Gerichts nicht zu begründen, denn das Studium einschlägiger Fachliteratur kann dem medizinischen Laien nur bruchstückhafte Kenntnisse zu vermitteln; ein solches „Selbststudium" kann aber gleichwohl geboten sein, um ärztliche Gutachten – wie geboten – kritisch überprüfen zu können.

- BGH, Urt. v. 10. 5. 1994 – VI ZR 129/93 – NJW 1994, 2419 = VersR 1994, 984
- BGH, Urt. v. 2. 3. 1993 – VI ZR 104/92 – NJW 1993, 2378 = VersR 1993, 749
- BGH, Urt. v. 2. 6. 1987 – VI ZR 174/86 – NJW 1988, 762 = VersR 1987, 1238
- BGH, Urt. v. 1. 10. 1985 – VI ZR 19/84 – NJW 1986, 1541 = VersR 1986, 183
- BGH, Urt. v. 10. 1. 1984 – VI ZR 122/82 – NJW 1984, 1408 = VersR 1984, 354

Die Entscheidung über den medizinischen Sachverhalt (– Behandlungs- **8** fehler, Aufklärungspflichtverletzung, Schadenskausalität –) verlangt grundsätzlich vorrangige sachverständige Beratung des Richters durch das Gutachten eines medizinischen Sachverständigen. Der gebotene Sachverständigenbeweis ist auch ohne Antrag der Partei von Amts wegen zu erheben (§ 144 ZPO), damit das Gericht auf die für eine Entscheidung erforderliche Sachkunde zurückgreifen kann.

Die Beauftragung eines Instituts als Sachverständigen **9**

- OLG Koblenz NJWE-VHR 1998, 88 = VersR 1998, 897

ist selten sinnvoll.

Gutachtliche Äußerungen eines Arztes, der als sachverständiger Zeuge geladen worden ist, können als Sachverständigenbeweis gewürdigt werden, wenn der Arzt als Sachverständiger belehrt worden ist.

– OLG Celle VersR 2000, 58 – NA-BGH –

Die persönliche (telefonische) Besprechung zwischen Gericht und Sachverständigem schon vor der Auftragserteilung hilft, Leerlauf durch die Beauftragung eines überlasteten, unwilligen oder ungeeigneten Sachverständigen zu vermeiden, gestattet eine Vereinbarung über die Erledigungsdauer und macht den Auftrag an ein Institut überflüssig.

10   Der Richter kann von der Erhebung eines Sachverständigengutachtens im Rechtsstreit ausnahmsweise absehen, wenn ein früher erstattetes Gutachten über dieselbe Beweisfrage vorliegt; die Verwertung von Gutachten aus anderen Verfahren ist – wenngleich wenig zweckmäßig, weil nur selten zu den zivilrechtlich erheblichen Fragen erstattet – im Urkundenbeweis prozessual möglich, sogar gegen den Widerstand der Partei. Reichen die Ausführungen in diesem Gutachten aber nicht aus, um die von der Partei dazu aufgeworfenen – entscheidungserheblichen – Fragen zu klären, ist ein Sachverständiger hinzuzuziehen, was sich ohnehin schon wegen der Sachkunde empfiehlt. Dies gilt auch für das Gutachten einer Gutachter- und Schlichtungsstelle.

– BGH, Urt. v. 6. 6. 2000 – VI ZR 98/99 – NJW 2000, 3072

Rügt freilich eine Partei nachvollziehbar – nicht nur pauschaliter – mangelnde Sachkunde des Gutachters, oder hat sie noch entscheidungserhebliche Fragen (die urkundenbeweislich nicht zu beantworten sind), ist ein gerichtliches Sachverständigengutachten zu erheben.

– BGH, Urt. v. 6. 6. 2000 – VI ZR 98/99 – NJW 2000, 3072
– BGH, Urt. v. 14. 10. 1997 – VI ZR 404/96 – NJW 1998, 311 = VersR 1998, 120
– BGH, Urt. v. 22. 4. 1997 – VI ZR 198/96 – NJW 1997, 3381 = VersR 1997, 1158
– BGH, Urt. v. 19. 5. 1987 – VI ZR 147/86 – NJW 1987, 2300 = VersR 1987, 1091
– OLG Oldenburg – NJW-RR 1996, 406 = VersR 1997, 318
– OLG Köln VersR 1990, 311

11   Der Sachverständige wird in der Regel sein Gutachten erst nach Untersuchung des Patienten erstellen können, doch sind Ausnahmen möglich.

– OLG Hamm VersR 1997, 1533 – NA-BGH
(Auswertung früherer Röntgenaufnahmen)

12   Den tatsächlichen Anknüpfungssachverhalt hat der Richter von Amts wegen zu ermitteln und dem Sachverständigen vorzugeben. Dazu wird er zweckmäßig Anknüpfungstatsachen zunächst in mündlicher Verhandlung (§ 141 Abs. 1 Satz 1 ZPO) mit den Parteien und deren Anwälten erörtern. Schon dies zeigt – insbesondere bei Befragung des beklagten Arztes – häufig neue Aspekte der (ansonsten unveränderten) Klagebehauptung, die zu genaueren Fragen an den Sachverständigen führen können. Nicht angängig ist, die Feststellung der Anknüpfungstatsachen schlicht dem Sachverständigen zu überlassen. Auch die bloße Anhörung des beklagten Arztes und die sachverhaltliche Anknüpfung des Gutachtens des Sachverständigen an die Äußerung des Arztes genügt nicht.

- BGH, Urt. v. 21. 1. 1997 – VI ZR 86/96 – NJW 1997, 1446 = VersR 1997, 510
- BGH, Urt. v. 4. 3. 1980 – VI ZR 6/79 – VersR 1980, 533
- BGH, Urt. v. 19. 6. 1979 – VI ZR 91/78 – VersR 1979, 939
- OLG Stuttgart VersR 1991, 229
- OLG Zweibrücken AHRS 6180/124

Selbstverständlich sollte es sein, dass das Gericht Bestandteile der Krankenakten, die der Sachverständige als fehlend beanstandet, nachreicht und in die Begutachtung einbeziehen lässt.

- OLG Oldenburg NJW-RR 1999, 718

Viele Sachverständige sind von der im Sozialrecht vorherrschenden Kausalitätslehre beeinflusst, mit der sie häufiger befasst sind. Das Gericht hat daher darauf zu achten, dass der Sachverständige die im Zivilrecht geltenden Kriterien (vgl. oben Randnr. B 190) beachtet, und nicht nur „richtunggebende Ursachen" berücksichtigt. Dem wird am besten bereits bei der Formulierung des Beweisbeschlusses und/oder bei der Beauftragung des Sachverständigen mit einem entsprechenden Hinweis Rechnung getragen.

- OLG Köln NJW-RR 1999, 720

Wird das versäumt, ist das Urteil rechtsfehlerhaft, weil der Rechtsbegriff der Kausalität verkannt ist; auch unterliegt es wegen Verstoßes gegen § 286 ZPO der Verfahrensrüge.

Vor allem aber ist im Arzthaftungsprozess der Grundsatz beachtlich, dass **13** sich der Patient, gegebenenfalls aber auch der Arzt, den seiner Rechtsbehauptung günstigen medizinischen Sachverhalt, der sich etwa aus dem Gutachten des Sachverständigen ergibt, auch ohne ausdrückliche Bezugnahme hilfsweise zu eigen macht.

- BGH, Urt. v. 8. 1. 1991 – VI ZR 102/90 – NJW 1991, 1541 = VersR 1991, 467
- BGH, Urt. v. 23. 10. 1984 – VI ZR 24/83 – NJW 1985, 676 = VersR 1985, 60

Gerade der Arzthaftungsprozess kann seine Aufgabe einer Klärung der die Parteien bewegenden Probleme nur dann erfüllen, wenn das Gericht sich nicht mit einer Prüfung der Oberfläche begnügt, sondern gemeinsam mit dem oder den Sachverständigen eine Durchdringung der zugrundeliegenden Problematik anstrebt. Das setzt voraus, dass sich das Gericht der Bedeutung, aber auch der Beschränkung der in der Person der Sachverständigen zugezogenen medizinischen Fachleute bewusst ist. Ärzte denken als Naturwissenschaftler anders als der wertende Jurist. Sie können daher mit pauschalen Fragen des Gerichts häufig weniger als erhofft umgehen oder übersetzen solche Fragen in ihre Denkweise. Das führt in der Regel zu verkürzten Antworten, die der Lösung des Rechtsstreits wenig dienlich sind. Der Richter muss sich daher bemühen, dem Sachverständigen pauschale Fragen nur zur Absicherung und nur dort zu stellen, wo anderes nicht möglich ist. Er sollte das bereits bei der Fassung des Beweisbeschlusses beachten und daher den Sachverständigen nicht danach befragen, ob die Behandlung „ordnungsgemäß", „lege artis" oder „fehlerhaft" war. Die richtige Fragestellung geht auf die vom Gericht vorzugebenden Anknüpfungstatsachen dahin, ob das im zu entscheidenden Fall verwirklichte Risiko bekannt war, welche Maßnahmen zu seiner Vermeidung oder Verringerung im Behandlungszeitpunkt aus medizinischer Sicht erforderlich waren, ob diese erforderlichen Maßnahmen den Behandlungsunterlagen zu entnehmen sind, usw. Die Schlussfolgerung, dass die Versäumung von erforderlichen Maßnahmen ein haftungsrelevanter Umstand ist, ist vornehmste Aufgabe des Richters. Ein solches Arbeiten am Fall erscheint zwar zunächst aufwändig; es erspart jedoch in der Regel ein mehrfaches „Nachfassen" und führt so im Ergebnis zu einer Entlastung der Justiz. Gehörige Erhebung des Sachverständigenbeweises setzt im Grundsatz ein zweistufiges Vorgehen voraus: schriftliche Begutachtung mit folgender Anhörung des Sachverständigen in der mündlichen Verhandlung. Die nur mündliche Erhebung von Sachverständigenbeweis ist – von ganz einfachen Sachverhalten abgesehen – denkbar unzweckmäßig. Alle Erfahrung zeigt, dass die Bekundungen des nur mündlich gehörten Sachverständigen situationsbedingt unzuverlässiger sind und auch Sorgfalt und Einfühlung nicht vermögen, in der Sitzungsniederschrift das Gesagte und das Geschriebene identisch werden zu lassen.

14   Die besondere Bedeutung, die dem Sachverständigen bei der Aufklärung des Sachverhalts durch das Gericht zukommt, erfordert eine **sorgfältige Protokollierung** der mündlichen Äußerungen des Sachverständigen in der Sitzungsniederschrift, für die sich die Formulierung des Richters zu Protokoll in Anwesenheit des Sachverständigen empfiehlt. Sie zeigt zum einen, ob das Gericht den Sachverständigen richtig verstanden hat, und gestattet zum anderen dem Sachverständigen eine Präzisierung seiner Äußerungen, die er selbst – zum Teil aus Standesrücksichten, zum Teil aus dem unterschiedlichen Verständnis etwa zum Begriff berufserforderlicher Sorgfalt oder zum Kausalitätsbegriff – im schriftlichen Gutachten nicht deutlich gemacht hätte. Die Rechtsprechung des Bundesgerichtshofs lässt die Aufnahme der Äußerungen des Sachverständigen auch in einem förmlichen Berichterstattervermerk zu, der freilich hinreichend klar und vollständig sein muss, um die rechtliche Nachprüfung zu ermöglichen, ob das Gericht den Sachverständigen richtig verstanden hat,

– BGH, Urt. v. 27. 9. 1994 – VI ZR 284/93 – NJW 1995, 779 = VersR 1995, 195
– BGH, Urt. v. 29. 11. 1988 – VI ZR 231/87 – VersR 1989, 189
– BGH, Urt. v. 21. 9. 1982 – VI ZR 302/80 – NJW 1983, 333 = VersR 1982, 1193

und der im Regelfall der nachträglichen Richtigkeitskontrolle durch die Parteien bedarf.

– BGH, Urt. v. 5. 7. 1972 – VIII ZR 157/71 – NJW 1972, 1673
– BGH, Urt. v. 24. 10. 1990 – XII ZR 201/89 – NJW 1991, 1547

15   Die Parteien, aber auch der Tatrichter haben stets Veranlassung, die Äußerungen des Sachverständigen auf die vollständige Erledigung der Beweisfragen zu überprüfen. Gerade der naturwissenschaftlich ausgebildete Arzt neigt häufig dazu, die ihm gestellten Fragen genau zu nehmen, was oft zu einer Verkürzung der Antwort und einem nur zurückhaltenden Ansprechen eines Behandlungsfehlers führen kann. So ist etwa Vorsicht geboten, wenn der Sachverständige der Dokumentation keine Anhaltspunkte für einen Behandlungsfehler entnehmen kann. Das kann bedeuten, dass die Dokumentation eine ordnungsgemäße Behandlung aufzeigt; es kann aber ebenso gut bedeuten, dass die Dokumentation vollständig ist, jedoch nichts über einen Behandlungsfehler aussagt, wie auch, dass die Dokumentation unvollständig ist und deshalb keine Schlüsse zulässt. Von dem ärztlichen Sachverständigen ist nicht zu erwarten, dass er eine in dieser Richtung nicht gestellte Frage vorwegnimmt und auf diese Mehrdeutigkeit hinweist.

- BGH, Urt. v. 6. 7. 1999 – VI ZR 290/98 – NJW 1999, 3408 = VersR 1999, 1282
- BGH, Urt. v. 19. 1. 1993 – VI ZR 60/92 – NJW 1993, 1524 = VersR 1993, 853
- BGH, Urt. v. 27. 9. 1977 – VI ZR 162/76 – NJW 1978, 587 = VersR 1978, 41

Desgleichen hat das Gericht stets Anlass zu sorgfältiger Prüfung, ob der Sachverständige den Sachverhalt im Rahmen der Beweisfragen vollständig ausgewertet hat.

- BGH, Urt. v. 16. 5. 2000 – VI ZR 321/98 – NJW 2000, 2741 = VersR 2000, 1146, z. V. b in BGHZ
  (Schmerzen – CTG unterlassen – nicht grob – keine ärztliche Betreuung, deshalb kein CTG – fraglich grob)

Es ist Sache der Parteien und ihrer Anwälte, aber auch des Gerichts, solche dem Gutachten anhaftenden Unklarheiten zu beseitigen und den Sachverständigen hierzu ergänzend zu befragen. Vom Tatrichter wird erwartet, dass er die Äußerungen der medizinischen Sachverständigen von Amts wegen kritisch auf ihre Widerspruchsfreiheit prüft. Insbesondere darf der Richter einer Ansicht des Sachverständigen nicht folgen, ohne ihm eine im Widerspruch stehende frühere Äußerung vorzuhalten. Ohne solchen Aufklärungsversuch stellt das Gutachten auch dann keine ausreichende Grundlage für die Überzeugungsbildung des Gerichts dar, wenn das Gericht es für überzeugend hält.

- BGH, Urt. v. 28. 4. 1998 – VI ZR 403/96 – NJW 1998, 2735 = VersR 1998, 853
- BGH, Urt. v. 17. 2. 1998 – VI ZR 42/97 – NJW 1998, 1784 = VersR 1998, 716
- BGH, Urt. v. 4. 3. 1997 – VI ZR 354/95 – NJW 1997, 1638 = VersR 1997, 698
- BGH, Urt. v. 24. 9. 1996 – VI ZR 303/95 – NJW 1997, 794 = VersR 1996, 1535
- BGH, Urt. v. 9. 1. 1996 – VI ZR 70/95 – NJW 1996, 1597 = VersR 1996, 647
- BGH, Urt. v. 27. 9. 1994 – VI ZR 284/93 – NJW 1995, 779 = VersR 1995, 195
- BGH, Urt. v. 10. 5. 1994 – VI ZR 192/93 – NJW 1994, 2419 = VersR 1994, 984
- BGH, Urt. v. 7. 4. 1992 – VI ZR 216/91 – NJW 1992, 2354 = VersR 1992, 747
- BGH, Urt. v. 17. 9. 1987 – VI ZR 12/84 – VersR 1985, 1187
- OLG Oldenburg NJWE-VHR 1996, 13

Das umfasst auch, dass das Gericht sich über die vom Sachverständigen seinerseits herangezogenen und verwerteten Krankenakten unterrichtet und den Parteien dazu ebenfalls Gelegenheit gibt.

- OLG Oldenburg NJWE-VHR 1997, 182

Auch auf Vollständigkeit der Begutachtung hat das Gericht zu achten und **16** dem Angebot auf Sachverständigenbeweis durch Anhörung des seitherigen Sachverständigen (§ 411 Abs. 3 ZPO) oder durch Einholung eines weiteren Gutachtens (§ 412 ZPO) zur Klärung offen gebliebener Fragen nachzukommen.

252   *E. Prozessuale Grundsätze*

– BGH, Urt. v. 3. 12. 1996 – VI ZR 309/95 – NJW 1997, 803 = VersR 1997, 191
(Kyphoseoperation – Vermeidbarkeit der Querschnittslähmung)

Nicht ausreichend ist aber die nicht näher substantiierte Behauptung des
beklagten Arztes, der Sachverständige habe etwa Röntgenbilder unrichtig
befundet.

– OLG Köln NJW-RR 1999, 388 = VersR 1998, 1511

Ob gleiches gilt, wenn ein Gutachten etwa der bei der Ärztekammer eingerichteten Gutachterkommission – im Wege des Urkundenbeweises – verwertet wird,

– OLG Köln NJW-RR 1999, 675 = VersR 2000, 103

erscheint zumindest zweifelhaft.

– BGH, Urt. v. 14. 10. 1997 – VI ZR 404/96 – NJW 1998, 311 = VersR 1998, 120

17 Desgleichen sind Einwendungen einer Partei oder eines beigebrachten
Privatgutachtens gegen das Gutachten eines gerichtlichen Sachverständigen
ernstzunehmen und **von Amts wegen** abzuklären. Abweichenden Meinun-
gen, sachlichen Unklarheiten, Zweifeln oder Widersprüchen, insbesondere
zwischen gerichtlichem Sachverständigen und Gutachten der vorgerichtlich
eingeschalteten Gutachterkommission oder von privaten Sachverständigen
der Partei, muss das Gericht sogar von Amts wegen nachgehen, obwohl es
sich bei letzteren nur um qualifizierten Parteivortrag, nicht um Sachverständigenbeweis handelt.

– BGH, Urt. v. 22. 2. 2000 – VI ZR 100/99 – NJW 2000, 1788 = VersR 2000, 766
– BGH, Urt. v. 28. 4. 1998 – VI ZR 403/96 – NJW 1998, 2735 = VersR 1998, 853
– BGH, Urt. v. 24. 9. 1996 – VI ZR 303/95 – NJW 1997, 794 = VersR 1996, 1535
– BGH, Urt. v. 9. 1. 1996 – VI ZR 70/95 – NJW 1996, 1597 = VersR 1996, 647
– BGH, Urt. v. 27. 9. 1994 – VI ZR 284/93 – NJW 1995, 779 = VersR 1995, 195
– BGH, Urt. v. 10. 5. 1994 – VI ZR 192/93 – NJW 1994, 2419 = VersR 1994, 984
– BGH, Urt. v. 15. 3. 1994 – VI ZR 44/93 – NJW 1994, 1592
– BGH, Urt. v. 14. 12. 1993 – VI ZR 67/93 – NJW 1994, 1596 = VersR 1994, 480
– BGH, Urt. v. 15. 6. 1993 – VI ZR 175/92 – NJW 1993, 2989 = VersR 1993, 1231
– BGH, Urt. v. 10. 12. 1991 – VI ZR 234/90 – NJW 1992, 1459 = VersR 1992, 722
– BGH, Urt. v. 3. 10. 1989 – VI ZR 319/88 – NJW 1989, 759 = VersR 1989, 1296
– BGH, Urt. v. 2. 6. 1987 – VI ZR 174/86 – NJW 1988, 762 = VersR 1987, 1238
– BGH, Urt. v. 17. 12. 1985 – VI ZR 192/84 – VersR 1986, 467
– BGH, Urt. v. 10. 1. 1984 – VI ZR 122/82 – NJW 1984, 1408 = VersR 1984, 354
– BGH, Urt. v. 19. 5. 1981 – VI ZR 220/79 – VersR 1981, 752

Dies geschieht zweckmäßigerweise durch Erhebung einer ergänzenden
schriftlichen Stellungnahme des/der gerichtlichen Sachverständigen und sodann nachfolgender mündlicher Anhörung der Sachverständigen, gegebenenfalls auch durch unmittelbare mündliche Anhörung der Sachverständigen.

– BGH, Urt. v. 15. 6. 1993 – VI ZR 175/92 – NJW 1993, 2989 = VersR 1993, 1231
– BGH, Urt. v. 19. 1. 1993 – VI ZR 60/92 – NJW 1993, 1524 = VersR 1993, 835
– BGH, Urt. v. 9. 5. 1989 – VI ZR 268/88 – NJW 1989, 2948 = VersR 1989, 758
– BGH, Urt. v. 10. 1. 1989 – VI ZR 25/88 – NJW-RR 1989, 1275 = VersR 1989,
378
– BGH, Urt. v. 3. 12. 1985 – VI ZR 106/84 – NJW 1986, 1540 = VersR 1986, 366

Versäumt das Gericht dies trotz Unklarheiten im Gutachten des gerichtlichen Sachverständigen oder Widersprüchen zwischen den Äußerungen mehrerer (auch privater) Sachverständiger, ist das ein Verfahrensfehler (Verstoß gegen § 286 ZPO), der in der Revision auf Rüge zur Aufhebung und Zurückverweisung, in der Berufung von Amts wegen zur Aufhebung auch des Verfahrens und zur Zurückverweisung (§ 539 ZPO) führen kann. Es handelt sich um unverzichtbare Verfahrensvorschriften (§§ 411 Abs. 3, 412 Abs. 1 ZPO), bei denen eine Heilung des Verstoßes durch rügeloses Verhandeln (§ 295 ZPO) nicht möglich ist.

– OLG Saarbrücken NJW-RR 1999, 719
– OLG Zweibrücken VersR 1998, 1114
(je keine Stellungnahme des gerichtlichen Sachverständigen zum Privatgutachten)

Jede Partei hat das selbstverständliche Recht, dass der medizinische Sach- **18** verständige zur Erläuterung seines schriftlichen Gutachtens in der mündlichen Verhandlung angehört wird. Die mündliche Anhörung des Sachverständigen findet dementsprechend stets statt auf einen im Vortrag nicht offensichtlich unerheblichen Antrag der Partei, der bis zum Schluss der mündlichen Verhandlung oder innerhalb einer gesetzten Frist zur Stellungnahme zu dem Gutachten angebracht sein muss. Ein Antrag nach diesem Zeitpunkt kann wie ein Antrag auf wiederholte Vernehmung nach den §§ 402, 398 Abs. 1 ZPO unter den dortigen Voraussetzungen abgelehnt werden. Ist das Landgericht einem ordnungsgemäßen Antrag nicht nachgekommen, muss das Berufungsgericht dem wiederholten Antrag stattgeben. Auch ohne Antrag der Partei ist die mündliche Anhörung des Sachverständigen von Amts wegen stets dann geboten, wenn das schriftliche Gutachten zur Behebung von Zweifeln oder zur Beseitigung von Unklarheiten und Widersprüchen der mündlichen Erläuterung bedarf. Eine Anhörung ist jedoch – außer in einfachsten Fällen – nur sinnvoll, wenn dem Sachverständigen vor dem Termin die Einwendungen und insbesondere ein zu den Akten gereichtes Privatgutachten zur Kenntnis gebracht werden, damit er sich vorbereiten kann. Genügt die Zeit hierfür nicht und ist der Vortrag nicht als verspätet zurückzuweisen, muss das Gericht gegebenenfalls den Termin zur mündlichen Verhandlung verlegen. Keinesfalls ist es ausreichend, in solchen Fällen die Befragung des Sachverständigen ausschließlich dem Patienten und seinem Prozessbevollmächtigten zu überlassen.

– BVerfG, Beschl. v. 3. 2. 1998 – 1 BvR 909/94 – NJW 1998, 2273
– BVerfG, Beschl. v. 29. 8. 1995 – 2 BvR 175/ 95 – NJW-RR 1996, 183
– BGH, Urt. v. 28. 4. 1998 – VI ZR 403/96 – NJW 1998, 2735 = VersR 1998, 853

Das Recht der Partei auf Anhörung des Sachverständigen und diesem **19** auch selbst Fragen zu stellen bezieht sich jedoch nur auf offengebliebene medizinische Fragen, die für die Entscheidung erheblich sind und für die Erläuterungsbedarf nachvollziehbar geltend gemacht wird.

– OLG Oldenburg NJW-RR 1999, 178
– OLG Oldenburg NJWE-VHR 1998, 19 = VersR 1998, 636

Ergibt die mündliche Erläuterung gegenüber dem Inhalt des schriftlichen **20** Gutachtens Abweichungen der Beurteilung oder eine neue Beurteilung oder wird der Gutachter ohne vorgängiges schriftliches Gutachten allein in der mündlichen Verhandlung gehört, muss dem Kläger vor der Sachentscheidung des Gerichts Gelegenheit gegeben werden, nach Zugang der Sitzungsniederschrift neuerlich – gegebenenfalls nach privatsachverständiger Beratung – Stellung zu nehmen.

- BGH, Urt. v. 24. 10. 1995 – VI ZR 13/95 – NJW 1996, 788 = VersR 1996, 211
- BGH, Urt. v. 10. 1. 1989 – VI ZR 25/88 – NJW-RR 1989, 1275 = VersR 1989, 378
- BGH, Urt. v. 31. 5. 1988 – VI ZR 261/87 – NJW 1988, 2302 = VersR 1988, 914
- BGH, Urt. v. 17. 4. 1984 – VI ZR 220/82 – NJW 1984, 1823 = VersR 1984, 661
- BGH, Urt. v. 12. 1. 1982 – VI ZR 41/81 – NJW 1982, 1335 = VersR 1982, 371

21 Dem Antrag der Partei auf (erneute) mündliche Anhörung des medizinischen Sachverständigen ist stattzugeben, wenn es auf Grund neuer sachlicher Einwendungen gegen das schriftliche oder mündliche Gutachten nachvollziehbar einer weiteren sachverständigen Stellungnahme bedarf. Dies gilt auch dann, wenn die Einwendungen gegen das Gutachten in einem nicht nachgelassenen Schriftsatz (auch der Behandlungsseite) geltend gemacht werden, der vor Erlass der Endentscheidung eingeht; unter solchen Gegebenheiten ist die mündliche Verhandlung auch ohne Antrag der Partei von Amts wegen wiederzueröffnen.

- BGH, Urt. v. 31. 5. 1988 – VI ZR 261/87 – NJW 1988, 2302 = VersR 1988, 914
- BGH, Urt. v. 3. 6. 1986 – VI ZR 95/85 – NJW 1986, 2886 = VersR 1986, 1079
- OLG Oldenburg VersR 1991, 229
- OLG Hamm VersR 1989, 195

22 Desgleichen muss das Berufungsgericht einem erstmals in der zweiten Instanz gestellten Antrag auf Anhörung eines Sachverständigen zu seinem im ersten Rechtszug erstellten schriftlichen Gutachten nachkommen, wenn der Sachverständige von Amts wegen zur Erläuterung zu laden wäre,

- BGH, Urt. v. 10. 1. 1989 – VI ZR 25/88 – NJW-RR 1989, 1275 = VersR 1989, 378
- BGH, Urt. v. 10. 1. 1989 – VI ZR 25/88 – NJW-RR 1989, 1275 = VersR 1989, 378

nicht aber, wenn der Sachverständige schon erklärt hat, er könne zu der Frage mangels Sachkunde keine Stellung nehmen.

- OLG Hamm VersR 1996, 332 – NA-BGH –

Freilich wird in einem solchen Fall zu prüfen sein, ob der Antrag auf Anhörung nicht als Antrag auf Einholung eines weiteren Gutachtens verstanden werden muss und ob dann die Voraussetzungen des § 412 I ZPO vorliegen.

23 Eine wiederholte Anhörung des gerichtlichen Sachverständigen im gleichen Rechtszug nach den §§ 402, 398 ZPO ist des Weiteren immer dann erforderlich, wenn neue, ernst zu nehmende sachliche Einwendungen gegen das Gutachten erhoben werden, die das Gericht aus eigener Sachkunde nicht widerlegen kann.

- BGH, Urt. v. 3. 6. 1986 – VI ZR 95/85 – NJW 1986, 2886 = VersR 1986, 1079

Wie beim Zeugenbeweis ist dem Berufungsgericht eine vom Landgericht abweichende Würdigung der Aussagen des mündlich angehörten Sachverständigen ohne erneute Anhörung versagt.

– BGH, Urt. v. 12. 10. 1993 – VI ZR 235/92 – NJW 1994, 124 = VersR 1993, 1550

Zum Beweisverfahren ist zu beachten, dass § 407a Abs. 2 ZPO ausdrück- **24** lich die höchstpersönliche Verpflichtung des Sachverständigen bejaht. Dafür kann es genügen, dass der Sachverständige die Begutachtung durch einen qualifizierten Mitarbeiter nachvollzieht und sich zu eigen macht,

– OLG Zweibrücken VersR 2000, 605 – NA-BGH –

doch ist es in solchen Fällen häufig angebracht, den Mitarbeiter zum Sachverständigen zu bestellen, um Informationen „aus erster Hand" zu erhalten. Wie schon bisher nach

– BGH, Urt. v. 8. 1. 1985 – VI ZR 15/83 – NJW 1985, 1399 = VersR 1985, 361

muss der Beweisbeschluss geändert werden, wenn nicht der Sachverständige selbst, sondern der Mitarbeiter das Gutachten mündlich erläutern soll. Eine Verletzung des § 407a Abs. 2 ZPO ist aber heilbar durch rügeloses Verhandeln (§ 295 ZPO).

– OLG Zweibrücken NJW-RR 1999, 1368

Die Erhebung eines weiteren Gutachtens steht im pflichtgemäßen Ermes- **25** sen des Gerichts (§ 412 ZPO), ist aber stets dann erforderlich, wenn
– Widersprüche zwischen mehreren Gutachten nicht geklärt werden können,
– die Sachkunde des früheren Gutachters zweifelhaft ist,
– grobe Mängel des Gutachtens vorliegen,
– der Sachverständige von falschen Anknüpfungstatsachen ausgeht,
– besonders schwierige Fragen zu entscheiden sind,
– der neue Sachverständige über überlegene Forschungsmittel verfügt.

– BGH, Urt. v. 16. 3. 1999 – VI ZR 34/98 – NJW 1999, 1778 = VersR 1999, 716
BGH, Urt. v. 4. 3. 1980 – VI ZR 6/79 – VersR 1980, 533 (st. Rspr.)

Hat ein Sachverständiger unter Auswertung der Behandlungsunterlagen Stellung genommen und die Beiziehung eines weiteren Sachverständigen für entbehrlich gehalten, so kann das bei entsprechender Fallgestaltung ausreichen, um von der Einholung eines weiteren Gutachtens abzusehen.

– OLG Hamm VersR 1995, 967 – NA-BGH
(Gynäkologe – Ursächlichkeit für Hirnschädigung eines Frühgeborenen – Pädiater entbehrlich)

Im Arzthaftungsprozess ist für eine **Aussetzung** des Verfahrens nach **26** § 149 ZPO wegen eines laufenden Straf- oder Ermittlungsverfahrens in der Regel kein Raum.

– OLG Stuttgart VersR 1991, 1027
– OLG Köln VersR 1989, 1201
– OLG Köln VersR 1989, 518

Die **Rechtskraft** im Arzthaftungsverfahren soll sich nach dem zugrundeliegenden Lebenssachverhalt des Erstprozesses und damit regelmäßig nach
Zeitabschnitten (stationäre Behandlung im Krankenhaus in der Zeit von ...
bis) richten, selbst wenn Einzelheiten zu (weiteren) Fehlern nicht vorgetra-
gen sind

– OLG Hamm NJW-RR 1999, 1589

27   Die **Feststellungsklage** erfordert im Arzthaftungsprozess hinsichtlich der
Darlegung der für ein Feststellungsbegehren erforderlichen Wahrscheinlichkeit, dass spätere Schadensfolgen eintreten können, vor allem mit Rücksicht
auf das Interesse des Klägers an Schutz vor der Verjährung seiner Ersatzan-
sprüche, nur maßvolle Anforderungen. Es genügt, dass der Kläger die aus
seiner Sicht bei verständiger Würdigung nicht eben fern liegende Möglichkeit künftiger Verwirklichung der Schadenersatzpflicht durch das Auftreten
weiterer Folgeschäden aufzeigt.

– BGH, Urt. v. 15. 7. 1997 – VI ZR 184//96 – NJW 1998, 160 = VersR 1997, 1508
– BGH, Urt. v. 11. 5. 1993 – VI ZR 243/92 – NJW 1993, 2382 = VersR 1993, 899
– BGH, Urt. v. 16. 3. 1993 – VI ZR 101/92 – NJW 1993, 1532 = VersR 1993, 589
– BGH, Urt. v. 19. 3. 1991 – VI ZR 199/90 – NJW-RR 1991, 917 = VersR 1991, 779
– BGH, Urt. v. 11. 7. 1989 – VI ZR 234/88 – NJW-RR 1989, 1367 = VersR 1989,
  1055
– BGH, Urt. v. 30. 10. 1990 – VI ZR 340/89 – NJW-RR 1991, 347 = VersR 1991,
  320
– OLG Oldenburg NJW-RR 1996, 405
– OLG Saarbrücken VersR 1992, 1359 – NA-BGH –
– OLG Düsseldorf VersR 1992, 494
– OLG Stuttgart VersR 1992, 55

Der **immaterielle Vorbehalt** zukünftiger Beeinträchtigungen rechtfertigt
keine Herabsetzung des Schmerzensgeldes, das für den Zustand im Zeitpunkt der letzten mündlichen Verhandlung angemessen wäre.

– OLG Oldenburg NJWE-VHR 1998, 163
  (Kompartmentsyndrom)

Erweist sich der rechtskräftige Feststellungsausspruch durch neuere medizinische Erkenntnisse als unrichtig, kann das nur unter den engen Voraussetzungen des § 826 BGB berücksichtigt werden; nach ständiger Rechtsprechung sind dazu erforderlich Unrichtigkeit der rechtskräftigen Entscheidung,
positive Kenntnis des Gläubigers davon und besondere Umstände, die die
Geltendmachung von auf das rechtskräftige Urteil gestützten Schadenser-
satzansprüchen in hohem Maße als unbillig und schlechterdings unerträglich
erscheinen lassen.

– BGH, Urt. v. 9. 2. 1999 – VI ZR 9/98 – NJW 1999, 1257 = VersR 1999, 1158
– OLG Hamm NJW 1998, 1800 = VersR 1999, 1113

Der **Feststellungsausspruch** im Urteil (auch in einem Urteil über den
Grund, § 304 ZPO) kann auf einzelne, näher beschriebene Schädigungen beschränkt werden; entsprechend kann bereits der Antrag beschränkt werden,
sofern ein entsprechendes Feststellungsinteresse besteht.

– BGH, Urt. v. 27. 6. 2000 – VI ZR 201/98 – z. V. b.

Die **Anhörung der Parteien** nimmt im Arzthaftungsprozess naturgemäß **28** einen gegenüber sonst breiteren Raum ein. So ist selbstverständlich, dass der Richter – zu einem möglichst frühen Zeitpunkt – zum Inhalt der Selbstbestimmungsaufklärung den aufklärenden Arzt persönlich anhört. Der behandelnde Arzt ist vortrags- und beweispflichtig hinsichtlich des Umfangs der Aufklärung und damit dafür, dass der Patient über alle die Risiken unterrichtet war, über die er bei der konkret eingeleiteten Behandlung unterrichtet sein musste. Der Arzt wird daher im Rechtsstreit darzulegen haben, worüber er den Patienten aufgeklärt hat (§§ 139, 141 I ZPO). Desgleichen ist die persönliche Anhörung des Klägers stets dann notwendig, wenn über die Frage eines ernsthaften Entscheidungskonflikts zu befinden ist.

– BGH, Urt. v. 7. 4. 1992 – VI ZR 192/91 – NJW 1992, 2351 = VersR 1992, 960
– BGH, Urt. v. 11. 12. 1990 – VI ZR 151/90 – NJW 1991, 1543 = VersR 1991, 315
– BGH, Urt. v. 26. 6. 1990 – VI ZR 289/89 – NJW 1990, 2928 = VersR 1990, 1238
– BGH, Urt. v. 8. 5. 1990 – VI ZR 227/89 – NJW 1990, 2929 = VersR 1990, 1010
– BGH, Urt. v. 8. 1. 1985 – VI ZR 15/83 – VersR 1985, 361

Der Inhalt einer mündlichen Anhörung der Partei kann auch ohne aus- **29** drückliche förmliche Parteivernehmung verwertet werden. Desgleichen kann eine im ersten Rechtszug durchgeführte förmliche Parteivernehmung ohne neuerliche Vernehmung im zweiten Rechtszug verwertet werden.

– BGH, Urt. v. 3. 12. 1991 – VI ZR 48/91 – NJW 1992, 1558 = VersR 1992, 358
– BGH, Urt. v. 12. 11. 1991 – VI ZR 369/90 – NJW 1992, 741 = VersR 1992, 237

Zweckmäßig ist es, zum Inhalt eines Gesprächs unter vier Augen beide Teilnehmer anzuhören.

– vgl. EGMR, Urt. v. 27. 10. 1993 – 37/1992/382/460 – NJW 1995, 1413

Die Schmerzentwicklung bei einem Patienten ist, wenngleich medizinisch **30** nicht objektivierbar, dem Zeugenbeweis zugänglich; die dazu angebotene Zeugenvernehmung des Ehemanns der Partei darf daher nicht als ungeeignet abgelehnt werden,

– BGH, Urt. v. 1. 10. 1985 – VI ZR 19/84 – NJW 1986, 1541 = VersR 1986, 183

wie überhaupt der Beweis einer Krankheit nicht stets durch objektivierbare Befunde geführt werden muß.

– BGH, Urt. v. 14. 4. 1999 – IV ZR 289/97 – NJW-RR 1999, 1113 = VersR 1999, 838

Gleiches gilt für die individuelle Verhaltensweise des Patienten nach therapeutischer Aufklärung über das Misserfolgsrisiko bei Sterilisation

– BGH, Urt. v. 25. 1. 2000 – VI ZR 68/99 – n. v.

Bilden Beobachtungen sachverständiger Zeugen (etwa nachbehandelnder **31** Ärzte) die Grundlage für Wertungen eines Sachverständigen, darf das Gericht einen Antrag auf Vernehmung dieser Zeugen nicht übergehen.

– BGH, Urt. v. 18. 3. 1997 – VI ZR 121/96 – NJWE-VHR 1997, 159

32 Zur Beweiswürdigung:

– BGH, Urt. v. 9. 5. 1989 – VI ZR 268/88 – NJW 1989, 2948 = VersR 1989, 758
(allgemein zu den §§ 286, 287 ZPO)
– BGH, Urt. v. 10. 11. 1981 – VI ZR 92/80 – VersR 1982, 168
– OLG Hamm VersR 1993, 102 – NA-BGH –
– OLG Bamberg VersR 1988, 407 (LS)
(je Behandlungsunterlagen)

33 Der Richter beim Oberlandesgericht ist zweite, volle Tatsacheninstanz,
für die hinsichtlich der Pflicht zur umfassenden und sorgfältigen Beweiserhebung im Arzthaftungsprozess gleiche Anforderungen gelten. Der Bundesgerichtshof hält mit Recht darauf, dass dieser Gesichtspunkt keine Verkürzung erfährt. Dementsprechend verlangt seine Rechtsprechung auch
vom Richter des Berufungsgerichts ein gehöriges Maß an Bemühung eigener beweislicher Klärung des Sachverhalts. Dies zeigt sich u. a. in der
berechtigten Tendenz, eine abweichende Würdigung der Aussagen der im
ersten Rechtszug vernommenen Zeugen und Sachverständigen abhängig zu
machen von neuerlicher Vernehmung durch das Berufungsgericht (§ 398
ZPO).

Dementsprechend ist der Berufungsrichter grundsätzlich gehalten, erstin-
stanzliche Zeugen bei beabsichtigter Abweichung von der Wertung ihrer
Aussage durch das Erstgericht erneut zu vernehmen. Dies gilt, wenn in Betracht steht, dass

– die Glaubwürdigkeit oder die Erinnerungsfähigkeit des Zeugen abweichend beurteilt werden will

– BGH, Urt. v. 10. 3. 1998 – VI ZR 30/97 – NJW 1998, 2222 = VersR 1998, 1261
(L)
– BGH, Urt. v. 19. 10. 1996 – VI ZR 262/95 – NJW 1997, 466 = VersR 1997,
256
– BGH, Urt. v. 8. 1. 1985 – VI ZR 96/83 – NJW-RR 1986, 285 = VersR 1985,
341
– BGH, Urt. v. 3. 4. 1984 – VI ZR 195/82 – NJW 1984, 2629 = VersR 1984, 582
– BGH, Urt. v. 7. 7. 1981 – VI ZR 48/80 – NJW 1982, 108 = VersR 1981, 1079

– der Inhalt und die Tragweite der im ersten Rechtszug protokollierten Aussage des Zeugen anders gewichtet oder abweichend verstanden werden
will

– BGH, Urt. v. 3. 11. 1987 – VI ZR 95/87 – NJW 1988, 566 = VersR 1988, 416
– BGH, Urt. v. 18. 3. 1986 – VI ZR 215/84 – NJW 1986, 2365 = VersR 1986, 788
– BGH, Urt. v. 20. 11. 1984 – VI ZR 73/83 – NJW 1985, 3078 = VersR 1985, 183
– BGH, Urt. v. 3. 4. 1984 – VI ZR 195/82 – NJW 1984, 2629 = VersR 1984, 582
– BGH, Urt. v. 3. 2. 1984 – V ZR 190/82 – VersR 1984, 537

– die Aussage eines Zeugen im Zusammenhang anders als durch das Erstgericht gewertet werden will, ihr also etwa bei der Würdigung der Bekun-
dung eines anderen Zeugen ein abweichendes Gewicht beigemessen werden soll.

– BGH, Urt. v. 12. 11. 1991 – VI ZR 369/90 – NJW 1992, 741 = VersR 1992, 237
– BGH, Urt. v. 13. 5. 1986 – VI ZR 142/85 – NJW 1986, 2885 = VersR 1986, 970
– BGH, Urt. v. 8. 1. 1985 – VI ZR 96/83 – NJW-RR 1986, 285 = VersR 1985, 341

Entsprechende Prozessgrundsätze wie für Zeugen gelten auch für den **34** Sachverständigenbeweis (§§ 402, 398 ZPO). Will das Berufungsgericht die Bekundungen eines Sachverständigen abweichend von der Beweiswürdigung des Erstgerichts werten, insbesondere ihnen ein anderes Verständnis der medizinischen Ausführungen des Sachverständigen oder andere Tatsachen zugrundelegen, muss es den Sachverständigen erneut hören oder das Gutachten eines anderen Sachverständigen einholen;

- BGH, Urt. v. 12. 10. 1993 – VI ZR 235/92 – NJW 1994, 803 = VersR 1993, 1550
- BGH, Urt. v. 3. 12. 1985 – VI ZR 106/84 – NJW 1986, 1540 = VersR 1986, 366

Gleiches gilt hinsichtlich der abweichenden Würdigung eines Augenscheins.

- BGH, Urt. v. 21. 5. 1985 – VI ZR 235/83 – NJW-RR 1986, 190 = VersR 1985, 839

Die Beweiserhebung (einschließlich der Befragung ärztlicher Sachver- **35** ständiger) ist – in beiden Rechtszügen – grundsätzlich Aufgabe des gesamten Kollegiums, nicht Sache des Einzelrichters.

- BGH, Urt. v. 26. 10. 1993 – VI ZR 155/92 – NJW 1994, 801 = VersR 1994, 52
- BGH, Urt. v. 23. 3. 1993 – VI ZR 26/92 – NJW 1993, 2375 = VersR 1993, 836
- BGH, Urt. v. 30. 5. 1989 – VI ZR 200/88 – NJW 1989, 2321 = VersR 1989, 851
- BGH, Urt. v. 3. 2. 1987 – VI ZR 56/86 – NJW 1987, 1482 = VersR 1987, 1089, nicht in BGHZ 99, 391
- BGH, Urt. v. 29. 1. 1985 – VI ZR 69/83 – VersR 1985, 343
- BGH, Urt. v. 24. 6. 1980 – VI ZR 7/79 – NJW 1980, 2751 = VersR 1980, 940
- OLG Oldenburg NJWE-VHR 1997, 182
- OLG Karlsruhe VersR 1994, 860 – NA-BGH –
- OLG Celle VersR 1993, 483 – NA-BGH –
- OLG Oldenburg VersR 1990, 1399
- OLG Karlsruhe VersR 1989, 810
- OLG Köln VersR 1987, 164

Gleiches gilt für die Entscheidung des Rechtsstreits; trotz des Einverständnisses der Parteien ist es in der Regel verfehlt, Arzthaftungssachen dem Einzelrichter zu übertragen (§ 348 Abs. 1 Nr. 1 ZPO).

- OLG Oldenburg NJWE-VHR 1997, 182
- OLG Karlsruhe VersR 1994, 860 – NA-BGH –

Die Frage, ob die Grundsätze zur Beweislastverteilung richtig angewendet worden sind, ist im Rechtmittelverfahren ohne Rüge nachzuprüfen.

- BGH, Urt. v. 6. 10. 1998 – VI ZR 239/97 – NJW 1999, 860 = VersR 1999, 60

Benennen die Parteien denselben Zeugen oder berufen sich beide auf Sachverständigenbeweis, ist die Partei Schuldner des Auslagenvorschusses, die beweisbelastet ist

- BGH, Urt. v. 8. 6. 1999 – VI ZR 220/98 – NJW 1999, 2823 = VersR 1999, 1515

F. Anhang

Einheitlicher Krankenhausaufnahmevertrag
– Anlage 1 –

Einheitlicher Krankenhausaufnahmevertrag	Vertragliche Haftung aus	Deliktische Haftung aus
1. Krankenhausträger	einheitlichem Vertrag	eigenem Organisationsverschulden (§§ 823, 839, 31, 89)
	Haftungszuweisung für leitende Krankenhausärzte (§§ 278, 31, 89) alle nachgeordneten Ärzte (§ 278) alles Pflegepersonal (§ 278)	**Haftungszuweisung für** leitende Krankenhausärzte (§§ 823, 839, 31, 89) alle nachgeordneten Ärzte (§§ 823, 839, 831) alles Pflegepersonal (§§ 823, 831)
2. Leitende Krankenhausärzte	——————	eigenem Verschulden – nicht beamtet (§ 823) eigenem Verschulden – beamtet (§ 839) = Verweisung
3. Nachgeordnete Ärzte	——————	eigenem Verschulden – nicht beamtet (§ 823) eigenem Verschulden – beamtet (§ 839) = Verweisung
4. Nichtärztliches Pflegepersonal	——————	eigenem Verschulden (§ 823)

Gespaltener Krankenhausaufnahmevertrag
– Anlage 2 –

Gespaltener Krankenhausaufnahmevertrag	Vertragliche Haftung aus	Deliktische Haftung aus
1. Krankenhausträger	**Vertrag über die allgemeinen Krankenhausleistungen**	**beschränkt auf eigenen** Leistungsbereich für eigenes Organisationsverschulden (§§ 823, 839, 31, 89)
	Haftungszuweisung beschränkt auf eigenen Leistungsbereich für nachgeordnete allgemeine ärztliche Assistenz (§ 278) alles Pflegepersonal (§ 278)	**Haftungszuweisung beschränkt auf eigenen Leistungsbereich für** nachgeordnete allgemeine ärztliche Assistenz (§§ 823, 839, 831) alles Pflegepersonal (§ 831)

– Keine vertragliche oder deliktische Haftung des Krankenhausträgers für Verschulden des selbstliquidierenden Arztes und der von ihm zugezogenen ärztlichen Assistenz seines Fachs –

2. Selbstliquidierender Arzt	**Vertrag über Wahlleistungen** für eigenes Verschulden im Wahlleistungsbereich (§ 276)	eigenem Verschulden – nicht beamtet (§ 823) eigenem Verschulden – beamtet (§ 839) = keine Verweisung auf Krankenhausträger
	Haftungszuweisung für nachgeordneten Arzt des Fachs (§ 278) – im Wahlleistungsbereich – Weisungspersonal (§ 278) – im Wahlleistungsbereich –	**Haftungszuweisung für** nachgeordneten Arzt des Fachs (§§ 823, 839, 831) – im Wahlleistungsbereich – Weisungspersonal (§§ 823, 831) – im Wahlleistungsbereich –
3. Nachgeordneter Arzt des Fach		eigenem Verschulden – nicht beamtet (§ 823) eigenem Verschulden – beamtet (§ 839) = Verweisung auf selbstliquidierenden Arzt, nicht auf Krankenhausträger
4. Nachgeordneter Arzt der allgemeinen Assistenz		eigenem Verschulden – nicht beamtet (§ 823) eigenem Verschulden – beamtet (§ 839) = Verweisung auf Krankenhausträger
5. Nichtärztliches Pflegepersonal		eigenem Verschulden (§ 823)

Einheitlicher Krankenhausaufnahmevertrag mit Arztzusatzvertrag
– Anlage 3 –

Einheitlicher Kranken- hausaufnahmevertrag mit Arztzusatzvertrag	Vertragliche Haftung aus	Deliktische Haftung aus
1. Krankenhausträger	einheitlicher Vertrag	eigenem Organisations- verschulden (§§ 823, 839, 31, 89)
	Haftungszuweisung für selbstliquidierende Ärzte (§§ 278, 31, 89) – auch im Wahlleistungs- bereich – alle nachgeordneten Ärzte (§ 278) – auch im Wahlleistungs- bereich – alles Pflegepersonal (§ 278) – auch im Wahlleistungs- bereich –	**Haftungszuweisung für** selbstliquidierende Ärzte (§§ 823, 839, 31, 89) – auch im Wahlleistungs- bereich – alle nachgeordneten Ärzte (§§ 823, 839, 831) – auch im Wahlleistungs- bereich – alles Pflegepersonal (§§ 823, 831) – auch im Wahlleistungs- bereich –
2. Selbstliquidierender **Arzt**	**Arztzusatzvertrag über** **Wahlleistungen** Eigenverschulden im Wahlleistungsbereich (§ 276)	eigenem Verschulden – nicht beamtet (§ 823) eigenem Verschulden – beamtet (§ 839) = Verweisung auf Klinikträger
	Haftungszuweisung für nachgeordneten Arzt des Fachs (§ 278) – im Wahlleistungs- bereich – Weisungspersonal (§ 278) – im Wahlleistungs- bereich –	**Haftungszuweisung für** nachgeordneten Arzt des Fachs (§§ 823, 839, 831) – im Wahlleistungs- bereich – Weisungspersonal (§§ 823, 831) – im Wahlleistungs- bereich –
3. Nachgeordneter Arzt	———————	eigenem Verschulden – nicht beamtet (§ 823) eigenem Verschulden – beamtet (§ 839) = Verweisung auf Klinikträger
4. Nichtärztliches **Pflegepersonal**	———————	eigenem Verschulden (§ 823)

Sachverzeichnis

Die Buchstaben deuten auf den jeweiligen Teil des Bandes hin (z. B. A = A. Behandlungsverhältnisse). Die Zahlen verweisen auf die Randnummern.

Buchanzeige

Laufs/Uhlenbruck
Handbuch des Arztrechts
Von Prof. Dr. Dr. h. c. Adolf Laufs, Universität Heidelberg; Prof. Dr. Wilhelm Uhlenbruck, Richter am Amtsgericht i. R., Honorarprofessor an der Universität zu Köln u. a.

2., neubearbeitete Auflage. 1999
XXIII, 1431 Seiten. In Leinen DM 268,–
ISBN 3-406-43105-4

In guten Händen
Die vielfältigen rechtlichen Bezüge ärztlicher Berufsausübung – dieses Handbuch stellt sie umfassend dar. Der „Laufs/Uhlenbruck" hat sich als unentbehrliches Standardwerk etabliert.

Die 2. Auflage
Die durchgehend überarbeitete und stark erweiterte 2. Auflage berücksichtigt die Neuordnungsgesetze der gesetzlichen Krankenversicherung insbesondere: GKV-Neuordnungsgesetze, TransfusionsG, TransplantationsG, Approbationsordnung, BundespflegesatzVO, EmbryonenschutzG, PsychotherapeutenG, Neuordnung nichtärztlicher Pflegeberufe.

Experten behandeln
außerdem auf neuem Stand:
– Fragen der Ausbildung, der Arztpraxis, des Vertrags- und Haftungsrechts mit den besonders wichtigen Fragen der Aufklärungs- und Dokumentationspflicht sowie Beweislastregeln (Laufs, Uhlenbruck)
– ärztliche Schweigepflicht und Sachverständigenwesen (Schlund)
– Vertragsarztrecht (Krauskopf)
– Krankenhausfinanzierung, Krankenhaus und Sozialversicherung, Krankenhausorganisation, Krankenhausleistung, Haftungsfragen im Krankenhaus (Genzel)
– besondere ärztliche Eingriffe und Sonderprobleme wie z. B. Artifizielle Reproduktion, Embryonenschutz, Transplantation, Transfusion, Sterbehilfe, Drogenwesen (Laufs, Uhlenbruck)
– prozessuale Fragen der Arzthaftung (Ulsenheimer)
– der Arzt im Strafrecht (Ulsenheimer)
– Rechtsprechung zu typischen Fallgruppen der ärztlichen Haftung mit Orientierungssätzen und Fundstellen im Überblick (Kern).

Nicht nur für Juristen geschrieben
Die Autoren wenden sich nicht nur an Juristen, sondern zugleich auch an Ärzte, Krankenhausverwaltungen und Versicherungen. Das Handbuch benötigen daher Rechtsanwälte, Richter, Berufsgenossenschaften, Ärztekammern, kassenärztliche Vereinigungen, Berufsverbände der Ärzte, medizinische Sachverständige, Gesundheitsbehörden, medizinische Forschungseinrichtungen sowie die pharmazeutische Industrie.

Die Verfasser
sind durch zahlreiche Veröffentlichungen ausgewiesene Kapazitäten des Arztrechts in Deutschland.

Verlag C. H. Beck · 80791 München

Ehlers (Hrsg.)
Medizinisches Gutachten im Prozess
anwaltliche Strategie und Taktik beim Umgang mit Sachverständigen

Herausgegeben von Dr. med. Dr. jur. Alexander P. F. Ehlers, Rechtsanwalt und Arzt in München. Bearbeitet von dem Herausgeber und von OStA Dr. jur. Hans-Helmut Günter, Prof. Dr. med. Dietrich Höffler, Prof. Dr. med. Wolfgang Pförringer, VorsRiOLG Prof. Dr. jur. Gerhard H. Schlund und Vors RiBayLSG Eckart Stevens-Bartol

2. Auflage. 2000
XXII; 156 Seiten. Kartoniert DM 68,–
ISBN 3-406-46768-7
(die 1. Auflage erschien beim Verlag Jehle-Rehm)

Das medizinische Gutachten

spielt in vielen Prozessen eine wichtige Rolle. Die Aufgabenstellung reicht von der Prüfung der Geschäfts-, Prozess- und Testierfähigkeit über die Feststellung von ärztlichen Behandlungsfehlern, die Bewertung von Kausalitätsfragen bis hin zur Klärung von Erwerbs- und Berufsunfähigkeit. Der medizinische Sachverständige, dessen Auswahl und Anleitung der Gutachtenauftrag, die Qualität des Gutachtens usw. werden oft zum Dreh- und Angelpunkt des Verfahrens.

Dieser Praktiker-Band

- behandelt das medizinische Gutachten vom Blickwinkel eines interdisziplinären Autorenteams, insbesondere unter zivil-, straf- und sozialprozessualen Gesichtspunkten
- klärt grundsätzliche Fragen, zum Beispiel zur Auswahl von Sachverständigen und zur Qualität von Gutachten
- beantwortet fachspezifische Problemstellungen, etwa zum Gutachten aus der Sicht unterschiedlicher medizinischer Fachgebiete
- liefert im Anhang Mustergutachten und nennt Schlichtungsstellen, Gutachterstellen sowie Gutachterkommissionen.

Aus dem Inhalt:

- Das medizinische Gutachten im Zivilprozess
- Das medizinische Gutachten im Strafprozess gegen den Arzt
- Das medizinische Gutachten im Sozialgerichtsprozess
- Das Gutachten aus Sicht der konservativen Medizin
- Das Gutachten aus Sicht der operativen Medizin.

Gut beraten sind hiermit

Richter, Rechtsanwälte, Staatsanwälte, Gutachter, Ärzte, Zahnärzte, andere Leistungserbringer im Gesundheitswesen sowie Versicherer.

Das interdisziplinäre Autorenteam

besteht aus Rechtsanwälten, Richtern, Staatsanwälten und Medizinern. So werden alle Facetten des medizinischen Gutachtens erfasst und praxisgerecht aus der jeweiligen Perspektive dargestellt.

Verlag C. H. Beck · 80791 München